# BILDWÖRTERBUCH

## Deutsch und Russisch

Jourist Verlags GmbH

jourist

# INHALTSVERZEICHNIS

## TIERE UND PFLANZEN

Tiere ... 6
Fische, Krebse und Weichtiere ... 25
Vögel ... 28
Insekten ... 32
Pflanzen ... 38

## MENSCHLICHER KÖRPER

Menschlicher Körper ... 50
Skelett ... 56
Blutkreislauf ... 60
Nervensystem ... 62
Endokrines System ... 64
Verdauungssystem ... 65

## MEDIZIN

Arztpraxis und Untersuchungssraum ... 66
Ärztliche Untersuchung ... 74

## HAUS UND HAUSHALT

Hausarten ... 76
Wohnbauten ... 84
Pool und Sauna ... 86
Innenausstattung ... 88
Haushaltsgegenstände ... 120
Garten ... 129
Werkzeug ... 132

## NAHRUNGSMITTEL

Tierische Lebensmittel ... 140
Pflanzliche Lebensmittel ... 144
Öle ... 155
Soßen ... 155
Backwaren ... 156
Süßigkeiten ... 158
Fast Food ... 160
Speisen ... 161
Getränke ... 162

## KLEIDUNG

Herrenkleidung ... 164
Damenkleidung ... 169
Schuhe ... 179
Hüte ... 183
Taschen und Accessoires ... 184
Brillen und Kontaktlinsen ... 186
Schmuck ... 187
Kosmetik ... 189
Körperpflege ... 192

Illustrationen, Texte und Gesamtherstellung - Jourist Verlags GmbH, Hamburg

ISBN 978-3-89894-652-0

jourist

www.jourist.de

## GESELLSCHAFT

Familie ... 196
Stadt ... 198
Schilder und Piktogramme ... 222
Militärsprache ... 224

## KUNST UND ENTERTAINMENT

Unterhaltung ... 232
Ballett ... 241
Musik ... 242
Malerei ... 253
Handarbeit ... 254

## SPORT

Ballsportarten ... 256
Spiele mit Schlägern ... 264
Gymnastik ... 270
Fitnesscenter ... 272
Wassersport ... 274
Wintersport ... 276
Boxen ... 279

## FREIZEIT

Spielzeug ... 280
Spielplatz ... 281
Billiard ... 282
Brettspiele ... 283
Bowling ... 284
Dart ... 286
Arkadeautomat ... 286
Glücksspiele ... 288
Aktive Freizeit ... 290
Angeln und Jagen ... 291

## BÜRO UND KOMMUNIKATION

Büroinnenraum ... 292
Elektrogeräte ... 294
Büromaterial ... 298

## TRANSPORT

Straßentransport ... 302
Lufttransport ... 332
Schienentransport ... 338
Wassertransport ... 344
Hebevorrichtungen ... 349

## WISSENSCHAFT

Chemie ... 350
Mathematik ... 351
Meteorologie ... 354
Farbmetrik ... 355
Laborgeräte ... 356
Erde und Weltraum ... 361

## INDUSTRIE UND ENERGIE

Stromerzeugung ... 368
Öl- und Gasindustrie ... 370
Industrielle Ausrüstung ... 374

## REGISTER

Deutsches Register ... 376
Russisches Register ... 388

# HINWEISE ZUR BENUTZUNG

**Unterthema**
Themen sind in kleinere Unterthemen aufgeteilt wie z. B. hier Haushaltsgegenstände, Innenausstattung usw.

**Zeigelinie**
Die Zeigelinie wird verwendet, wenn anhand eines Gegenstands mehrere Begriffe gezeigt werden.

**Abschnitt**
Abschnitte sind eine Aufteilung der Unterthemen. Die Themen, die Unterthemen und die Abschnitte sind einsprachig.

**Teilabschnitt**
Die Aufteilung in Abschnitte erfolgt meistens mithilfe kleinerer Gegenstandsgruppen, hier z. B. Tische und Sofas. Die Abschnitte sind wie auch die Gegenstände immer mit Übersetzungen kombiniert.

**Geschlechtsangabe bzw. Artikelangabe**
Je nach Sprache werden für die Substantive entweder das Geschlecht oder die zu verwendenden Artikel angegeben. Diese Angaben sind beim Sprachenlernen besonders wichtig.

## Gegenstand

Die Darstellung eines Gegenstands kann eine oder mehrere Bezeichnungen enthalten. Die Darstellung des Ecksofas ist ein Beispiel eines Gegenstands mit mehreren Begriffen.

## Thema

Durchgehende Themenbenennung. Das Wörterbuch enthält insgesamt 14 Themen für die wichtigsten Lebensbereiche.

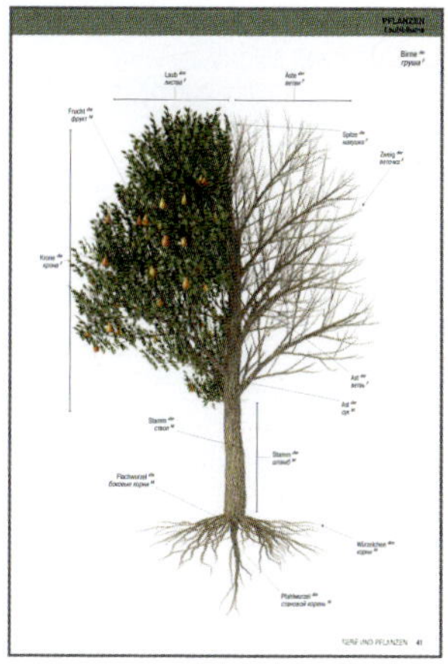

## Symbolische Abbildung des Gegenstands

Manchmal ist es wichtig, normalerweise verdeckte Teile des Gegenstands zu zeigen. Dazu wird z. B. hier der Baum teilweise ohne Laub gezeigt.

## Querschnitt

Besonders bei den technischen Gegenständen ist es öfter üblich, zur besseren Veranschaulichung den Querschnitt des Gegenstands zu zeigen.

Rothirsch *der*
*благородный олень M*

Antilope *die*
*антилопа* F

Steinbock *der*
*козерог* M

Ziege *die*
*козел* M

Rentier *das*
*северный олень* M

Damwild *das*
*лань* F

Gazelle *die*
*газель* F

Saiga *die*
*сайгак* M

Elch *der*
*лось* M

Rind *das*
*корова* F

Esel *der*
*осел* M

Araber *der*
*арабская лошадь* F

Kaschmierziege *die*
*кашемировая коза* F

Schwein *das*
*свинья* F

Schaf *das*
*овца* F

Tapir *das*
*тапир* M

Flusspferd *das*
*бегемот* M

Asiatischer Elefant *der*
*азиатский слон* *M*

Trampeltier *das*
*двугорбый верблюд* *M*

Moschusochse *der*
*овцебык* *M*

Lama *das*
*лама* *M*

Wisent *das*
*зубр* *M*

Zebra *das*
*зебра* *F*

Giraffe *die*
*жираф* *M*

Eisbär der
*белый медведь M*

Amerikanischer Schwarzbär der
*американский черный медведь M*

Wolf der
*волк M*

Gepard der
*гепард M*

Gefleckte Hyäne die
*пятнистая гиена F*

Löwe der
*лев M*

Tiger der
*тигр M*

Puma der
пума F

Jaguar der
ягуар M

Luchs der
рысь F

Dachs [der]
*барсук* [M]

Fischotter [der]
*выдра* [F]

Hermelin [der]
*горностай* [M]

Waschbär [der]
*енот* [M]

Stinktier [der]
*скунс* [M]

Wildkatze [die]
*дикая кошка* [F]

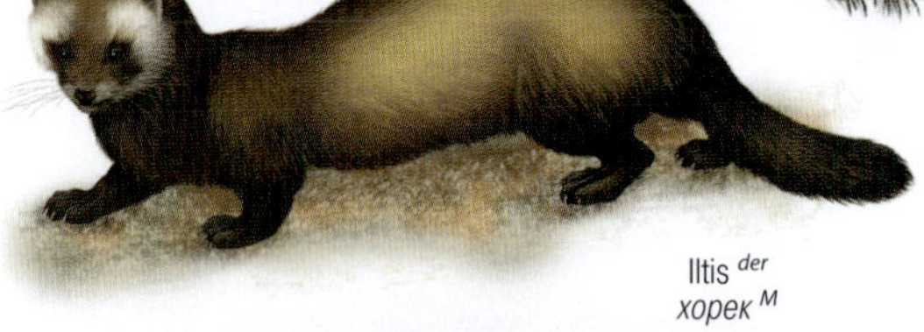

Iltis [der]
*хорек* [M]

Fuchs [der]
*лиса* [F]

Vielfraß [der]
*росомаха* [F]

Dackel der
такса F

Chihuahua der
чихуахуа M

Dobermann [der]
*доберман* [M]

Husky [der]
*хаски* [M]

Bulldogge [die]
*бульдог* [M]

Deutscher Schäferhund [der]
*немецкая овчарка* [F]

Golden Retriever [der]
*золотистый ретривер* [M]

Pudel [der]
*пудель* [M]

Collie [der]
*колли* [F]

Dalmatiner [der]
*далматин* [M]

Britisch Kurzhaar *die*
*британская короткошерстная кошка* F

Norwegische Waldkatze *die*
*норвежская лесная кошка* F

Russisch Blau *die*
*русская голубая кошка* F

Maine-Coon-Katze *die*
*мейн-кун* F

Siamkatze *die*
*сиамская кошка* F

Perserkatze *die*
*персидская кошка* F

Koala der
коала M

Känguru das
кенгуру M

Opossum das
опоссум M

Biber *der*
*бобр* M

Hausmaus *die*
*домовая мышь* F

Chinchila *das*
*шиншилла* F

Bisamratte *die*
*ондатра* M

Hamster *der*
*хомяк* M

Eichhörnchen *das*
*белка* F

Springmaus *die*
*тушканчик* M

Stachelschwein *das*
*дикобраз* M

Streifenhörnchen *das*
*бурундук* M

Feldmaus *die*
*полёвка* F

Wanderratte *die*
*коричневая крыса* F

Buckelwal der
*горбатый кит M*

Schwertwal der
*косатка F*

Weißwal der
*белуха F*

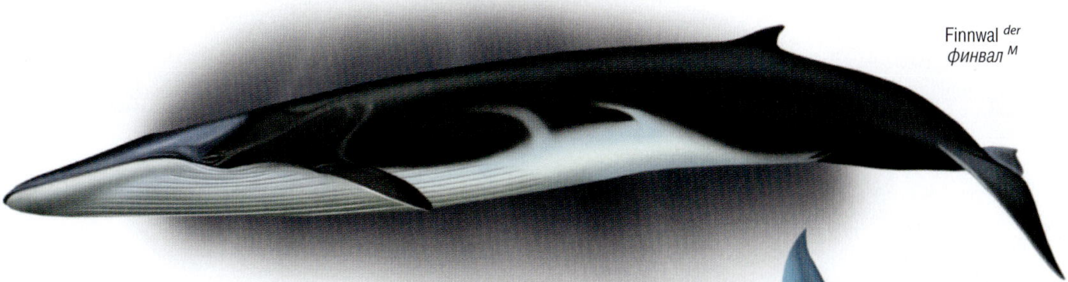

Finnwal *der*
*финвал* *м*

Blauwal *der*
*синий кит* *м*

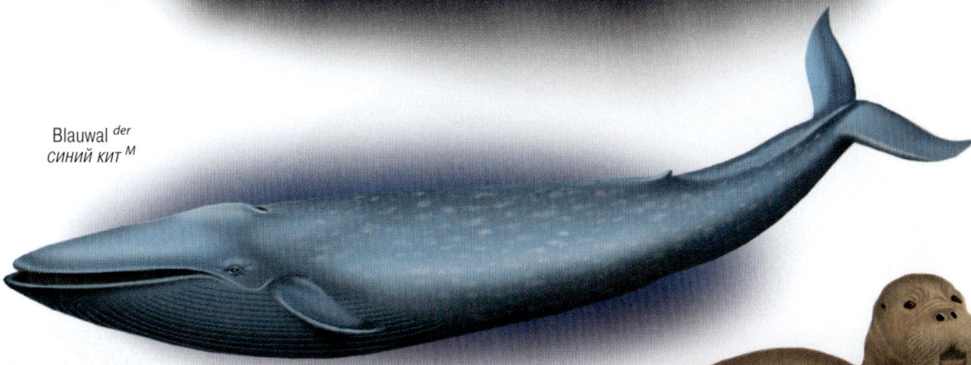

Walross *der*
*морж* *м*

Delfin *der*
*дельфин* *м*

Seelöwe *der*
*морской лев* *м*

Seebär *der*
*котик* *м*

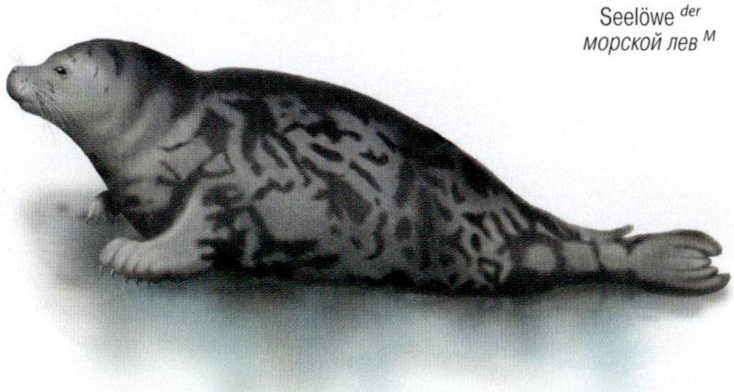

Seehund *der*
*тюлень* *м*

Galápagos-Schildkröte [die]
*галапагосская черепаха [F]*

Europäische Chamäleon [das]
*обычный хамелеон [M]*

Kaiman [der]
*кайман [M]*

Mississippi-Alligator [der]
*американский аллигатор [M]*

Gecko der
*геккон* M

Leguan der
*игуана* F

Kubakrokodil das
*кубинский крокодил* M

Waran der
*варан* M

Nilkrokodil das
*нильский крокодил* M

## Amphibien die
## *Земноводные* N

Gemeine Kröte die
*серая жаба* F

Salamander der
*саламандра* F

Grasfrosch der
*обыкновенная лягушка* F

Teichfrosch der
*съедобная лягушка* F

## Schlangen *die*
*Змеи* *F*

Nasen-Peitschennatter *die*
*длиннорылая плетевидка* *F*

Boa *die*
*удав* *M*

Jararaca *die*
*жарарака* *F*

Uräusschlange *die*
*египетская кобра* *F*

Hornviper *die*
*гадюка* *F*

Klapperschlange *die*
*гремучая змея* *F*

## Flugsäugetiere das
## *Летающие млекопитающие N*

### Fledermaus die
### *летучая мышь F*

## Insektenfressende Säugetiere das
## *Насекомоядные млекопитающие N*

Igel der
*ежик M*

Maulwurf der
*крот M*

Schuppentier das
*ящер M*

Japanmakak der
*японская макака* M

Gorilla der
*горилла* F

Mandrill der
*мандрил* M

Lemur der
*лемур* M

Gelber Pavian der
*бабуин* M

Orang-Utang der
*орангутанг* M

Schimpanse der
*шимпанзе* M

Krebs der
рак M

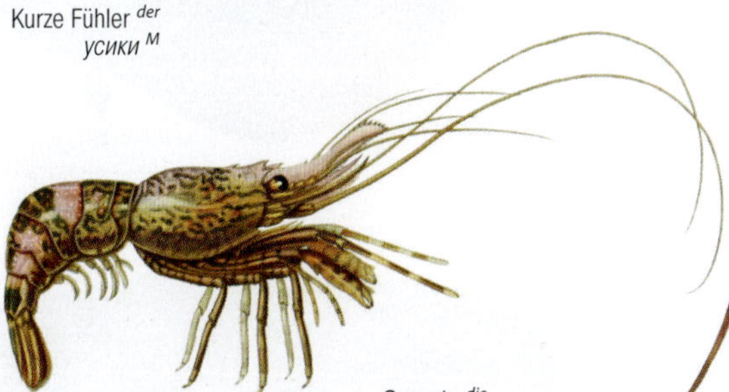

Garnele die
креветка F

Krebs der
лангуст M

Oktopus der
осьминог M

Krabbe die
краб M

Rotauge *das*
*плотва* *F*

Forelle *die*
*форель* *F*

Karpfen *der*
*карп* *M*

Makrele *die*
*скумбрия* *F*

Schleie *die*
*линь* *M*

Adlerfisch *der*
*серебристый горбыль* *M*

Abudefduf sexfasciatus *der*
*шестиполосый абудефдуф* *M*

Scholle *die*
*камбала* *F*

Rochen *der*
*скат* *M*

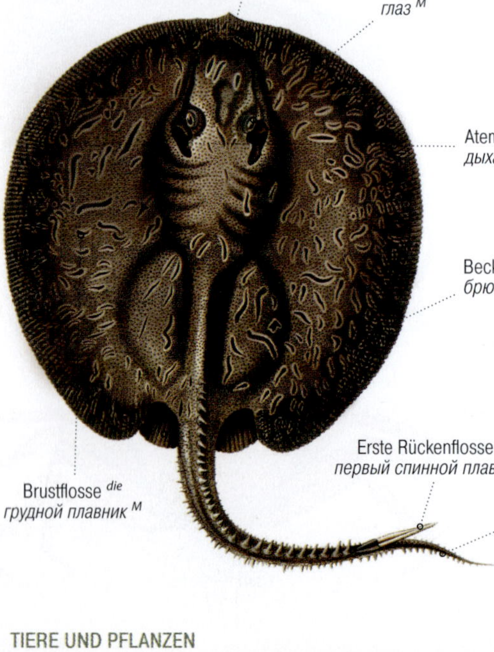

Wels *der*
*сом* *M*

Dorsch *der*
*треска* *F*

Brachse die
*карась* M

Barsch der
*речной окунь* M

Hecht der
*щука* F

Lachs der
*лосось* M

Schwertfisch der
*рыба меч* F

Thunfisch der
*тунец* M

Stör der
*осетр* M

Specht der
*дятел* M

Kolibri der
*колибри* M

Gimpel der
*снегирь* M

Kohlmeise die
*большая синица* F

Eisvogel der
*зимородок* M

Eichelhäher der
*евразийская сойка* F

Erlenzeisig der
*евразийский чиж* M

Drossel die
*дрозд* M

Kardinal der
*кардинал* M

Mauersegler der
*обыкновенный стриж* M

Neuntöter der
*обыкновенный жулан* M

Nachtigall die
*соловей* M

Schwalbe die
*ласточка* F

Sperling der
*воробей* M

Star der
*скворец* M

Taube die
*голубь* M

Nymphensittich der
*корелла* M

Gerfalke der
*кречет* M

Eule die
*сова* F

Storch der
*аист* M

Kondor der
*кондор* M

Weißkopfseeadler der
*белоголовый орлан* M

Hahn der
*петух* M

Pfau der
*павлин* M

Strauß der
*страус* M

Rebhuhn das
*куропатка* F

Albatros *der*
*альбатрос* M

Pinguin *der*
*пингвин* M

Seeschwalbe *die*
*крачка* F

Möwe *die*
*чайка* F

Schwan *der*
*лебедь* M

Pelikan *der*
*пеликан* M

Ente *die*
*утка* F

Flamingo *der*
*фламинго* M

Reiher *der*
*цапля* F

Gans *die*
*гусь* M

Blauvioletter Waldlaufkäfer *der*
*жужелица проблемная* F

Bockkäfer *der*
*мебельный точильщик* M

Froschkäfer *der*
*sagra buqueti* M

Gefurchter Dickmaulrüssler *der*
*скосарь одиночный* M

Maikäfer *der*
*майский хрущ* M

Marienkäfer *der*
*божья коровка* F

Grüner Scheinbockkäfer *der*
*oedemera nobilis*

Nashornkäfer *der*
*европейский жук-носорог* M

Hirschkäfer *der*
*жук-олень* M

Kartoffelkäfer *der*
*колорадский жук* M

Goldglänzender Rosenkäfer *der*
*золотистая бронзовка* F

Goliathkäfer *der*
*голиаф* M

Herkuleskäfer *der*
*жук-геркулес* M

Stierkäfer *der*
*навозный жук* M

Totengräber *der*
*могильщик* M

Taumelkäfer *der*
*вертячок* M

Nadelbaum-Marienkäfer *der*
*aphidecta obliterata* M

Heiliger Pillendreher *der*
*священный скарабей* M

Blumenkäfer *der*
*бронзовок* M

Chrysina resplendens
*chrysina resplendens*

Schwalbenschwanz-Puppe die
куколка F махаона M

Schwalbenschwanz der
махаон M

Schwalbenschwanz-Raupe die
гусеница F махаона M

Apollo der
*аполлон M*

Baumweissling der
*боярышница F*

Kleiner Kohlweissling der
*репница F*

Großer Speerspanner der
*rheumaptera hastata*

Segelfalter der
*подалирий M*

Herkulesspinner der
*павлиноглазка F геркулес M*

Actias luna
*actias luna*

Grosser Schillerfalter der
*переливница ивовая F*

Zitronenfalter der
*крушинница F*

Brahmaea wallichii
*брамея уоллиха F*

Divana diva
*divana diva*

Monarchfalter der
*данаида F*

Blauer Morphofalter der
*морфо пелеида F*

Himmelblauer Bläuling der
*адонис M*

Mondvogel der
*лунка серебристая F*

Kleidermotte die
*моль F*

Seidenspinner der
*тутовый шелкопряд M*

Kiefernspinner der
*коконопряд M*

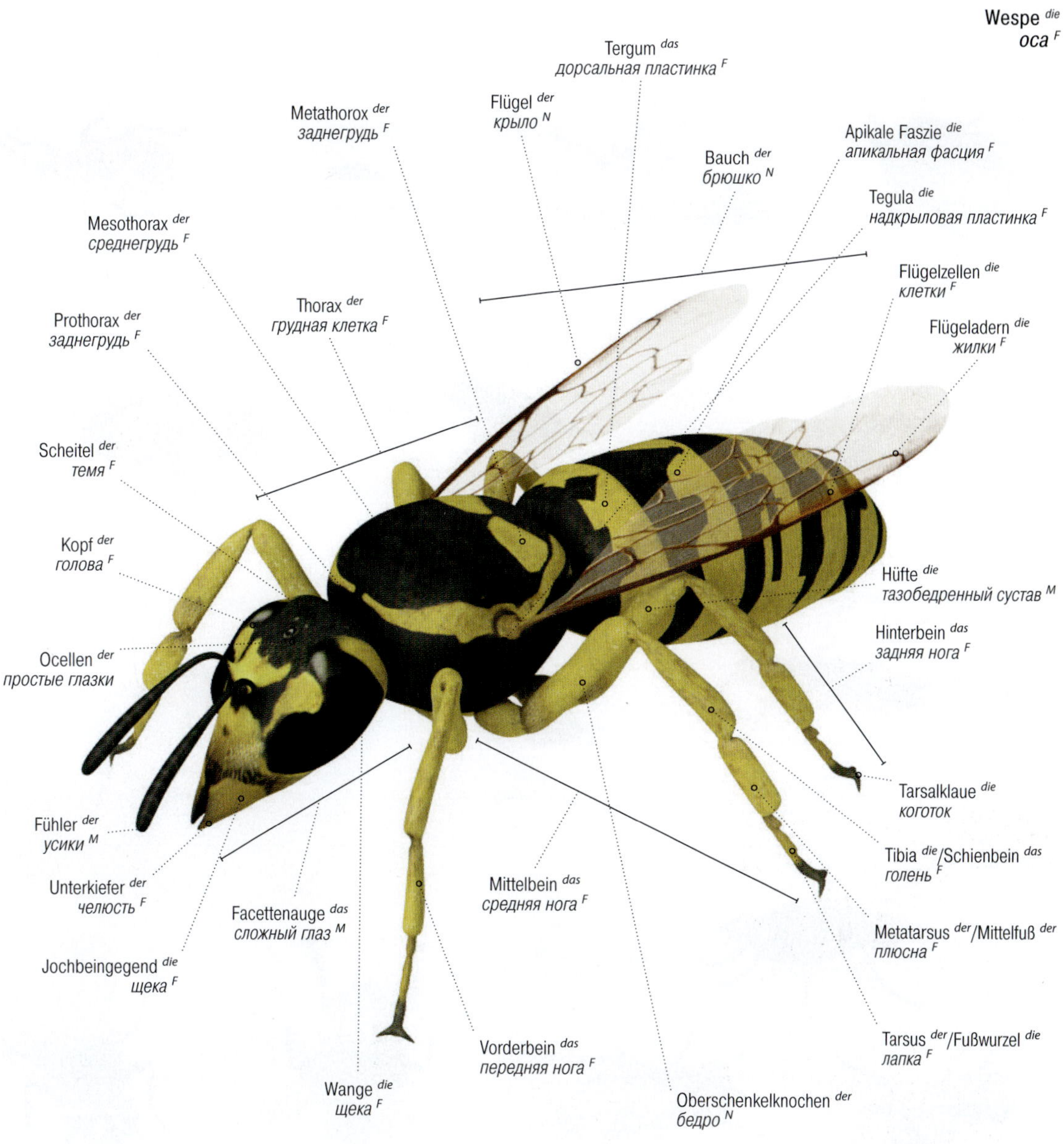

Erdhummel die
шмель M

Hornisse die
шершень M

Rote Waldameise die
красный лесной муравей M

Westliche Honigbiene die
медоносная пчела F

## Neuflügler *der*
## *Новокрылые* [N]

Stinkwanze *die*
*настоящий щитник* [M]

Termite *die*
*термит* [M]

Floh *der*
*блоха* [F]

Gemeine Feuerwanze *die*
*клоп-солдатик* [M]

Grashüpfer *der*
*кузнечик* [M]

Heuschrecke *die*
*саранча* [F]

Madagaskar-Fauchschabe *die*
*мадагаскарский таракан* [M]

Ohrkneifer *der*
*уховертка* [F]

Laus *die*
*вошь* [F]

Schabe *die*
*немецкий таракан* [M]

## Zweiflügler *der*
## *Двукрылые* [N]

Kriebelmücke *die*
*черная муха* [F]

Bremse *die*
*овод* [M]

Fliege *die*
*муха* [F]

Graue Fleischfliege *die*
*мясная муха* [F]

Kleine Stubenfliege *die*
*меньшая комнатная муха* [F]

Hummel *die*
*шмель* [M]

Schmeissfliegen *die*
*падальная муха* [F]

Stechmücke *die*
*комар* [M]

Tsetsefliege *die*
*муха* [F]

Gottesanbeterin *die*
*богомол M*

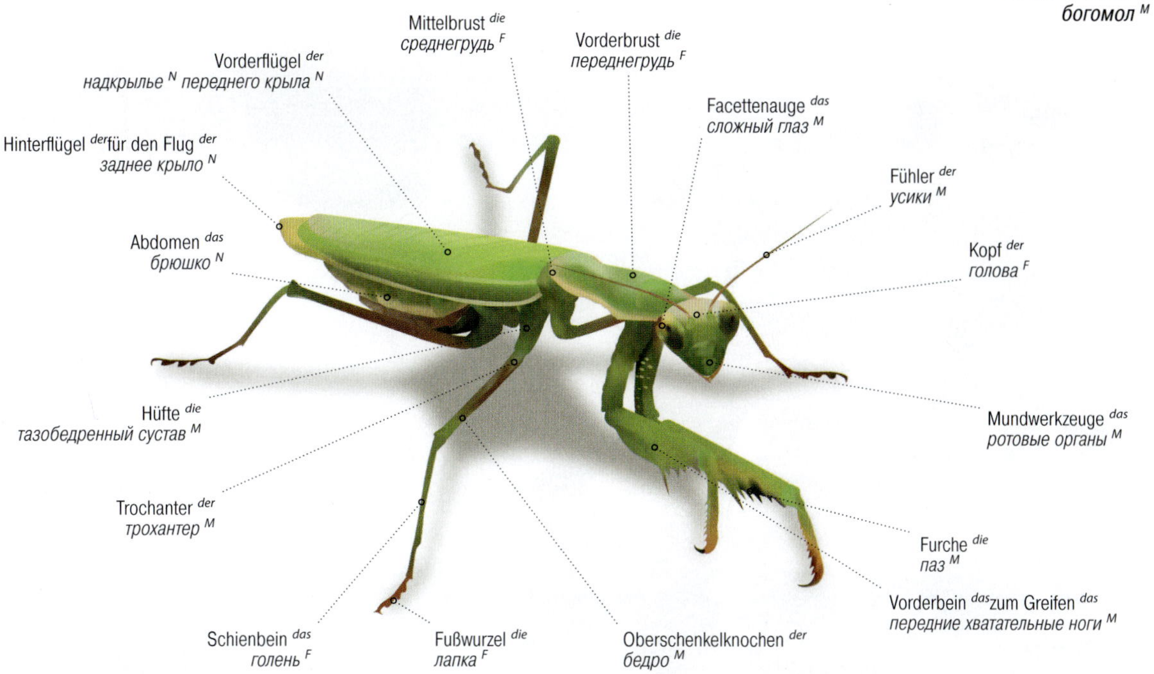


Libelle *die*
*стрекоза F*

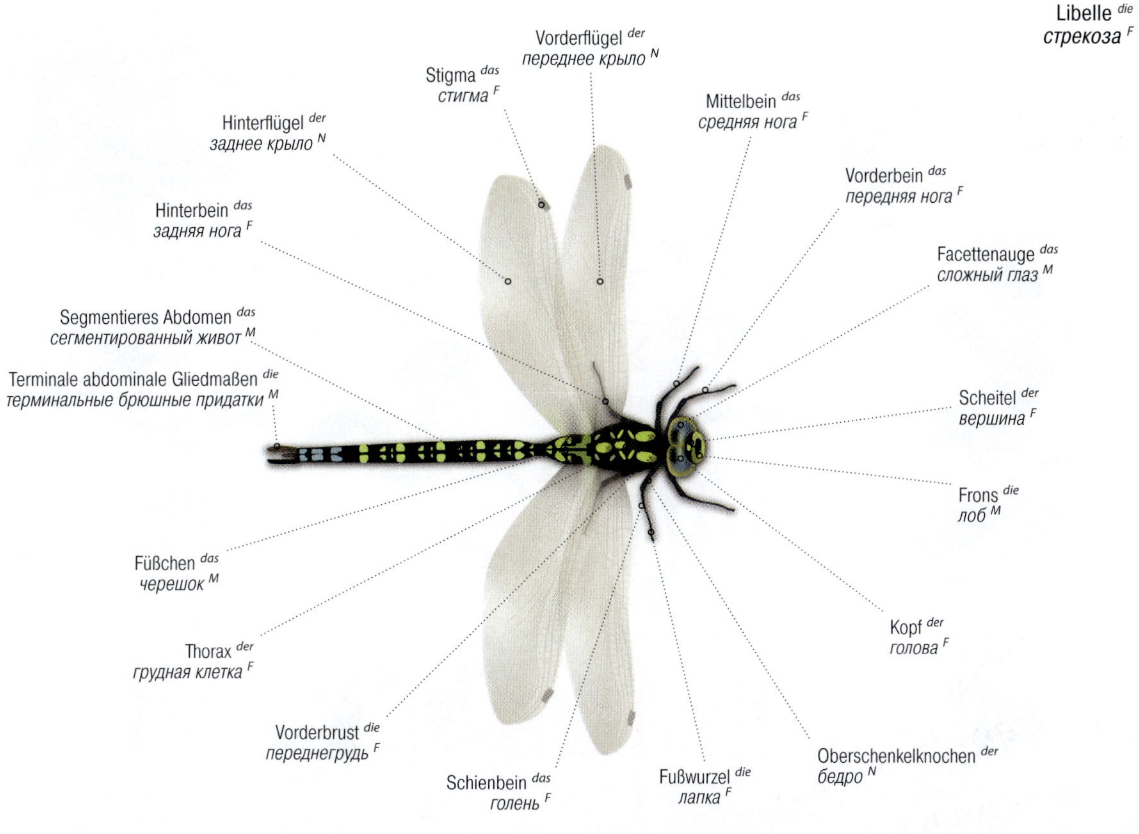

Echte Weinrebe *die*
*виноград* *M*

Weinrebe *die*
*виноградная лоза* *F*

Blatt *das*
*лист* *M*

Fruchtstiel *der*
*плодоножка* *F*

Traube *die*
*винораградная гроздь* *F*

Unterstützung *die*
*опора* *F*

Stamm *der*
*ствол* *M*

Lavendel *der*
*лаванда* *F*

Weizen *der*
*пшеница* *F*

Gerste *die*
*ячмень* *M*

Kaffee *der*
*кофе* *M*

Sonnenblume *die*
*подсолнечник* *M*

Mais *der*
*кукуруза* *F*

Sojabohne *die*
*соевый боб* *M*

Baumwolle *die*
*хлопок* *M*

Gemüse das
*Овощи* M

Karotte die
*морковь* F

Erbsen die
*горох* M

Blumenkohl der
*цветная капуста* F

Chilipfeffer der
*перец* M

Tomate die
*помидор* M

Aubergine die
*баклажан* M

Brokkoli *der*
*брокколи* F

Kopfsalat *der*
*салат-латук* M

Erdbeere *die*
*клубника* F

Speisekürbis *der*
*кабачок* M

Zucchini *die*
*цукини* M

Wassermelone *die*
*дыня* F

Cantaloupe-Melone *die*
*канталупа* F

Zwiebel *die*
*репчатый лук* M

Gurke *die*
*огурец* M

Birne *die*
*груша F*

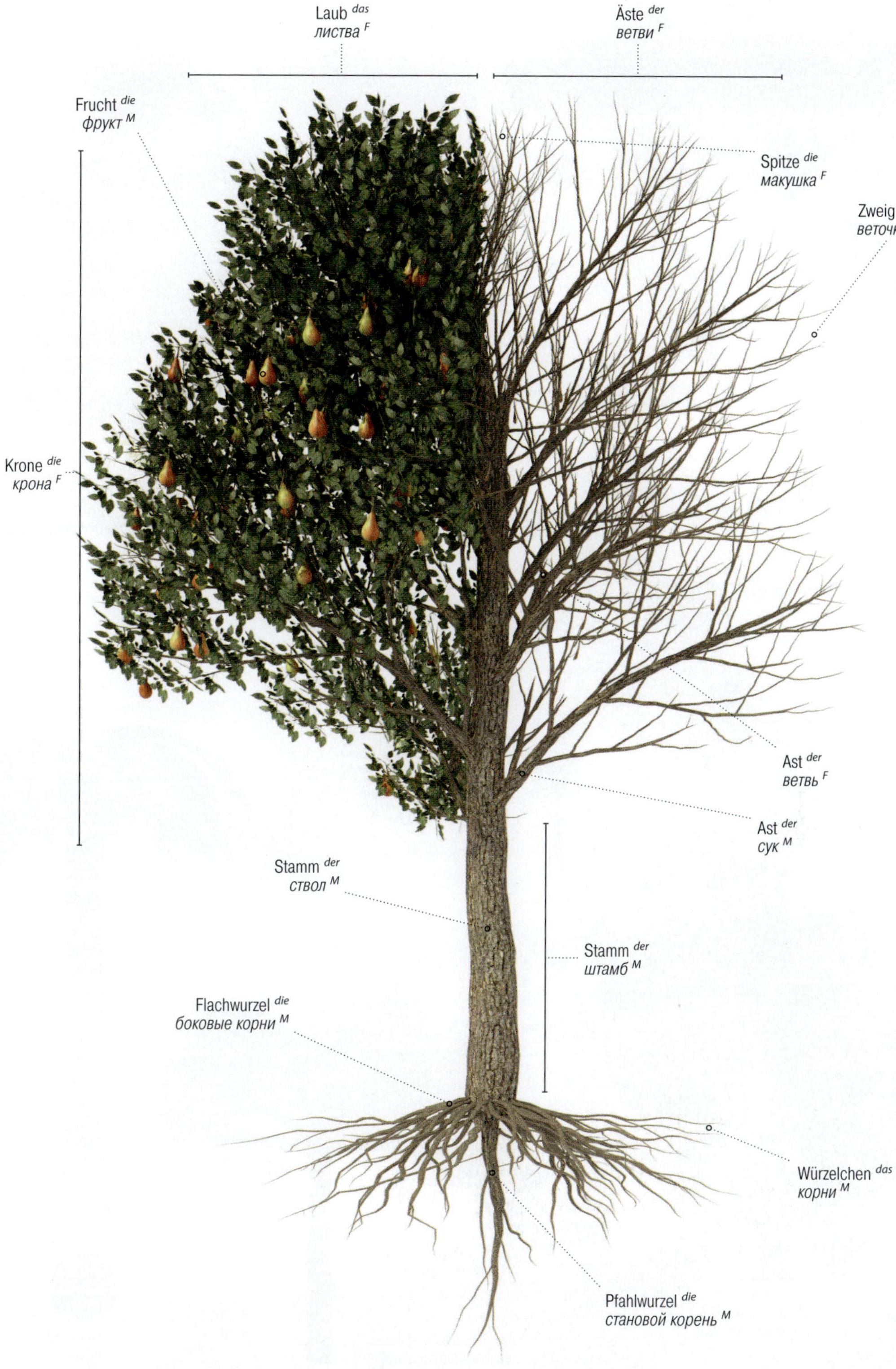

Apfel der
*яблоко* M

Stechpalme die
*падуб* M

Weißbirke die
*береза* F

Bjuvia die
*бьювия* F

Deutsche Eiche die
*английский дуб* M

Amerikanische Platane die
*американский платан* M

Espe *die*
*европейская осина F*

Gemeine Esche *die*
*ясень M*

Spitzahorn *der*
*клён M*

Gummibaum *der*
*каучуковое дерево M*

Flatterulme *die*
*европейский белый вяз M*

Hainbuche *die*
*граб M*

Olive *die*
*оливковое дерево N*

Rotbuche *die*
*европейский бук* M

Kastanie *die*
*каштан* M

Breitblättrige Linde *die*
*широколиственная липа* F

Schwarzerle *die*
*черная ольха* F

Hagedorn *der*
*боярышник однопестичный* M

Ginkgo *der*
*гинкго* M

Blau-Fichte *die*
*ель* F

Italienische Zypresse *die*
*итальянский кипарис* M

Europäische Lärche *die*
*лиственница европейская* F

Gemeine Fichte *die*
*ель* F

Aleppo-Kiefer *die*
*сосна алеппская* F

Gemeiner Wacholder [der]
*обыкновенный можжевельник* [M]

Riesen-Lebensbaum [der]
*туя складчатая* [F]

Nordmanntanne [die]
*кавказская ель* [F]

Europäische Eibe [die]
*английский тис* [M]

Pontische Alpenrose die
*рододендрон понтийский* M

Gemeiner Flieder der
*обыкновенная сирень* M

Gewöhnlicher Jasmin der
*обыкновенный жасмин* M

Goldrohrbambus der
*золотой бамбук* M

Magnolie die
*магнолия* F

Hyazinthe *die*
*гиацинт* M

Margerite *die*
*нивяник обыкновенный* M

Paradiesvogelblume *die*
*геликония* F

Nelke *die*
*гвоздика* F

Holländische Iris *die*
*голландский ирис* M

Rose *die*
*роза* F

Pfingstrose *die*
*пион* M

**Amaryllis** *die*
***амариллис*** M

Spinnengerbera die
*гербера F*

Lilie die
*лилия F*

Tulpe die
*тюльпан M*

Gladiole die
*гладиолус M*

Gemma guzmania
*гузмания F*

Krokus der
*крокус M*

Orchidee die
*орхидея F*

## Zimmerpflanzen die
## *Комнатные растения N*

Dracaena marginata
*драцена отогнутая F*

Sagopalme die
*саговая пальма F*

Ferocactus der
*ферокактус M*

Kroton Petra der
*кодиеум пёстрый M*

Gewöhnlicher Efeu der
*плющ M*

Vorderansicht *die* eines weiblichen Körpers *der*
*передний вид женского тела N*

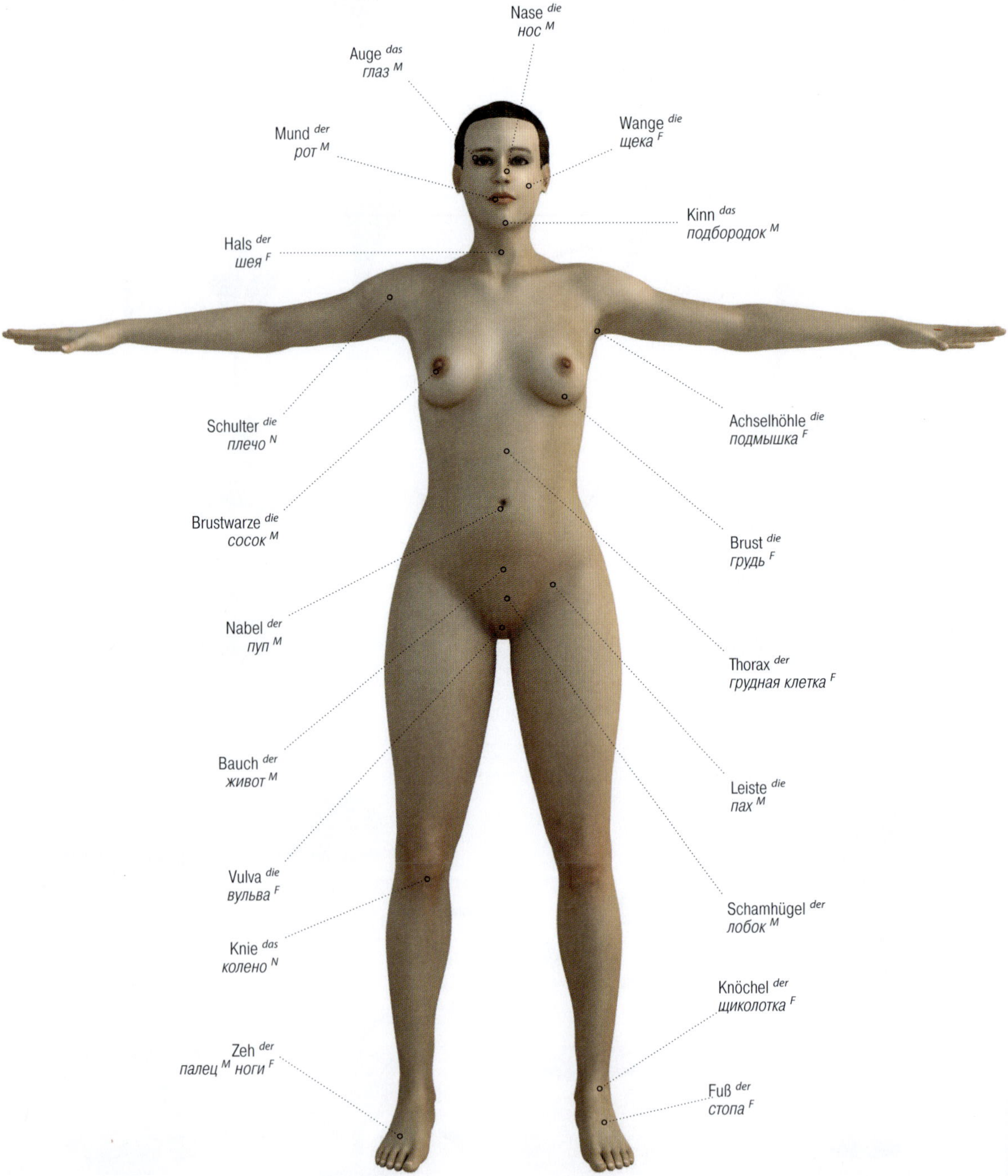

Hinteransicht *die* eines weiblichen Körpers *der*
*задний вид женского тела* N

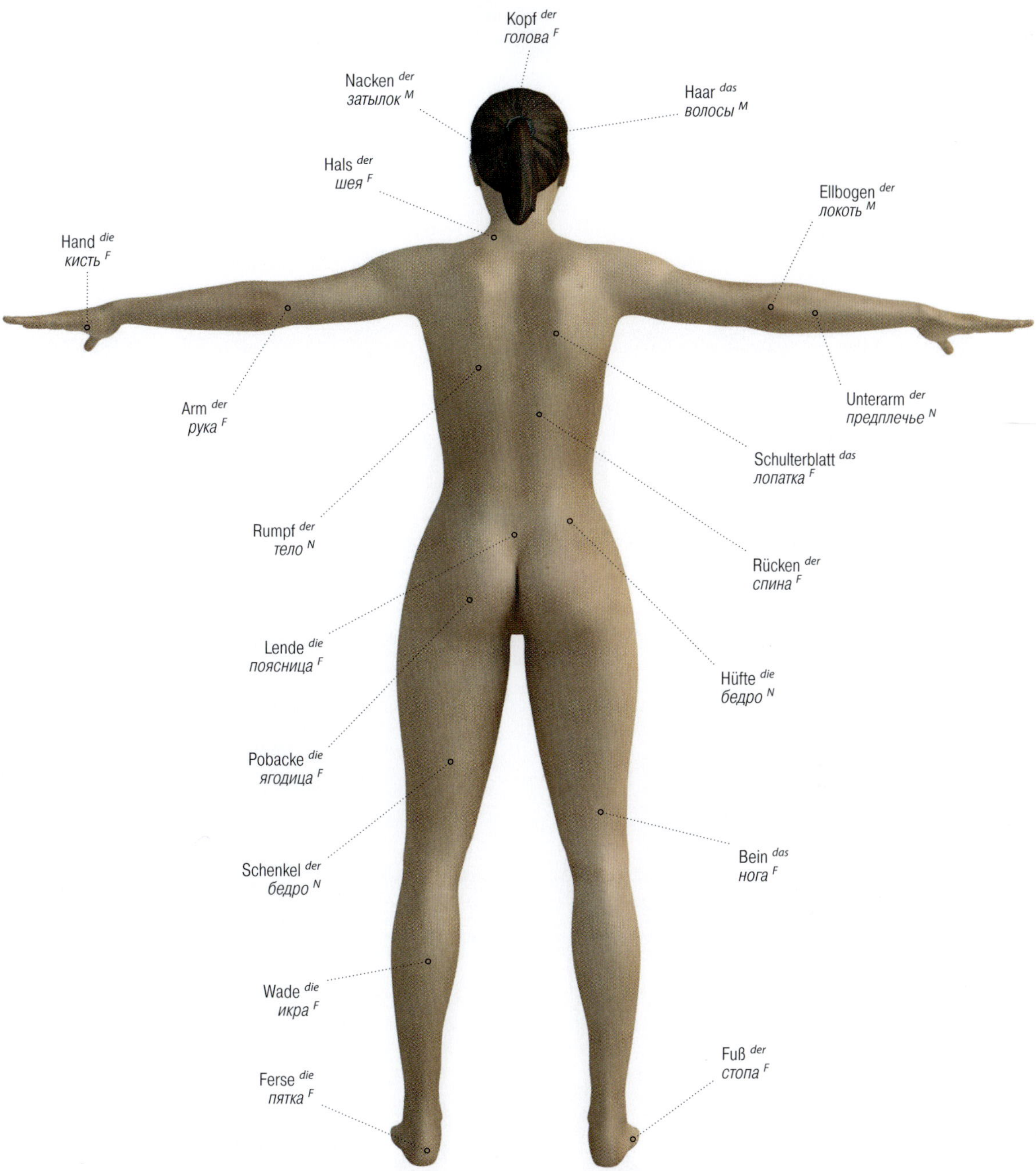

# MENSCHLICHER KÖRPER
## Männlicher Körper

Vorderansicht die eines männlichen Körpers der
*передний вид мужского тела N*

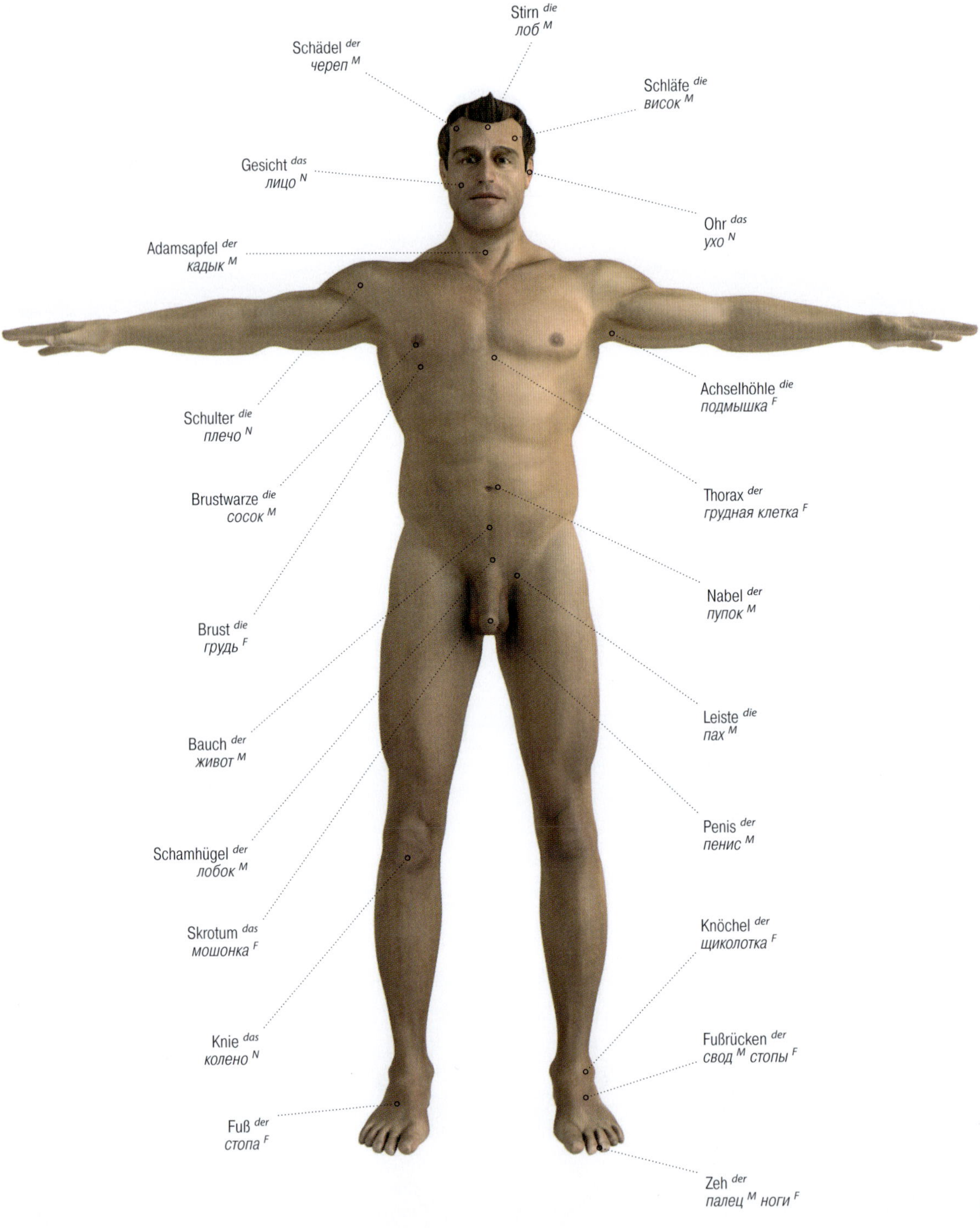

Hinteransicht *die* eines männlichen Körpers *der*
*задний вид мужского тела* *N*

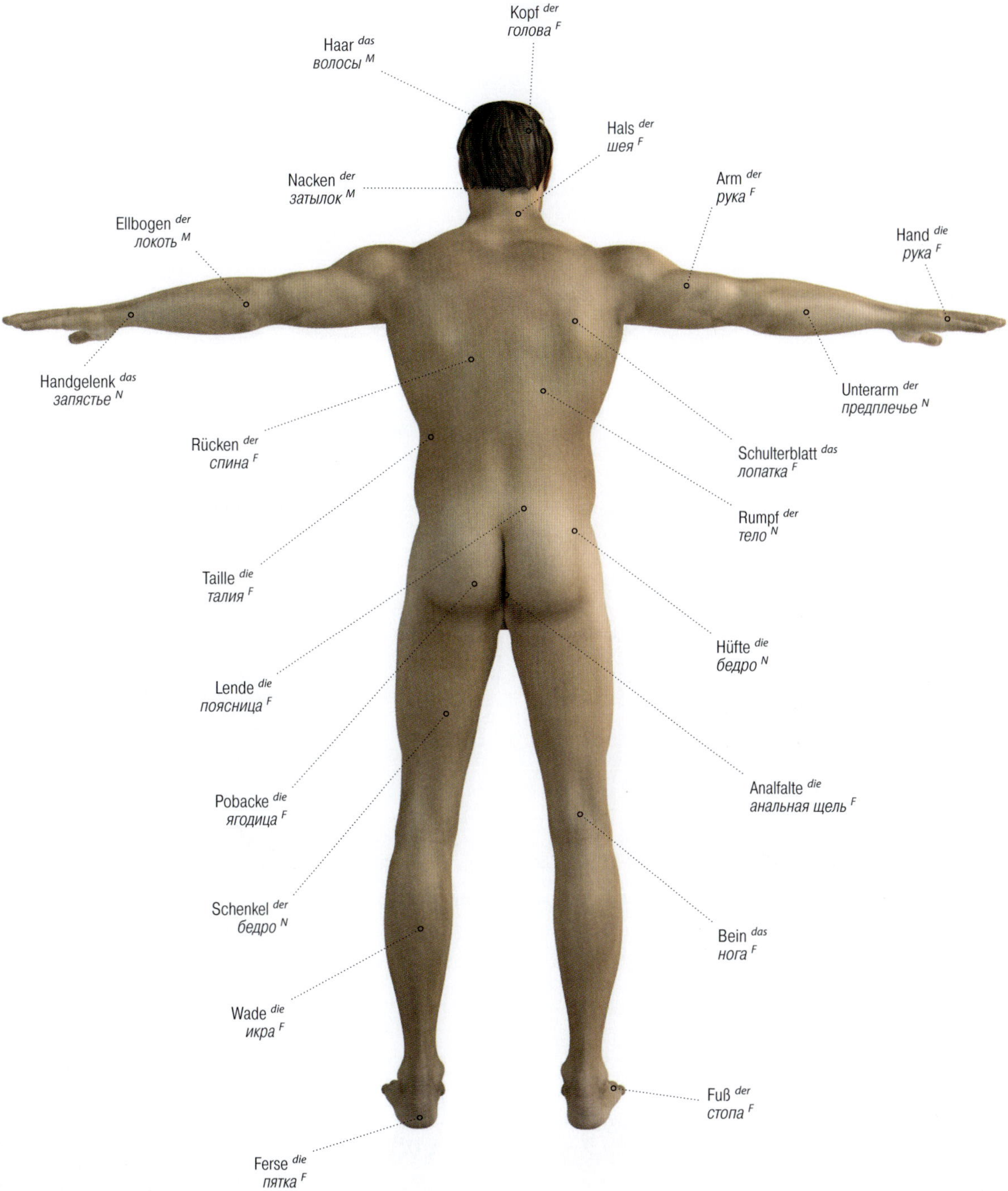

Vorderansicht *die* der Muskulatur *die*
*мышцы F вид M*

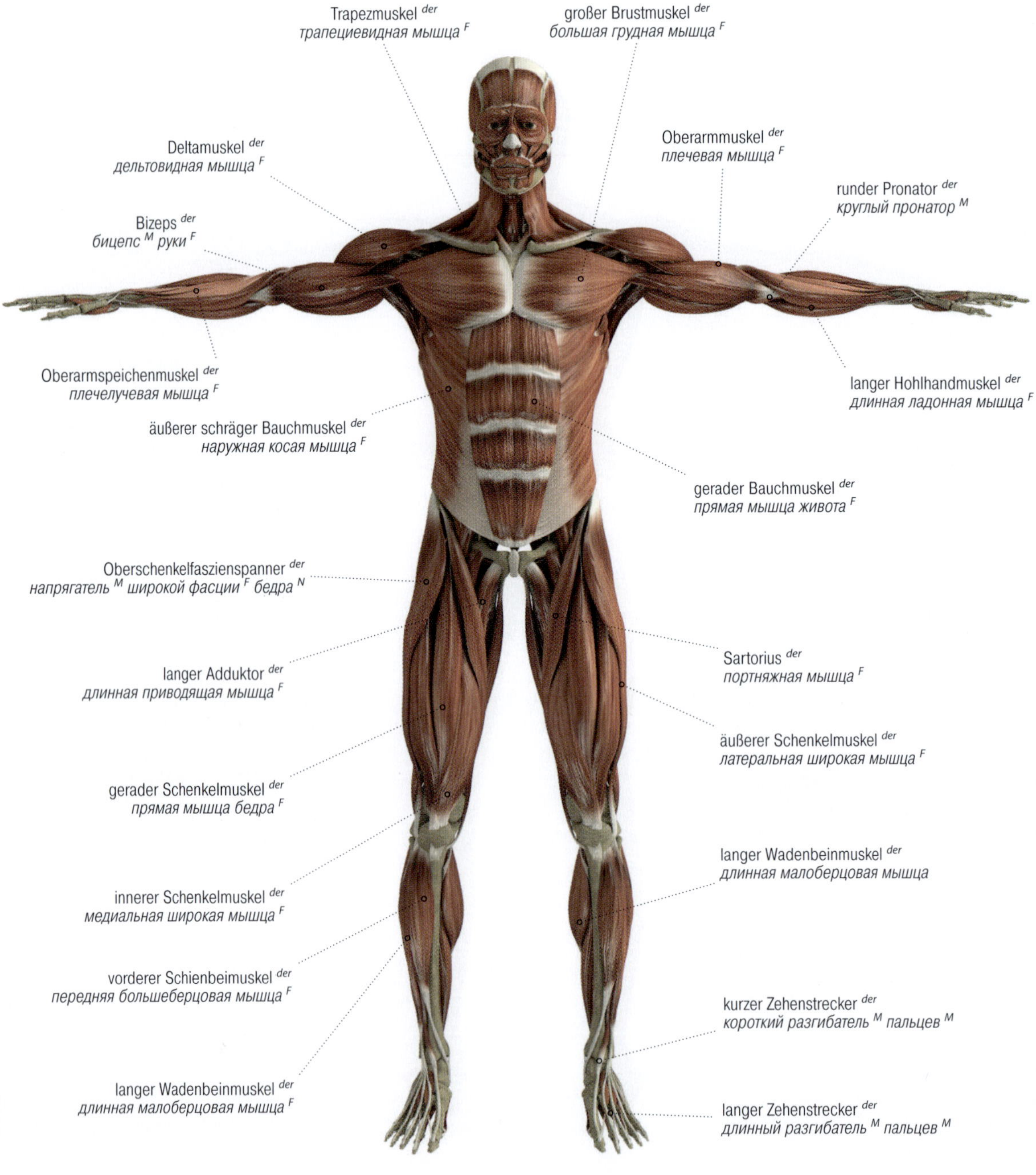

Hinteransicht *die* der Muskulatur *die*
***мышцы** F **вид** M **сзади** F*

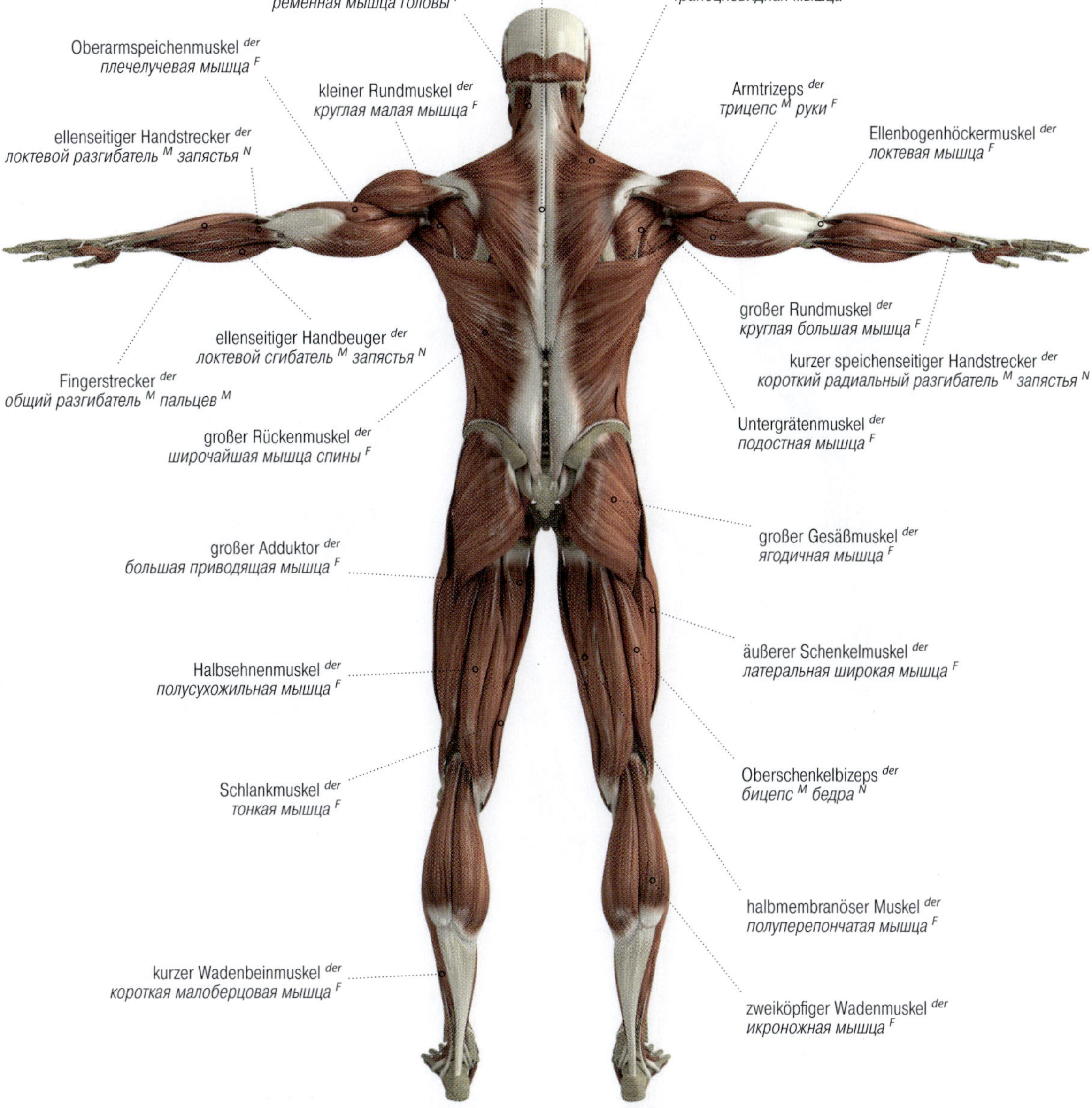

Vorderansicht die des Skeletts das
*скелет* M

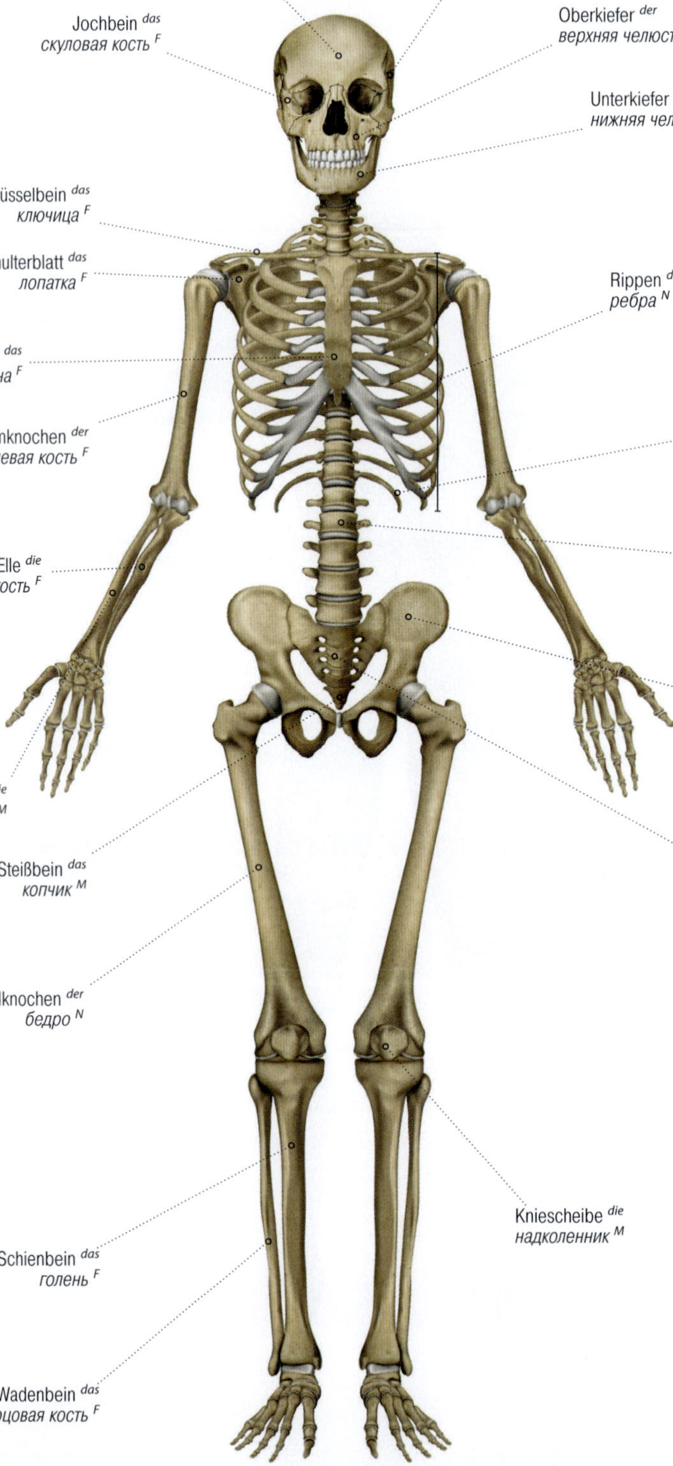

Hinteransicht die des Skeletts das
скелет M

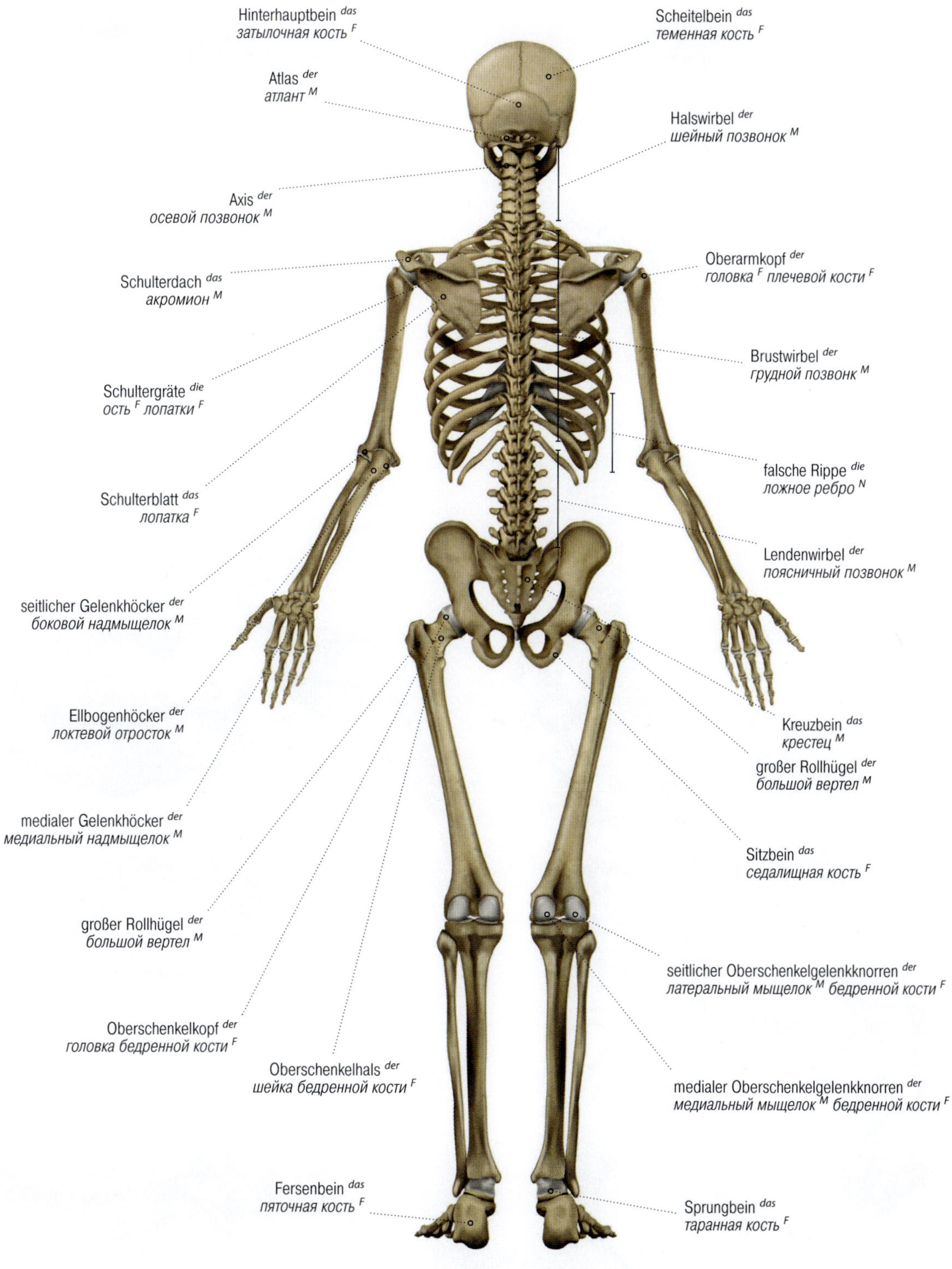

Wirbelsäule *die*
*позвоночный столб M*

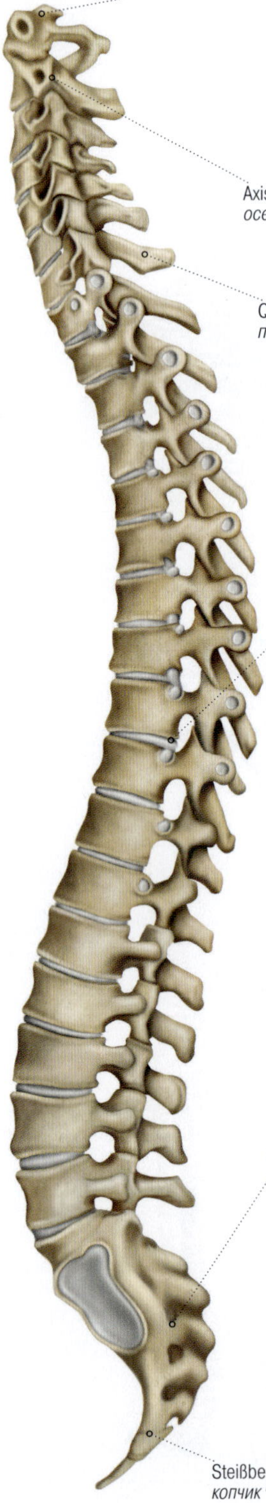


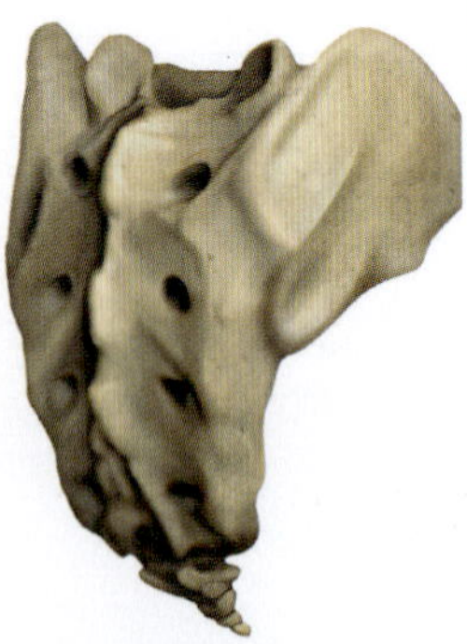

Kreuzbein *das*
*крестец M*

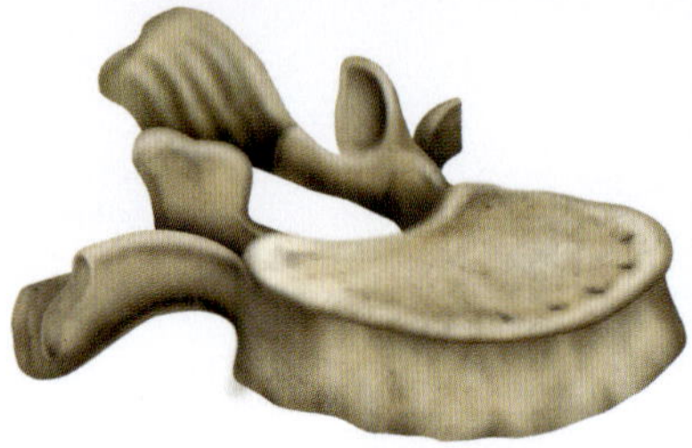

Lendenwirbel *der*
*поясничный позвонок M*

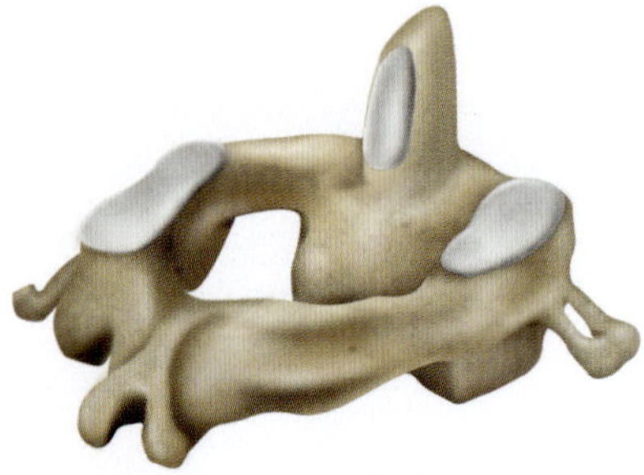

Axis *der*
*осевой позвонок M*

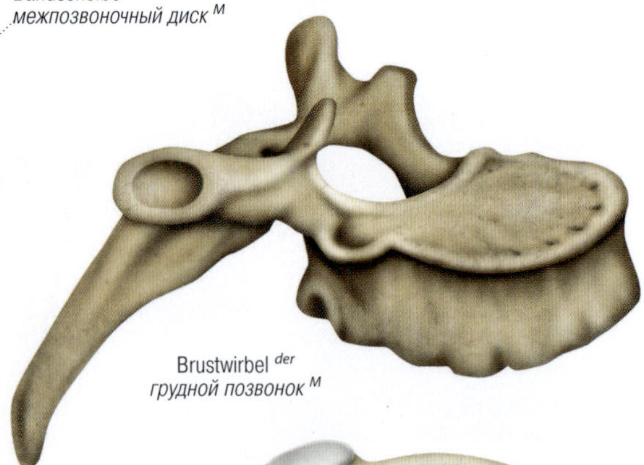

Brustwirbel *der*
*грудной позвонок M*

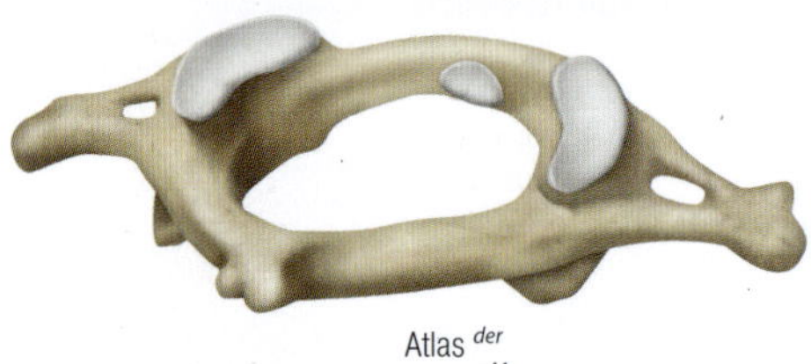

Atlas *der*
*атлант M*

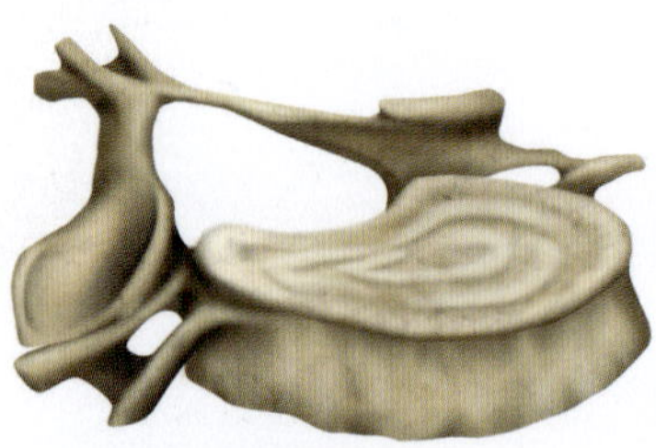

Halswirbel *der*
*шейный позвонок M*

### Schädel der eines Erwachsenen der
### *череп M взрослого M*

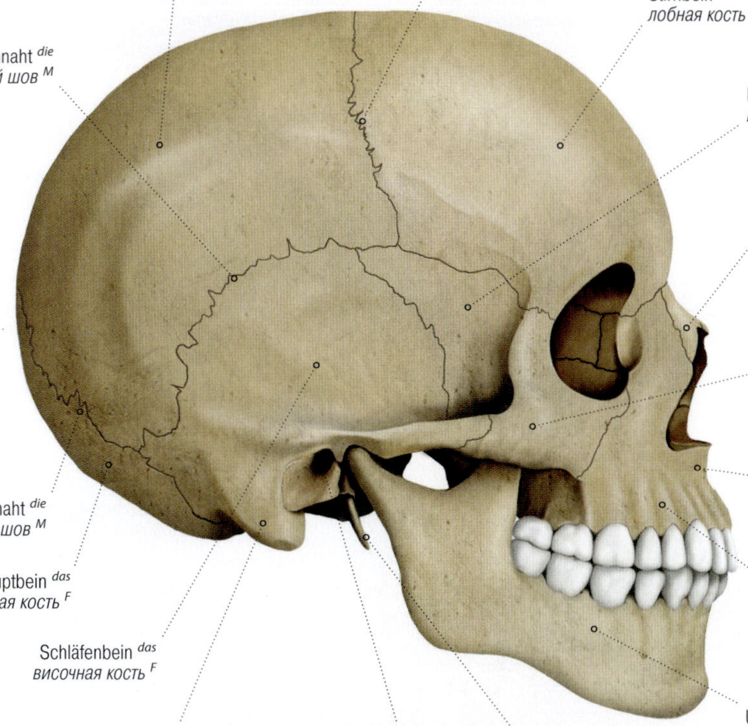


### Schädel der eines Kindes das
### *череп M ребенка M*

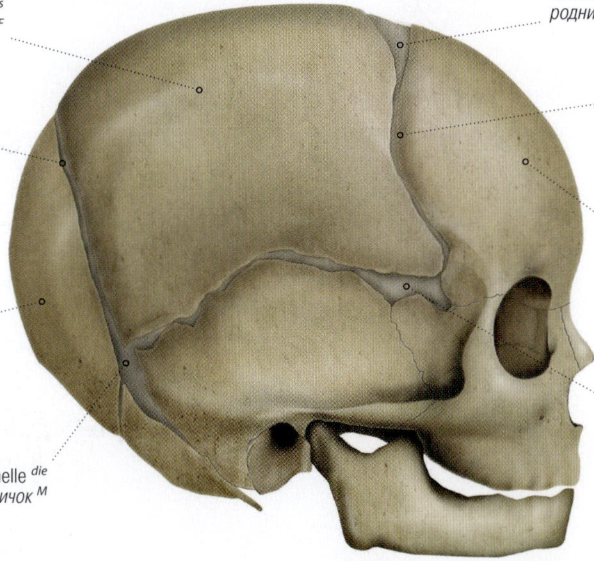

Hauptarterien *die*
*основные артерии F*

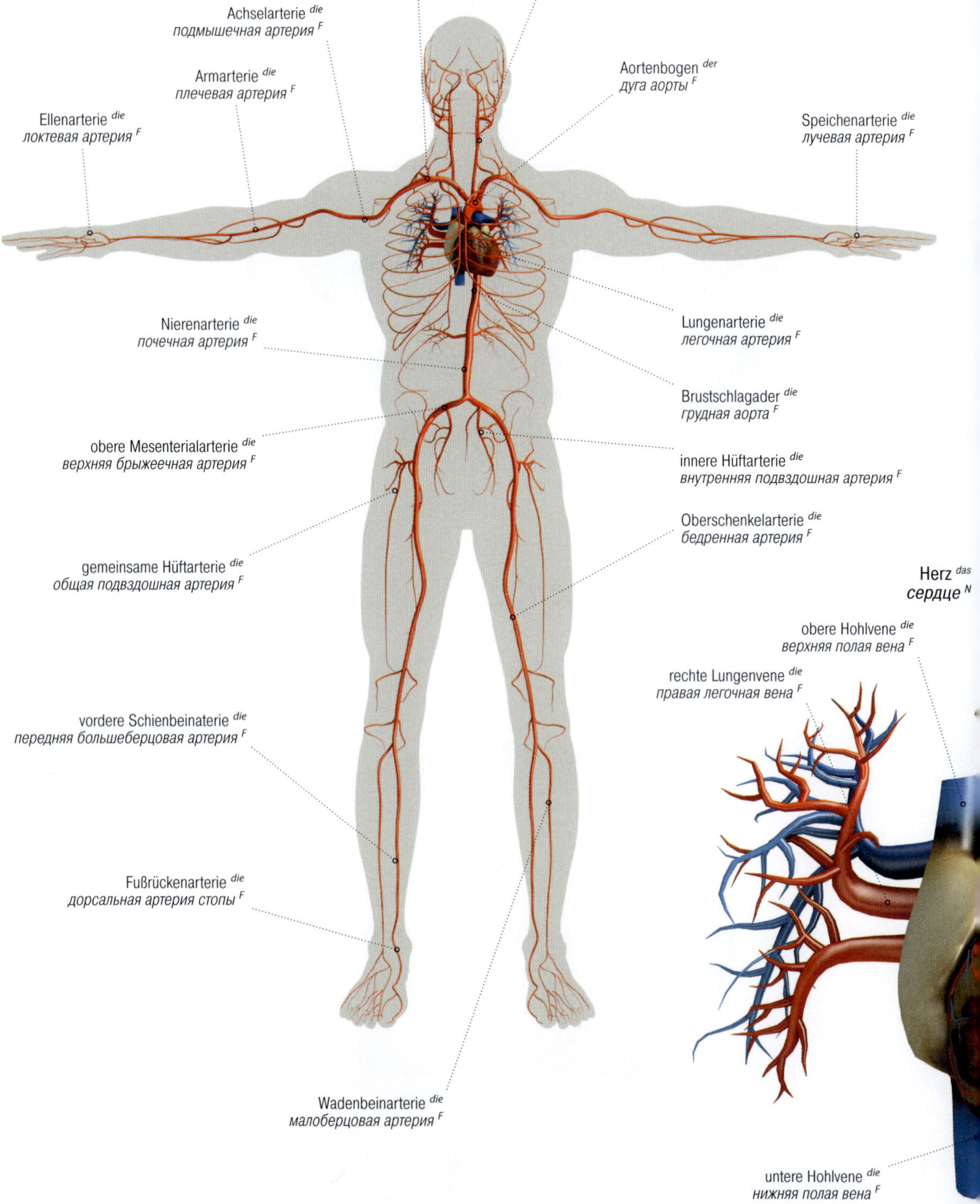


Herz *das*
*сердце N*

## Hauptvenen *die*
## *основные вены* F

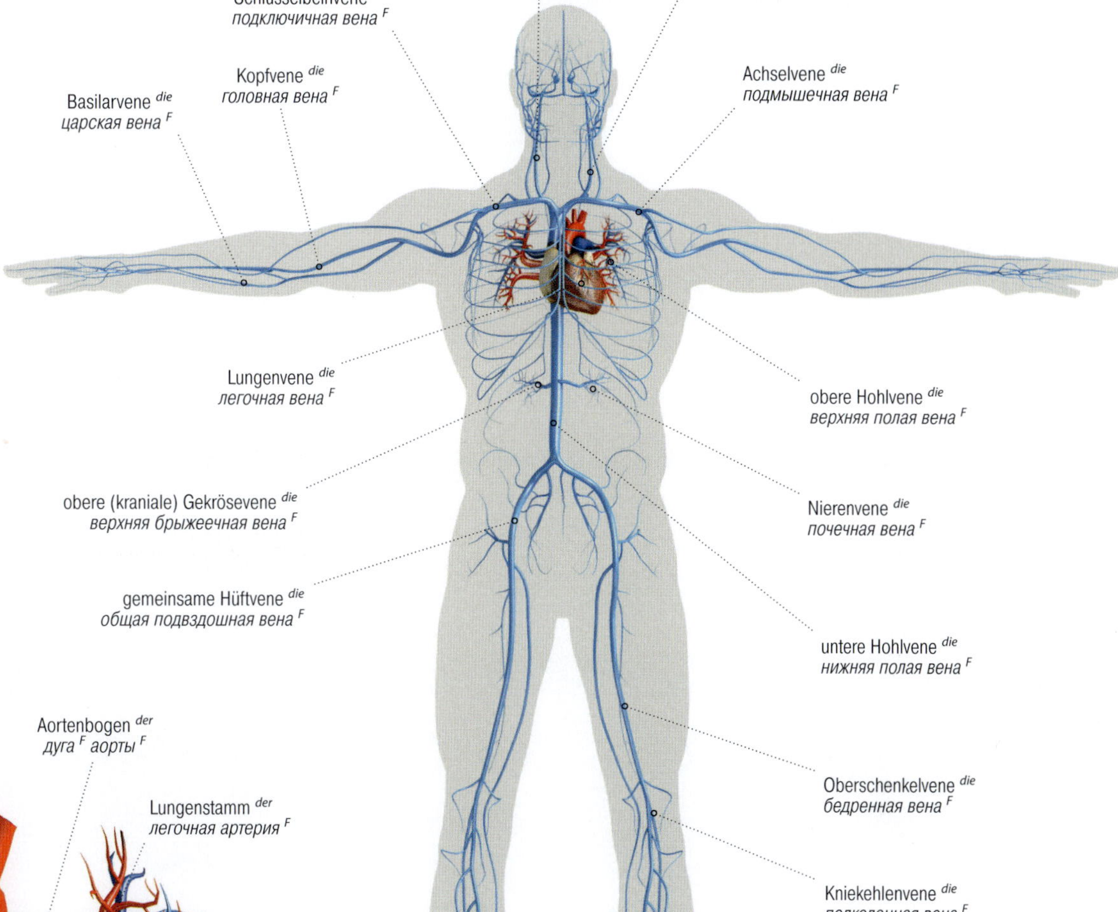


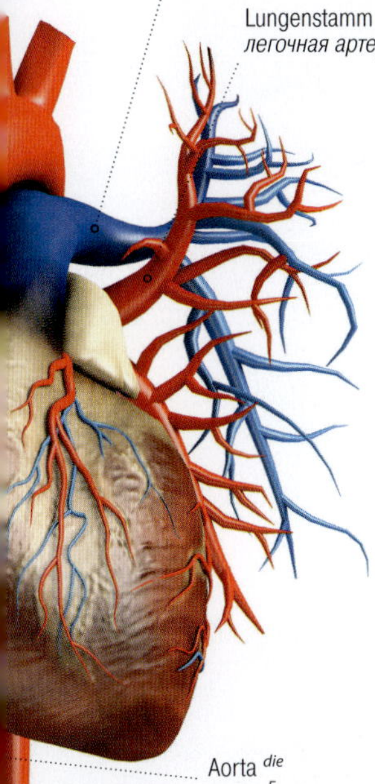

Nervensystem *das*
*нервная система F*

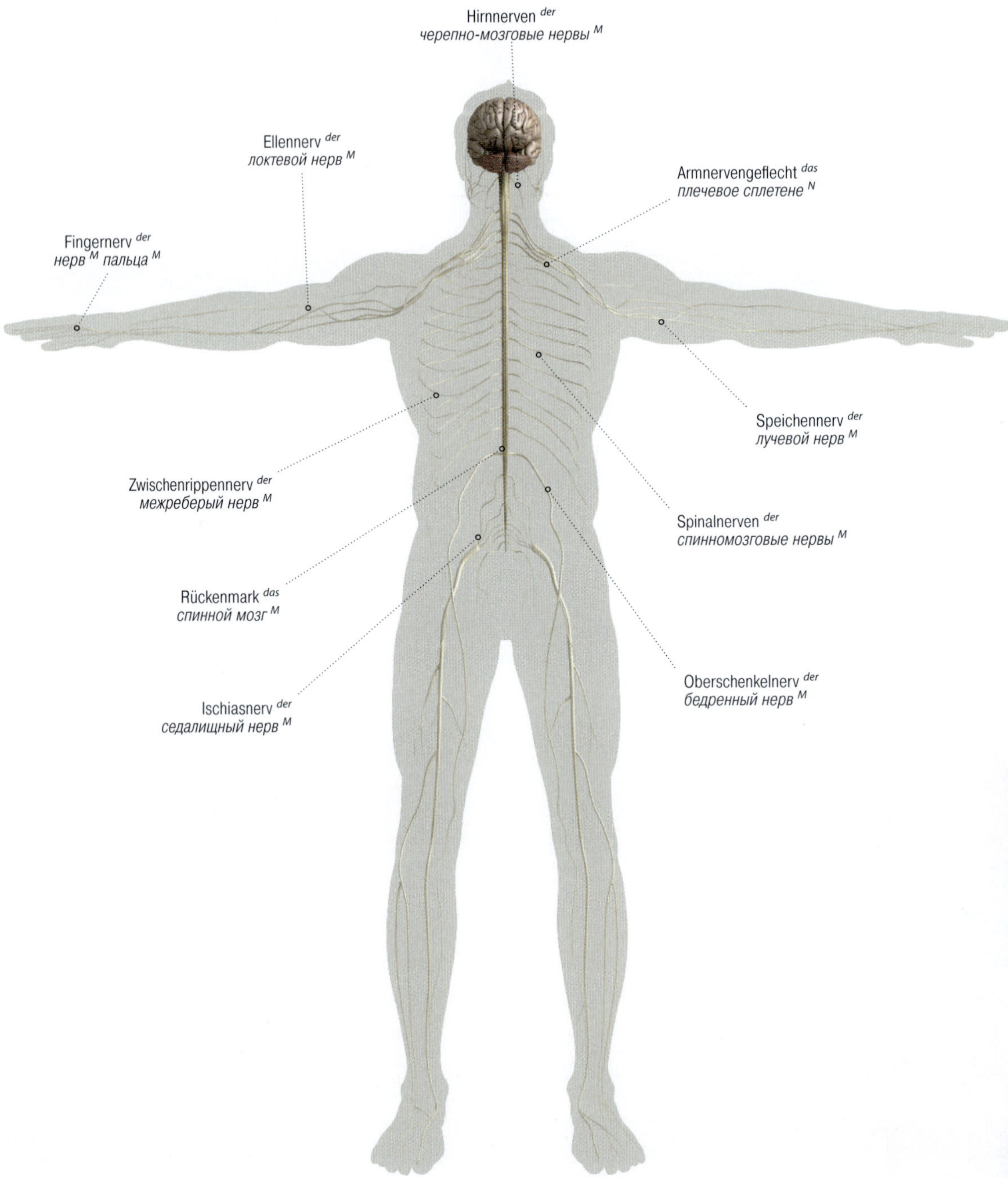

Querschnitt *der* des Großhirns *das*
*поперечное сечение головного мозга M*

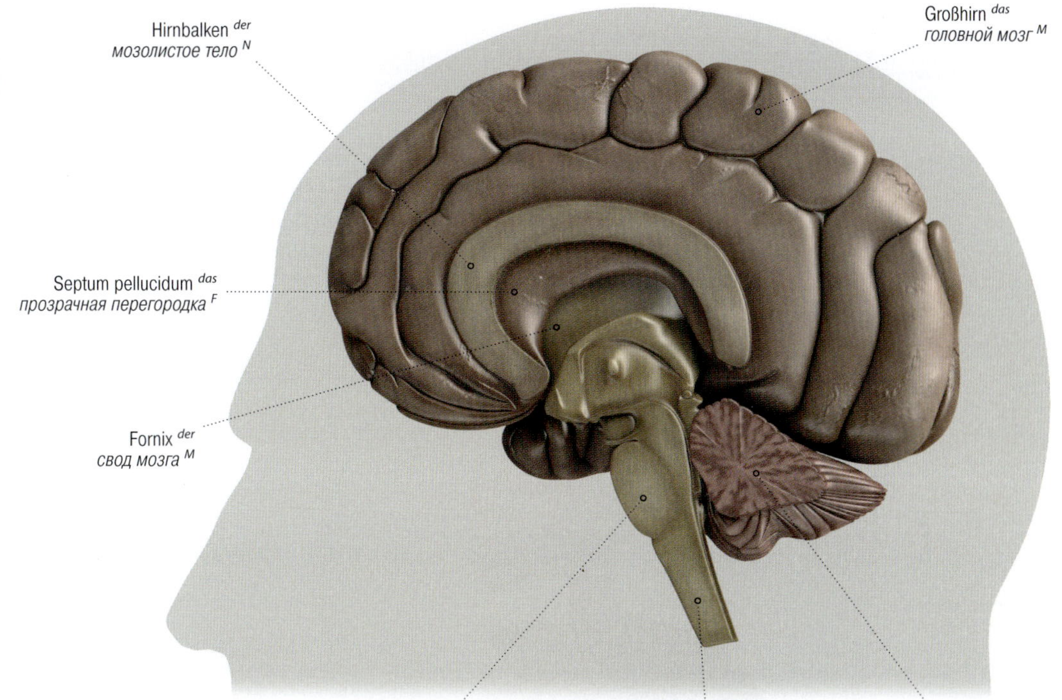


Seitenansicht *die* des Großhirns *das*
*головной мозг M*

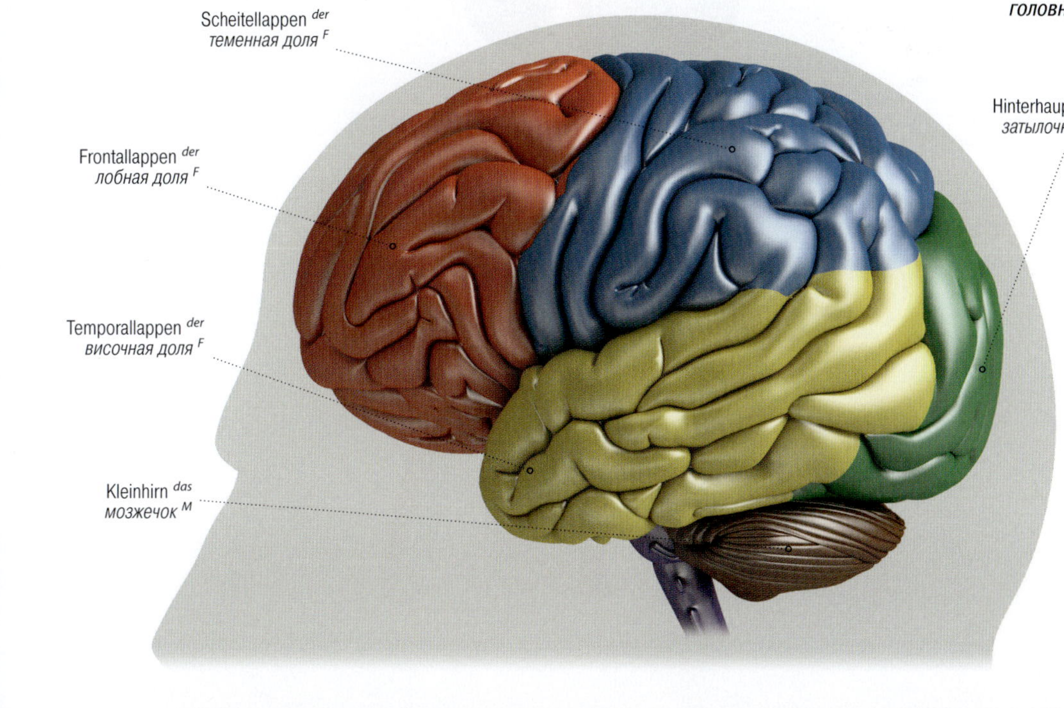

weibliches Hormonsystem *das*
*женская эндокринная система F*

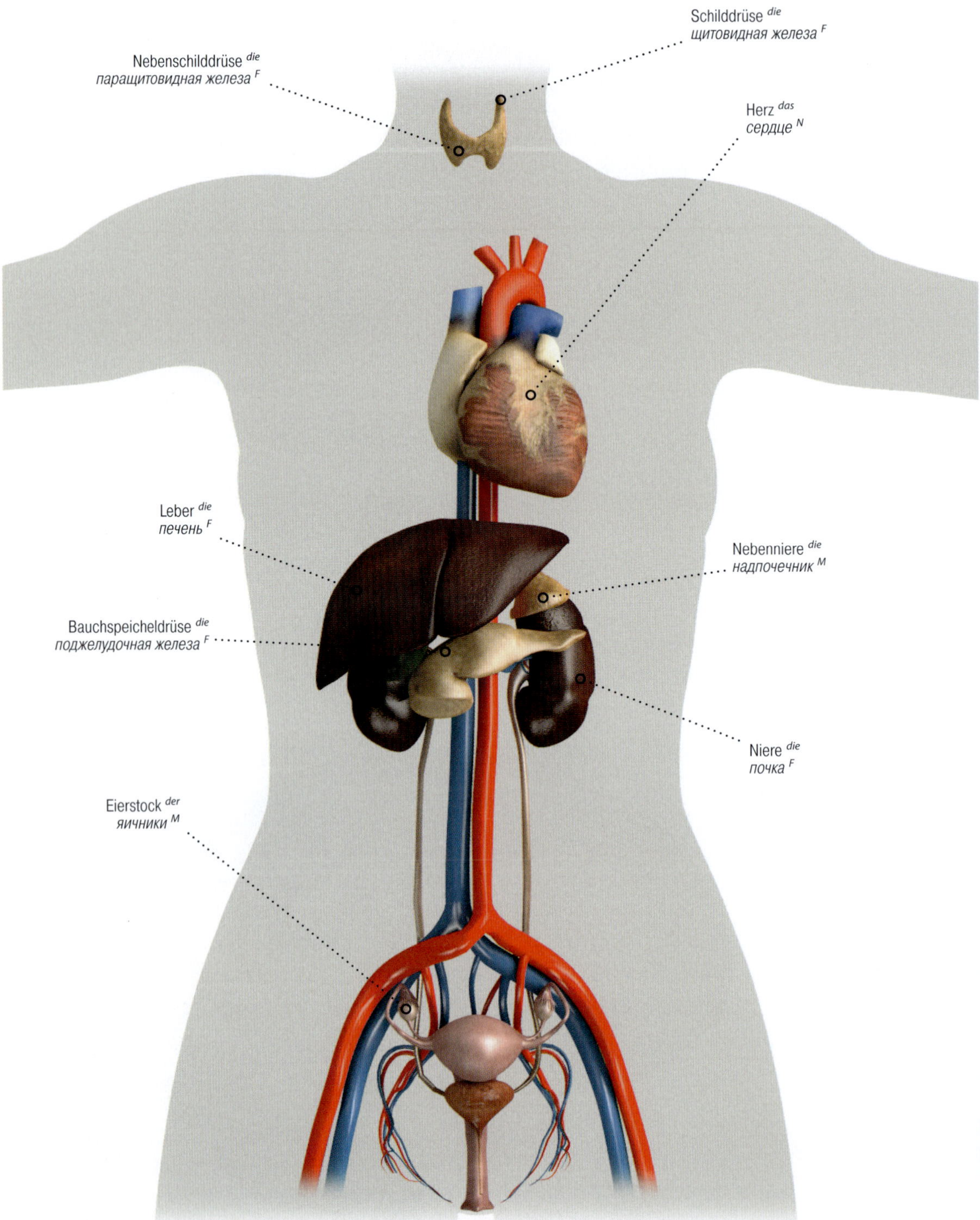

Vorderansicht *die* des Verdauungssystems *das*
***пищеварительная система*** *F*

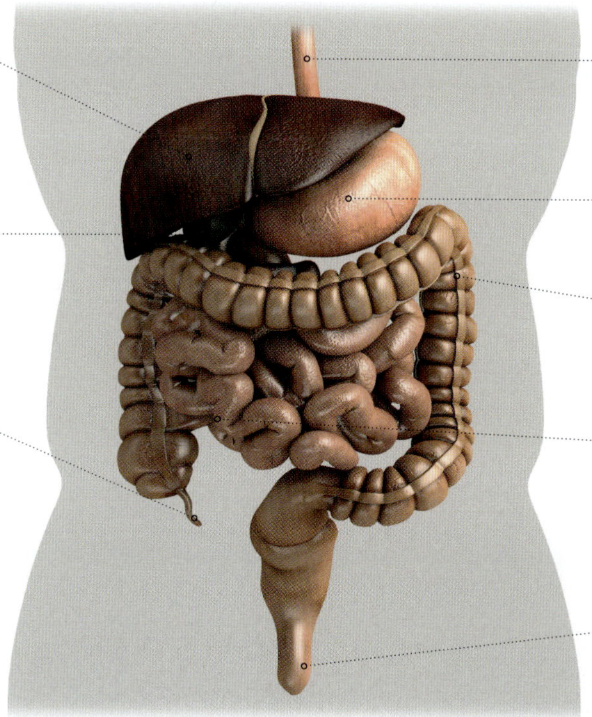


Hinteransicht *die* des Verdauungssystems *das*
***пищеварительная система*** *F*

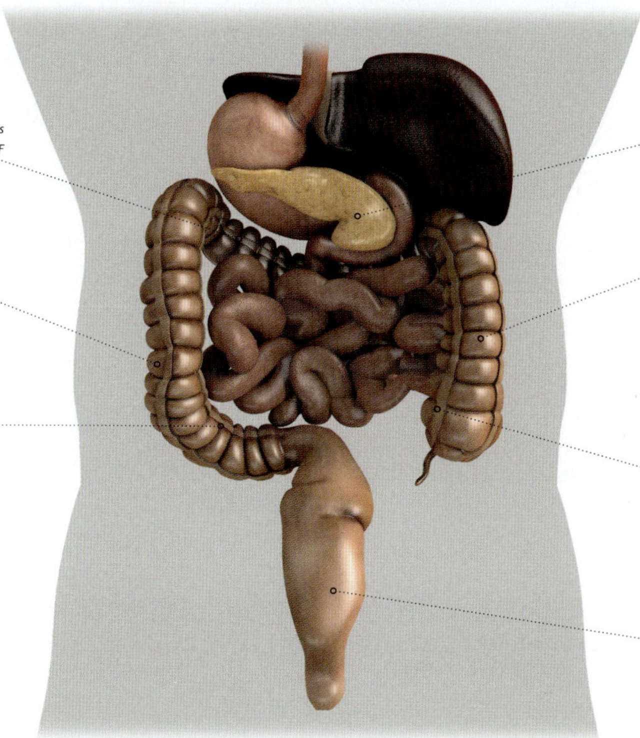

Angiografieraum der
*ангиографческий кабинет M*

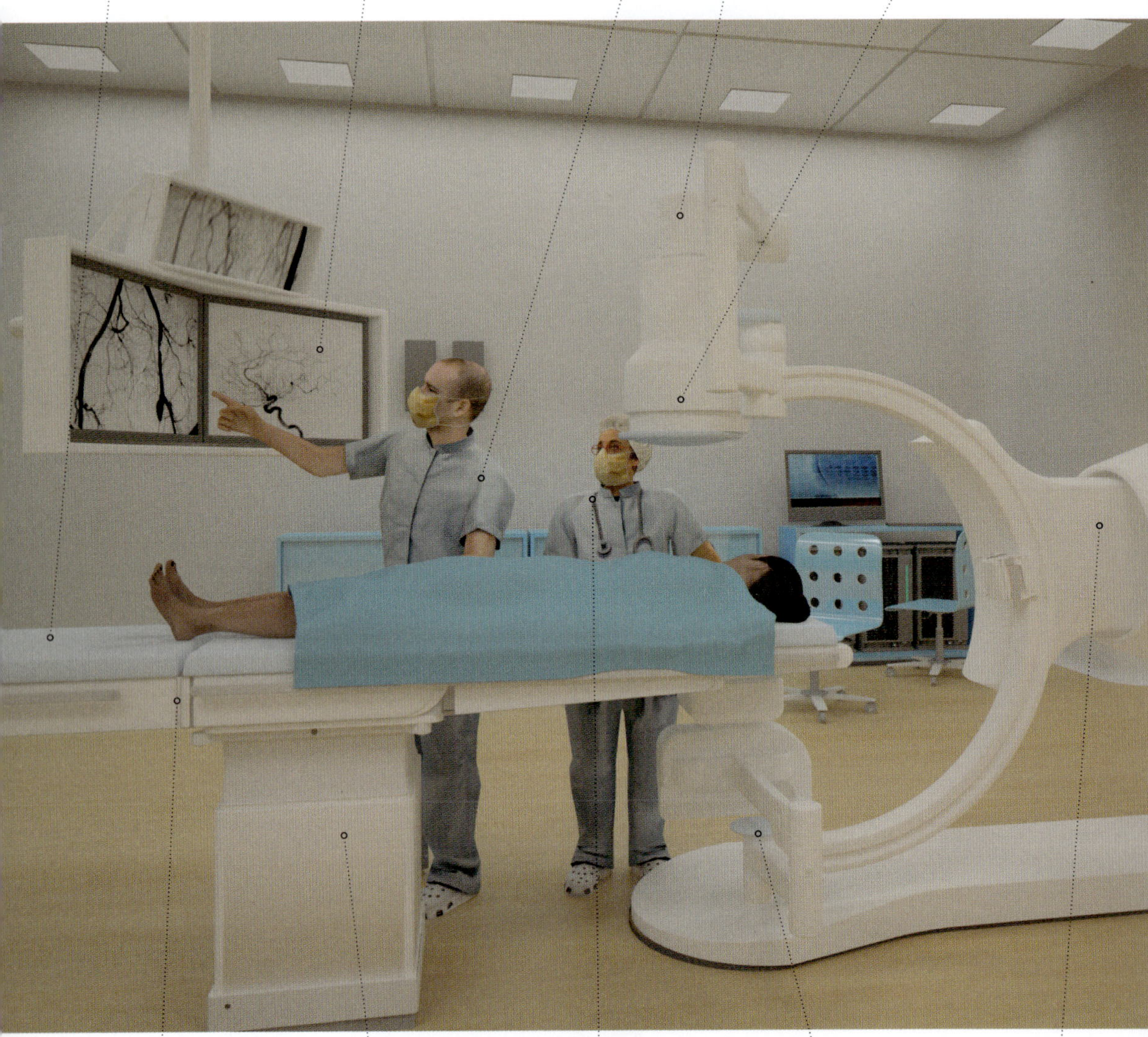

MRT-Raum *der*
*комната сканирования F*

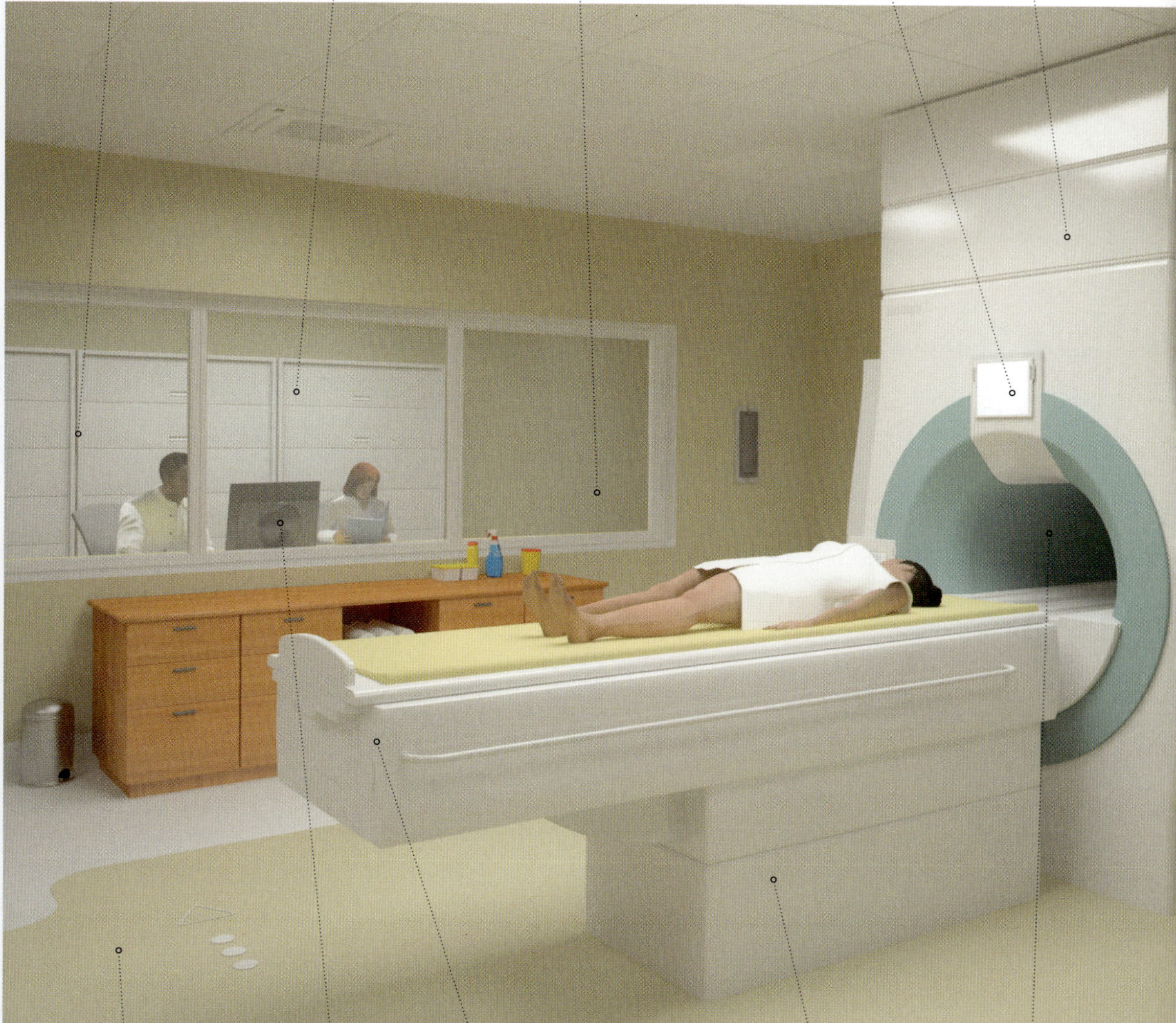

OP *der*
*операционный зал* M

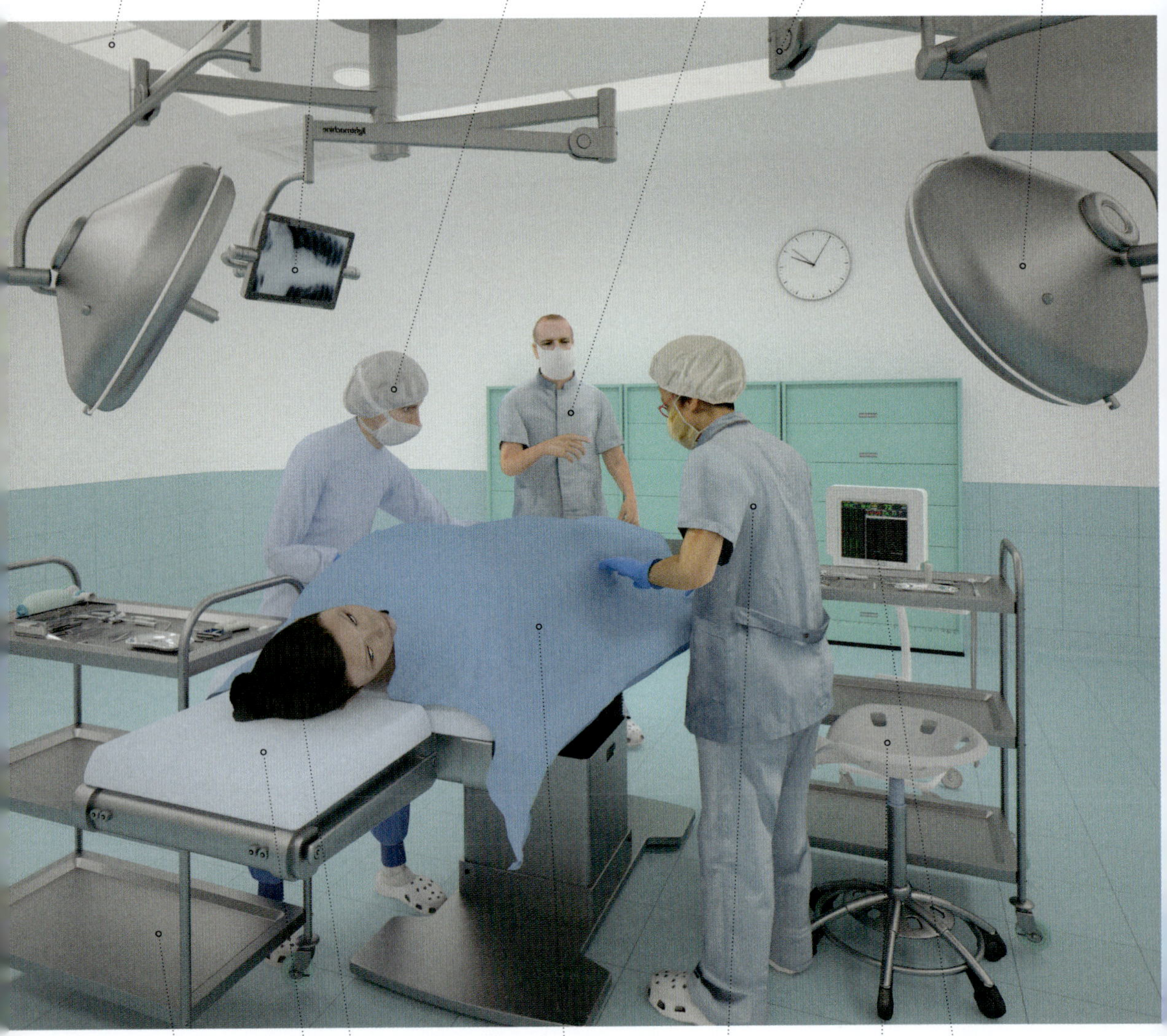

Krankenhauszimmer *das*
*больничная палата* *F*

Krankenschwester-Ruftaste *die*
*кнопка F вызова M медсестры F*

patientennaher Bildschirm *der*
*ширма F*

Bettleuchte *die*
*прикроватный светильник M*

Infusionsständer *der*
*инфузионная стойка F*

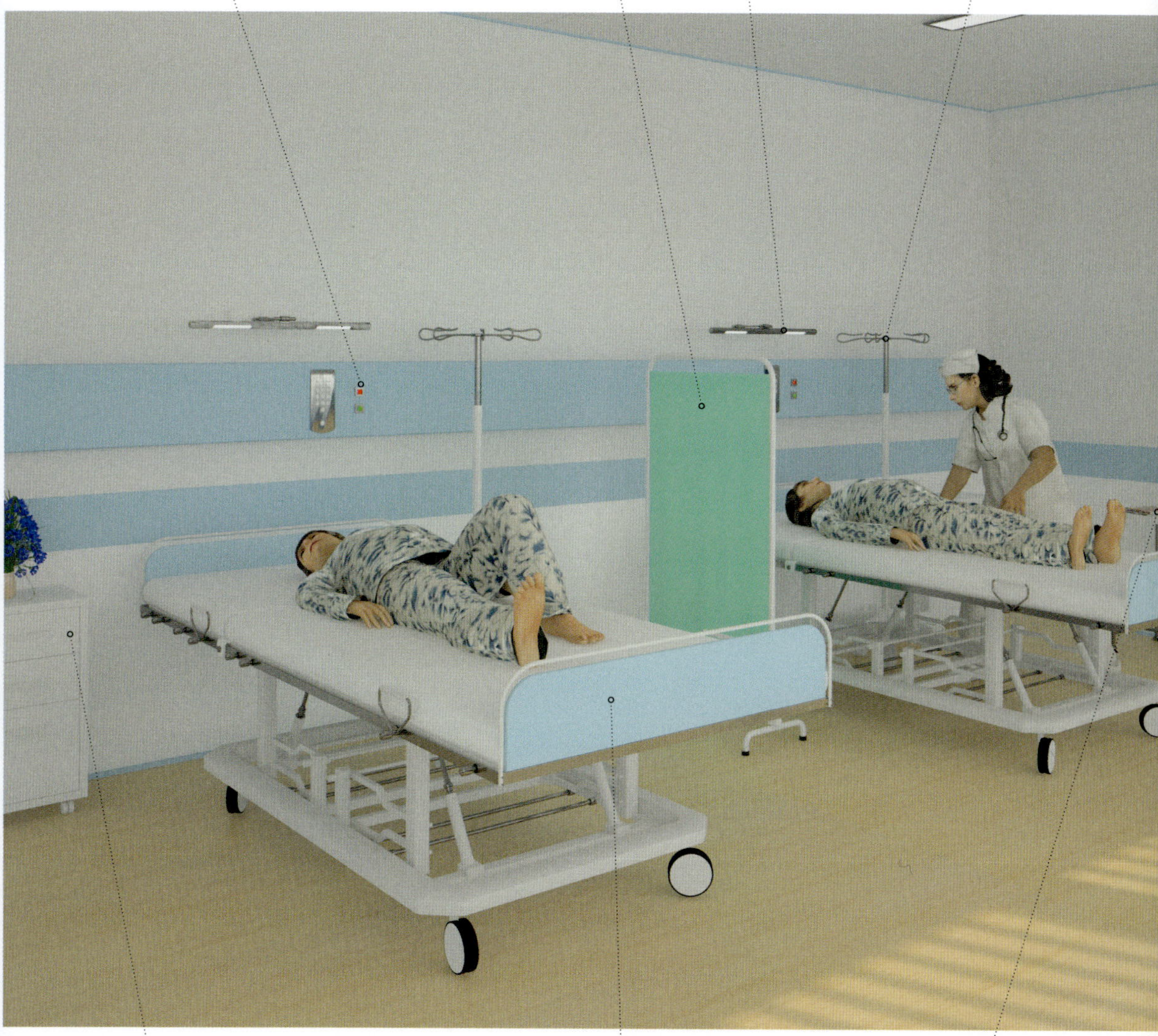

Nachttisch *der*
*прикроватная тумбочка F*

verstellbares Krankenbett *das*
*регулируемая больничная койка F*

Instrumententisch *der*
*столик M*

Intensivstation *die*
*отделение N интенсивной терапии F*

Wellenfelder *das*
*волновое отображение N параметров M пациента M*

Parameterfelder *das*
*числовое отображение N параметров M пациента M*

Patientenmonitor *der*
*монитор M пациента M*

Patientenanschlussleiste *die*
*панель F с разъёмами M для кабелей M*

Wagen *der*
*тележка F*

Nachttisch *der*
*прикроватная тумбочка F*

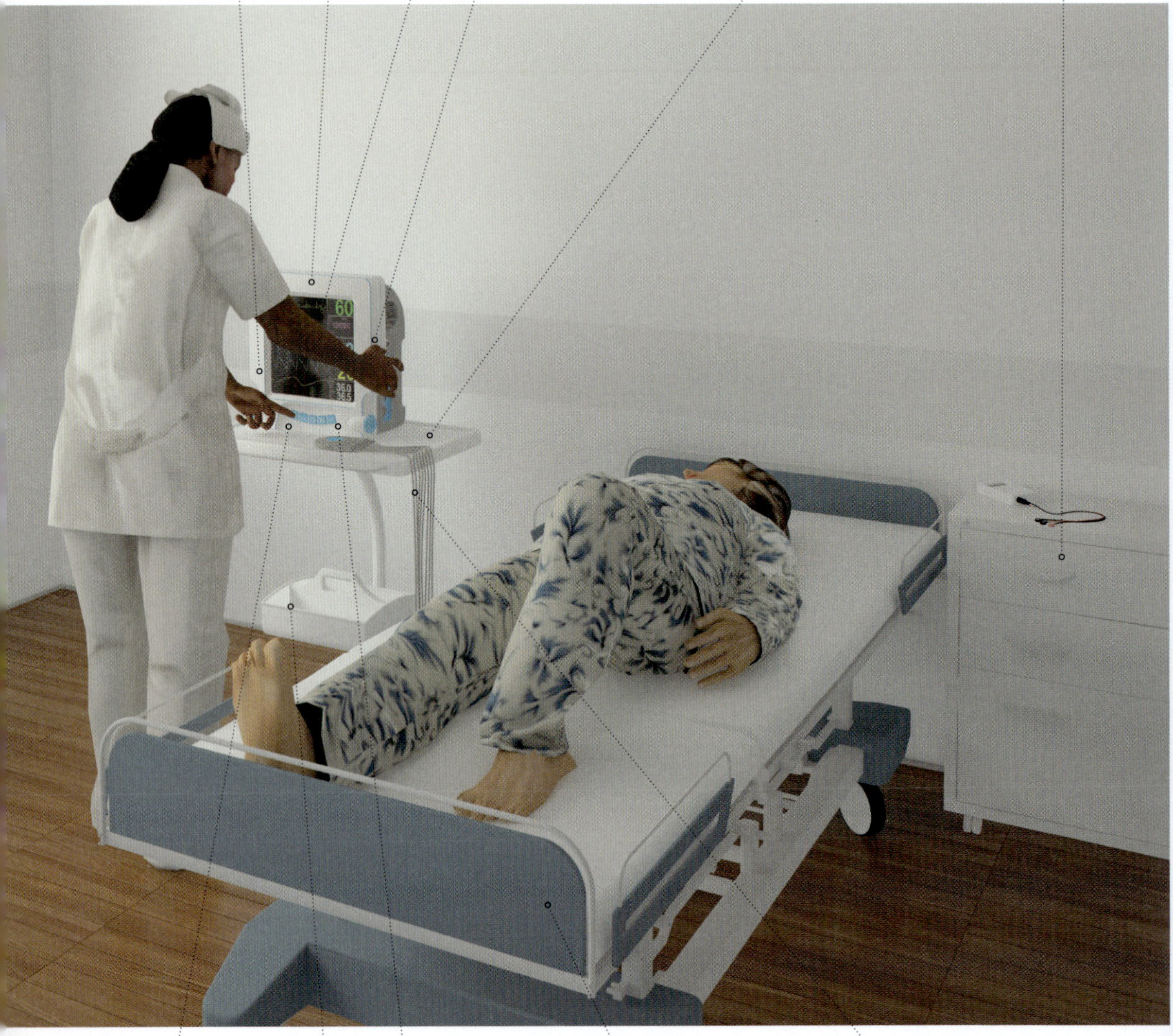

Funktionstastenleiste *die*
*клавиши F управления N*

Drehknopf *der*
*поворотный регулятор M*

verstellbares Krankenhausbett *das*
*регулируемая больничная койка F*

Patientenkabel *das*
*кабели M датчиков M пациента M*

Allzweckkorb *der*
*корзина F*

Sportmedizin *die* und Rehabilitationseinrichtung *die*
*спортивная медицина F и реабилитационный центр M*

Physiotherapeut *der*
*физиотерапевт M*

Behandlungstisch *der*
*процедурный стол M*

Fitnessball *der*
*фитбол M*

Nackenstütze *die*
*валик под голову M*

verstellbarer Hocker *der*
*регулируемый табурет M*

Kardiobereich *der*
*кардиозона F*

Laufband *das*
*беговая дорожка F*

zahnärztlicher Raum der
*стоматологический кабинет* M

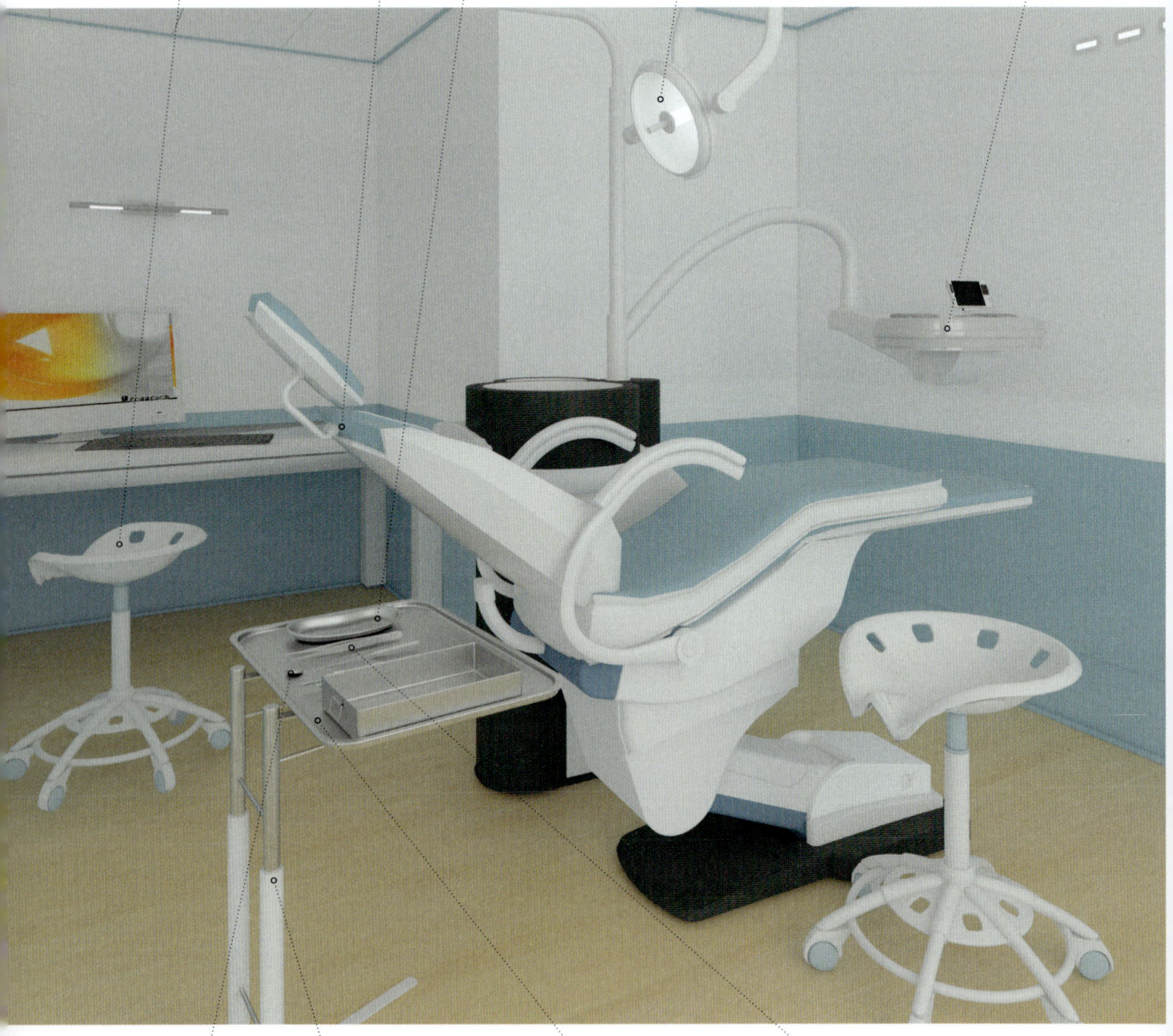

Neugeborenen das -Intensivstation die
*отделение N интенсивной терапии F новорожденных M*

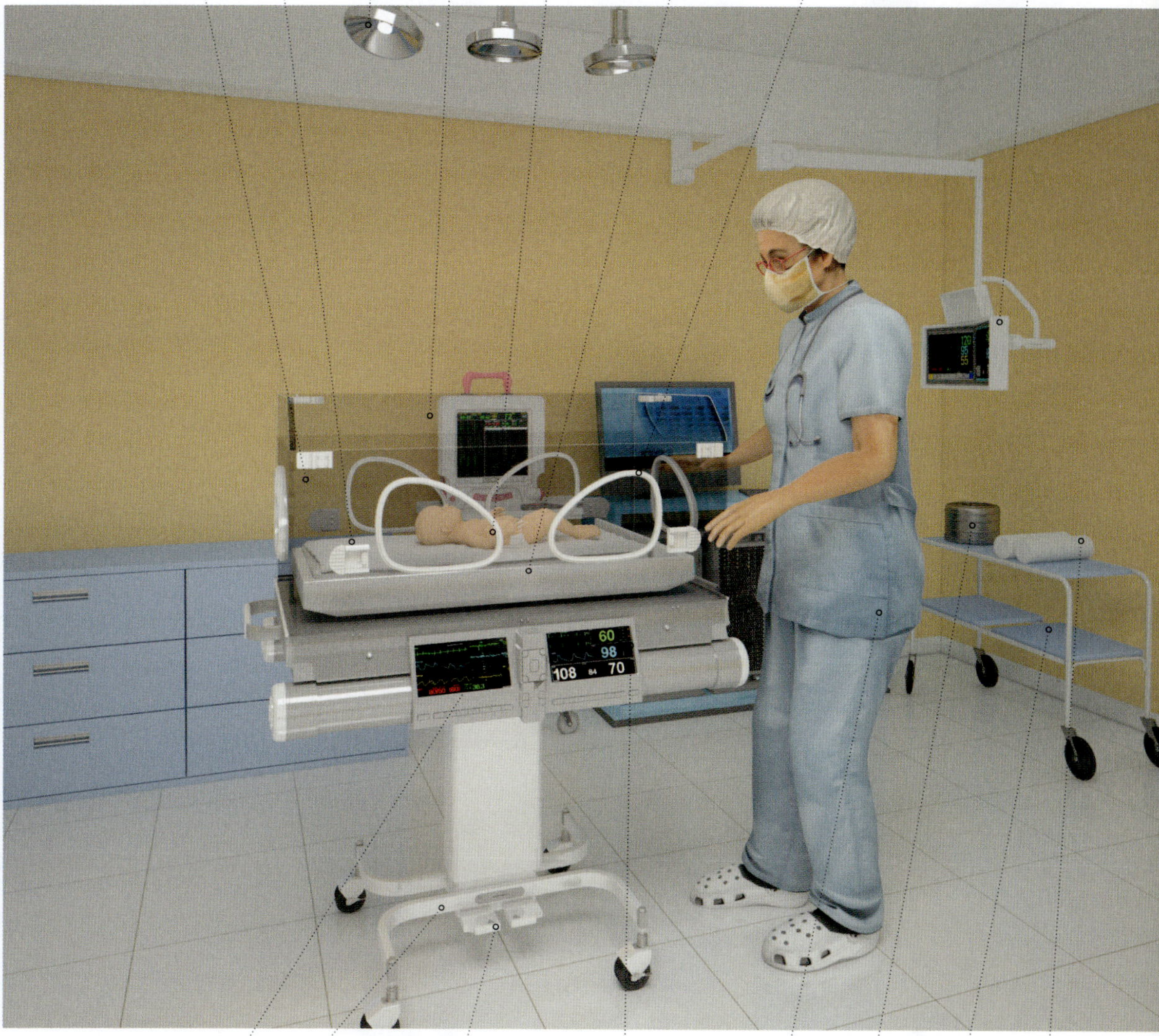

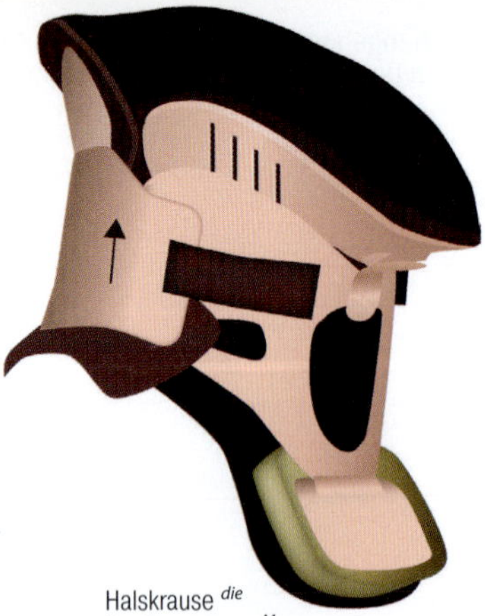

Halskrause *die*
*шейный воротник* *M*

reiner Alkohol *der*
*чистый спирт* *M*

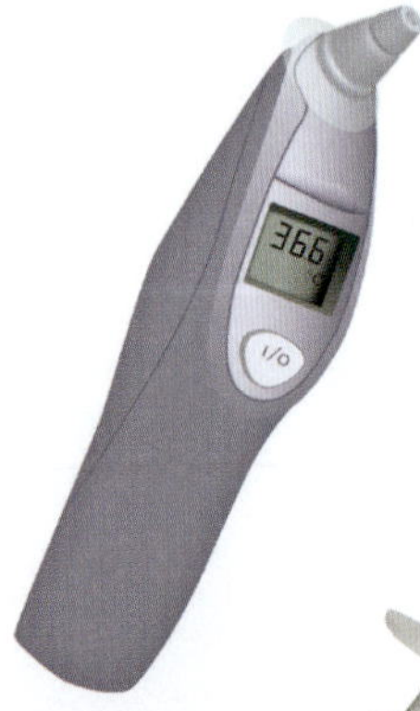


Ohrenthermometer *das*
*ушной термометр* *M*

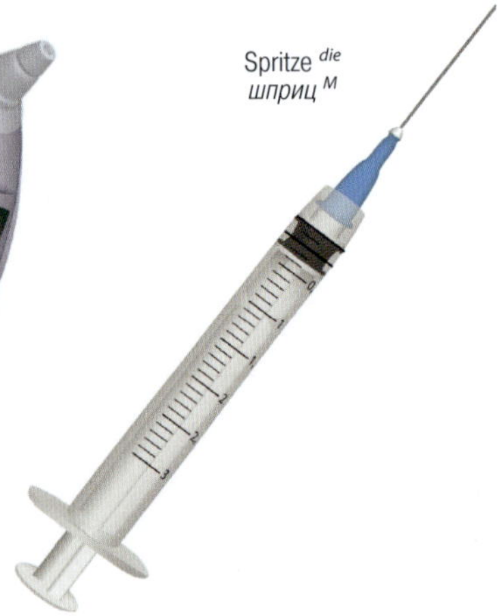

Spritze *die*
*шприц* *M*

Digitalthermometer *das*
*цифровой термометр* *M*

Quecksilberthermometer *das*
*ртутный термометр* *M*

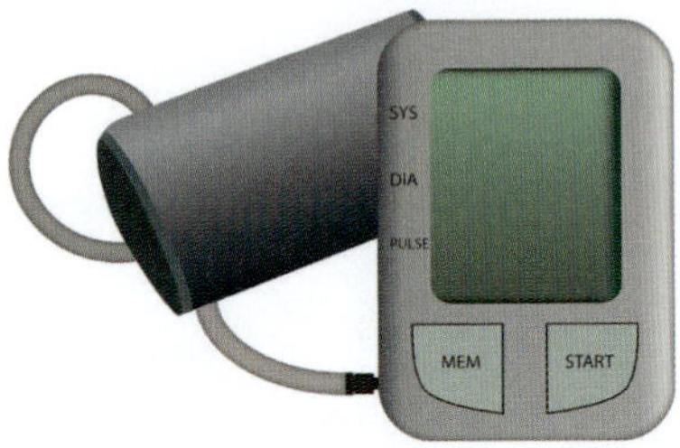


Blutdruckmessgerät *das*
*монитор артериального давления* *M*

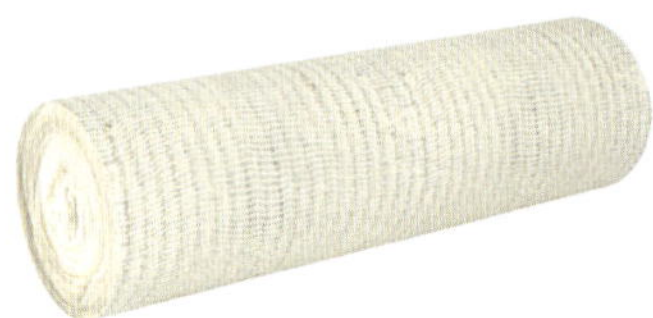

Verband *der*
*бинт* *M*

Pflaster *das*
*пластырь* *M*

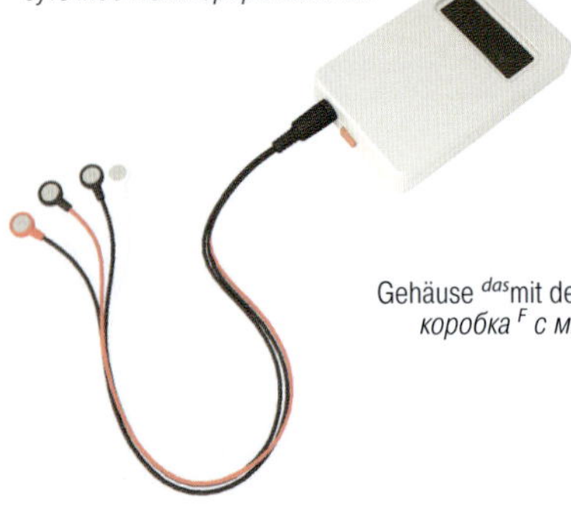

Langzeit-EKG *das*
*суточное мониторирование экг* *M*

**Mikroskop** *das*
***микроскоп*** *M*

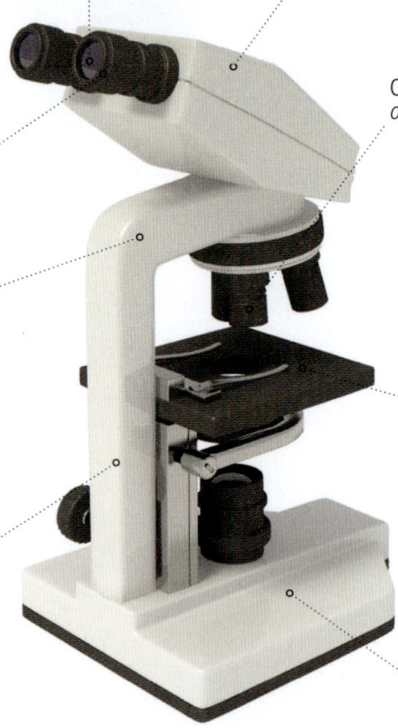

Hautmikroskop *das*
*микроскоп кожи* M

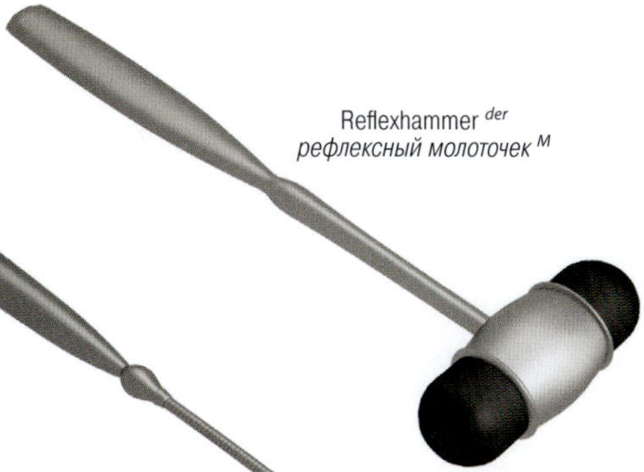

Reflexhammer *der*
*рефлексный молоточек* M

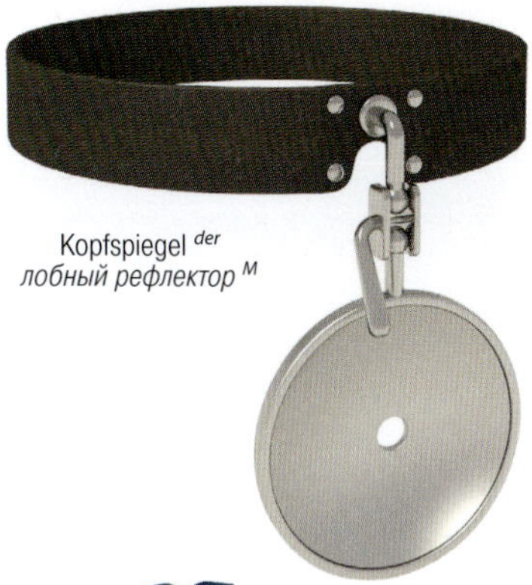

Kopfspiegel *der*
*лобный рефлектор* M

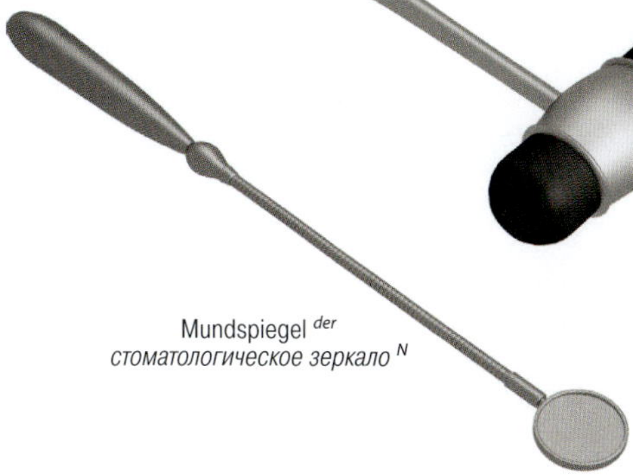

Mundspiegel *der*
*стоматологическое зеркало* N

Otoskop *das*
*отоскоп* M

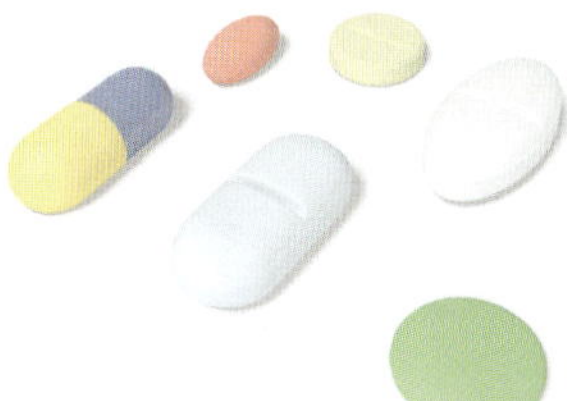

Pillen *die*
*таблетки* F

Stethoskop *das*
*стетоскоп* M

Zäpfchen *das*
*суппозиторий* M

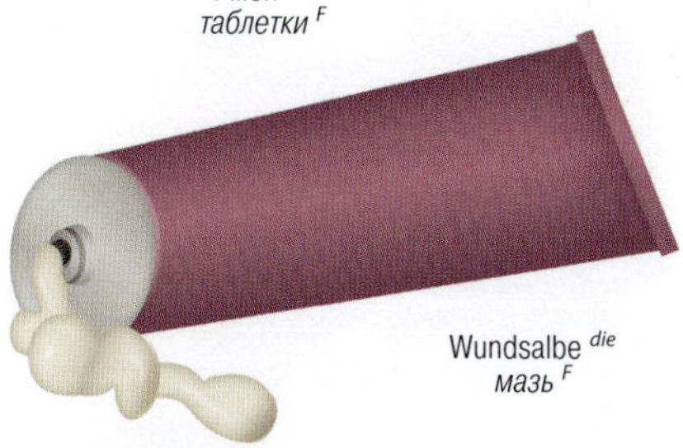

Wundsalbe *die*
*мазь* F

Ampulle *die*
*ампула* F

Nasenspray *das*
*назальный спрей* M

Sirup *der*
*сироп* M

Dosierinhalator *der*
*дозирующий ингалятор* M

Autoinjektor *der*
*шприц-ручка* M

Erdgeschoss das
*1-й этаж* M

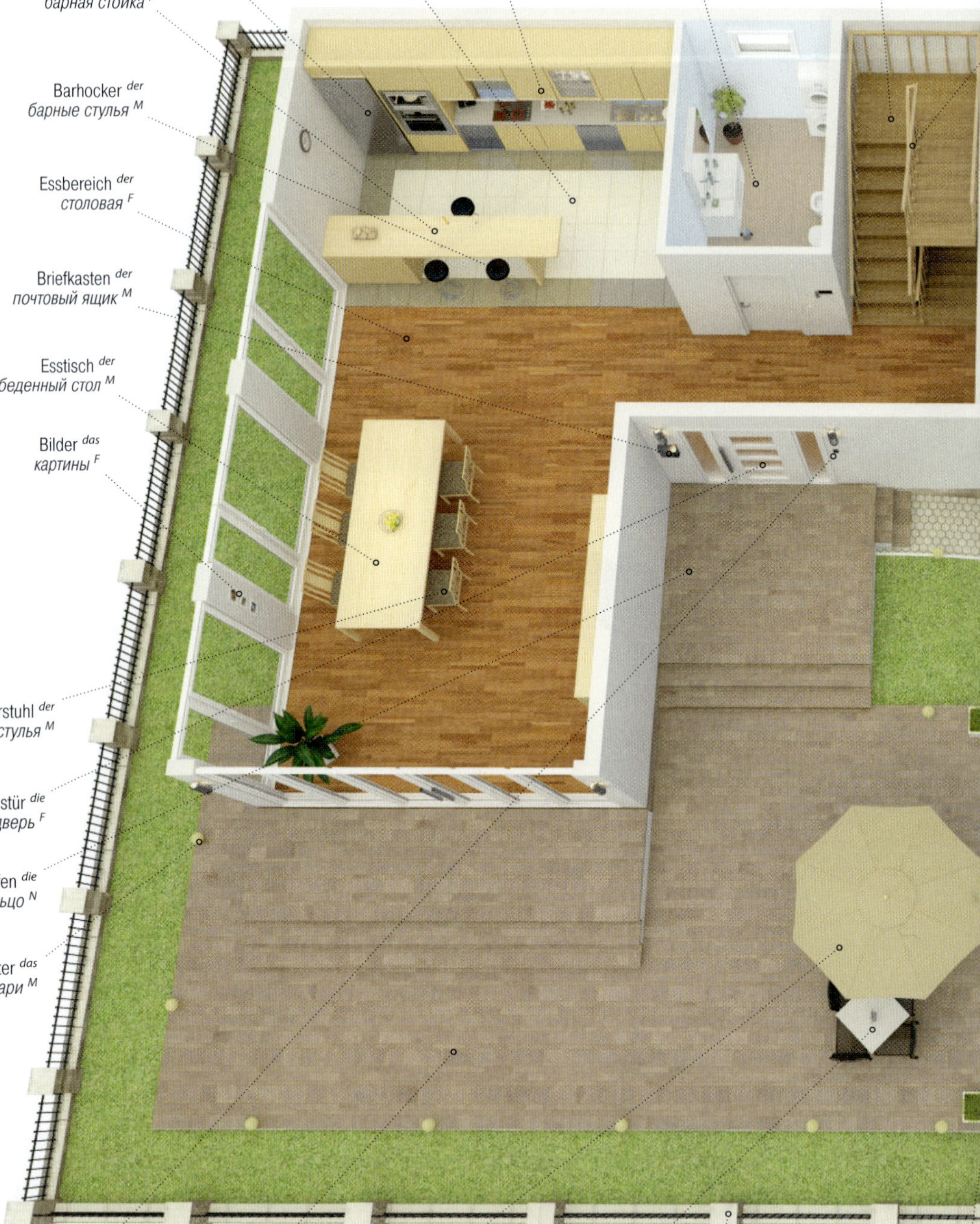

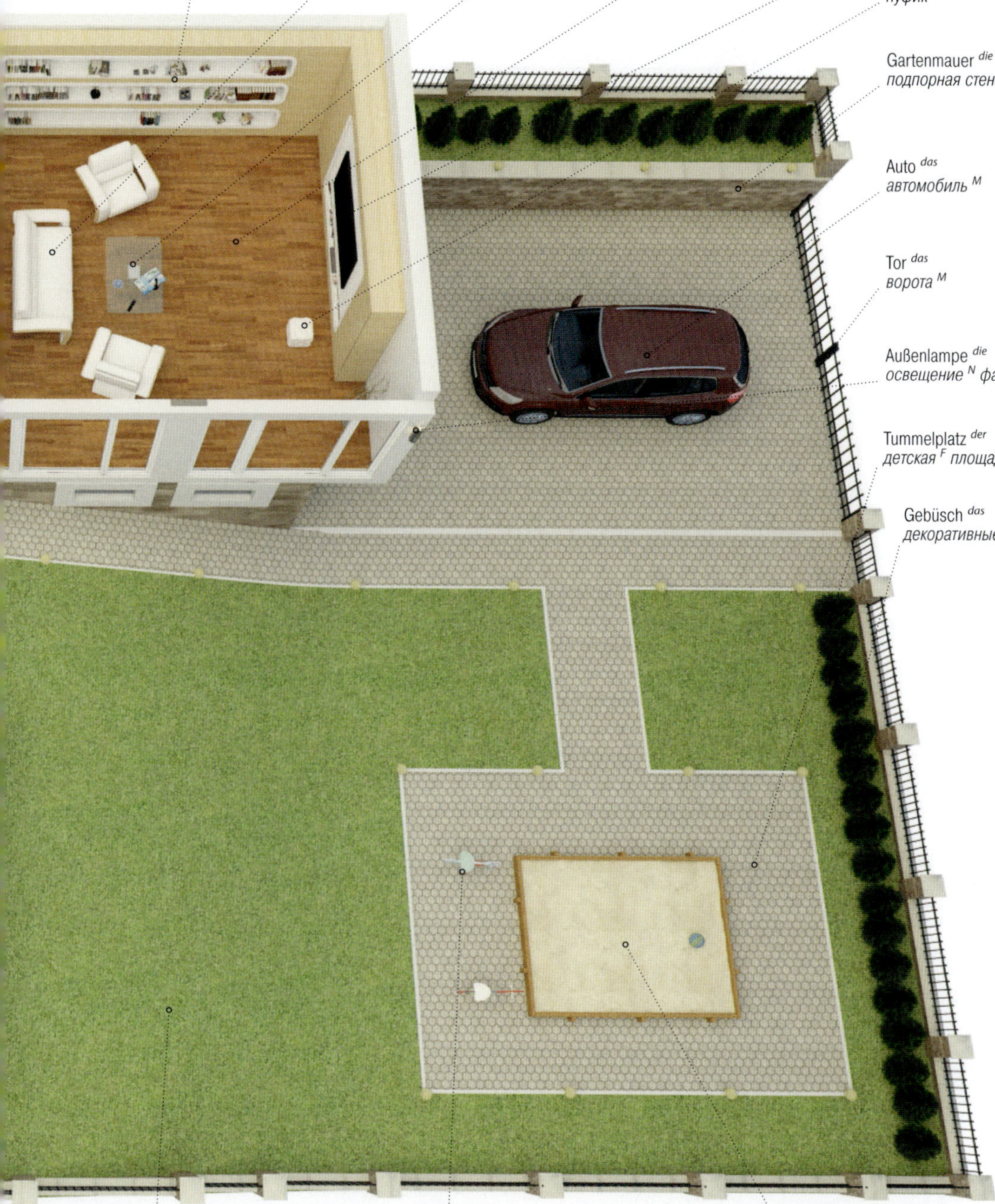
Geländer das
перила
Bücherregal das
книжные полки M
Sofa das
мягкий уголок M
Wohnzimmertisch der
журнальный столик M
Wohnzimmer das
гостинная
Fernseher der
телевизор M
Sitzkissen das
пуфик M
Gartenmauer die
подпорная стена M
Auto das
автомобиль M
Tor das
ворота M
Außenlampe die
освещение N фасада M
Tummelplatz der
детская F площадка F
Gebüsch das
декоративные растения N
Rasen der
газон M
Schaukel die
качели
Sandkasten der
песочница F

erster Stock *der*
*2-й этаж* *M*

Toilette die
санузел M
Mädchenzimmer das
детская F девочки F
Kinderzimmer das
детская F
Überwachungskamera die
видео-камера

**Außenansicht inklusive Grundstück** *die*
***внешний вид** M **с участком** M*

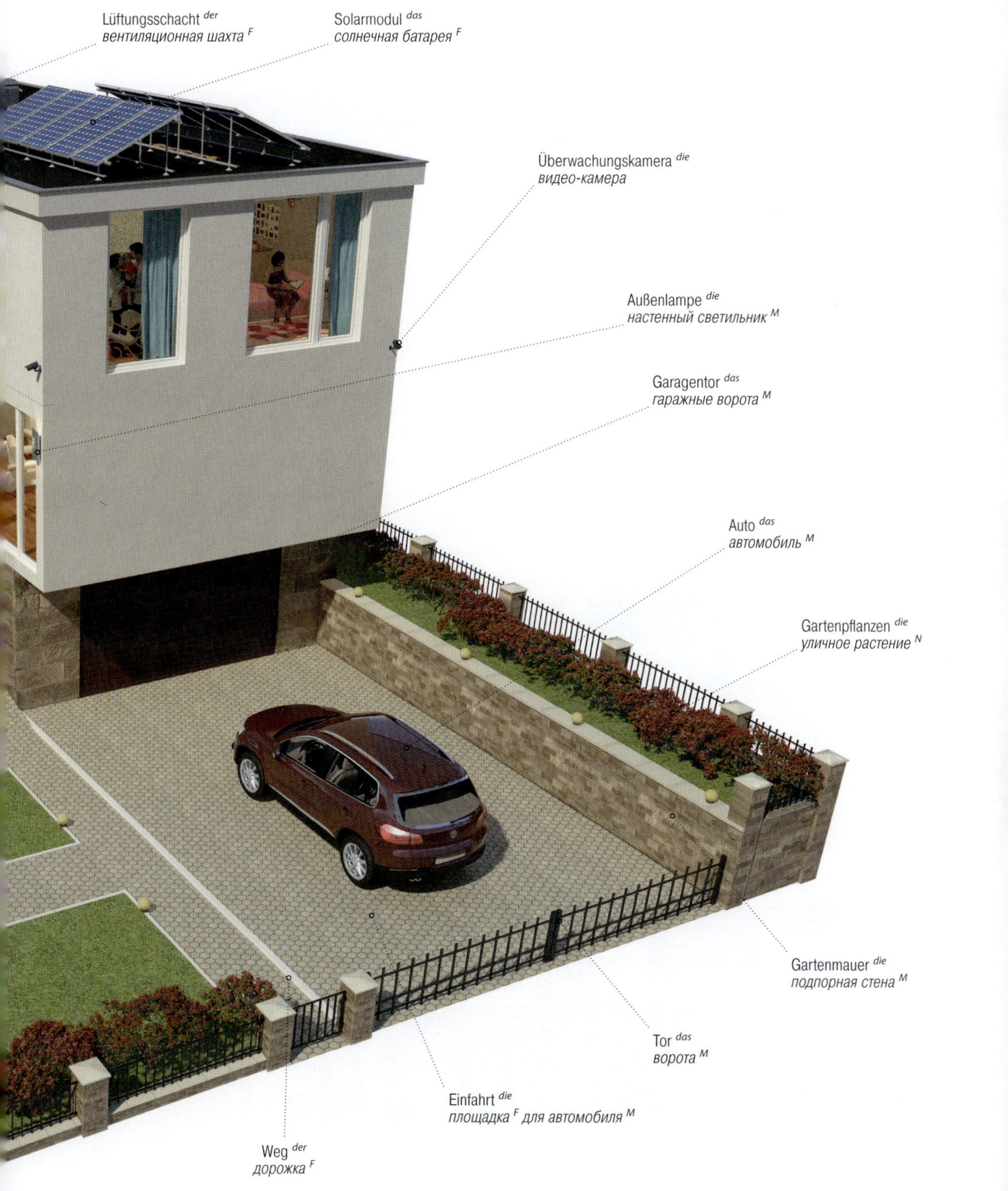
Lüftungsschacht der
вентиляционная шахта F
Solarmodul das
солнечная батарея F
Überwachungskamera die
видео-камера
Außenlampe die
настенный светильник M
Garagentor das
гаражные ворота M
Auto das
автомобиль M
Gartenpflanzen die
уличное растение N
Gartenmauer die
подпорная стена M
Tor das
ворота M
Einfahrt die
площадка F для автомобиля M
Weg der
дорожка F

Wohnblock *der*
*многоквартирный жилой [F] дом [M]*

Satellitenschüssel die
спутниковая антенна F
Antenne die
антенна F
Seitenwand die
боковой фасад M
Terassentisch der
столик M
Terasse die
терраса F
Terassenschirm der
зонтик M

Holzrahmenhaus das
*деревянный каркас* M

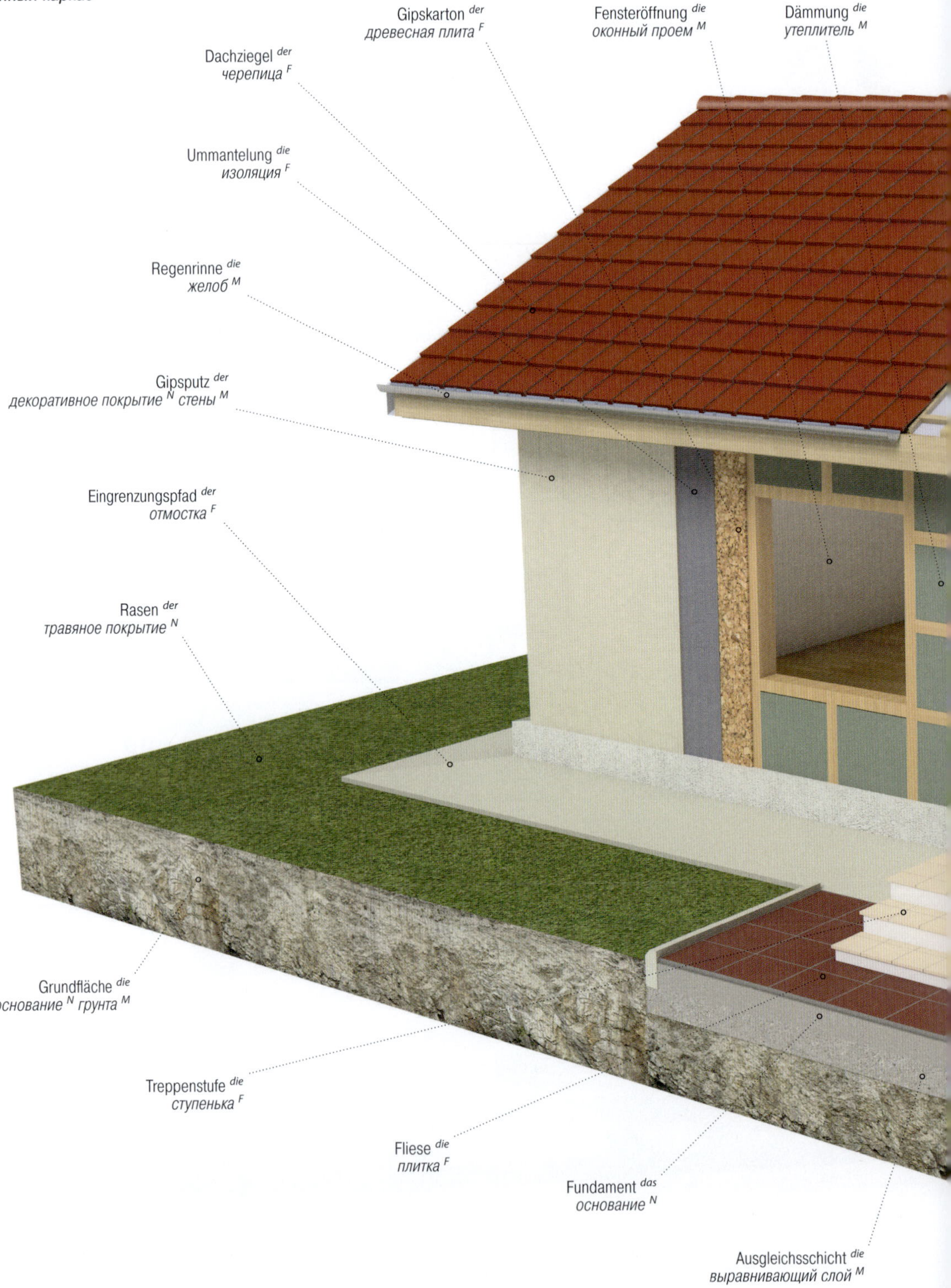

Dachpfette die
обрешетка F
Unterlage die
ветрозащита F
Dachlatten die
доска F
Dachfirstbalken der
коньковая доска F
Dachsparren die
стропило N
Dachgeschoss das
чердачное перекрытие N
Balken der
балка F
Wand die
стена M
Ständer der
брус M
Hartholzboden der
декоративное покрытие N пола M
Bodenunterlage die
подложка F
Fundament das
фундамент M
Unterboden der
древесно-стружечная плита F
Bodenbalken der
лага M
Boden der
перекрытие N
Abgrenzung die
бордюр M
Veranda die
крыльцо N
Oberschwelle die
перемычка F

Schwimmbecken *das*
*внешний вид M бассейна M*

aufblasbares Spielzeug *das*
*надувная игрушка F*

Schwimmreifen *der*
*надувной круг M*

Sauna die
*внешний вид M сауны F*

Saunaeimer der
*ведро N для сауны F*

Thermometer das
*градусник M*

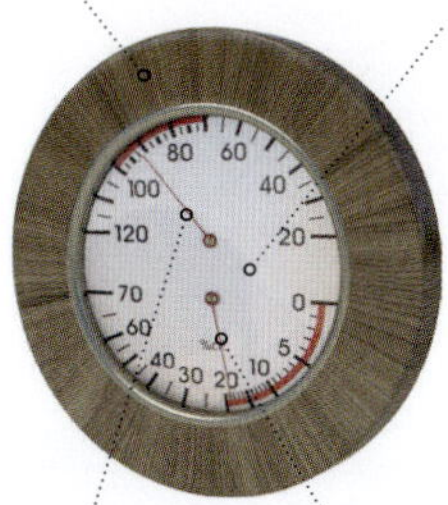

## Wohnzimmereinrichtung die
*интерьер M*

Bücher das — *книга F*

Bonsai der — *бонсай*

Obstschale die — *ваза F с фруктами M*

Bücherregale das — *книжный стеллаж M*

Couch die — *диван M*

Zeitschrift die — *журнал M*

Tasse die — *чашка F*

Wohnzimmertisch der — *журнальный столик M*

Fernbedienung die — *пульт M*

Kopfhörerstand der — *наушники M на подставке F*

DVD *die*
*dvd-фильм*
DVD-Player *der*
*dvd-плеер*
Fernseher *der*
*телевизор* M
Regal *das*
*полка* M
Sessel *der*
*кресло* N
Sitzkissen *das*
*пуфик* M
Zimmerpflanze *die*
*комнатное растение* N

Schlafzimmereinrichtung *die*
*интерьер M спальни F*

Kissen das
подушка F
Blumenvase die
ваза F с цветами M
Lichtschalter der
выключатель M
Schranktür die
дверь F
Telefon das
телефон M
Steckdose die
розетка F
Hartholzboden der
паркетный пол M

Badezimmereinrichtung *die*
*интерьер M ванной F*

Fliesenwand *die*
*кафельная стена M*

Lampe *die*
*светильник M*

Duschkabine *die*
*душевая F кабинка F*

Badehandtuch *das*
*банное полотенце N*

Duschkopf *der*
*душ M*

Wasserhahn *der*
*кран M*

Shampoo *das*
*косметическое средство N*

Badewanne *die*
*ванна F*

Bademattе *die*
*коврик M*

Fenster das
окно N для проветривания N
Spülplatte die
кнопка F для слива M
Toilette die
унитаз M
Dunstabzug der
вентиляционная решетка F
Medizinschrank der
шкаф M
Spiegel der
зеркало N
Seifenschale die
мыльница F
Zahnbürste die
зубная щетка F
Seifenspender der
диспенсер
Waschbecken das
умывальник M
Handtuch das
полотенце N
Abfallkorb der
мусорное ведро N
Fliesenboden der
кафельный пол M
Bidet das
биде
Toilettenpapier das
туалетная бумага F
Toilettenbürste die
ершик M

Mädchenzimmer *das*
***Комната** F **девочки** F*

Mädchenzimmereinrichtung *die*
***интерьер** M **комнаты** F **девочки** F*

Wandaufkleber *der*
*декоративная наклейка F*

Wanduhr *die*
*часы M*

Bilderrahmen *der*
*стенд M с фотографиями F*

Kommode *die*
*комод M*

Kissen *das*
*подушка F*

Bettlaken *das*
*покрывало N*

Sitzkissen *das*
*пуфик M*

Bett *das*
*кровать F*

Tapete *die*
*стена M*
Bild *das*
*картина F*
Lampe *die*
*лампа F*
Spielzeug *das*
*игрушка F*
Nachttisch *der*
*прикроватная тумба F*
Blumenvase *die*
*ваза F с цветами M*
Schachtel *die*
*коробка F*
Hartholzboden *der*
*паркетный пол M*
Teppich *der*
*коврик M*

Kinderzimmer *das*
*Комната F малыша M*

Kinderzimmereinrichtung *die*
*интерьер M комнаты F малыша M*

Vorhänge der
*штора F*

Wandaufkleber der
*декоративная наклейка F*

Stehlampe die
*торшер M*

Schaukelstuhl der
*кресло N качалка F*

Kissen das
*подушка F*

Teppich der
*ковер M*

Kinderbett das
*кроватка F*

Kücheneinrichtung *die*
*интерьер* *M* *кухни* *F*

Bild *das*
*картина* *F*

Wanduhr *die*
*часы* *M*

Kühlschrank *der*
*холодильник* *M*

Mikrowelle *die*
*микроволновка*

Frühstücksbar *die*
*барная стойка* *F*

Schüssel *die*
*корзина* *F*

Barhocker *der*
*барный стул* *M*

Ofen *der*
*духовка* *F*

Kaffeemaschine *die*
*кофеварка* *F*

Weinschrank *der*
*холодильник* *M* *для вина* *F*

Abzugshaube die
вытяжка F
Glas das
бокал M
Glas das
банка M
Tasse die
чашка F
Wasserhahn der
кран M
Geschirrschrank der
кухонный гарнитур M
Herdplatte die
электроплита F
Obstschale die
ваза F с фруктами M
Tresen der
столешница F
Geschirrspüler der
посудомоечная машина F
Spülbecken das
мойка F
Fliesenboden der
кафельный пол M

## Küchengeräte das
## *Кухонная бытовая техника M*

### Kühlschrank der
### *холодильник M*

Regal das
*полка M*

Eierablage die
*подставка F для яиц N*

Haupttür die
*дверка F основного отделения N*

Türregal das
*боковая полка M*

Griff der
*ручка F*

Gefriertruhe die
*морозильная камера F*

Schublade die
*выдвижной ящик M*

Gehäuse das
*корпус M*

Gefriertruhentür die
*дверца F морозильного отделения N*

Doppeltürkühlschrank der
*двухстворчатый холодильник M*

Herdplatte die
*варочная поверхность F*

### Mikrowelle die
### *микроволновая печь F*

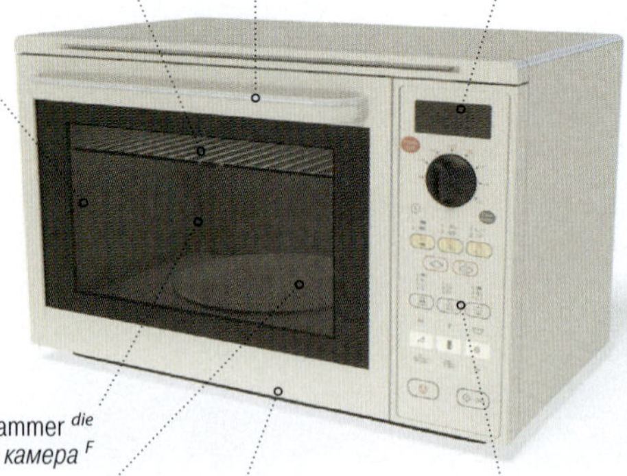

Ablage die
*решётка F*

Griff der
*ручка F дверцы F*

Anzeige die
*дисплей M*

Schutzglas das
*окно N с защитным экраном M*

Mikrowellenkammer die
*рабочая камера F*

Drehscheibe die
*вращающийся поднос M*

Tür die
*дверца F*

Bedienfeld das
*панель F управления N*

Sauglüfter der
*вытяжка F*

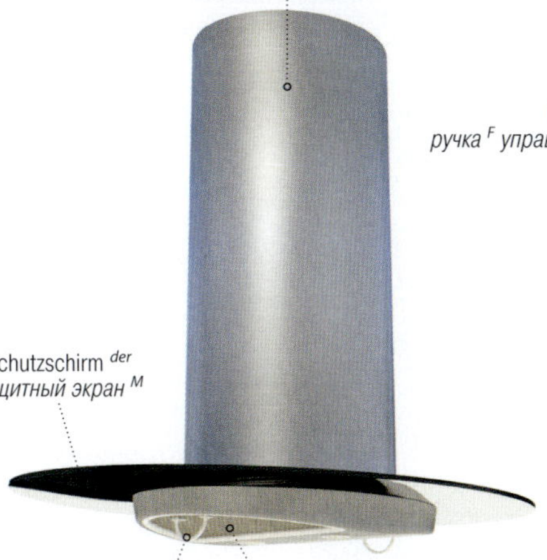


Geschirrspülmaschine die
*посудомоечная машина F*

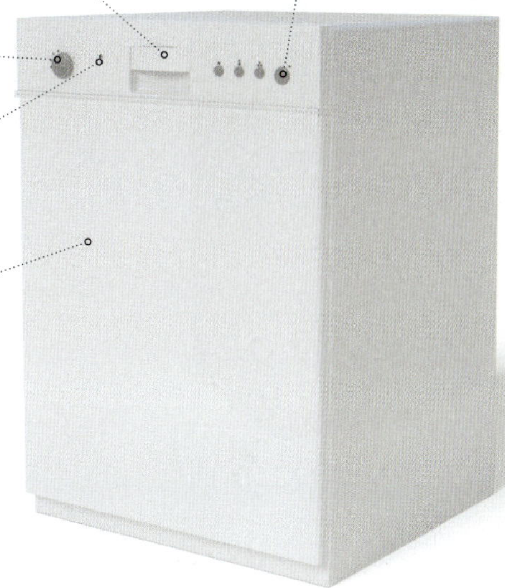


Gasofen der
*газовая плита F*

Elektroherd der
*электроплита F*

Kaffeemühle die
*кофемолка F*

## Espressomaschine die
## *эспрессо-машина*

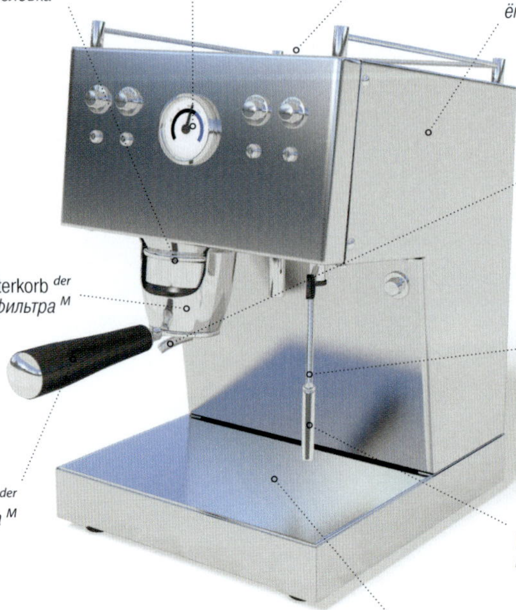


## Filterkaffeemaschine die
## *капельная кофеварка F*

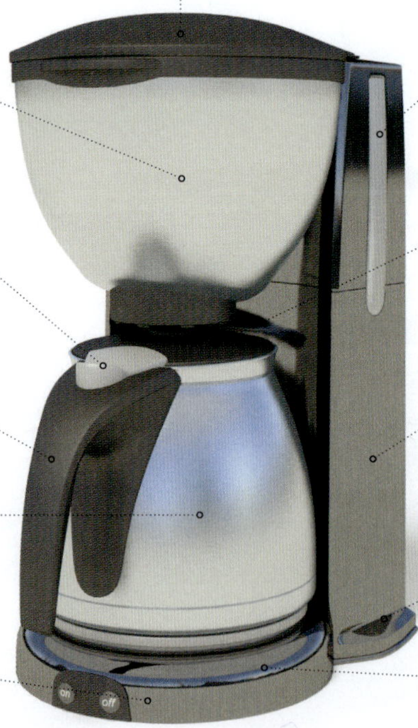

## Entsafter der
*соковыжималка F*

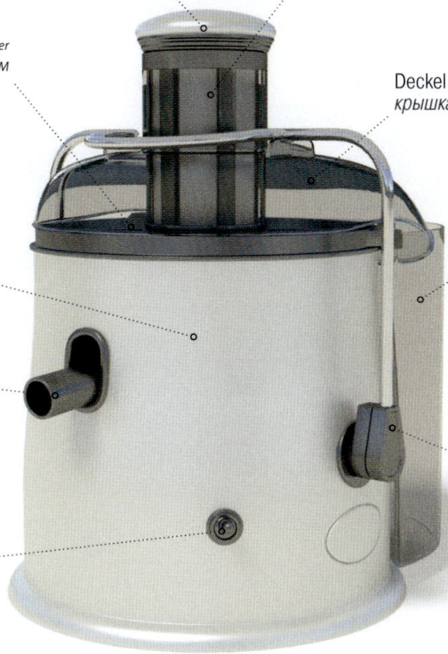


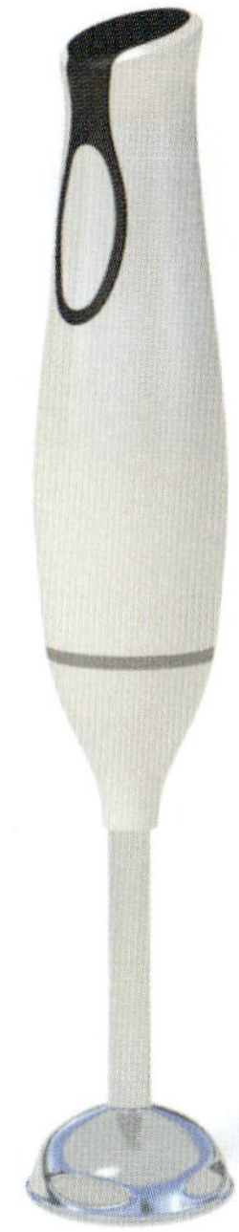


## Zitrusentsafter der
*электрическая соковыжималка F*

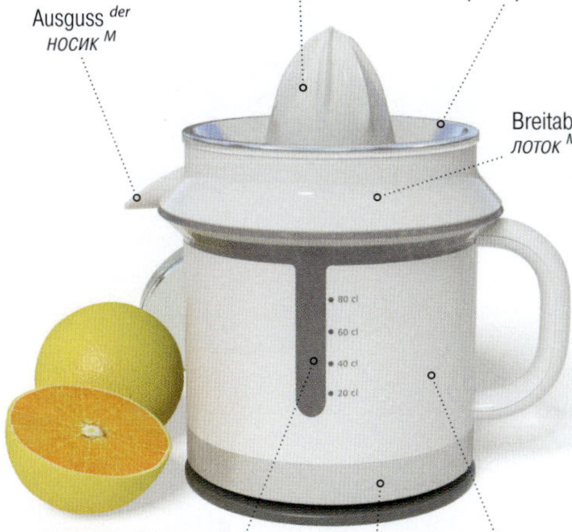


## Wasserkocher der
*электрочайник M*

Toasterofen der
*мини-печь*

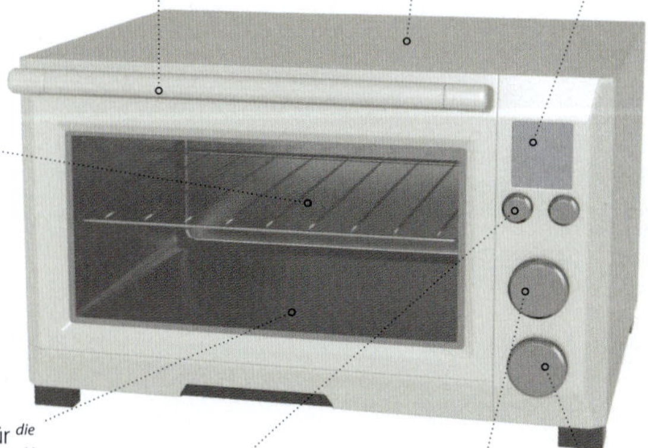

Mixer der
*блендер M*

Fritteuse die
*фритюрница F*

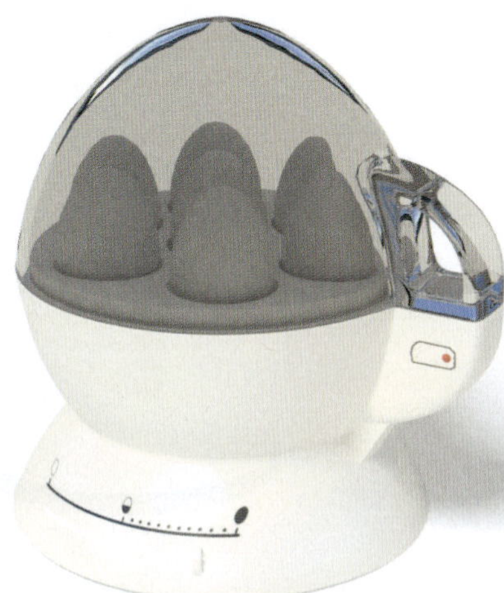

Eierkocher der
*яйцеварка*

Toaster der
*тостер M*

Brotschlitz der
*отделение N для тостов M*

Funktionsknöpfe der
*кнопки F функций F*

Hebel der
*рычаг M*

Krümelablage die
*поддон M для крошек F*

Bräunungsregler der
*регулятор M степени F поджаривания N*

Dampfgarer der
*пароварка F*

Tischgrill der
*настольный гриль M*

elektrischer Fleischwolf der
*электро-мясорубка*

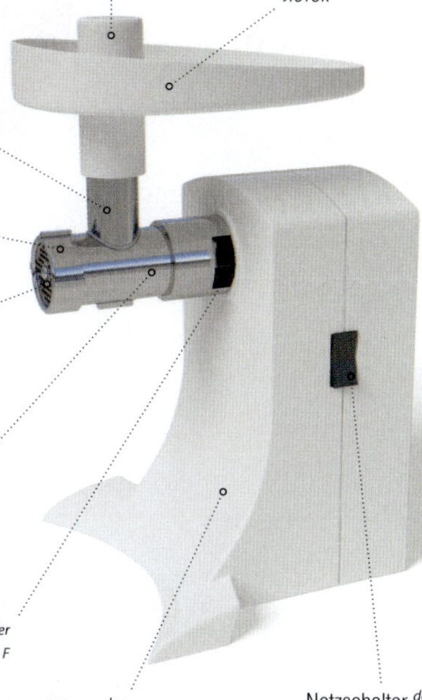

Speiseschieber der
*толкатель M*

Trichter der
*лоток M*

Futterrohr das
*загрузочный желоб M*

Schraubkappe die
*винтовое кольцо N*

Mahlplatte die
*решетка F для измельчения N*

Kopfbasis die
*корпус M головки F*

Verriegelungsknopf der
*фиксатор M головки F*

Motorgehäuse das
*корпус M с мотором M*

Netzschalter der
*переключатель M*

Sandwichtoaster der
*бутербродница*

Kochgeschirr *das*
*Кухонная посуда F*

Tischgedeck *das*
*сервировка F стола M*

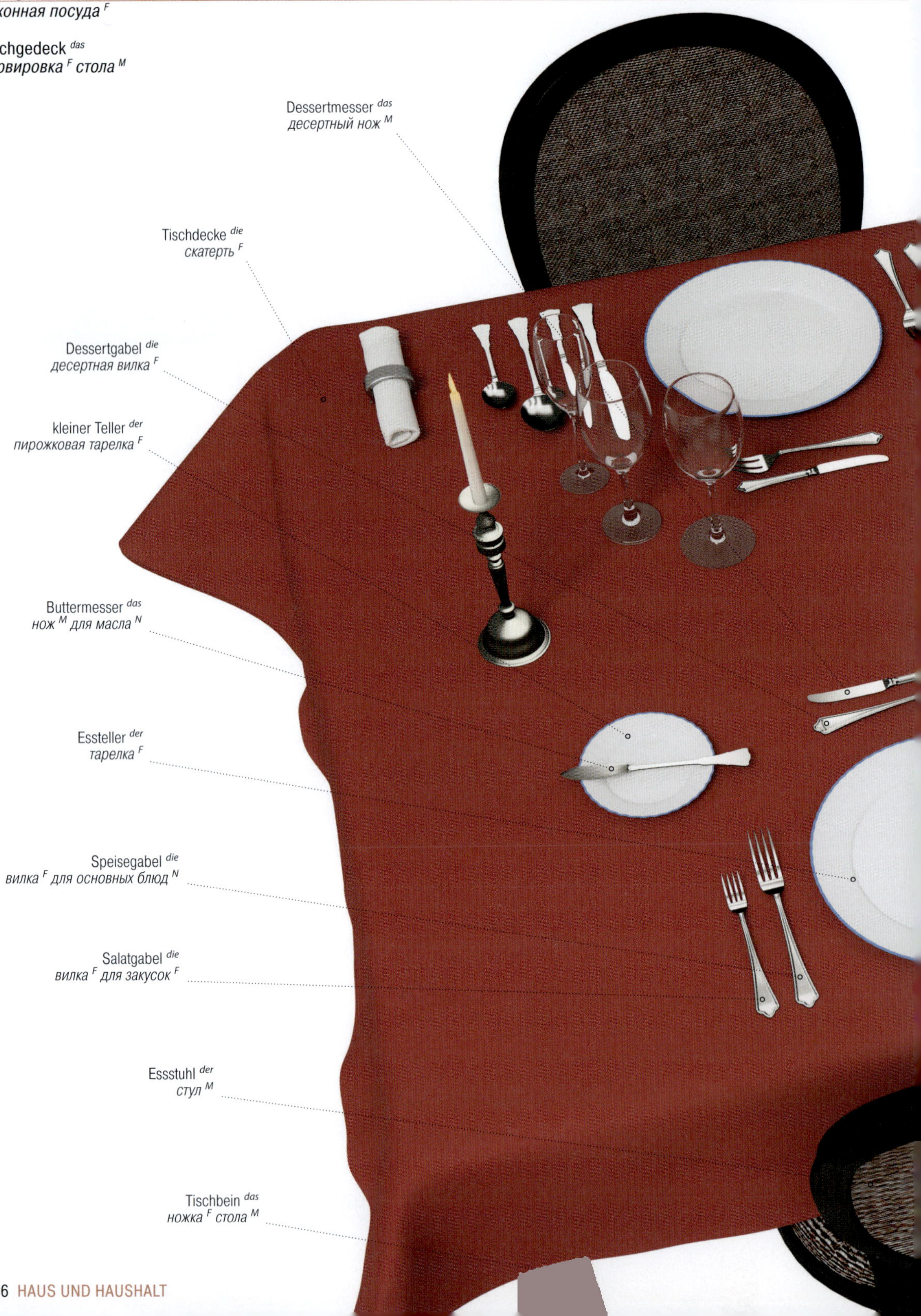

Kerze *die*
*свеча* *F*
Rotweinglas *das*
*бокал* *M* *для красного* *M* *вина* *F*
Kerzenhalter *der*
*подсвечник* *M*
Weißweinglas *das*
*бокал* *M* *для белого вина* *F*
Eiskübel *der*
*ведро* *N* *со льдом* *M*
Sektglas *das*
*фужер* *M* *для шампанского* *N*
Serviette *die*
*салфетка* *F*
Teelöffel *der*
*чайная* *F* *ложка* *F*
Esslöffel *der*
*столовая* *F* *ложка* *F*
Vorspeisemesser *das*
*нож* *M* *для закусок* *F*
Speisemesser *das*
*столовый нож* *M*

## Besteck [das]
## *Столовые [F] приборы [M]*

Buttermesser [das]
*нож [M] для масла [N]*

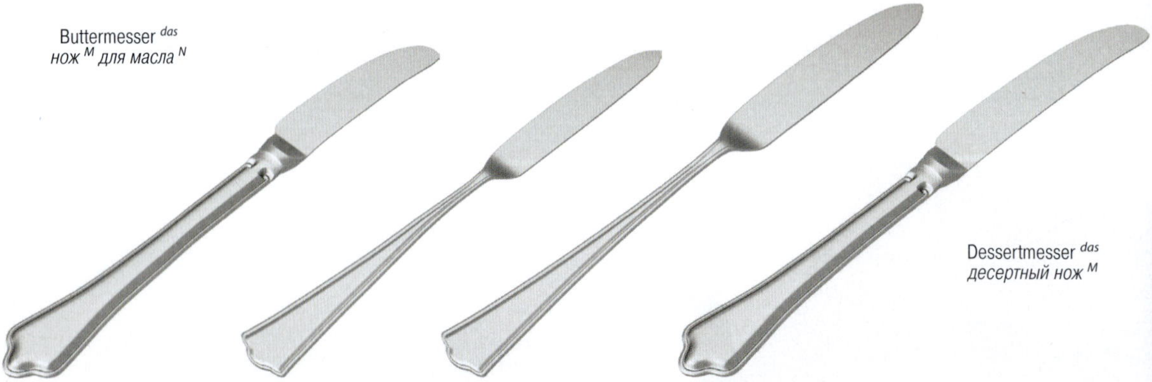

Dessertmesser [das]
*десертный нож [M]*

Vorspeisemesser [das]
*нож [M] для закусок [F]*

Speisemesser [das]
*столовый нож [M]*

Salatgabel [die]
*вилка [F] для закусок [F]*

Speisegabel [die]
*вилка [F] для основных блюд [N]*

Dessertgabel [die]
*десертная вилка [F]*

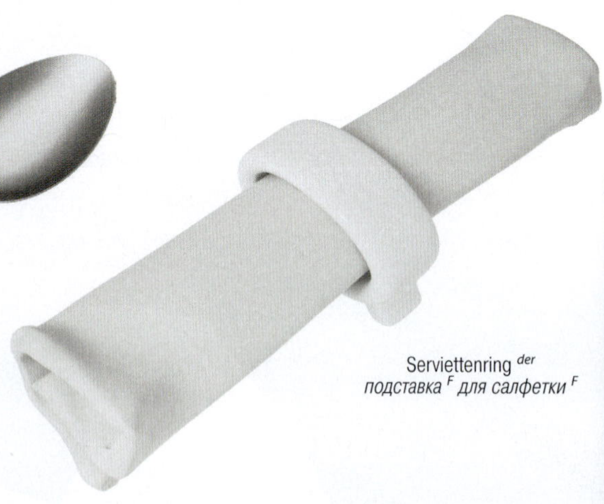

Serviettenring [der]
*подставка [F] для салфетки [F]*

Teelöffel [der]
*чайная [F] ложка [F]*

Esslöffel [der]
*столовая [F] ложка [F]*

## Küchenmesser das
## *Кухонные ножи M*

Wetzstein der
*точильный камень M*

Messerschärfer der
*точилка F*

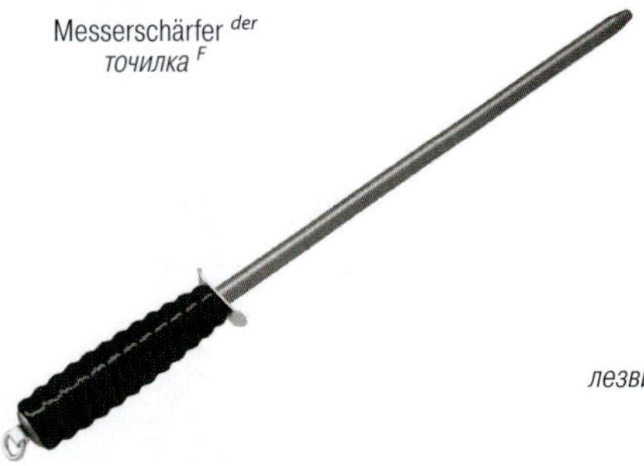

Küchenmesser das
*набор M кухонных ножей M*

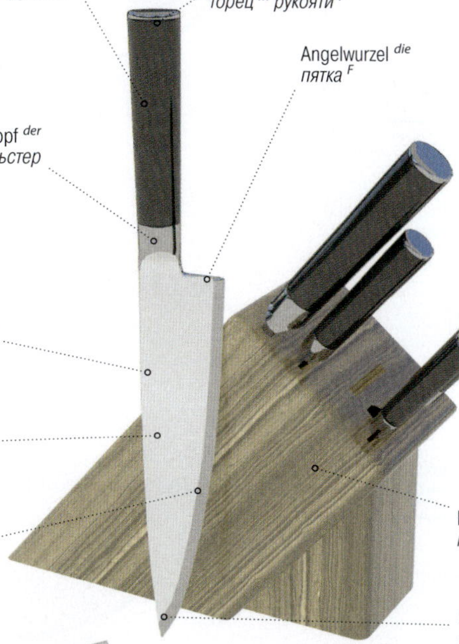


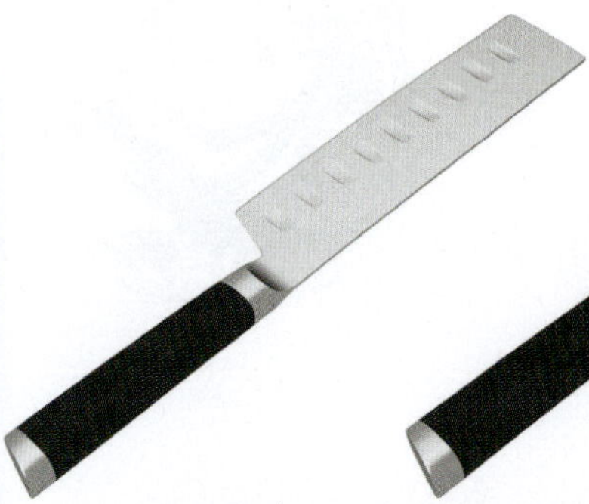

Hackebeil das
*нож-топорик*

Schnitzmesser das
*разделочный нож M*

Spickmesser das
*универсальный нож M*

Gemüsemesser das
*нож M для овощей M*

Brotmesser das
*нож-пила*

Fleischmesser das
*секач M*

Kochmesser das
*поварской нож M*

Orangenschäler der
*нож M для цедры F*

## Essgeschirr *das*
*Столовая F посуда F*

Teeschale *die*
*пиала F*

tiefe Teeschale *die*
*глубокая пиала F*

Suppenschale *die*
*миска F*

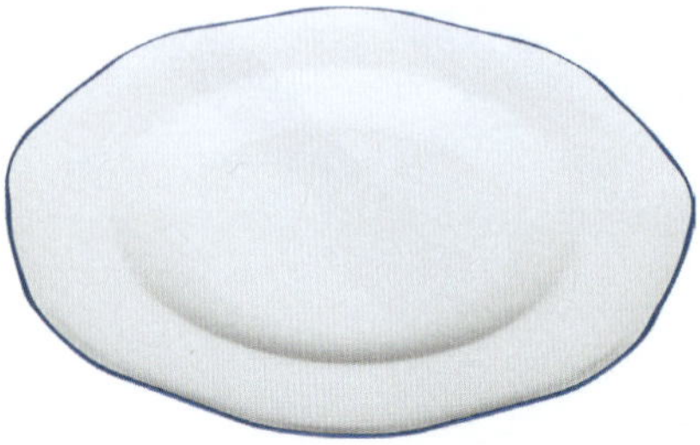

Teller *der*
*тарелка F*

gewölbter Teller *der*
*фигурная тарелка F*

Vase *die*
*ваза F*

tiefer Teller *der*
*глубокая тарелка F*

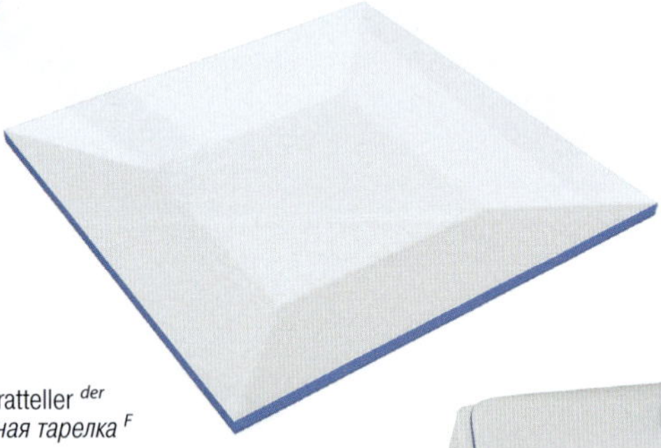

Quadratteller *der*
*квадратная тарелка F*

Schale mit Deckel *die*
*миска F с крышкой F*

Tasse *die*
*кружка F*

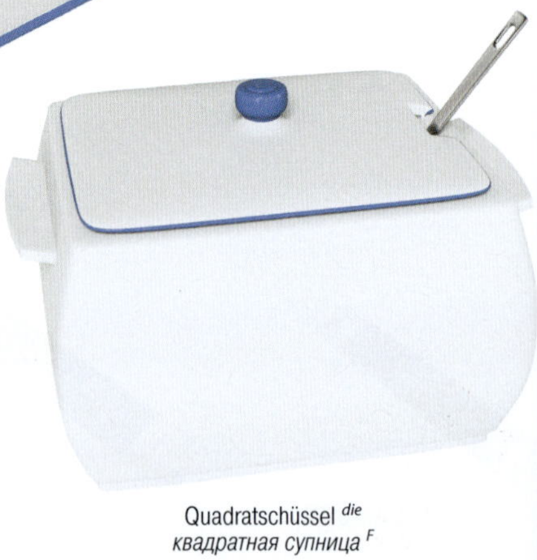

Quadratschüssel *die*
*квадратная супница F*

Servierplatte die
*овальное блюдо N*

Speiseteller der
*столовая F тарелка F*

Dessertteller der
*десертная тарелка F*

Löffelablage die
*подставка F для ложки F*

Dessertschale die
*пирожковая тарелка F*

Suppentopf der
*супница F*

Tasse mit Untertasse die
*чайная F чашка F с блюдцем N*

Milchkrug der
*молочник M*

Teekessel der
*заварочный чайник M*

Zuckerschale die
*сахарница F*

## Küchenutensilien *das*
*Кухонные принадлежности F*

batteriebetriebene Küchenwaage *die*
*электронные кухонные весы*

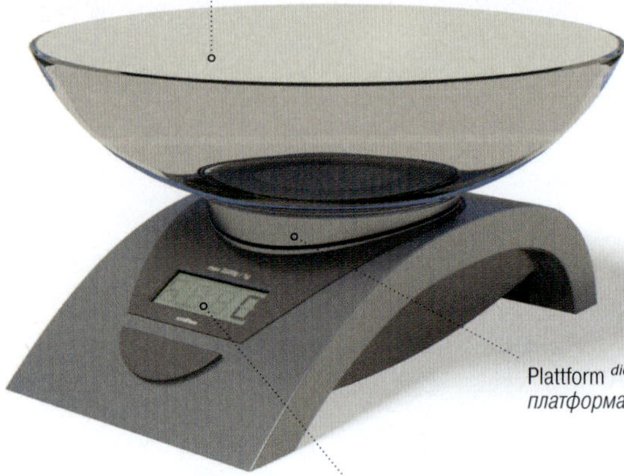


Fondueset *das*
*набор M*

Brotkasten *der*
*хлебница F*

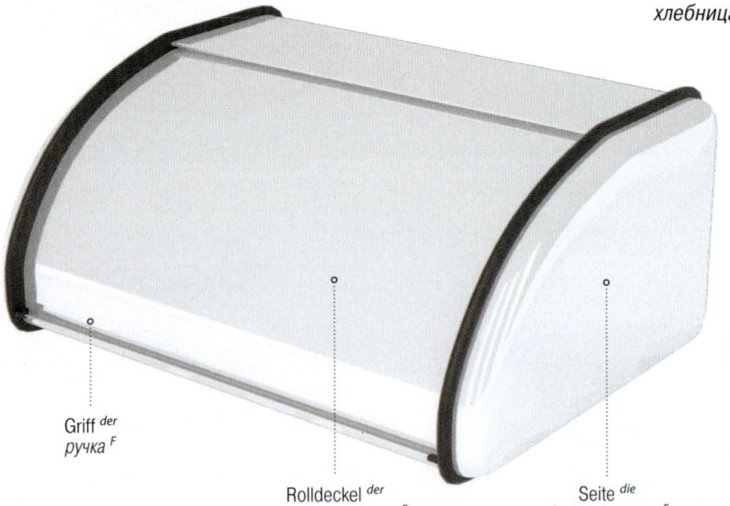

Teigmischer *der*
*блендер M для теста M*

Zitruspresse *die*
*соковыжималка F*

Topfgreifer *der*
*прихватка F*

Küchenthermometer *das*
*кухонный термометр M*

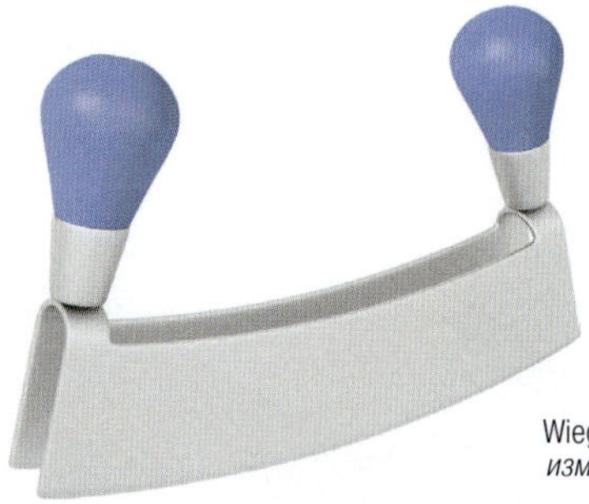

Wiegemesser *das*
*измельчитель M*

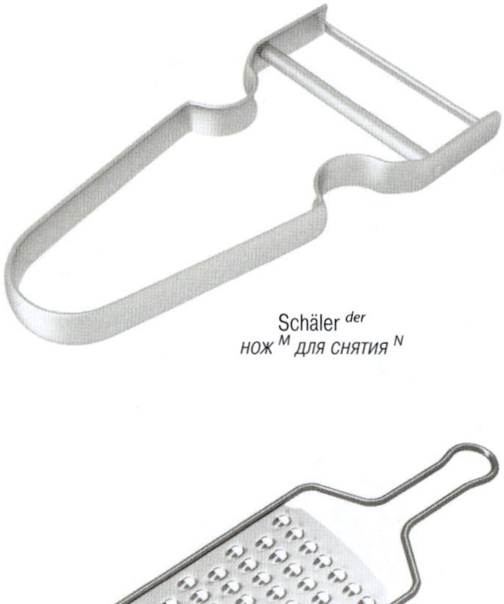

Schäler *der*
*нож M для снятия N*

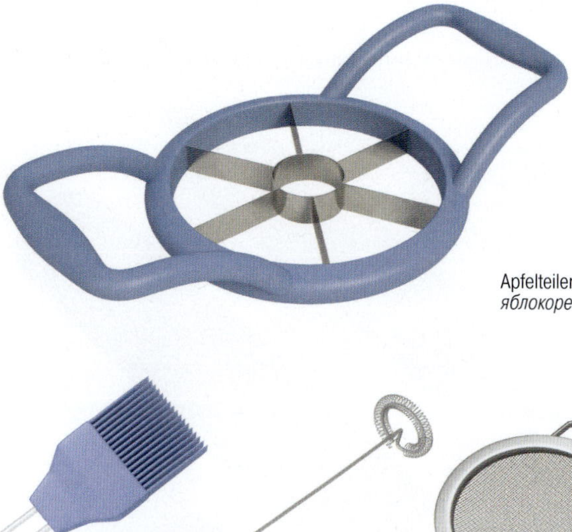

Apfelteiler *der*
*яблокорезка*

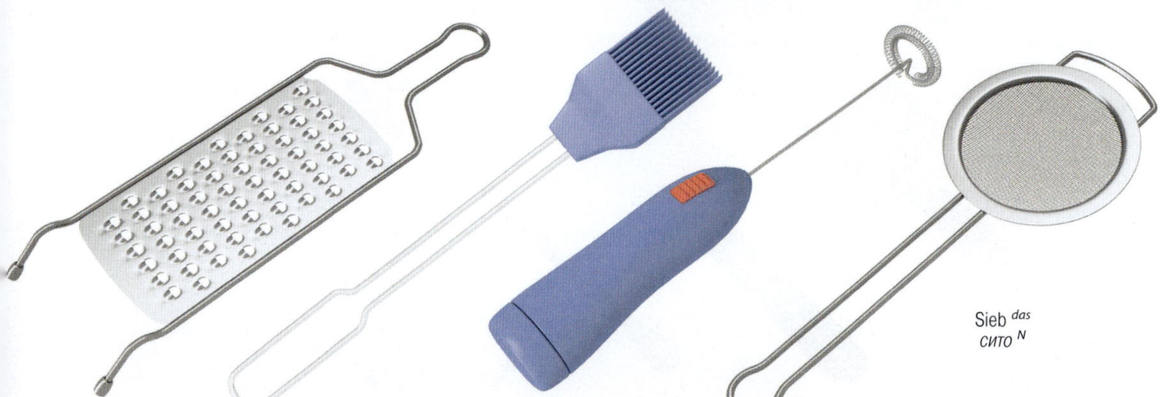

Reibe *die*
*терка F*

Teigpinsel *der*
*кисть F*

Milchschäumer *der*
*взбиватель для молока F*

Sieb *das*
*сито N*

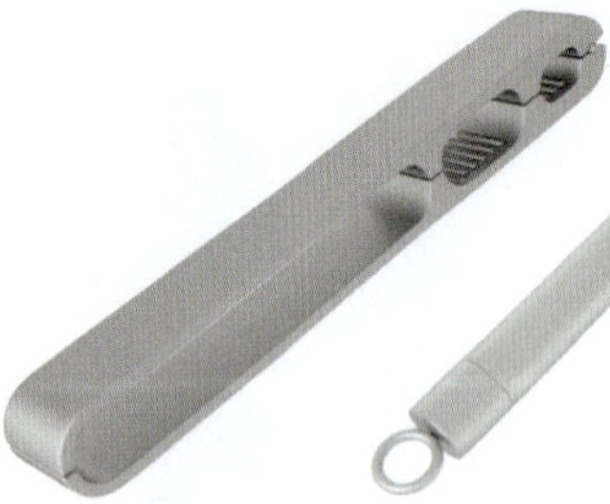
Nussknacker *der*
*щипцы* M *для орехов* M

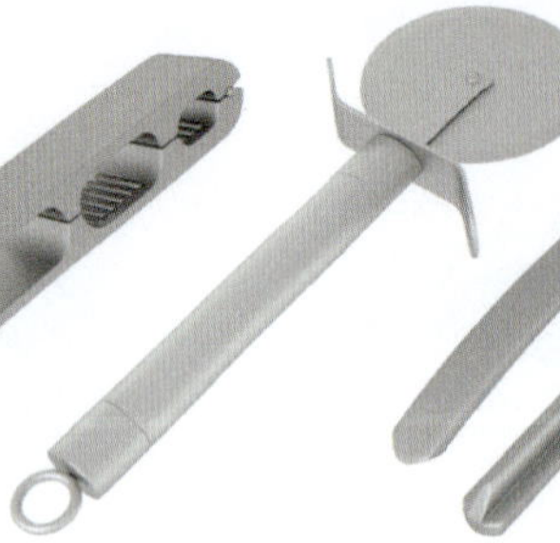
Pizzaschneider *der*
*нож* M

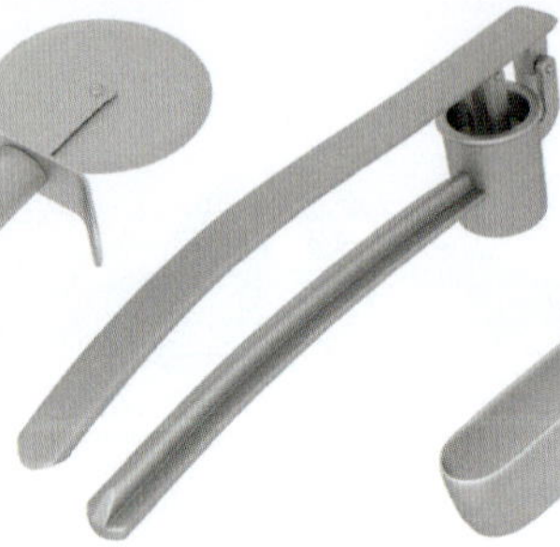
Knoblauchpresse *die*
*пресс* M *для чеснока* M

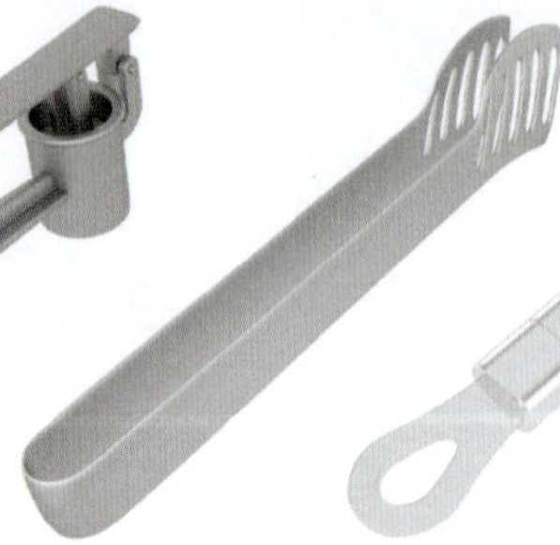
Greifzange *die*
*щипцы* M

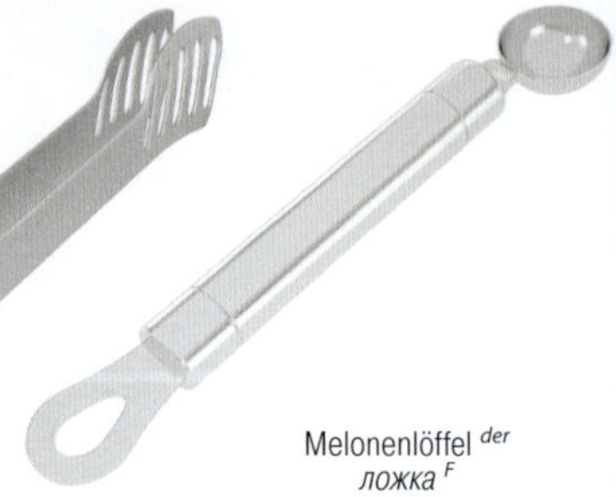
Melonenlöffel *der*
*ложка* F

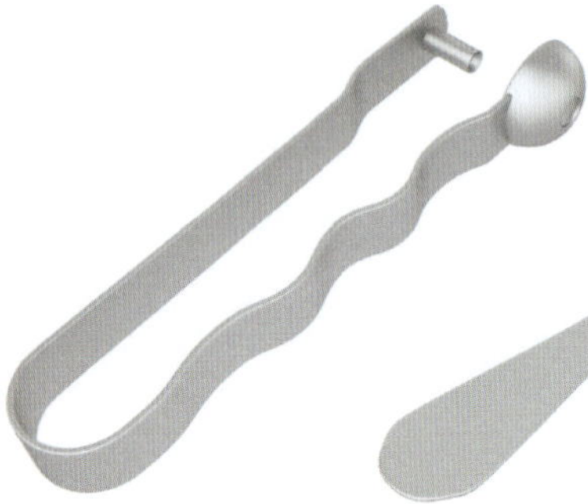
Entkerner *der*
*приспособление* N *для извлечения* N *косточек* F

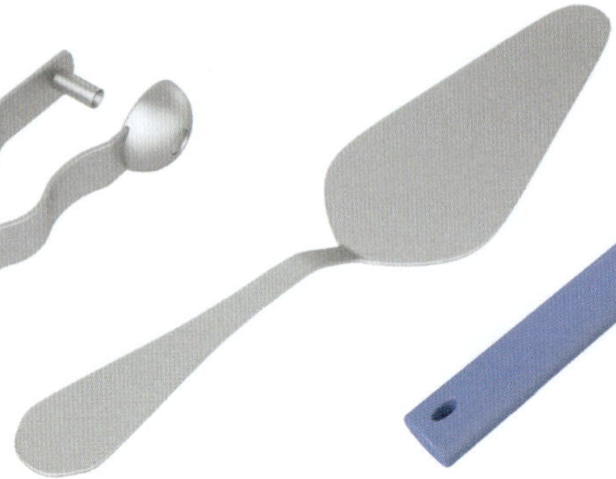
Tortenheber *der*
*лопатка* F *для пирога* M

Käseschneider *der*
*нож* M *для сыра* M

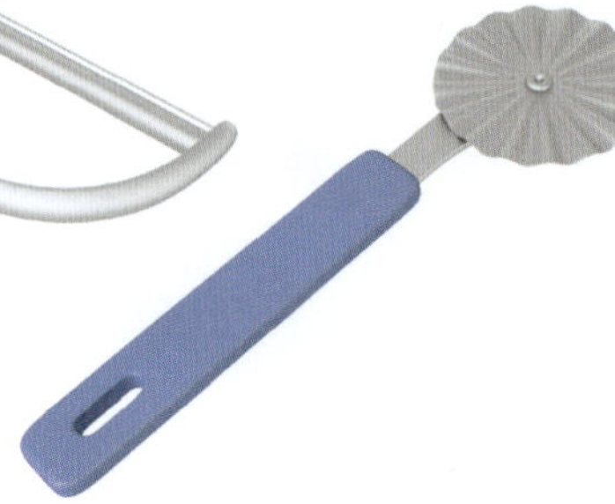
Teigrad *das*
*нож* M *для пирога* M

Spritztülle *die*
*кулинарный шприц* M

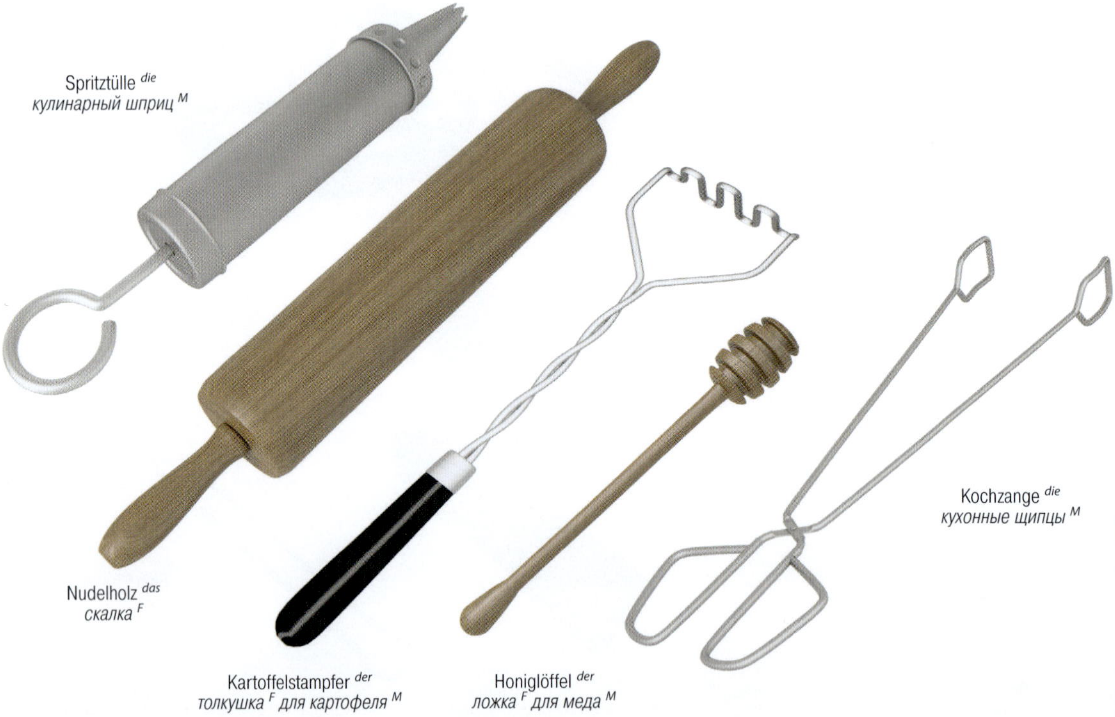

Nudelholz *das*
*скалка* F

Kartoffelstampfer *der*
*толкушка* F *для картофеля* M

Honiglöffel *der*
*ложка* F *для меда* M

Kochzange *die*
*кухонные щипцы* M

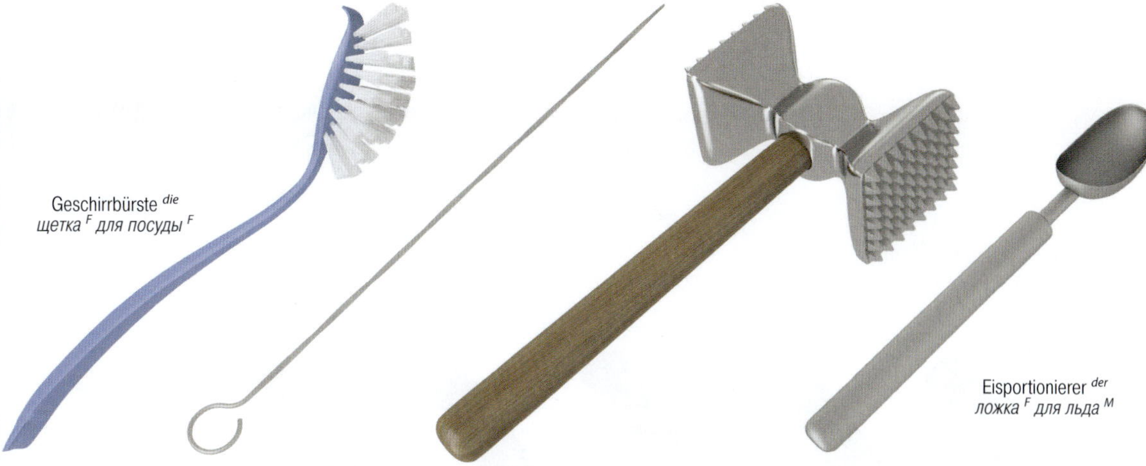

Geschirrbürste *die*
*щетка F для посуды F*

Spieß *das*
*шампур M*

Fleischhauer *der*
*молоток M*

Eisportionierer *der*
*ложка F для льда M*

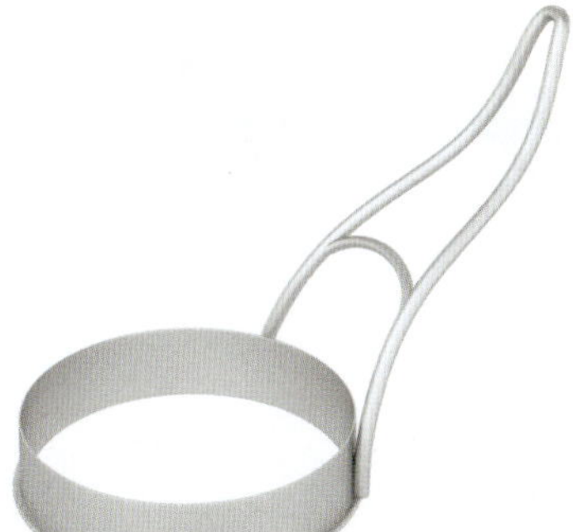

Eierring *der*
*держатель M яиц N*

**Küchenutensilien** *das*
***набор M кухонных принадлежностей F***

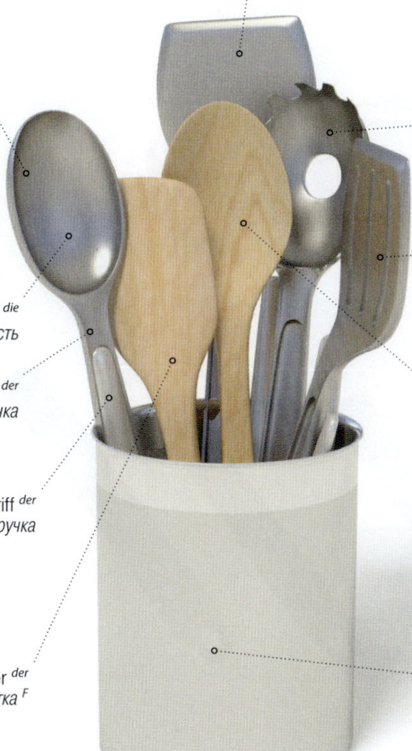


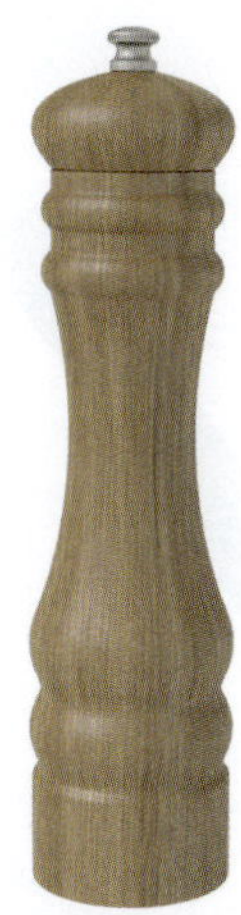

Pfeffermühle *die*
*измельчитель M для перца M*

Flacher Pfannenwender der
*лопатка* F

Kochlöffel der
*кухонная ложка* F

Geschlitzter Pfannenwender der
*большая лопатка* F

Pfannenwender der
*лопатка* F

Sieblöffel der
*ложка* F *с прорезями* F

Sieblöffel der
*шумовка* F

Kochgabel die
*кухонная вилка* F

großer Kochlöffel der
*большая ложка* F

Spaghettiheber der
*инструмент* M

Quirl der
*венчик* M

Wok *der*
*вок*

Bratpfanne *die*
*глубокая сковорода F*

Bratpfanne *die*
*сковорода F для жарки F*

Auflaufform *die*
*казан M*

Suppentopf *der*
*металлическая кастрюля F*

Sieb *das*
*дуршлаг M*

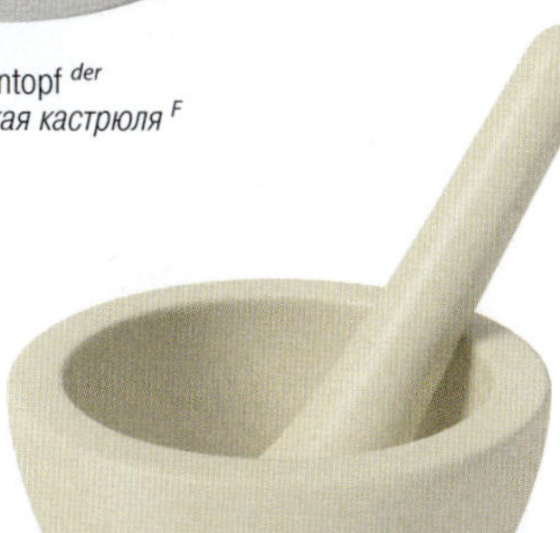

Mörser und Stößel *der*
*ступка F*

Backform *die*
*форма F для выпечки F*

## Glasware die
### *Бокалы, стаканы, рюмки F*

Wasserglas das
*бокал M для минеральной воды M*

Weißweinglas das
*бокал M для белого вина F*

Sektglas das
*фужер M для шампанского N*

Rheinweinglas das
*бокал M для рейнвейна M*

Karaffe die
*графин M*

Cocktailglas das
*бокал M для коктейля M*

Sektglas das
*классический бокал M для шампанского N*

Portglas das
*порт-глас*

Burgunderglas *das*
*бокал M для бургундского вина F*

Weinbrandschwenker *der*
*бокал M*

Rotweinglas *das*
*бокал M для красного M вина F*

Rotweinglas *das*
*бокал M*

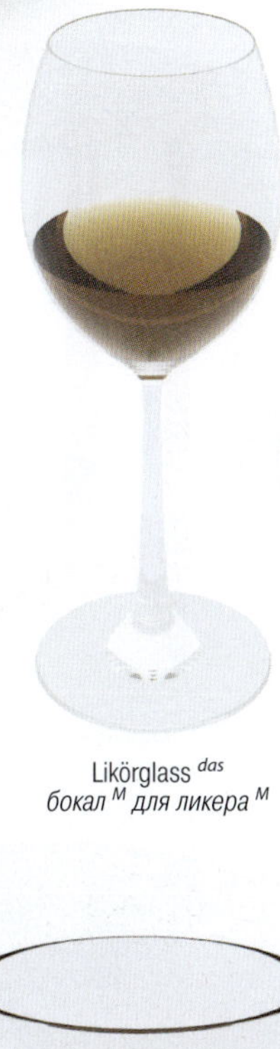

Likörglass *das*
*бокал M для ликера M*

Bierkrug *der*
*пивная F кружка F*

Bierglas *das*
*пивной F бокал M*

Whiskeyglas *das*
*стакан M для виски M*

## Tische [der]
*Столы* [M]

Esstisch [der]
*овальный обеденный стол* [M]

Beistelltisch [der]
*обеденный стол* [M]

Nachttisch [der]
*телефонный стол* [M]

Terassentisch [der]
*стеклянный стол* [M]

Schreibtisch [der]
*секретер* [M]

Wohnzimmertisch [der]
*журнальный стол* [M]

## Sofas *das*
## *Диваны M*

### Ecksofa *das*
### *мягкий уголок M*

Sessel *der*
*стул M с подлокотниками M*

### Ledersessel *der*
### *кожанное кресло N*

Chaiselounge *die*
*кресло-лежанка*

Hocker *der*
*пуфик M*

Banksofa *das*
*софа F*

## Stühle der
*Стулья M и кресла N*

Freischwinger der
*стул M на металлической основе F*

Klappstuhl der
*складной стул M*

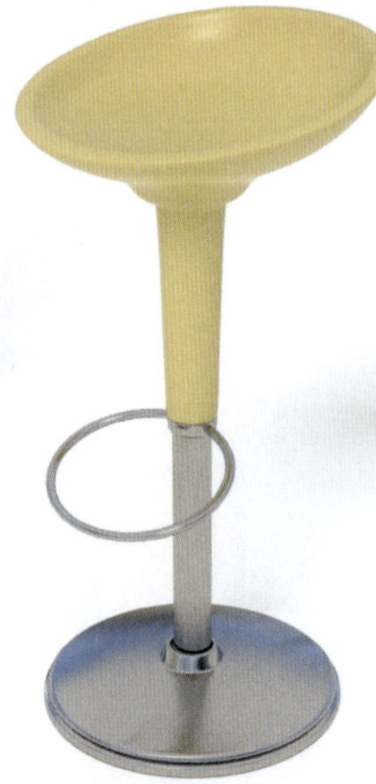

Barhocker der
*барный стул M*

Schaukelstuhl der
*кресло N качалка F*

Stapelstuhl der
*штабелируемый стул M*

Esszimmerstuhl der
*стул M*

Regiestuhl der
*режиссерский стул M*

## Schränke [der] und Regale [das]
## *Шкафы, тумбы [F] и комоды [M]*

### Cocktailschrank [der]
*бар [M] в серванте [M]*

Schublade [die] *ящик [M]*

Tür [die] *дверца [F]*

Regal [das] *полка [M]*

Standbein [das] *ножка [F]*

Griff [der] *ручка [F]*

Schrankwand [die]
*шкаф-стенка*

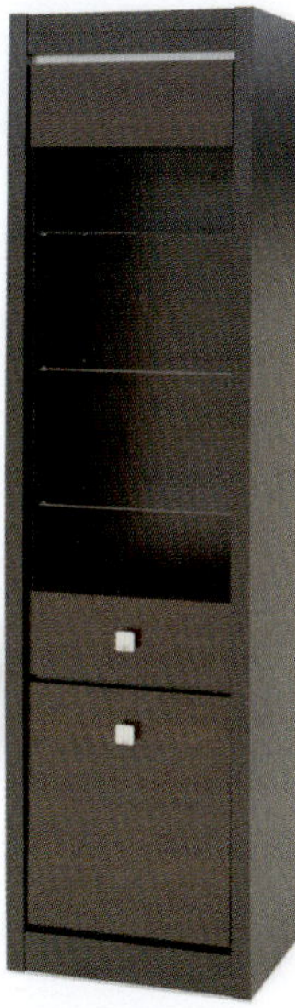

Chiffonier [das]
*шифоньер [M]*

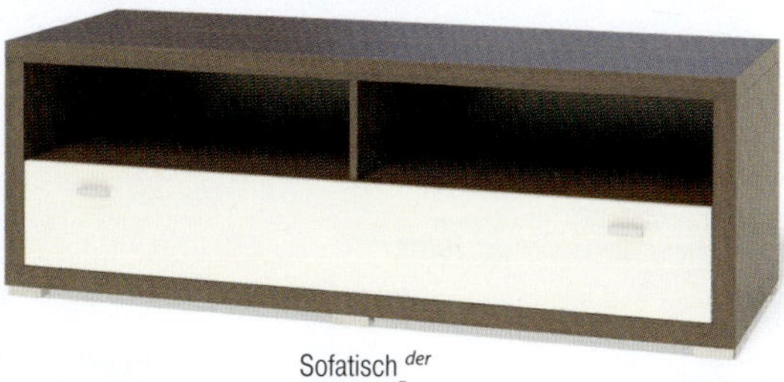

Sofatisch [der]
*тумба [F]*

Geschirrschrank [der]
*сервант [M]*

### Schauvitrine [die]
*шкаф [M] со стеклянными дверцами [F]*

Rahmen [der] *корпус [M]*

Glastür [die] *стеклянная дверца [F]*

Griff [der] *ручка [F]*

Holzrahmen [der] *дверная рама [F]*

Schublade [die] *ящик [M]*

Seite [die] *боковина [F]*

## Haushaltsgeräte das
## *Бытовая техника M*

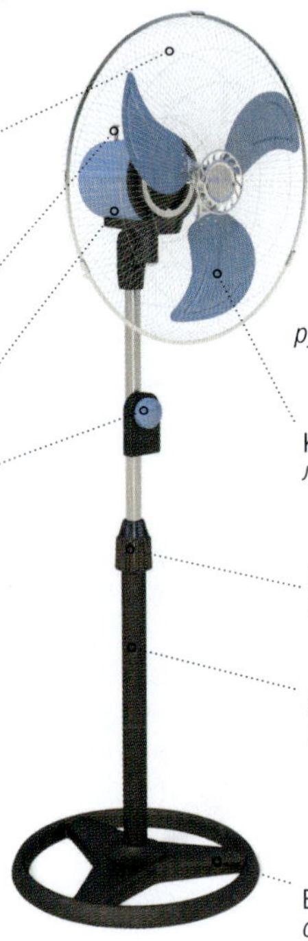


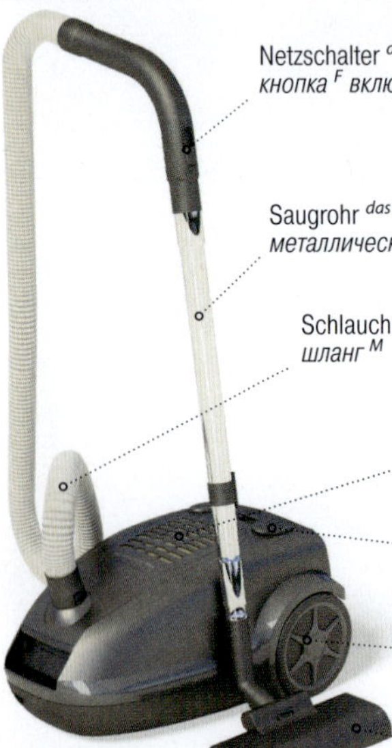


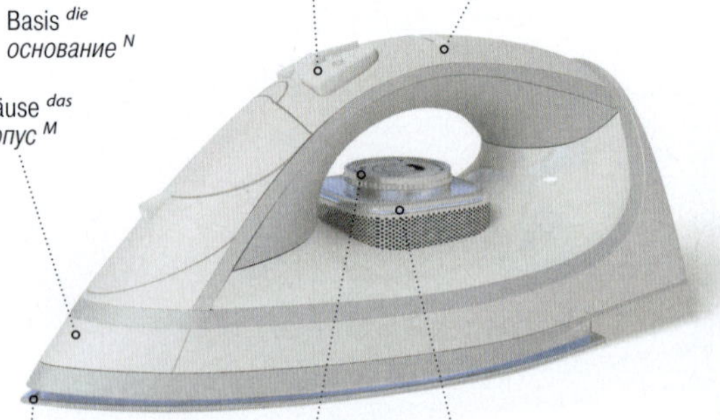

## Audiovisuelle Geräte *das*
## *ТВ, аудио и видео*

### Tonanlage *die*
### *аудио-система*

Vorderreihe *die*
*фронтальная колонка F*

Basslautsprecher *der*
*сабвуфер*

Stand *der*
*подставка F*

Hinterreihe *die*
*тыловая колонка F*

Gehäuse *das*
*корпус M*

Basis *die*
*основание N*

Standbein *das*
*ножка F*

### Kopfhörer *der*
### *наушники M*

Kopfhörerbügel *der*
*оголовье N*

Ohrpolster *das*
*амбушюра M*

Lautsprecher *der*
*динамик M*

### Fernbedienung *die*
### *пульт M дистанционного управления N*

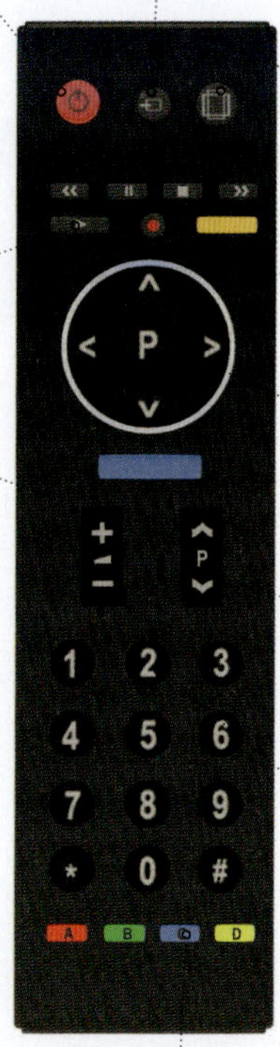

Eingabeknopf *der*
*кнопка F источника M сигнала M*

Standby-Knopf *der*
*кнопка F включения N*

Bildformatknopf *der*
*кнопка F формата M изображения N*

Gehäuse *das*
*корпус M*

Abspielknopf *der*
*кнопка F управления N проигрывателем M*

Lautstärkeregler *der*
*управление N громкостью F*

Schaltregler *der*
*джойстик M*

Kanalschalter *der*
*переключение N каналов M*

Kanalknöpfe *der*
*кнопка F канала M*

Modusauswahlknopf *der*
*кнопка F переключения N режима M*

### DVD-Player *der*
### *dvd-проигрыватель*

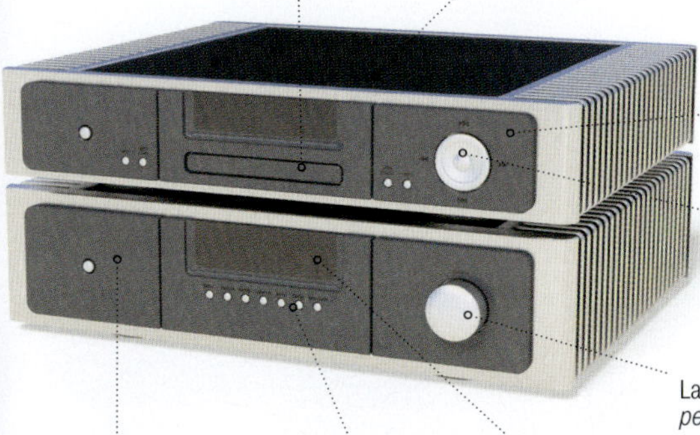

Schlitz *der*
*лоток M*

Gehäuse *das*
*корпус M*

DVD-Spieler *der*
*дивиди-проигрыватель*

Schaltregler *der*
*джойстик M*

Lautstärkeregler *der*
*регулятор M громкости F*

Verstärker *der*
*усилитель M*

Schaltknopf *der*
*кнопка F управления N*

Bildschirm *der*
*экран M*

## Elektrokappe die
*цоколь M*

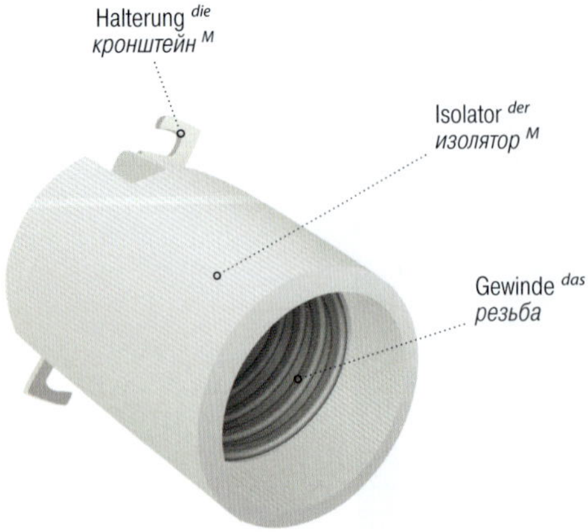


## Querschnitt eines Steckers der
*штепсельная вилка F в разрезе M*

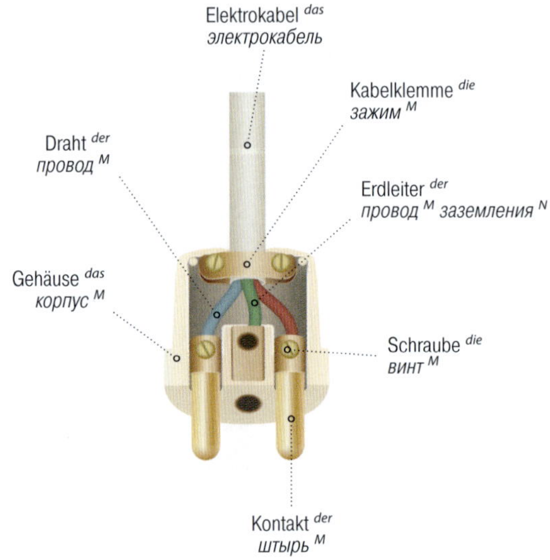


## europäische Steckdose die
*розетка F европейского типа M*

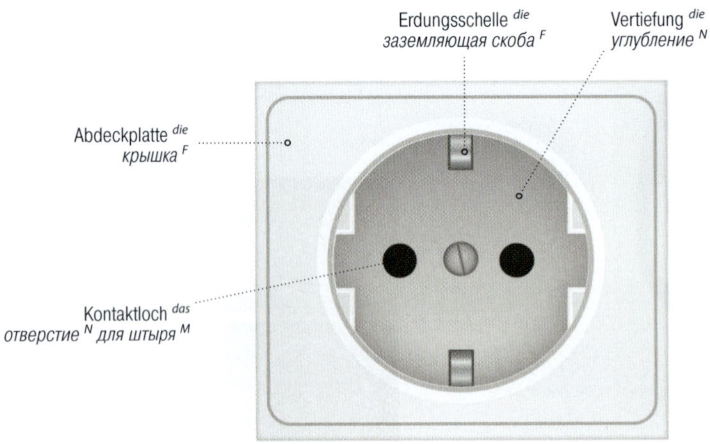


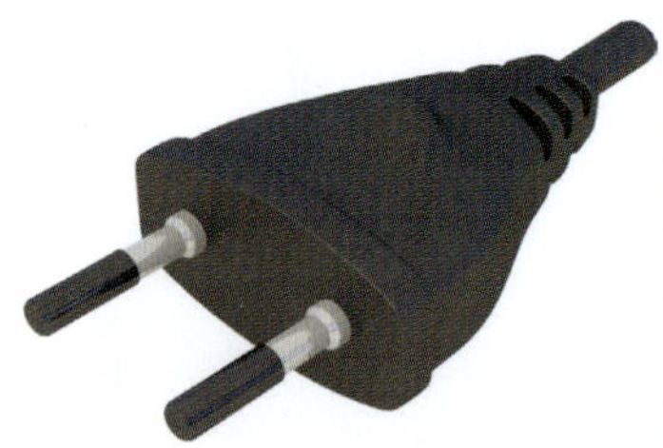

Stecker der
*штепсельная вилка F*

Schalter der
*выключатель M*

amerikanische Steckdose die
*розетка F американского типа M*

Dimmer der
*регулятор M*

## Aquarium das
## *аквариум M*

## Terrarium das
## *террариум M*

Hundeleine die
*поводок M*

Vogelkäfig der
*клетка F для птиц F*

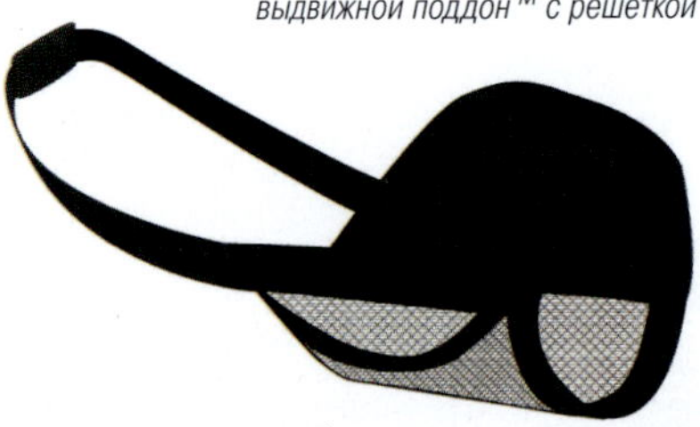

Maulkorb der
*намордник M*

Hundenäpfe der
*миска F*

Hundehalsband das
*ошейник M*

abgedecktes Katzenklo das
*кошачий туалет M*

Transportbox die
*ящик M для перевозки F животных N*

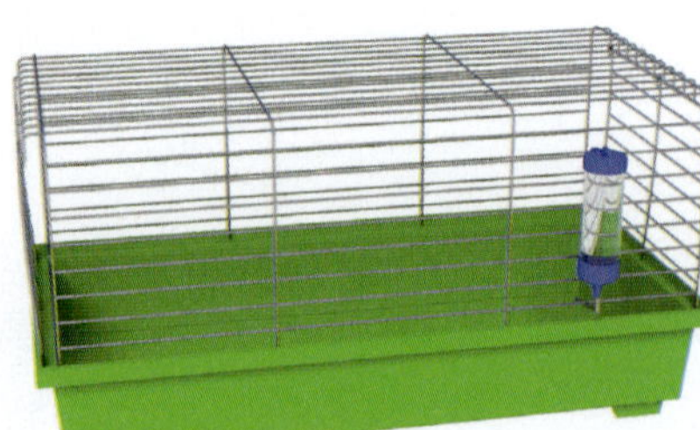

kleiner Tierkäfig der
*клетка F для малых N животных N*

Barbecue *das*
*гриль M*

Ofenfeuer *das*
*камин-барбекю*

Barbecueutensilien *das*
*набор M инструментов M для гриля M*

Kettensäge die
*бензопила F*

Startausziehgriff der
*ручка F стартера M*

Schutzhülle die
*крышка F*

Vordergriff der
*рукоятка F*

Gashebel der
*дроссельный рычаг M*

Sägebremse die
*защитное приспособление N*

Sägekette die
*цепь F*

Drosselsicherheitsschalter der
*блокировка F дроссельного рычага M*

hinterer Griff der
*задняя рукоятка F*

Schiene die
*полотнище N пилы F*

Treibstoffkappe die
*крышка F топливного бака M*

Ölkappe die
*крышка F масляного бака M*

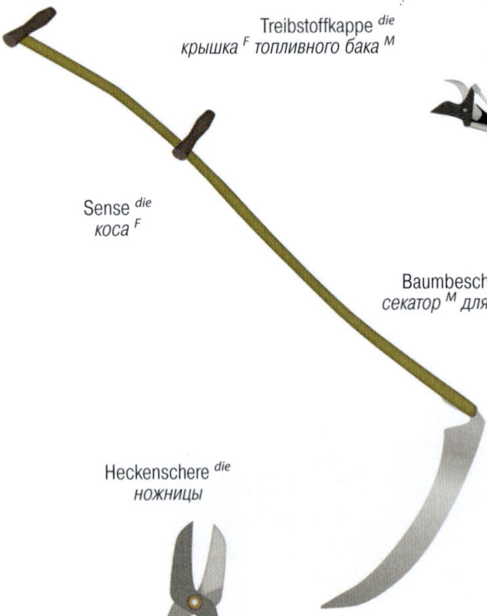

Sense die
*коса F*

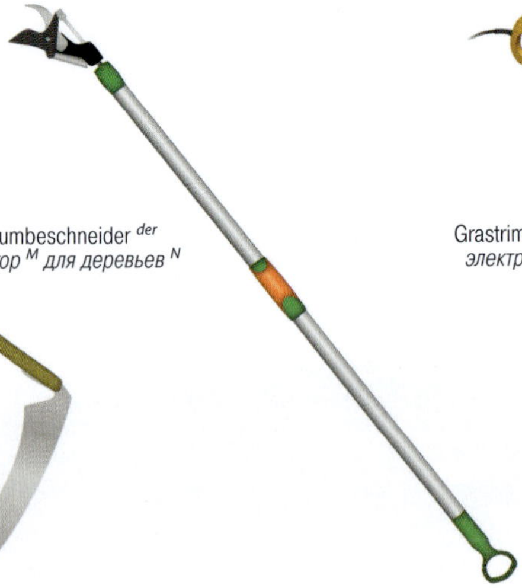

Baumbeschneider der
*секатор M для деревьев N*

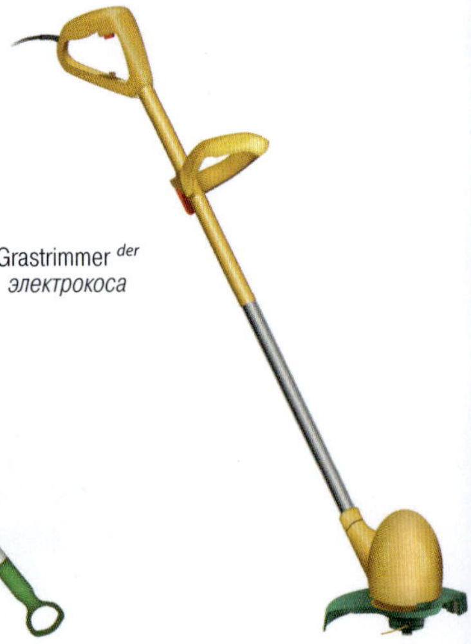

Grastrimmer der
*электрокоса*

Heckenschere die
*ножницы*

Heckenschneider der
*машинка F для стрижки F кустарника M*

Stromschalter der
*кнопка F включения N*

Sägeblattschutz der
*защитное приспособление N*

Griff der
*рукоятка F*

Sägeblatt das
*лезвие N*

Rasenmäher der
*газонокосилка F*

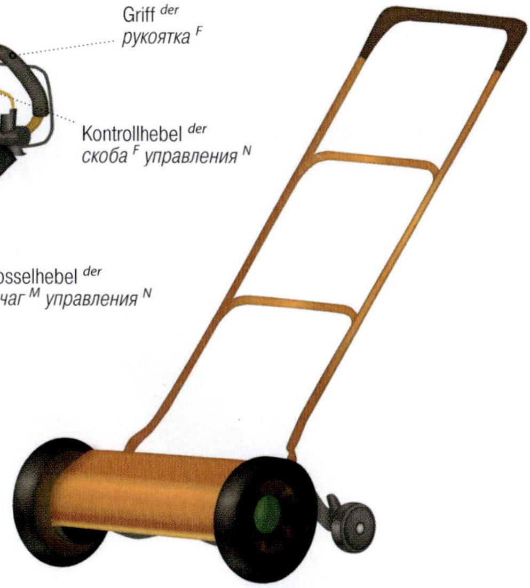

Handrasenmäher der
*косилка F*

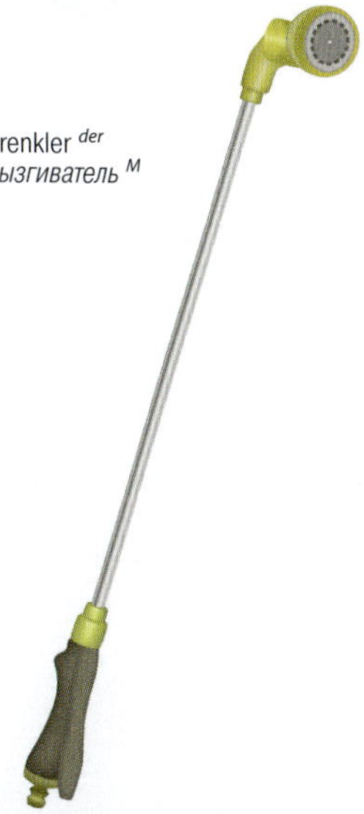

Sprenkler der
*разбрызгиватель M*

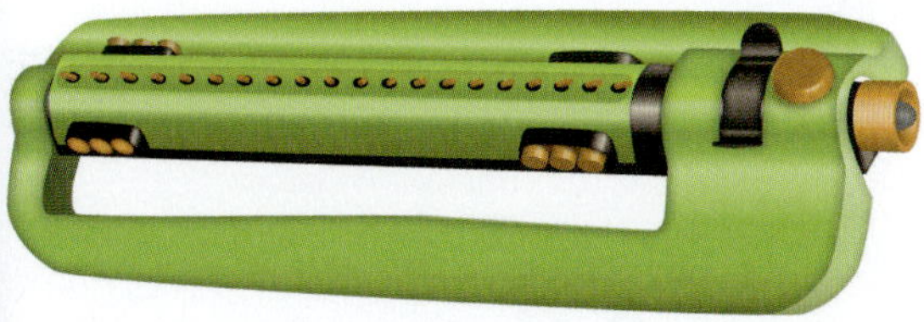

Pendelsprenkler der
*качающийся разбрызгиватель M*

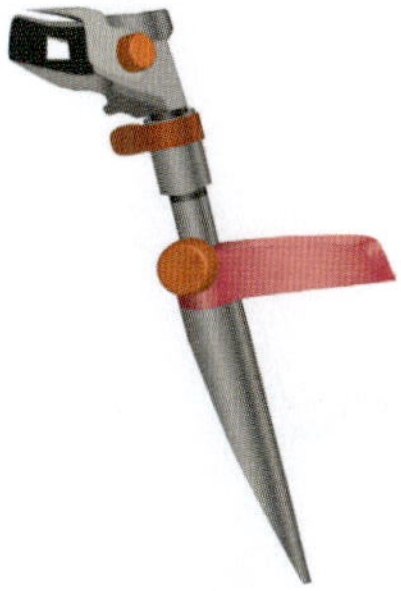

Schwinghebelregner der
*импульсный разбрызгиватель M*

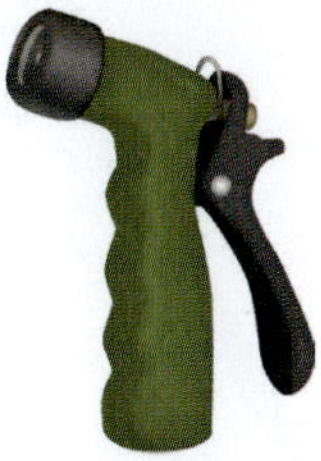

Zerstäuber der
*пульверизатор M*

Schubkarre die
*тележка F*

Schlauchhaspel der
*катушка F для шланга M*

Schraubenschlüssel der
*разводной ключ M*

Gripzange die
*клещи M с зажимом M*

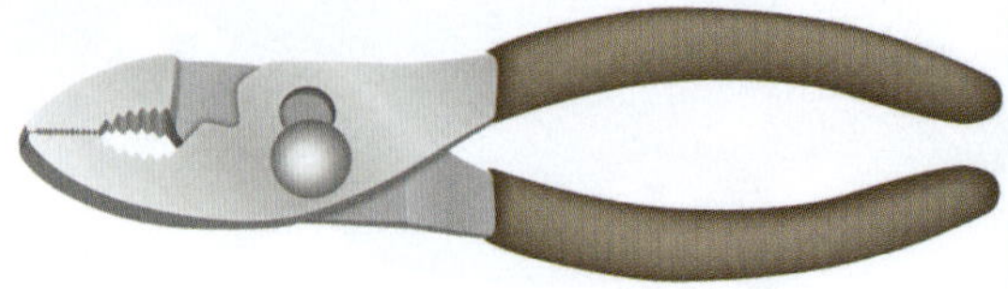

Zange die
*плоскогубцы с зажимом M*

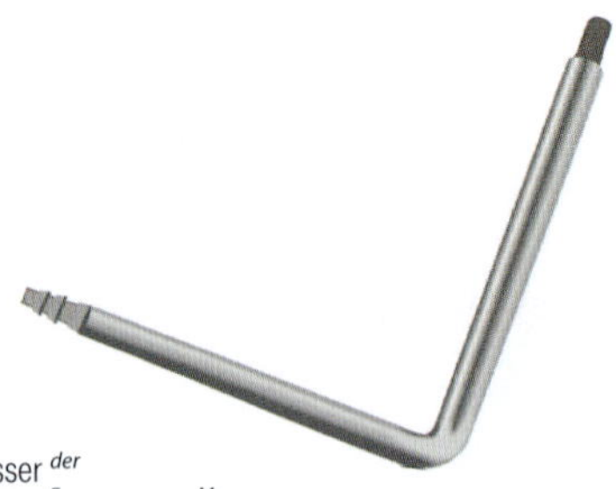

Ventilanpasser der
*ключ M для регулировки F клапанов M*

Inbusschlüssel der
*шестигранный вороток M*

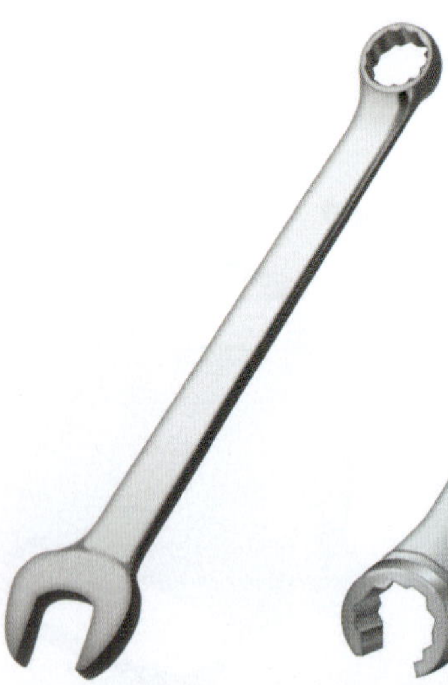

Kombischlüssel der
*комбинированные ключ M*

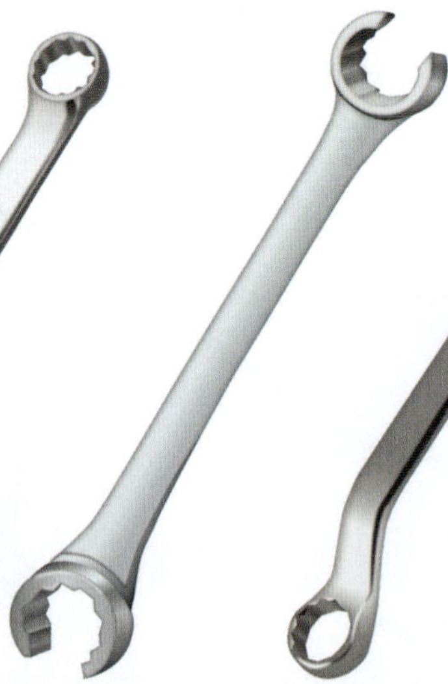

Steckschlüssel der
*прорезной ключ M*

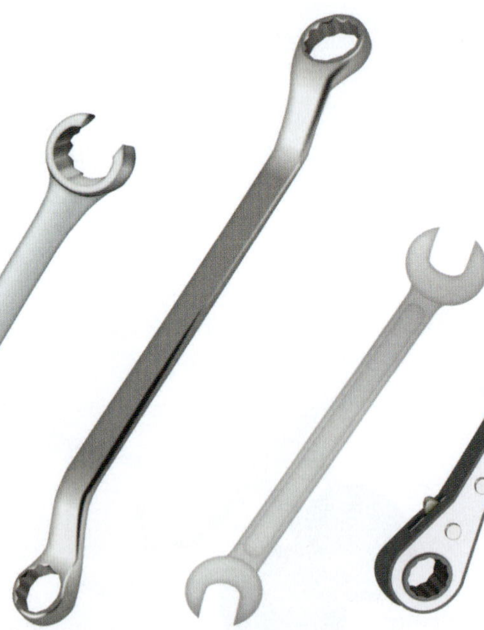

Ringschlüssel der
*накидной ключ M*

Gabelschlüssel der
*рожковый ключ M*

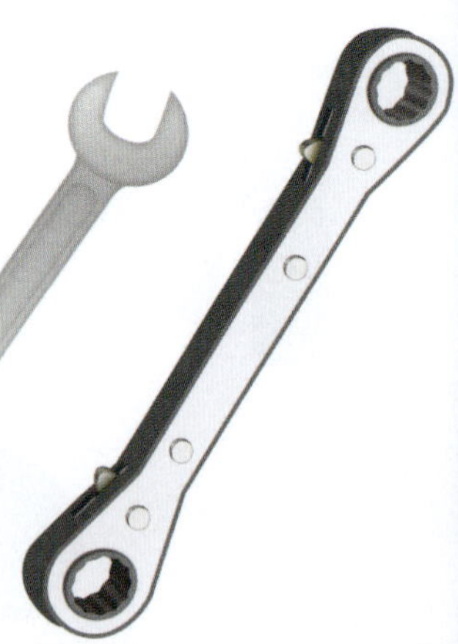

Knarrenschlüssel der
*ключ M с трещоткой F*

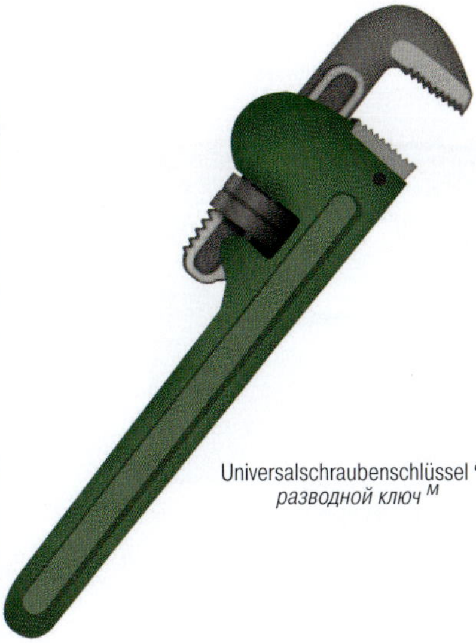

Universalschraubenschlüssel der
*разводной ключ M*

Rohrwalze die
*инструмент M для вальцовки F труб F*

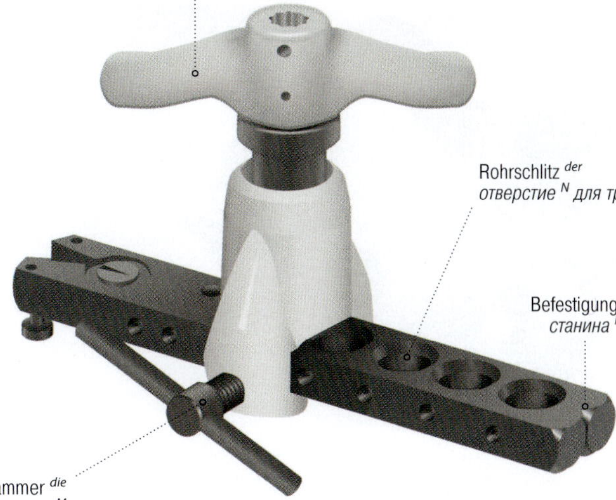

Rohrschneider der
*труборез M*

Pümpel der
*вантуз*

Kanalreinigungsanlage die
*трос M для прочистки F канализации F*

Zahnschlüssel der
*газовый ключ M*

Rohrgewindewerkzeug das
*трубонарезной инструмент M*

Kreissäge *die*
*циркулярная пила* *F*

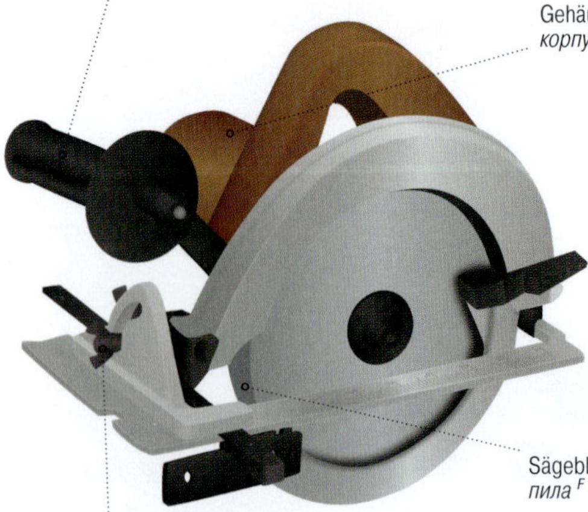


elektrische Laubsäge *die*
*электро-лобзик*

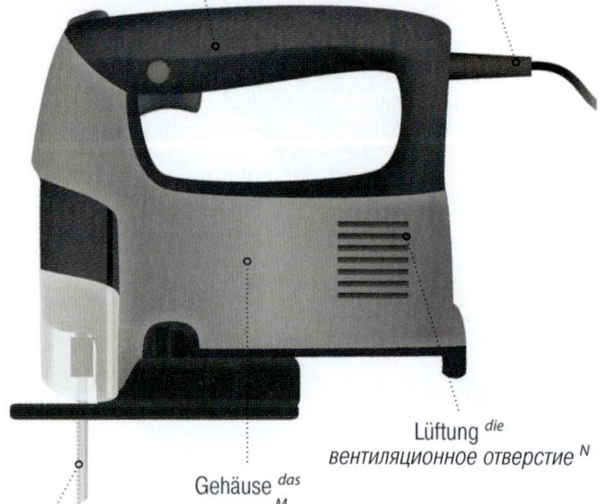


Spannsäge *die*
*лучковая пила* *F*

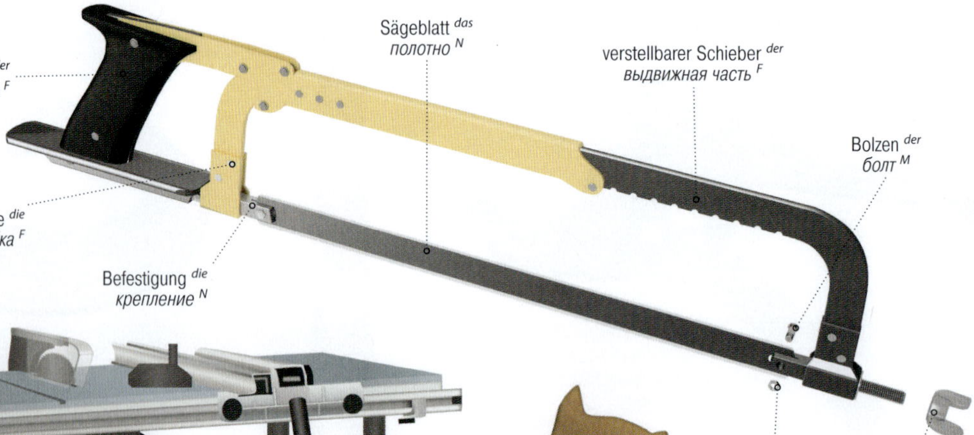


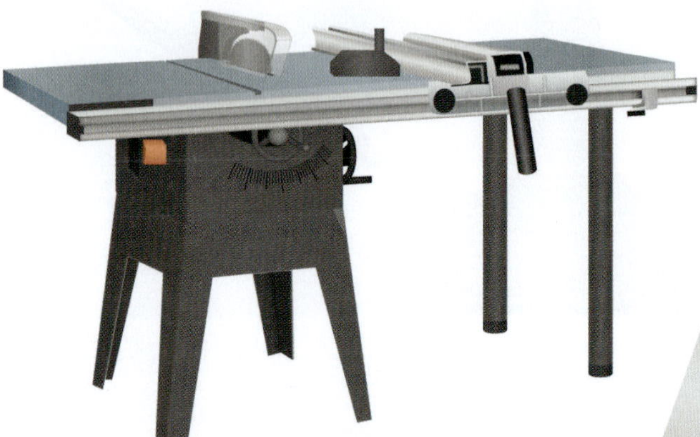

Tischsäge *die*
*циркулярный станок* *M*

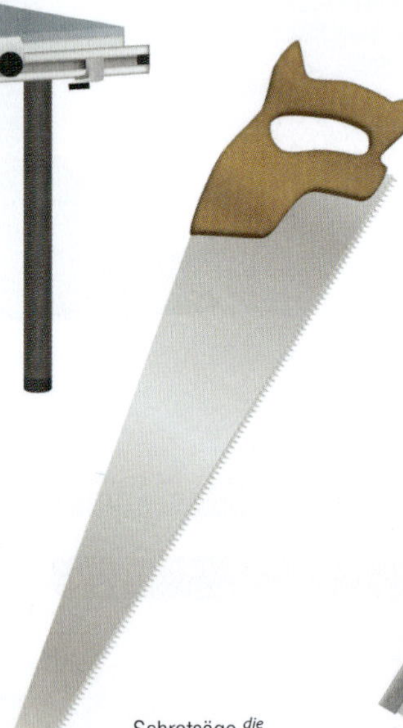

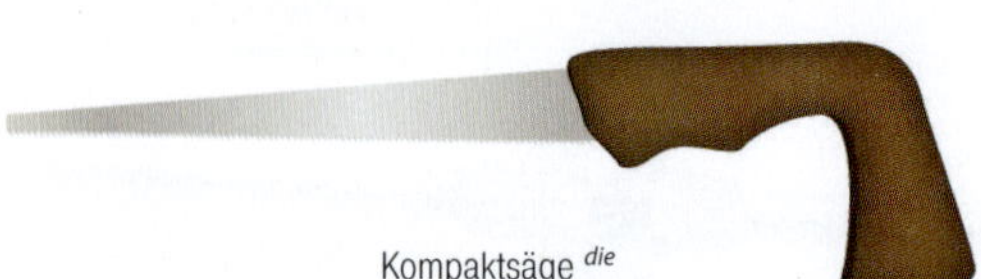

Kompaktsäge *die*
*выкружная пила* *F*

Schrotsäge *die*
*ножовка* *F* *по дереву* *N*

Rückensäge *die*
*ножовка* *F* *с обушком* *M*

## Schleif- und Polierwerkzeug das
## *Шлифовальный и полировальный инструмент M*

### Schwingschleifer der
### *эксцентриковая шлифовальная машина F*

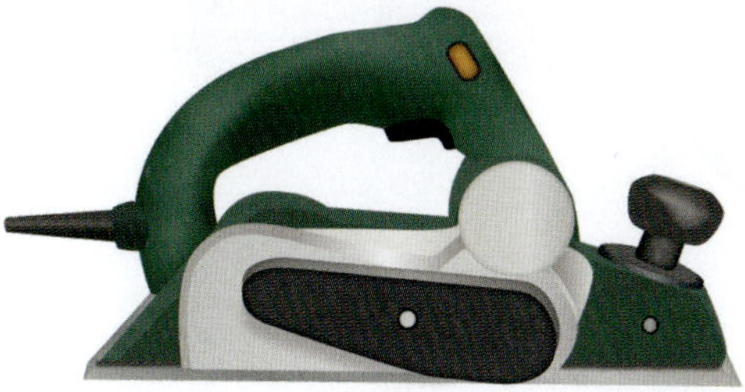

Polierer der
*полировальная машина F*

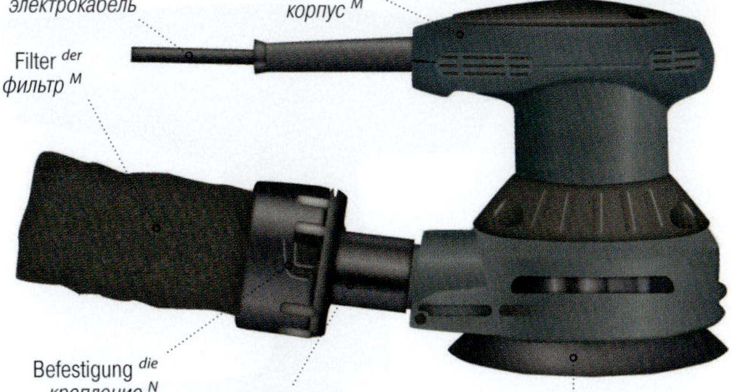


### Bandschleifmaschine die
### *ленточная шлифовальная машина F*

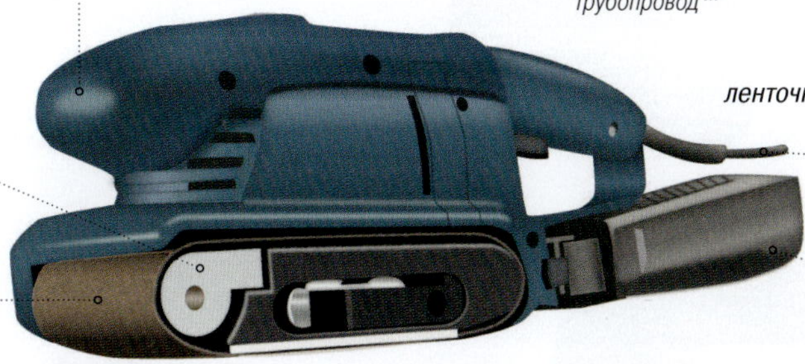


## Stromwerkzeug das
## *Электротехнический инструмент M*

### Universalmessgerät das
### *мультиметр*

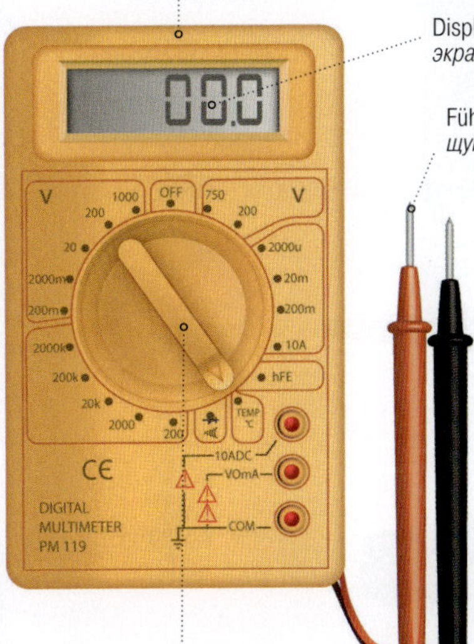


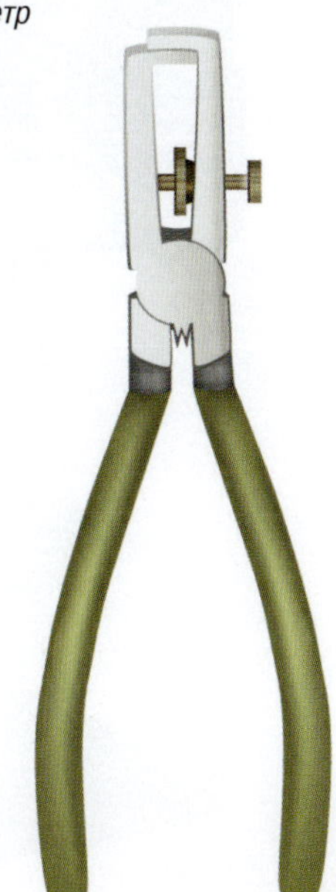


### Prüfschraubenzieher der
### *индикаторная отвертка F*

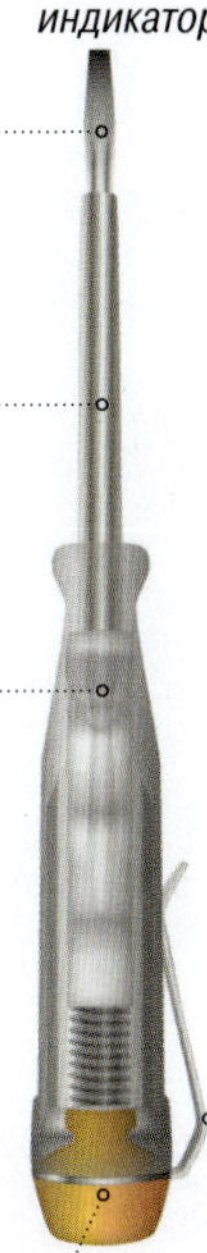

## Akkubohrer der
## *беспроводная дрель F*

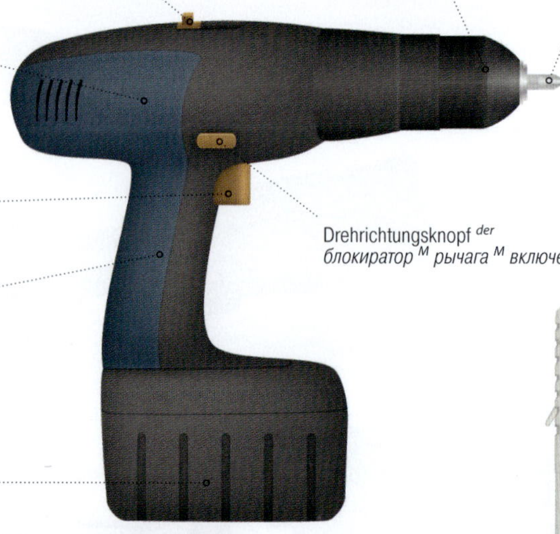

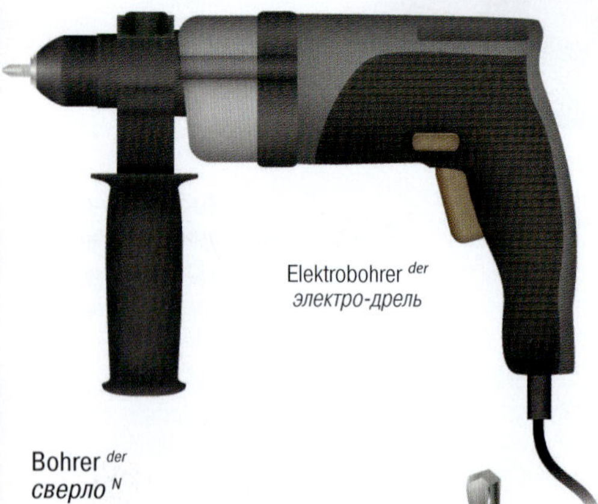


## Bohrmaschine die
## *сверлильный станок M*

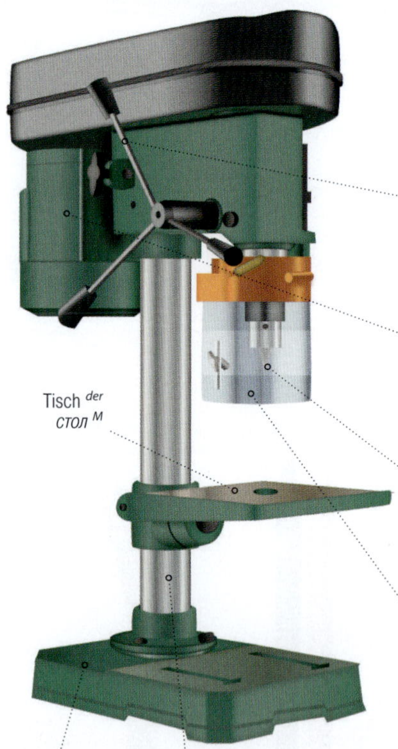


## Bohrer der
## *сверло N*

Tischlerhammer ^der^
*молоток-гвоздодер*

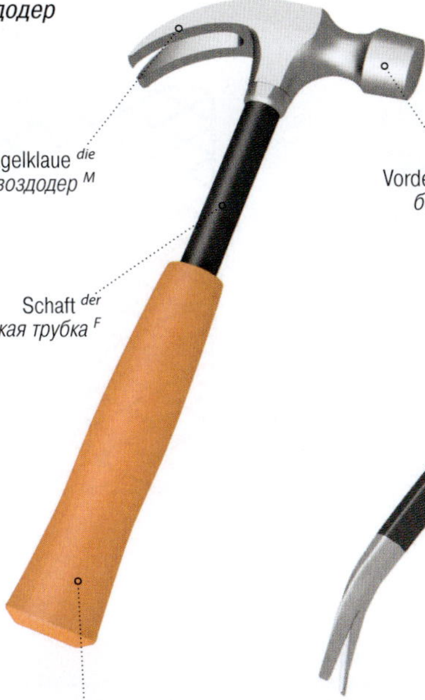

Nagelklaue ^die^
*гвоздодер ^M^*

Vorderseite ^die^
*боек ^M^*

Schaft ^der^
*металлическая трубка ^F^*

Griff ^der^
*рукоятка ^F^*

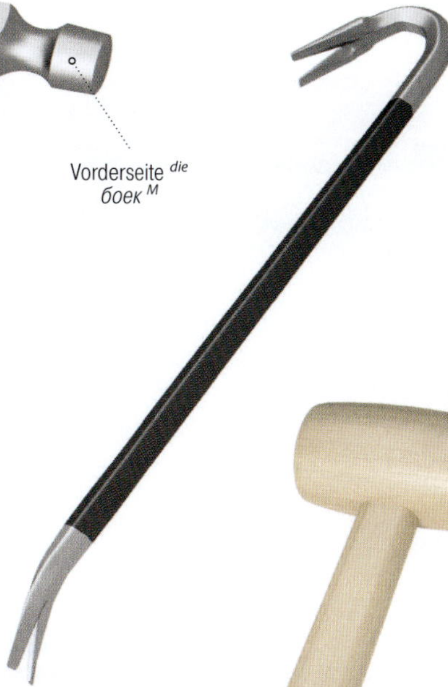

Brecheisen ^das^
*гвоздодёр ^M^*

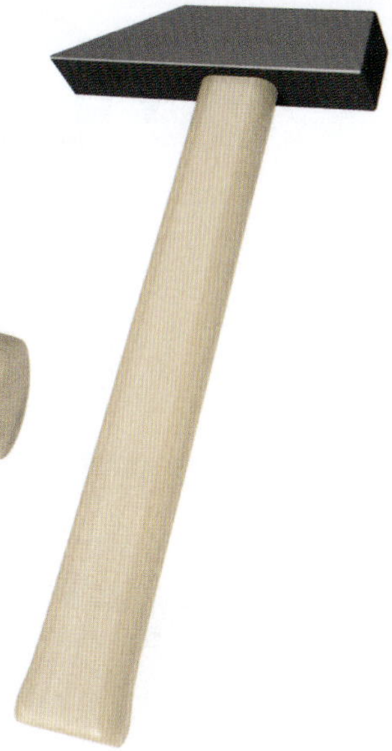

Zimmermannshammer ^der^
*столярный молоток ^M^*

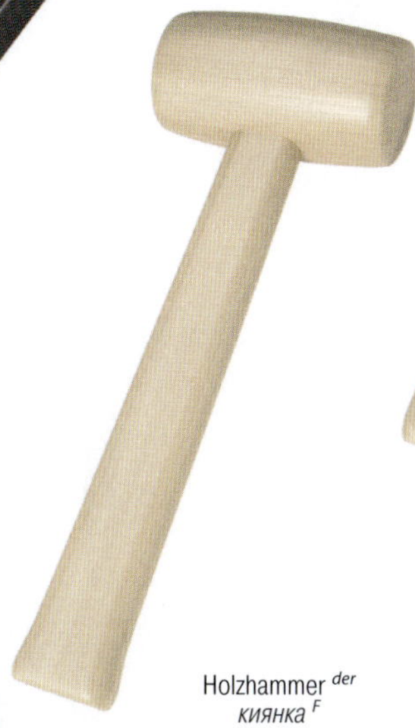

Holzhammer ^der^
*киянка ^F^*

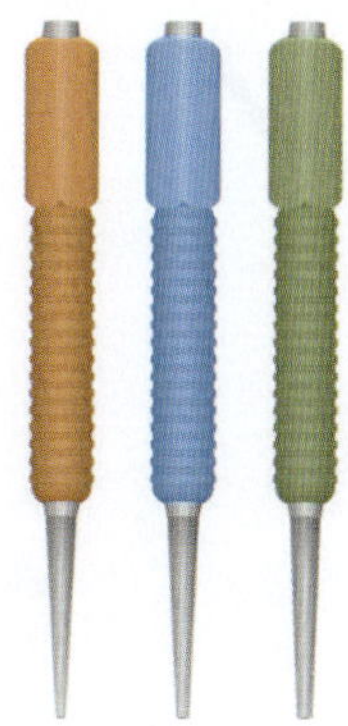

Stanze ^die^
*керн ^M^*

Nagelpistole ^die^
*гвоздезабивной пистолет ^M^*

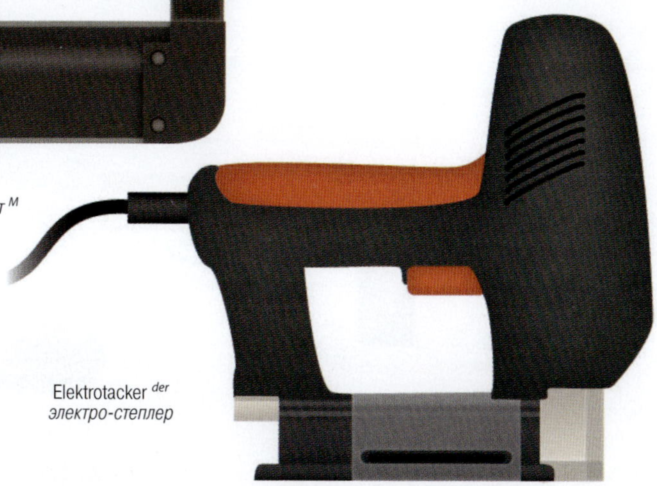

Elektrotacker ^der^
*электро-степлер*

Heißluftpistole die
*шприц M для швов M*

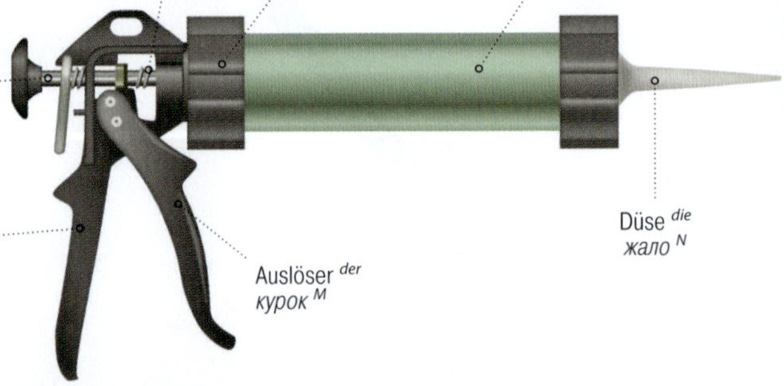

Netz das
*сетка F*

Heißluftpistole die
*строительный фен M*

Glasschneider der
*стеклорез M*

Farbtablett das
*малярный лоток M*

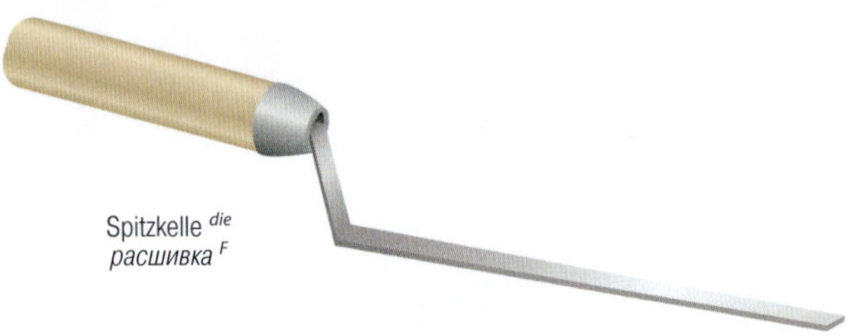

Spitzkelle die
*расшивка F*

Maurerkelle die
*мастерок M*

Winkelmaß das
*угольник M*

Kelle die
*кельма F*

Spachtel der
*скобель M*

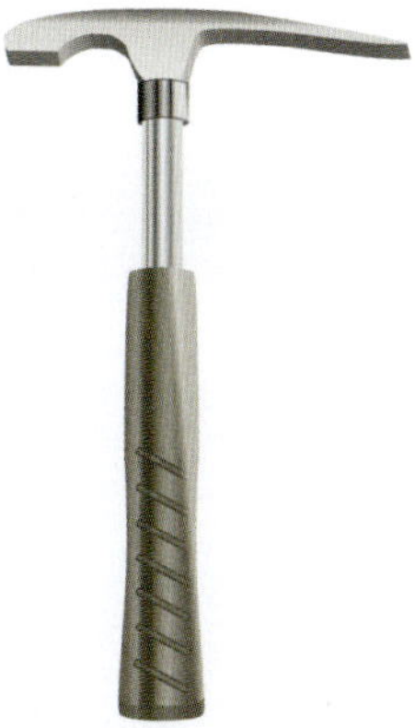

Steinhammer der
*кирочка F*

Trittleiter die
*стремянка F*

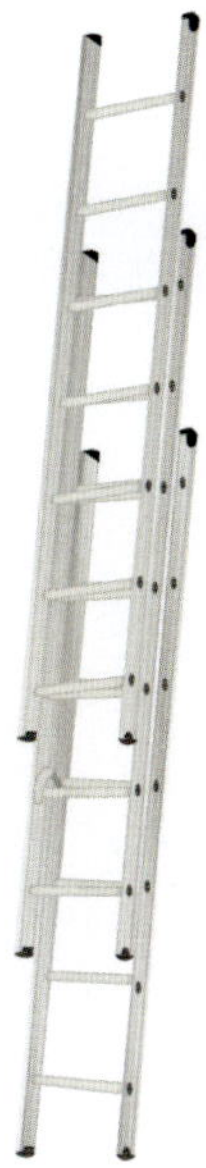

Verlängerungsleiter die
*раздвижная лестница F*

**Trittleiter die**
***стремянка F с площадкой F***

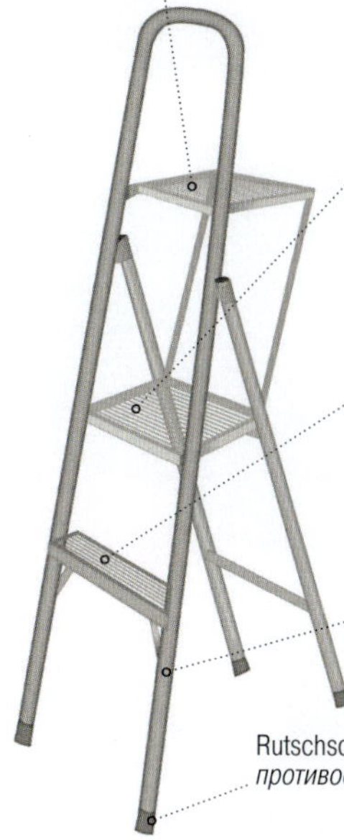

Farbpinsel der
*кисть F*

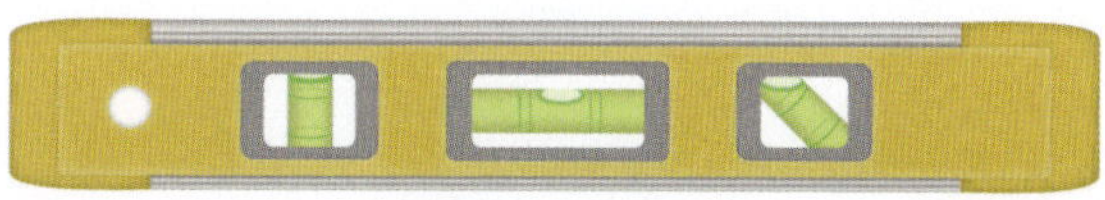

Wasserwaage die
*уровень M*

Maßband das
*рулетка F*

**Farbrolle die**
***валик M***

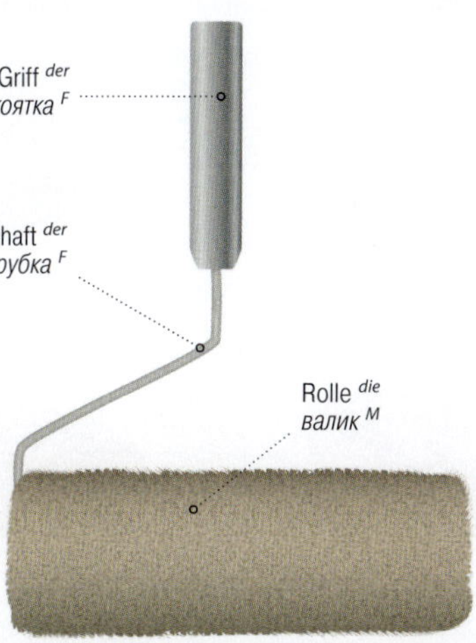


**Farbsprayer der**
***пульверизатор M***

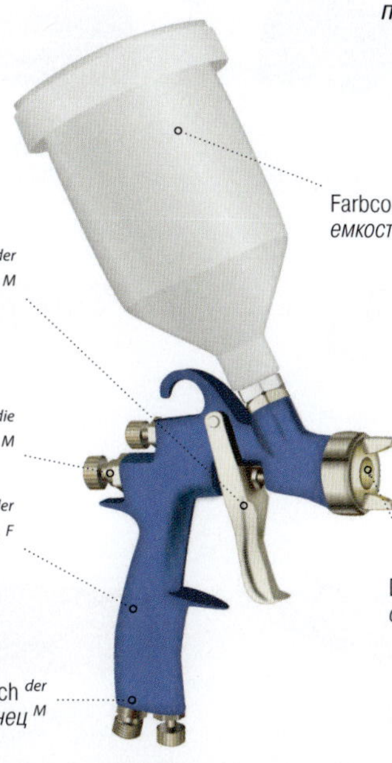

## Rindfleisch der
*Говядина F*

### Teilstücke vom Rind das
***куски M говядины F***

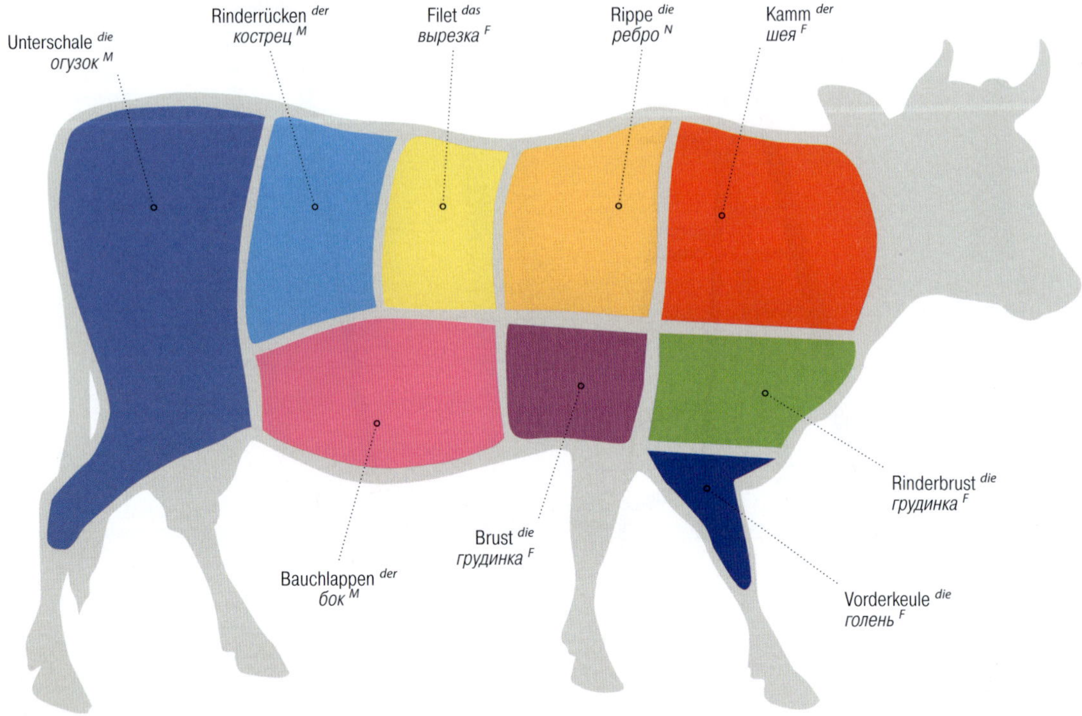

Kronfleischsteak das
*стейк M из говяжьей пашины F*

Rinderbraten der
*ростбиф M*

Rinderfiletsteak das
*стейк M из говяжьего оковалка M*

Rindersteak das
*бифштекс M*

Rinderhachse die
*говяжья рулька F*

Suppenfleisch das
*тушёный стейк M*

Rinderhackfleisch das
*рубленая говядина F*

Chateaubriand das
*шатобриан M*

Querrippe die
*рёберная говяжья спинка F*

Rinderfilet das
*филе N говядины F*

Zwischenrippenstück das
*каре N телёнка M*

T-Bone-Steak das
*тибоун-стейк M (стейк M на т-образной кости*

Schweinefleisch *das*
*Свинина F*

Teilstücke vom Schwein *das*
*куски M свинины F*

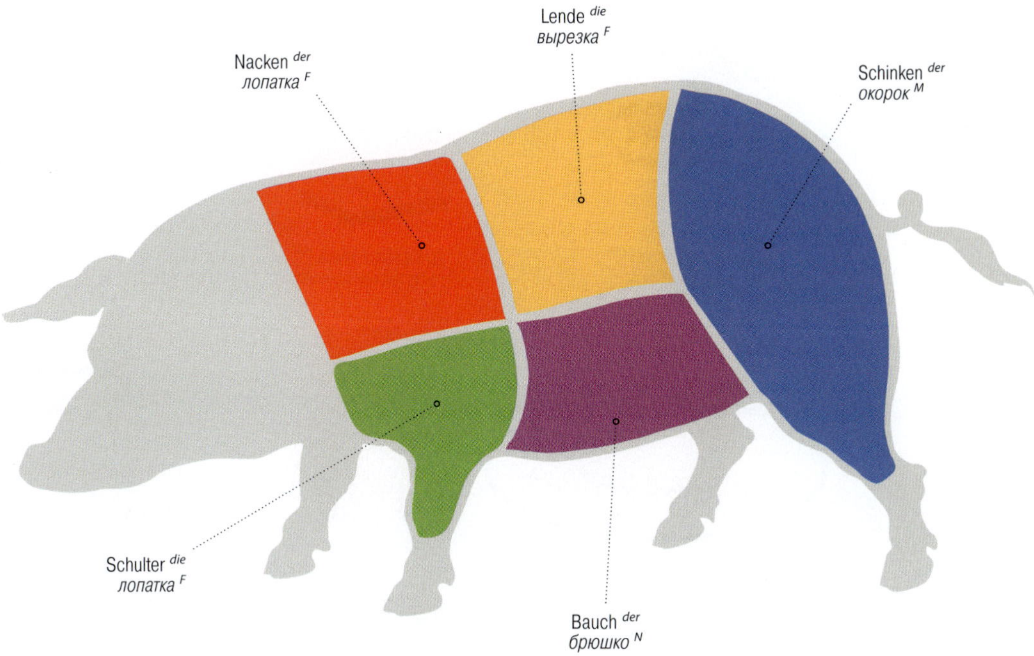


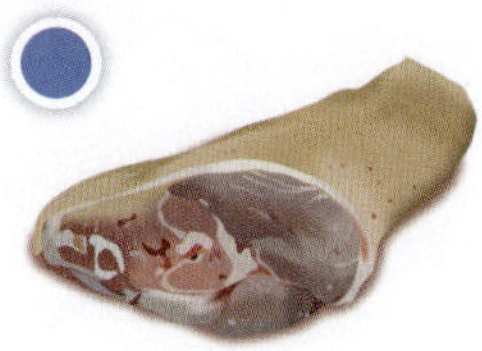

Schweinshachse *die*
*рулька F*

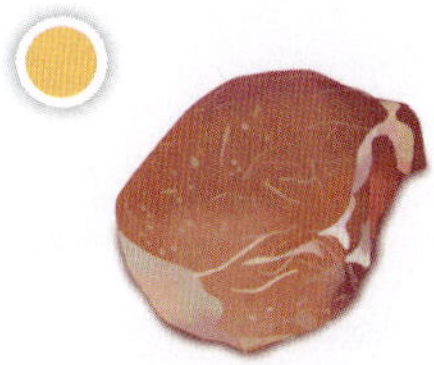

Schweinekotelett *das*
*котлета F из свиной вырезки F*

Schweinerippchen *das*
*свиные рёбрышки N*

Schweinesteak *das*
*стейк M из свинины F*

Schweinsfilet *das*
*филе N свинины F*

Schweinebraten *der*
*жаркое N из свинины F*

## Milch und Sahne [die]
## *Молоко [N]*

Kuhmilch [die]
*коровье молоко [N]*

Ziegenmilch [die]
*козье молоко [N]*

laktosefreie Milch [die]
*безлактозное молоко [N]*

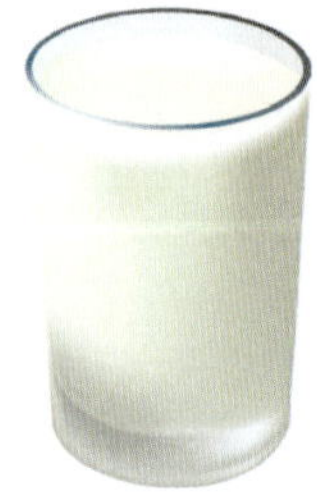

Kefir [der]
*кефир [M]*

Sauerrahm [der]
*сметана [F]*

Schlagsahne [die]
*сливки для взбивания [N]*

Joghurt [der]
*йогурт [M]*

Kondensmilch [die]
*сгущённое молоко [N]*

## Käsesorten [die]
## *Сыры [M]*

Brie [der]
*бри [M]*

Räucherkäse [der]
*колбасный сыр [M]*

Emmentaler [der]
*эмменталь [M]*

Gouda [der]
*гауда [F]*

Ziegenkäse [der]
*козий сыр [M]*

Gorgonzola [der]
*горгонзола [F]*

Zander der
*судак M*

Muschel die
*моллюск M*

Miesmuschel die
*мидия F*

Kammmuschel die
*гребешок M*

Lachsrogen der
*икра F лосося M*

Kaviar der
*чёрная икра F*

## Blattgemüse das
## *Листовые овощи M*

Rotkohl der
*краснокачанная капуста F*

Rosenkohl der
*брюссельская капуста F*

Kohl der
*капуста F*

Spinat der
*шпинат M*

Feldsalat der
*корн M*

Grünkohl der
*капуста F*

Sauerampfer der
*щавель M*

Kopfsalat der
*латук M*

Eisbergsalat der
*салат M*

Chinakohl der
*китайская капуста F*

Mangold der
*мангольд M*

Rauke die
*руккола F*

## Zwiebelgemüse das
## *Луковичные овощи M*

Knoblauch der
*чеснок M*

Knoblauchzehe die
*зубчик M чеснока M*

Zwiebel die
*репчатый лук M*

Lauchzwiebel die
*зелёный лук M*

Lauch der
*лук-порей M*

## Fruchtgemüse das
*Фрукты овощи N*

Avocado die
*авокадо N*

Kürbis der
*тыква F*

Tomate die
*помидор M*

Zucchini die
*цукини M*

Rote Bete die
*свёкла F*

Paprikaschote die
*перец M*

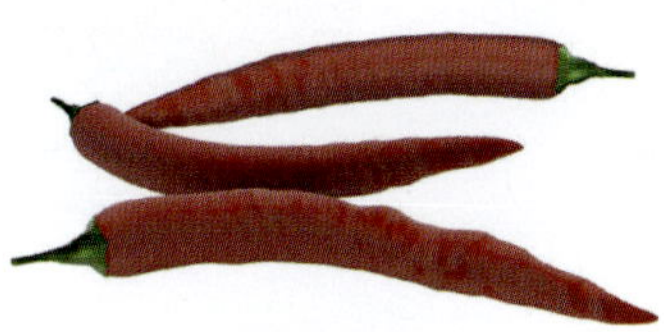

Chilischoten die
*перец M*

Aubergine die
*баклажан M*

Gurke die
*огурец M*

## Wurzelgemüse das
*Корнеплоды M*

Daikon-Rettich der
*дайкон M*

weißer Rettich der
*японская редька F*

Rübe die
*репа F*

Radieschen das
*редис M*

## Stangengemüse das
*Стебельные овощи M*

Rhabarber der
*ревень M*

Fenchel der
*фенхель M*

Spargel der
*спаржа F*

Sellerie der
*сельдерей M*

## Knollengemüse das
*Клубнеплодные овощи M*

Topinambur M/F
*земляная груша F*

Kohlrabi der
*кольраби F*

Kartoffel die
*картофель M*

Süßkartoffel die
*батат M*

## Hülsenfrüchte die
*Бобовые N*

Erbsen die
*горох M*

Bohnensprossen die
*ростки M фасоли F*

rote Bohnen die
*круглая красная фасоль F*

Linsen die
*чечевица F*

## Pilze der
## *Грибы M*

Steinpilz der
*белый гриб M*

Champignon der
*шампиньон M*

Pfifferling der
*лисичка F*

Austernpilz der
*вёшенка F*

## Nüsse die
## *Орехи M*

Walnuss die
*орех M*

Kokosnuss die
*кокос M*

Mandel die
*миндаль M*

Haselnuss die
*фундук M*

Pinienkern der
*кедровый орех M*

Paranuss die
*бразильский орех M*

Cashewnuss die
*кешью M*

Macadamia die
*орех M*

Esskastanie die
*каштан M*

Pistazie die
*фисташка F*

Pekannuss die
*пекан M*

Erdnuss die
*арахис M*

schwarzes Senfkorn das
*семя N чёрной горчицы F*

schwarzer Pfeffer der
*чёрный перец M*

Kümmel der
*тмин M*

Kardamom M/N
*кардамон M*

weißer Pfeffer der
*белый перец M*

Zimt der
*корица F*

rote Chilischote die
*красный чили M*

getrocknete Chilischote die
*порошок M*

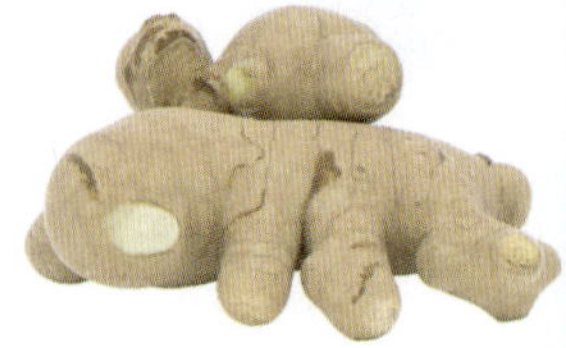
Ingwer der
*имбирь M*

Koriander der
*кориандр M*

Dill der
*укроп M*

Rosmarin der
*розмарин M*

Fenchel der
*фенхель M*

Gartenkresse die
*кресс-салат M*

Petersilie die
*петрушка F*

Zitronengras das
*лимонное сорго N (лемонграсс M*

Minze die
*мята F*

Beifuß der
*полынь F*

Salbei der
*шалфей M*

Thymian der
*тимьян M (чабрец M*

Estragon der
*тархун M (эстрагон M*

## Tropenfrüchte *die*
## *Тропические фрукты* *M*

Banane *die*
*банан* *M*

Fruchtfleisch *das*
*мякоть* *F*

Bananenschale *die*
*кожура* *F*

Papaya *die*
*папайя* *F*

Fruchtfleisch *das*
*мякоть* *F*

Samen *der*
*семена* *N*

Litschi *die*
*личи* *N*

Sternfrucht *die*
*карамбола* *F*

Cherimoya *die*
*черимойя* *F*

Durianfrucht *die*
*дуриан* *M*

Feige *die*
*фига* *F*

Guave *die*
*гуава* *F*

Nashi-Birne *die*
*китайская груша* *F*

Horngurke *die*
*кивано* *N*

Granatapfel der
*гранат M*

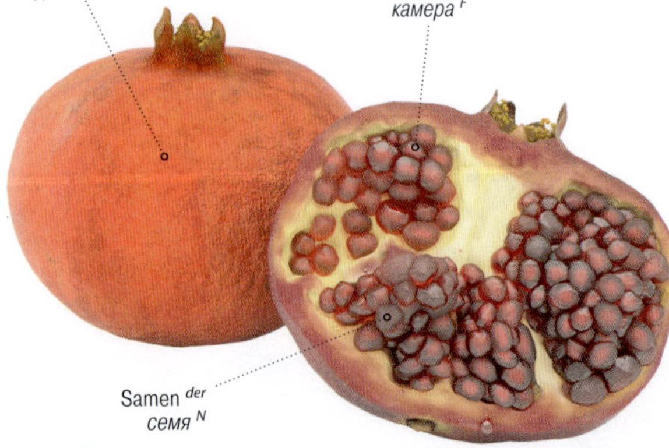

Ananas die
*ананас M*

brasiliansiche Guave die
*фейхоа N*

Kiwi die
*киви N*

Mango die
*манго N*

Mangostane die
*мангостан M*

Drachenfrucht die
*питайя F*

Kaki die
*хурма F*

Maracuja die
*маракуйя F*

Rambutan der
*рамбутан M*

Baumtomate die
*тамарилло N*

Zitrusfrüchte die
*Цитрусовые фрукты* M

Clementine die
*клементин* M

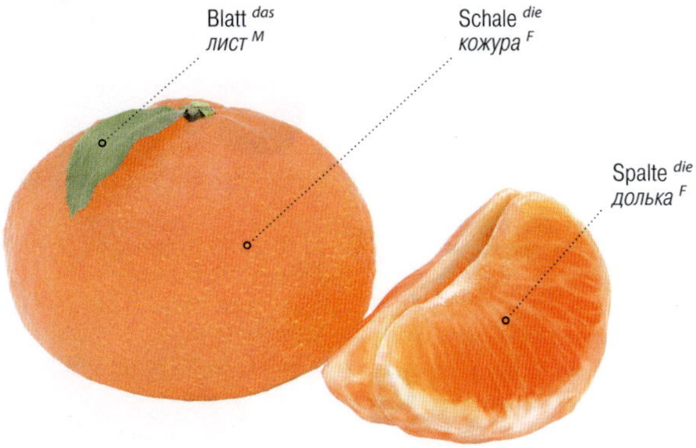

Apfelsine die
*апельсин* M

Limette die
*лайм* M

Pampelmuse die
*грейпфрут* M

Zitrone die
*лимон* M

Kumquat die
*кумкват* M

Mandarine die
*мандарин* M

Zitronatzitrone die
*цитрон* M

Blutorange die
*красный апельсин* M

Bergamotte die
*бергамот* M

## Beeren die
*Ягоды F*

rote Trauben die
*красный виноград M*

weiße Trauben die
*белый виноград M*

Stachelbeere die
*крыжовник M*

Cranberry die
*клюква F*

rote Johannisbeere die
*красная смородина F*

Moltebeere die
*морошка F*

Erdbeere die
*клубника F*

Späte Traubenkirsche die
*черёмуха F*

Himbeere die
*малина F*

Brombeere die
*ежевика F*

schwarze Johannisbeere die
*чёрная смородина F*

Heidelbeere die
*голубика F*

Physalis die
*физалис M*

Holunderbeere die
*бузина F*

Preiselbeere die
*брусника F*

## Melonen die
## *Дыни F*

Wassermelone die
*арбуз M*

Cantaloupe-Melone die
*канталупа F*

gelbe Wassermelone die
*зелёный арбуз M с жёлтой мякотью F*

Zuckermelone die
*мускусная дыня F*

Honigmelone die
*белая мускатная дыня F*

## Kernobst *das*
## *Яблоневые плоды M*

Birne *die*
*груша F*

Apfel *der*
*яблоко N*

japanische Wollmispel *die*
*мушмула F*

Nashi-Birne *die*
*груша F*

## Steinfrüchte *die*
## *Косточковые фрукты M*

Pfirsich *der*
*персик M*

Nektarine *die*
*нектарин M*

Pflaume *die*
*слива F*

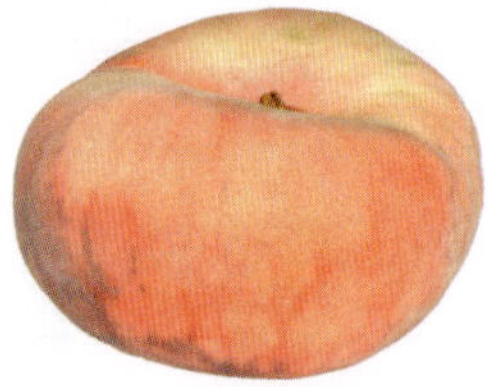

Plattpfirsich *der*
*инжирный персик M*

Aprikose *die*
*абрикос M*

Acerolakirsche *die*
*барбадосская вишня F*

Reneklode *die*
*слива-венгерка F*

Kirsche *die*
*вишня F*

Sauerkirsche *die*
*вишня F*

Dattel *die*
*финик M*

## Soßen die
## *Соусы M*

Balsamicoessig der
*бальзамический уксус M*

Apfelessig der
*яблочный уксус M*

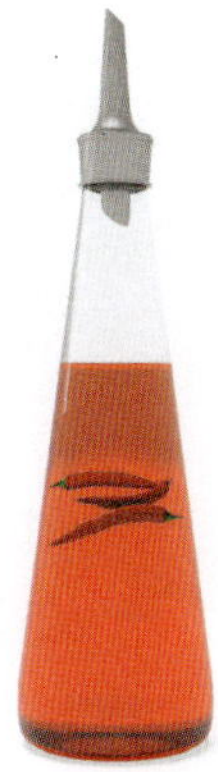

scharfe Soße die
*острый соус M*

Austernsauce die
*устричный соус M*

Sojasoße die
*соевый соус M*

Essig der
*уксус M*

## Öle das
## *Масло N*

Sonnenblumenöl das
*подсолнечное масло N*

Walnussöl das
*масло грецкого ореха M*

Sojaöl das
*соевое масло N*

Sesamöl das
*кунжутное масло N*

Maiskeimöl das
*кукурузное масло N*

Olivenöl das
*оливковое масло N*

Erdnussöl das
*арахисовое масло N*

Kürbiskernöl das
*тыквенное масло N*

Brot *das*
*хлеб* M

Baguette *das*
*багет* M

Kruste *die*
*корка* F

Scheibe *die*
*ломоть* M

Sonnenblumenkerne *der*
*семечки* N *подсолнуха* M

Krümel *der*
*мякиш* M

Hefezopf *der*
*хала* F

Hörnchen *das*
*рогалик* M

Vollkornbrötchen *das*
*булочки* F *из цельнозерновой муки* F

Bagel *der*
*бейгл* M

Brezel *die*
*брецель* M

Früchtekeks *der*
*фруктовое печенье* N

Roggenbrot *das*
*ржаной хлеб* M

Waffel *die*
*бельгийская вафля* F

Donut der
*пышка F*

Schokoladenplätzchen das
*шоколадное печенье N*

Biskuitrolle die
*бисквитный рулет M*

Obsttortelett mit Schlagsahne das
*пирожное N "корзинка F*

Beerenobstkuchen der
*ягодный пирог M*

Käsekuchen der
*чизкейк M*

Marmaladenbelag der
*плодово-ягодное желе N*

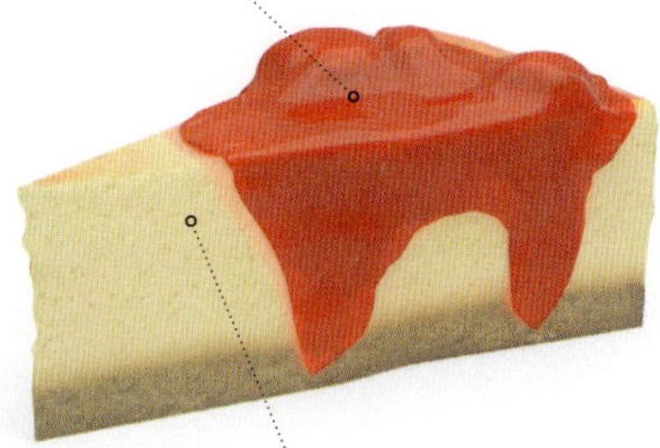

Kuchenstück das
*кусок M пирога M*

Kuchen der
*пирог M*

Sahnetorte die
*торт M со взбитыми сливками F*

Obstkuchen der
*пирог M*

**Eiswaffel** die
*мороженое* N *в вафельном стаканчике* M

**Eisbecher** der
*мороженое* N *в чаше* F

**Dessertteller** der
*десерт* M

**Marmelade** die
*варенье* N

Schokolinsen *die*
*драже N*

Würfelzucker *der*
*кусковой сахар M*

Praline *die*
*пралине N*

Bonbon *das*
*сладости F*

Kristallzucker *der*
*тростниковый сахар M*

Schicht-Gelee *die*
*желе N*

## Schokolade *die*
## *шоколадные конфеты F*

Schokoladenüberzug *der*
*шоколадная глазурь F*

Bonbonpapier *das*
*обёртка F*

Füllung *die*
*начинка F*

## Schokolade *die*
## *Шоколад M*

Luftschokolade *die*
*пористый шоколад M*

Bitterschokolade *die*
*тёмный шоколад M*

Milchschokolade *die*
*молочный шоколад M*

weiße Schokolade *die*
*белый шоколад M*

Bratwurst *die*
*сосиска F*

Tortilla-Chip *der*
*тортилья F чипс M*

Chips *der*
*чипсы M*

Pommes frites *die*
*картофель M*

China-Nudeln *die*
*китайская лапша F*

Pizza *die*
*пицца F*

Sandwich *das*
*сэндвич M*

Popcorn *das*
*попкорн M*

Hamburger *der*
*гамбургер M*

Wrap *der*
*врап M*

Tomatensuppe die
томатный суп M

Geflügel das
мясо N птицы F

Gemüsecremesuppe die
овощной крем-суп M

Spaghetti Bolognese die
спагетти болоньезе

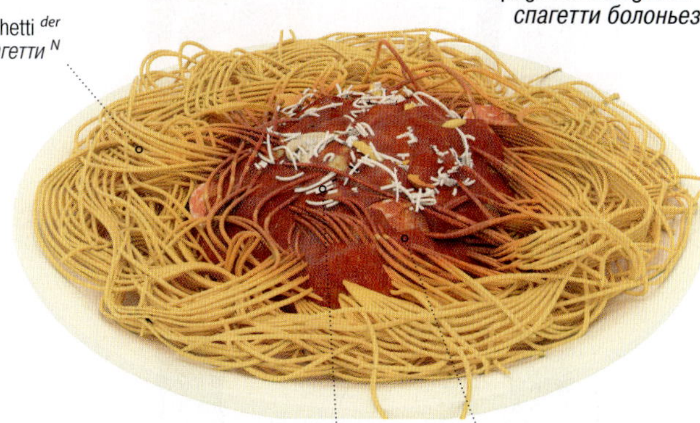


Appetithäppchen das
канапе M

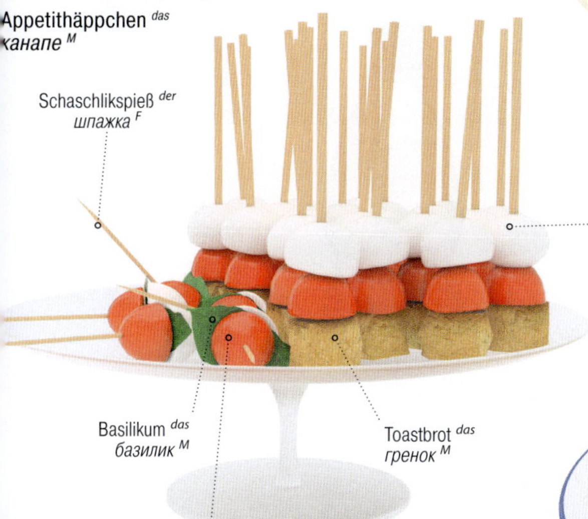


Pfannkuchen der
блины M

Espresso *der*
*эспрессо* M

schwarzer Tee *der*
*чёрный чай* M

Tasse Kaffee *die*
*чашка* F *кофе* M

Heiße Schokolade *die*
*горячий шоколад* M

Granatapfelsaft *der*
*гранатовый сок* M

Apfelsaft *der*
*яблочный сок* M

Traubensaft *der*
*виноградный сок* M

Tomatensaft *der*
*томатный сок* M

stilles Mineralwasser *das*
*минеральная вода* F *без газа* M

natürliches Mineralwasser *das*
*родниковая вода* F

Tafelwasser *das*
*настольная вода* F

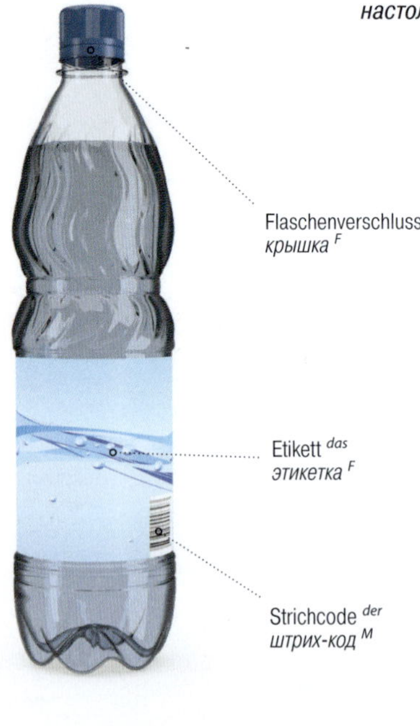

Weinflaschenverschluss der
*пробка F для вина N*

Rotwein der
*красное вино N*

Weißwein der
*белое вино N*

Champagner der
*шампанское N*

Whisky der
*виски M*

Cognac der
*коньяк M*

Wodka der
*водка F*

Bier das
*пиво N*

Garnierung die
*гарнир M*

Cocktail der
*коктейль M*

Cocktail der
*коктейль M*

Cocktailglas das
*коктейльный бокал M*

Mantel der
*пальто N*

Dicke Jacke die
*теплая куртка F*

Regenmantel der
*плащ M*

Jacke die
*куртка F*

Sportanzug der
*тренировочный костюм M*

Anzug *der*
*костюм* M

Weste *die*
*жилетка*

doppelreihiger Mantel *der*
*двубортный пиджак*

Fliege *die*
*галстук-бабочка* M

Krawatte *die*
*галстук* M

## Hosen *die* und Gürtel *der*
## *Брюки и ремень* M

### Jeans *die*
### *джинсы*

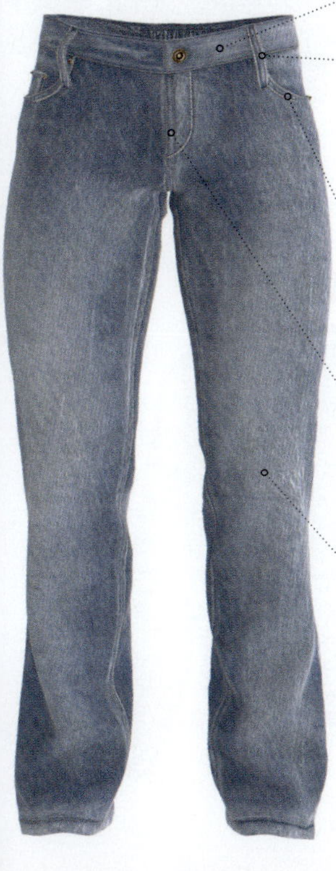

Hosenbund *der*
*пояс* M

Gürtelschlaufe *die*
*шлевка* F

Hosentasche *die*
*карман* M

Hosenstall *der*
*гульфик* M

Hosenbein *das*
*штанина* F

### Klassischer Gürtel *der*
### *классический пояс* M

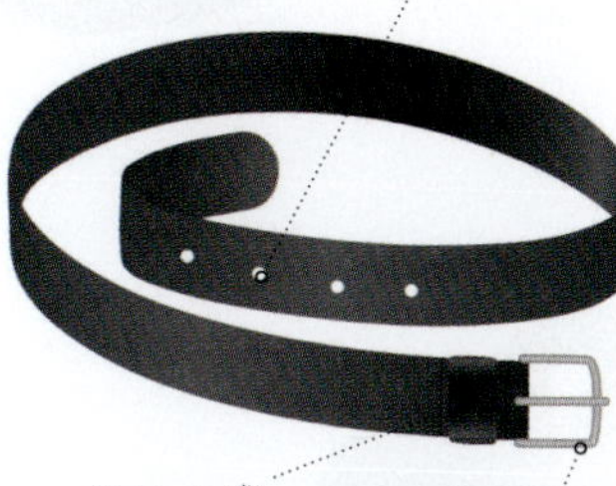

Loch *das*
*отверстие* N

Schlaufe *die*
*шильдик* M

Schnalle *die*
*пряжка* F

Bermudashorts *die*
*бермуды*

Hose *die*
*брюки*

Sweatshirt *das*
*толстовка* *F*

Strickpullover *der*
*вязанный свитер*

Pullover *der*
*джемпер* *M*

Jacke *die*
*кофта* *F*

Pullover *der*
*свитер* *M*

Kapuzenpullover *der*
*толстовка на молнии*

Herrenstrickjacke *die*
*мужской кардиган* *M*

Manschettenhemd *das*
*рубашка F с манжетами F*

Kragen *der*
*воротник M*

Knopf *der*
*пуговица F*

Ärmel *der*
*рукав M*

Manschette *die*
*манжет M*

Hemd *das*
*рубашка F*

T-Shirt *das*
*футболка F*

Polohemd *das*
*тенниска F*

kurzer Ärmel *der*
*короткий рукав M*

V-Ausschnitt *der*
*V-образный вырез M*

Kurzärmliges Hemd *das*
*рубашка F с короткими рукавами F*

Taschenhemd *das*
*рубашка с накладными карманами*

Badehose *die*
*шорты для плавания*

Badehose *die*
*облегающие шорты*

Boxershorts
*боксеры*

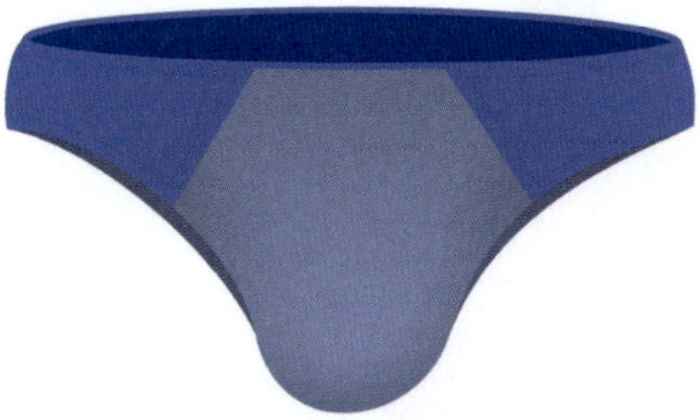

knappe Badehose *die*
*плавки*

Lange Unterhose *die*
*длинное нижнее белье* N

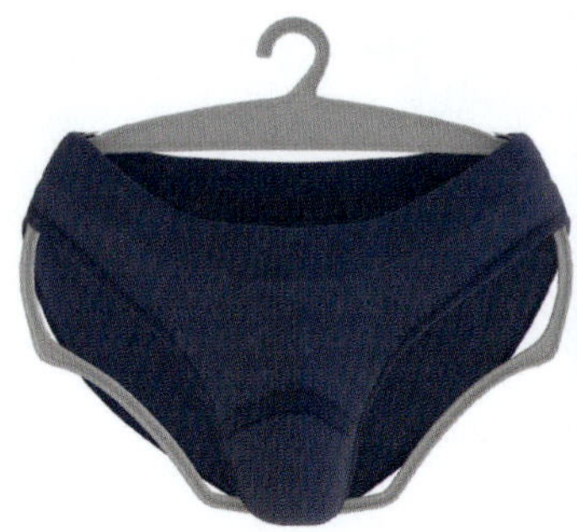

Unterhose *die*
*трусы*

Socken *die*
*носки* M

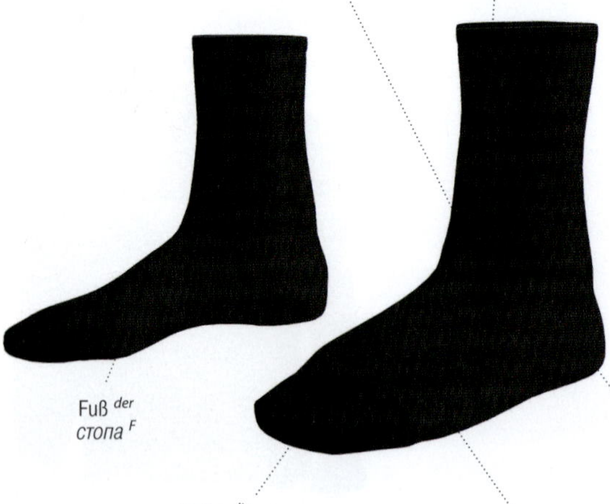

Bein *das*
*паголенок* M

Rippenbündchen *das*
*борт* M

Fuß *der*
*стопа* F

Ferse *die*
*пятка* F

Spitze *die*
*палец ноги* M

Sohle *die*
*подошва* F

Unterhemd *das*
*майка* F

Langer Regenmantel der
*длинное пальто N*

Daunenjacke die
*пуховик M*

Biker-Jacke die
*косуха F*

Klassischer Mantel der
*классическое пальто N*

Poncho der
*пончо N*

Pelzmantel der
*шуба F*

Wollmantel *der*
*пальто*

Jeansjacke *die*
*джинсовая куртка* F

Zweireihiger klassischer Mantel *der*
*двубортное пальто*

Lammfellmantel *der*
*дубленка* F

Regenmantel *der*
*тренчкот* M

Daunenmantel *der*
*пальто-пуховик* M

Röhrenjeans die
*узкие брюки*

Jeggings die
*джеггинсы*

Weites Bein das
*джинсы с широкой ногой*

Umstandshose die
*брюки для беременности F*

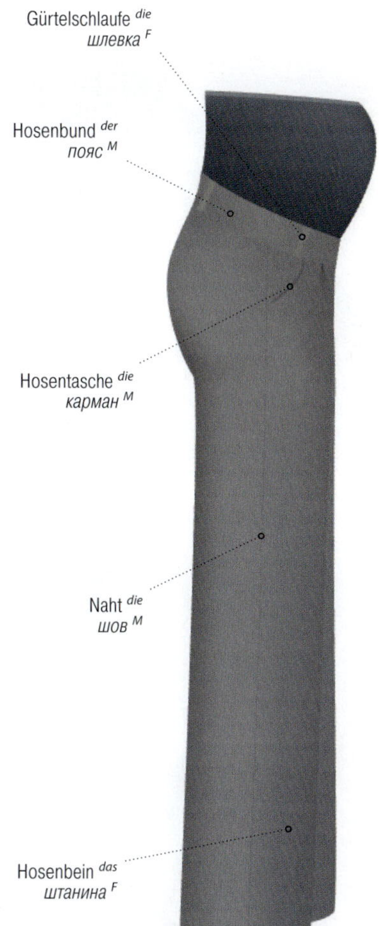

Jeans die mit Schlag der
*расклешенные джинсы*

Stretchjeans die
*узкие джинсы*

Klassische gerade Jeans die
*классические прямые джинсы*

Klassische Shorts
*классические шорты*

Langärmliges Kleid *das*
*платье N с рукавами M*

Cocktailkleid *das*
*коктейльное платье*

Abendkleid *das*
*вечернее платье*

Langer Rock *der*
*длинная юбка F*

Overall *der*
*комбинезон M*

Trägerrock *der*
*сарафан*

Ärmelloses Kleid das
*платье без рукавов*

Hochzeitskleid das
*свадебное платье N*

Rock der mit Schlitz der
*юбка с разрезом*

Maxikleid das
*длинное платье N*

Trägerloses Kleid das
*Мини-платье N на бретельках F*

Kurzärmlige Bluse *die*
*блузка F с короткими рукавами M*

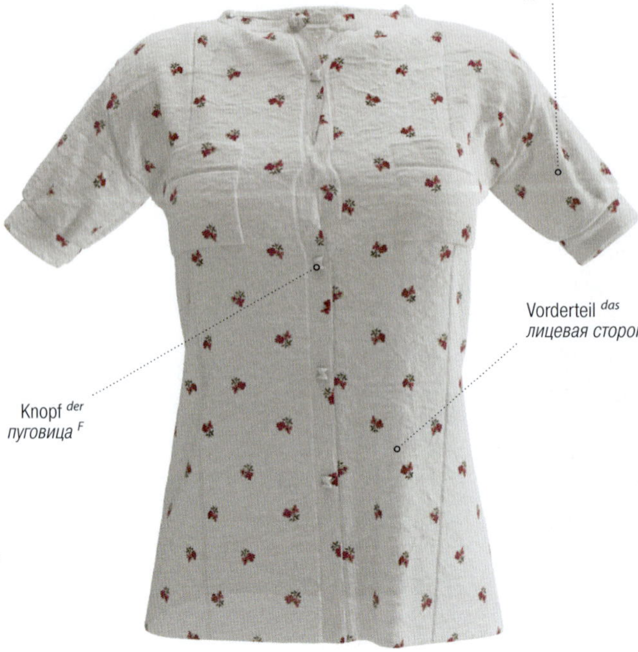

Ärmel *der*
*рукав M*

Vorderteil *das*
*лицевая сторона F*

Knopf *der*
*пуговица F*

Bolero *der*
*болеро N*

Pullover *der*
*свитер M*

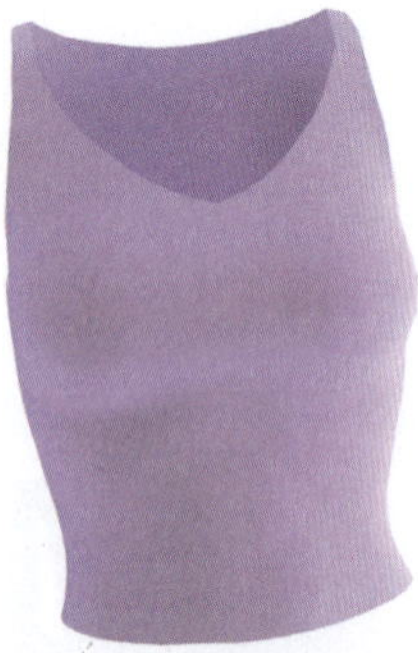

Oberteil *das*
*топ M*

Rüschenbluse *die*
*блузка F с рюшами F*

Kurzer Blazer *der*
*короткий блейзер M*

Tunika *die*
*туника F*

Lange Bluse *die*
*длинная блузка F*

Fledermausärmel-Pullover *der*
*свитер "летучая мышь"* *M*

Blazer *der*
*классический пиджак* *M*

Paspeltasche *die*
*прорезной карман* *M*

Lange Strickjacke *die*
*длинный кардиган* *M*

Einfaches T-Shirt *das*
*простая футболка* *F*

Damen-Polohemd *das*
*женская тенниска* *F*

Langärmliges Oberteil *das*
*футболка* *F* *с длинными рукавами* *M*

Kurze Strickjacke *die*
*короткий кардиган* *M*

Pullunder *der*
*безрукавка* *F*

Top *das* mit Gummizug *der* im Taillenbereich *der*
*топ* *M* *с эластичным поясом* *M*

Strandtunika *die*
*пляжная туника* *F*

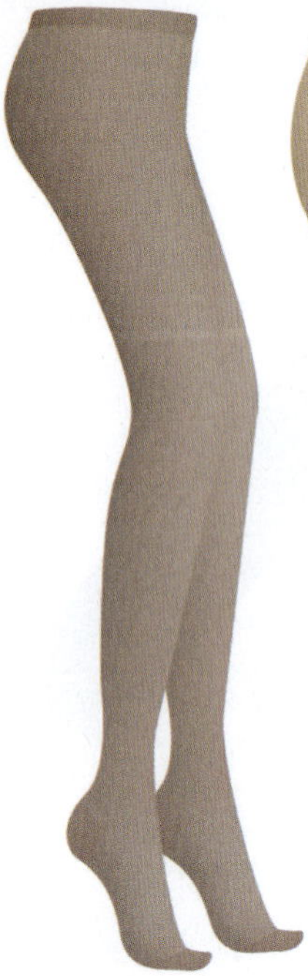

Hüfthohe Strumpfhose die
*колготки с низкой талией*

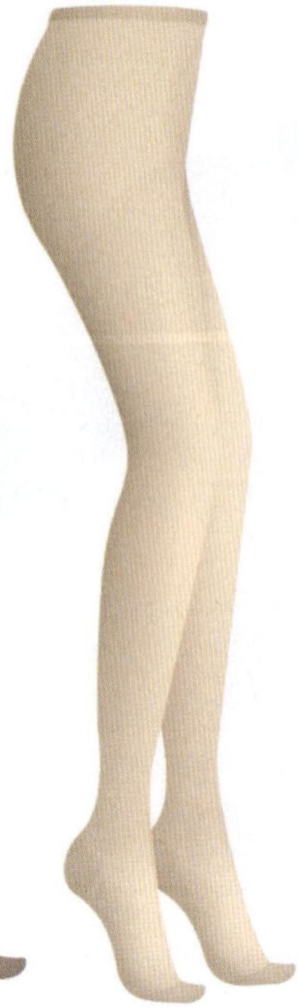

Strumpfhose die
*колготки*

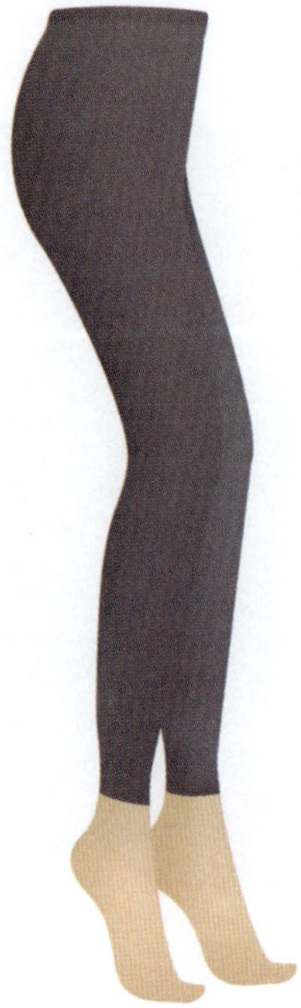

Leggins der
*лосины*

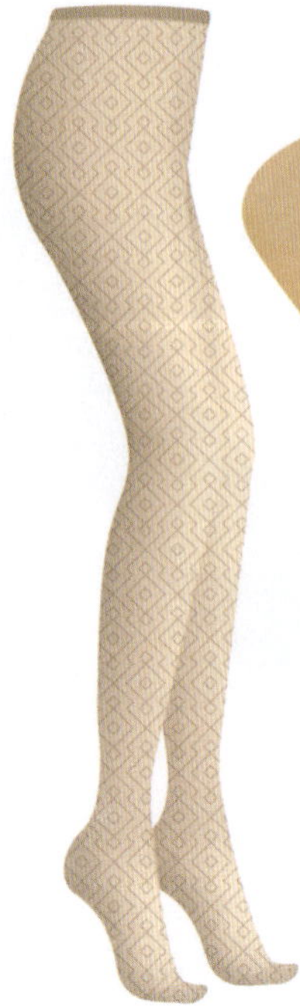

Spitzenstrumpfhose die
*ажурные колготки*

Strumpf der
*чулок* M

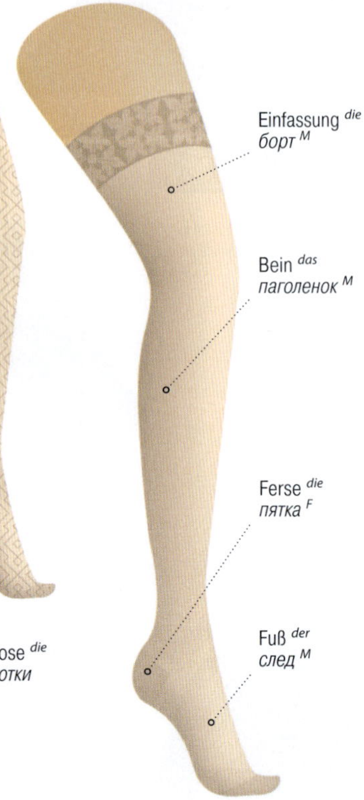


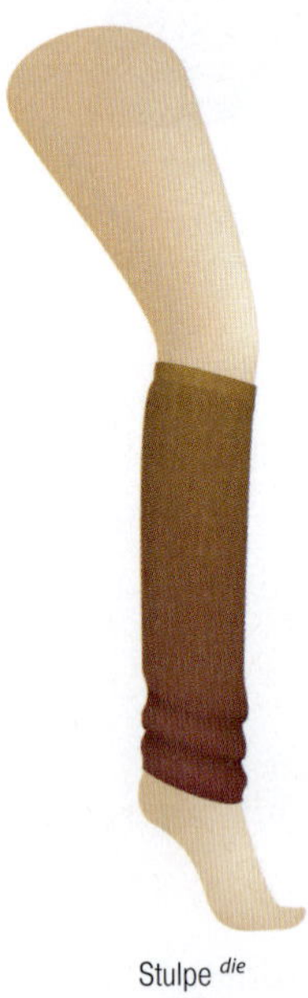

Stulpe die
*гетры*

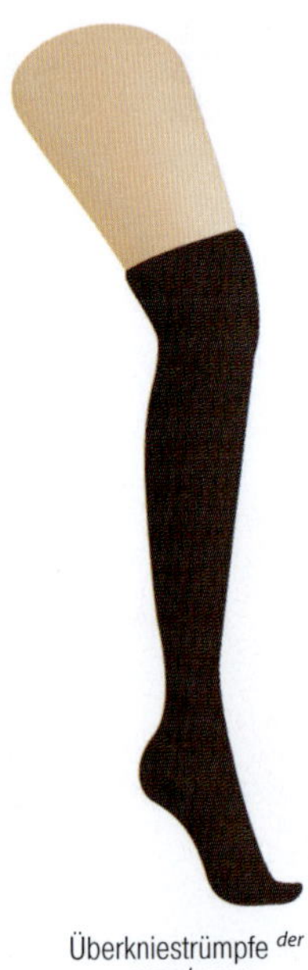

Überkniestrümpfe der
*гольфины*

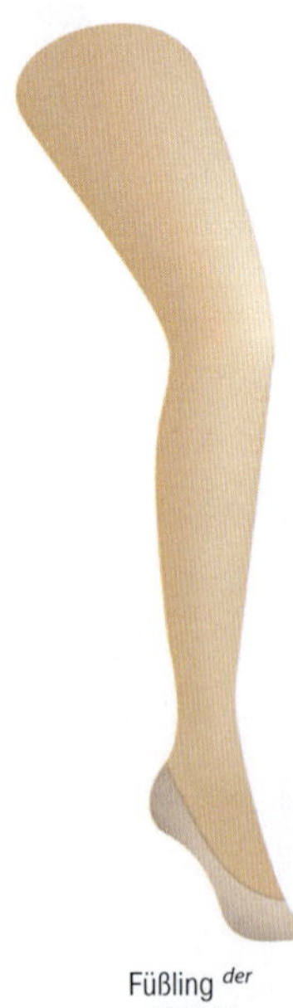

Füßling der
*следки*

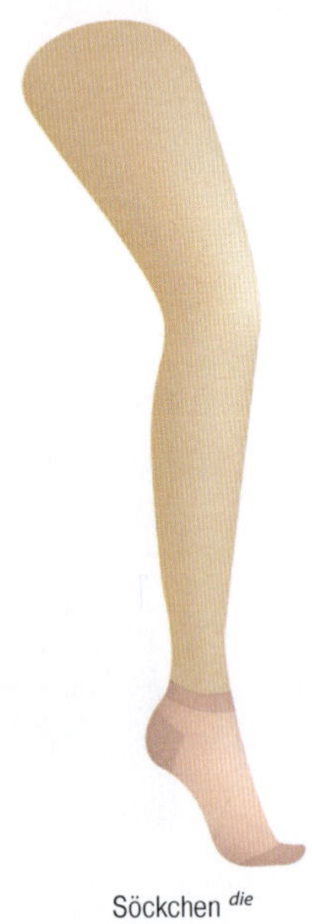

Söckchen die
*короткие носки*

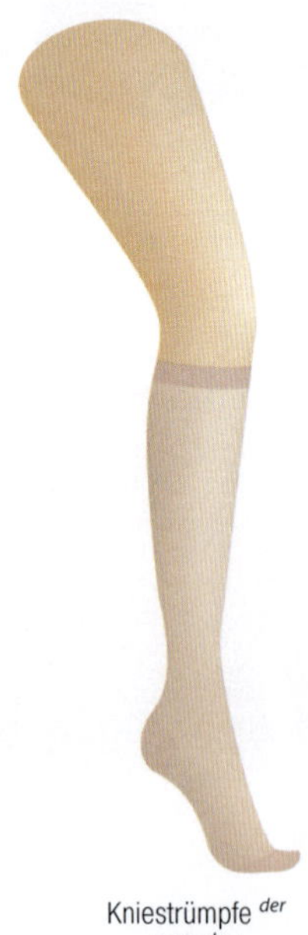

Kniestrümpfe der
*гольфы*

Mieder [das]
*корсаж* [M]

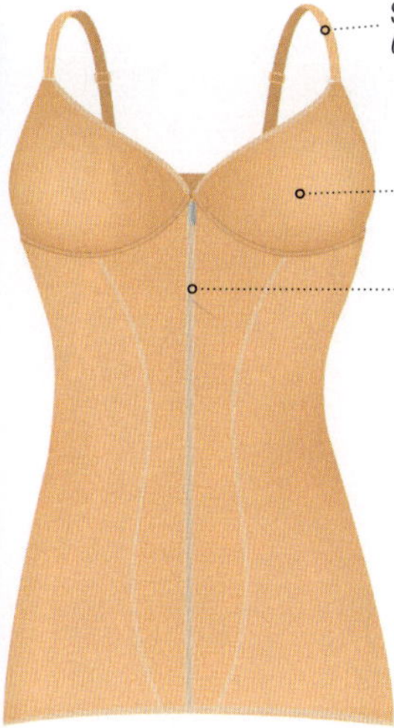

Nachthemd [das]
*ночная рубашка* [F]

Unterkleid [das]
*комбинация* [F]

Negligé [das]
*неглиже* [M]

BH [der] und Tanga [der]
*бюстгальтер* [M] *и танга* [M]

Leibchen [das]
*маечка* [F]

Body [der]
*боди* [M]

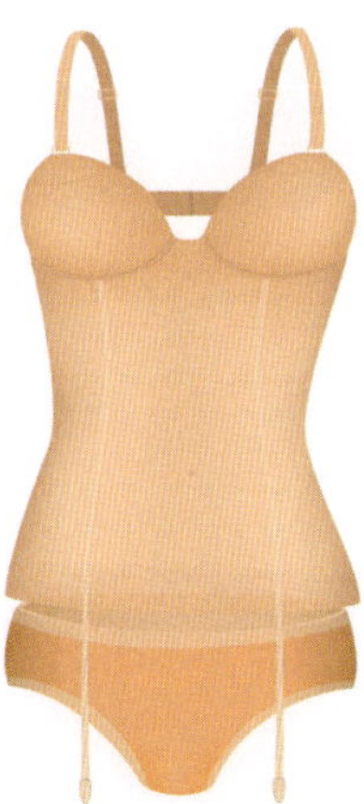

Korselett [das]
*баска* [F]

Ganzkörperkorsett [das]
*грация* [F]

Babydoll [der]
*ночная сорочка* [F]

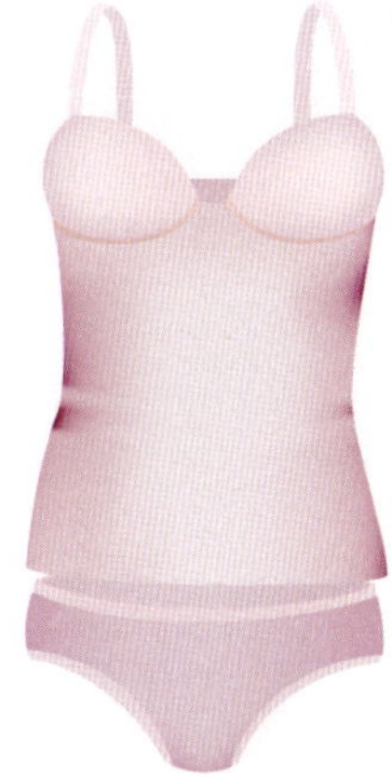

Leibchen [das] und Höschen [das]
*маечка* [F]

# DAMENKLEIDUNG
## Unterwäsche und Nachtwäsche

Strumpfhaltergürtel der
*подвязки* F

Push-Up-BH der und Höschen das
*пуш-ап бюстгальтер* M *и трусики* M

Pyjama der
*пижама* F

Bademantel der
*халат* M

Sport-BH der
*топ*

Still-BH der
*бюстгальтер* M *для кормления* N

Bademode die
*Купальники* M

Tankini der
*танкини* M

Badeanzug der
*купальник* M

Sarong der
*саронг* M

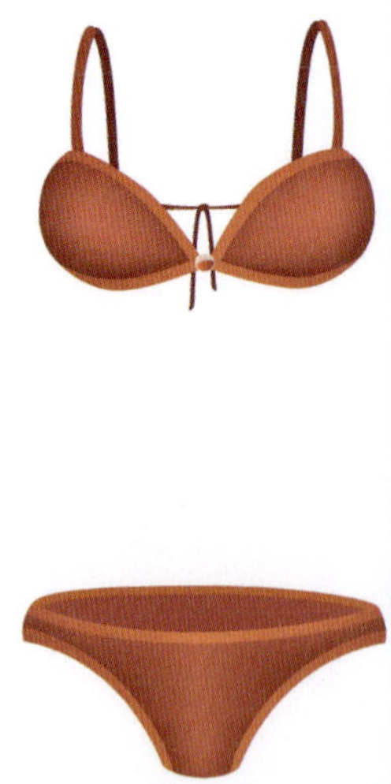

Bikini der
*бикини* M

Anzugschuh der
модельные туфли F

Turnschuh der
спортивные туфли F

Turnschuh der
кроссовки F

Chucks der
кеды M

Knöchelturnschuh der
высокие кроссовки M

Schnürschuh der
ботинок M со шнуровкой F

Wanderstiefel der
*треккинговые ботинки M*

Segelschuh der
*топсайдер*

Mokassin der
*мокасины M*

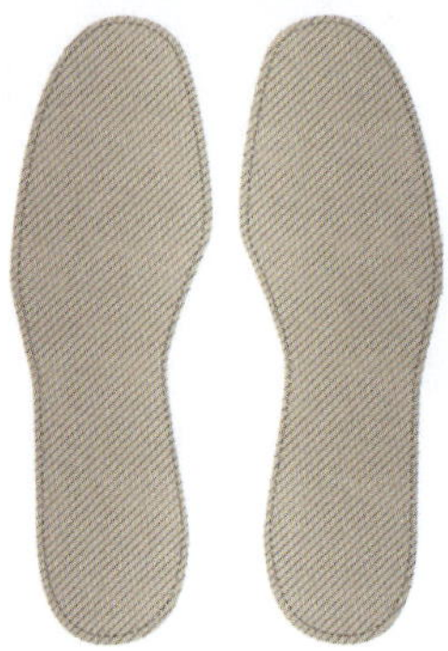

Einlegesohle die
*стелька F*

Hausschuh der
*туфли F*

## Schuh-Accessoires die
## *Аксессуары M для обуви F*

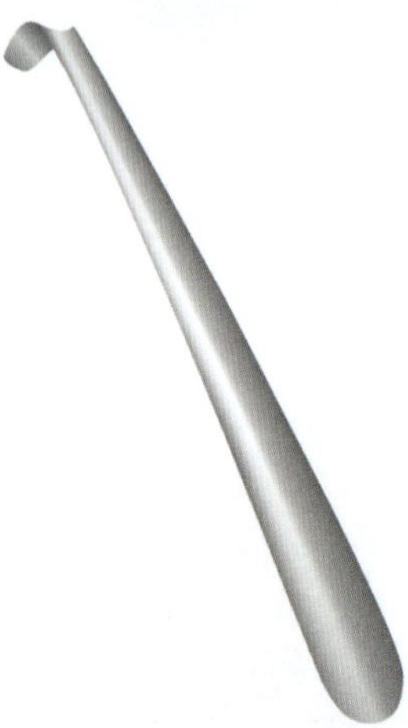

Schuhlöffel der
*ложка F для обуви F*

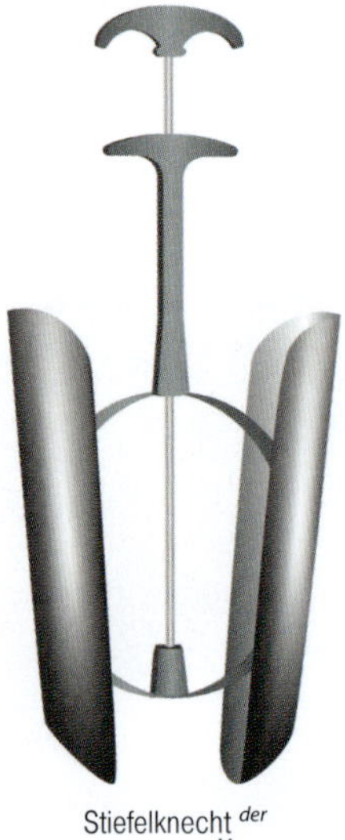

Stiefelknecht der
*денщик M*

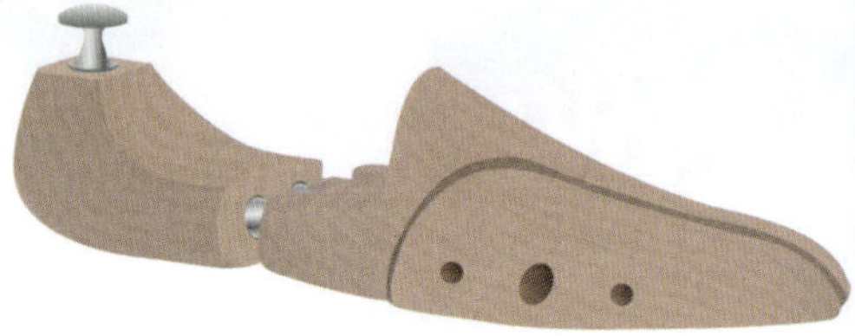

Schuhspanner der
*расширитель обуви M*

Schuhbürste die
*щетка F для обуви F*

Schuhcreme die
*мазь F для обуви F*

Sandalen die mit Knöchelriemchen das
*сандалии F с ремешком M на щиколотке F*

High Heels der mit Plateausohle die
*туфли F на каблуке N*

Ballerinas die
*балетка F*

Hochhackiger Stiefel der
*сапог M на высоком каблуке M*

Sandalette die
*босоножки F*

Römersandale die
*сандалия F*

Hausschuh [der]
*тапки* [M]

Zehenfreie Ballerinas [die]
*туфли* [F]

Biker-Stiefel [der]
*байкерские сапоги* [M]

Zehenfreie Stiefelette [die]
*ботильоны* [M] *с откытым носиком* [M]

Schaftstiefel [der]
*ботфорт* [M]

Stiefelette [die]
*полусапожки* [M]

Peep-Toe-Schuh [der]
*туфли* [F] *с открытым носом* [M]

Pumps [der]
*лодочка* [F]

Schuh [der] mit Keilabsatz [der]
*босоножки* [F] *на платформе* [F]

Pudelmütze *die*
*шапка F с помпоном M*

Wagenradhut *der*
*шляпа-колесо F*

Zylinder *der*
*мужская шляпа F*

Strohhut *der*
*соломенная шляпа F*

Damenhut *der*
*дамская шляпа F*

Kappe *die*
*кепка F*

Schirmmütze *die*
*фуражка F*

Pelzmütze *die*
*меховая шапка F*

Baseballkappe *die*
*бейсболка F*

Damenschal *der*
*шарф женский M*

Regenschirm *der*
*зонтик* *M*

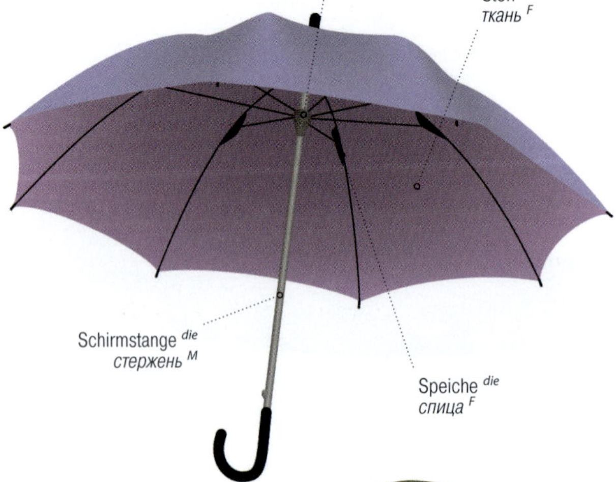

Anzug-Tragehülle *die*
*чехол* *M* *для костюма* *M*

Sportrucksack *der*
*спортивный рюкзак* *M*

Taschenschirm *der*
*складной зонт* *M*

Reisetasche *die*
*дорожная сумка* *F*

Koffer *der*
*чемодан* *M*

Pilotenkoffer *der*
*сумка* *F* *для полетов* *M*

Handytasche die
футляр M для мобильного телефона M

Kollegmappe die
папка F для документов M

Scheckheftetui das
футляр M для чековой книжки F

Schlüsseletui das
футляр M для ключей M

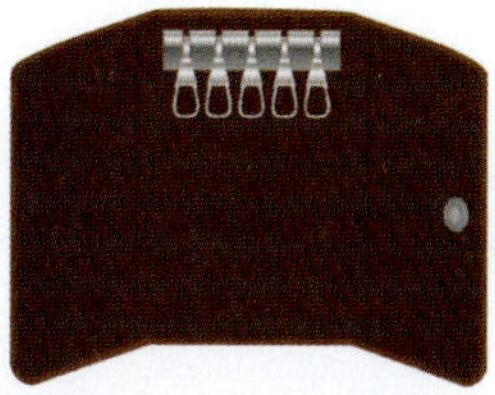

Kreditkartenetui das
бумажник M для кредитных карт F

Portemonnaie das
кошелек M

Aktenmappe die
папка F для документов M без ручки F

Brieftasche die
бумажник M

Clutch die
клатч M

Schreibmappe die
папка F с блокнотом M

Umhängetasche die mit Reißverschluss der
кожаная сумка на цепочке

Reisepasshülle die
футляр M для паспорта M

Rucksack der
рюкзак M

Umhängetasche die
сумка на плечо F

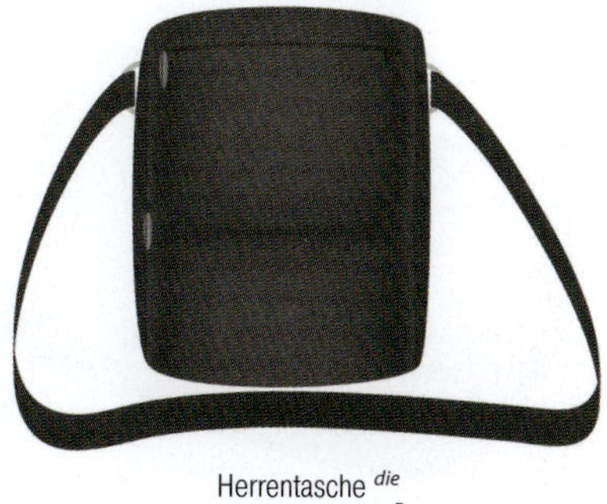

Herrentasche die
мужская сумка F

Sonnenbrille *die*
*темные очки*

Halbrandbrille *die*
*полуободковые очки*

Brille *die*
*очки*

Mehrstärkenglas *das*
*мультифокальный объектив* M

Opernglas *das*
*театральный бинокль* M

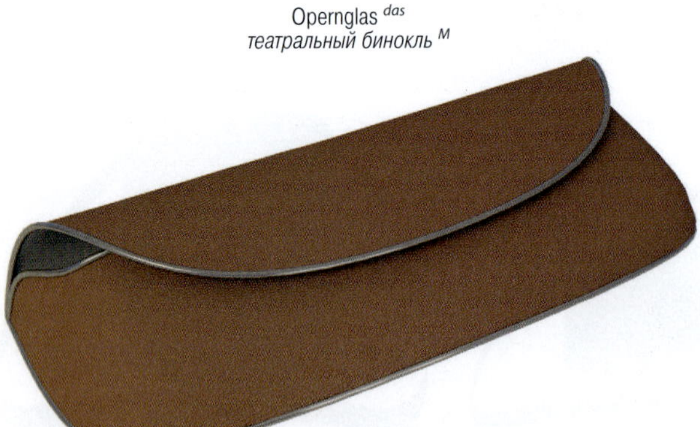

Brillenetui *das*
*футляр* M

Monokel *das*
*монокль* M

Weiche Kontaktlinse *die*
*мягкие контактные линзы* *M*

Harte Kontaktlinse *die*
*жесткие контактные линзы* *F*

Einweg-Kontaktlinse *die*
*одноразовые контактные линзы* *F*

Kontaktlinsenbehälter *der*
*футляр* *M* *для линз* *F*

Mehrzwecklösung *die*
*универсальный раствор* *M*

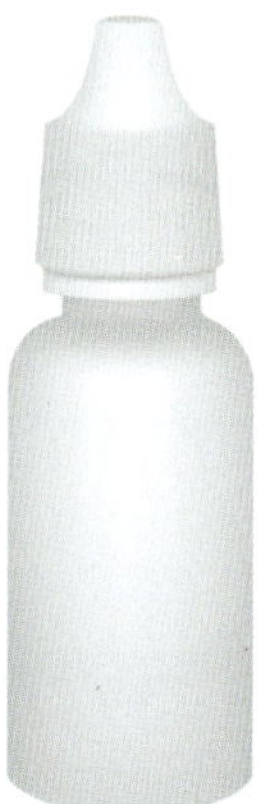

Augentropfen *der*
*смазывающие глазные капли* *F*

Behälter *der* für weiche Kontaktlinsen *die*
*футляр* *M* *для мягких контактных линз* *F*

## Ringe *der*
## *Огранки* *F*

Bandring *der*
*плоское кольцо* *N*

Absolventenring *der*
*кольцо* *N* *выпускника* *M*

Verlobungsring *der*
*кольцо* *N* *, подаренное в честь помолвки* *F*

Platin *das*
*платина* *F*

Solitär-Ring *der*
*кольцо* *N* *с одним камнем* *M*

Ehering *der*
*обручальное кольцо* *N*

Siegelring *der*
*перстень-печатка* *M*

## Ketten *die*, Armbänder *das* und sonstiger Schmuck *der*
## *Ожерелья N, браслеты M и другие ювелирные изделия N*

Diadem *das*
*тиара F*

Bettelarmband *das*
*браслет M с подвесками F*

Armbanduhr *die*
*наручные часы M*

Armreif *der*
*браслет M*

Lederarmband *das*
*кожаный браслет M*

Halsband *das*
*короткое колье N*

Perlenkette *die*
*жемчужное ожерелье N*

Zuchtperlenkette *die*
*ожерелье N из искусственного жемчуга M*

Schmuckschatulle *die*
*шкатулка F для украшений N*

Filigranschmuck *der*
*ажурная подвеска F*

Brosche *die*
*брошь F*

Medaillon *das*
*медальон M*

Anhänger *der*
*кулон M*

Piercing *das*
*пирсинг M*

Silber *das*
*серебро N*

## Herren-Accessoires *das*
## *Мужские аксессуары M*

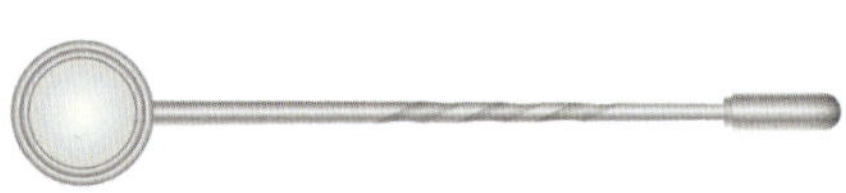
Krawattennadel *die*
*булавка F галстука M*

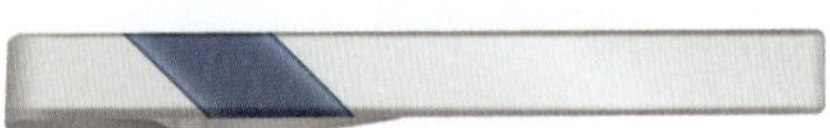
Krawattenhalter *der*
*зажим M для галстука M*

Manschettenknöpfe *der*
*запонки F*

Lidschatten *der*
*тени F для век F*

Gesichtscreme *die*
*крем M для лица N*

Rouge-Puder *das*
*румяна*

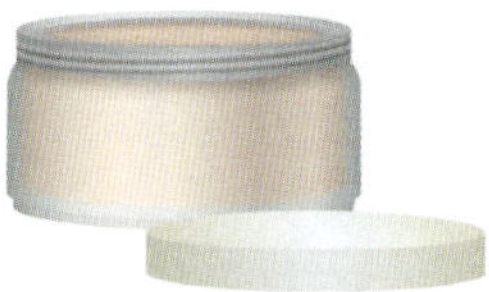

Loses Puder *das*
*пудра F*

Puderquaste *die*
*пуховка F*

Loser Lidschatten *der*
*тени-пудра F*

Kompaktpuder *das*
*компактная пудра F*

Waschlappen *der*
*тряпочка F для умывания F лица F*



Wattebäusche *der*
*ватные диски M*

Augenbrauen- und Wimpernbürstchen *das*
*щетка F для бровей F и расческа F для ресниц F*

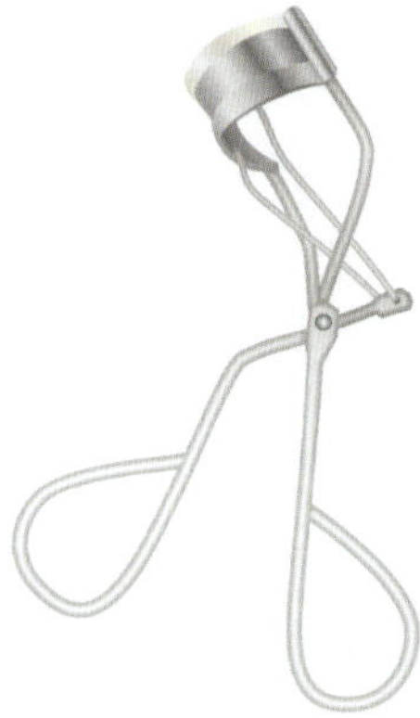

Wimpernzange *die*
*щипцы для завивки F ресниц F*

Pinzette *die*
*пинцет M*

Wattestäbchen *das*
*ватные палочки F*

## KOSMETIK
### Make-up

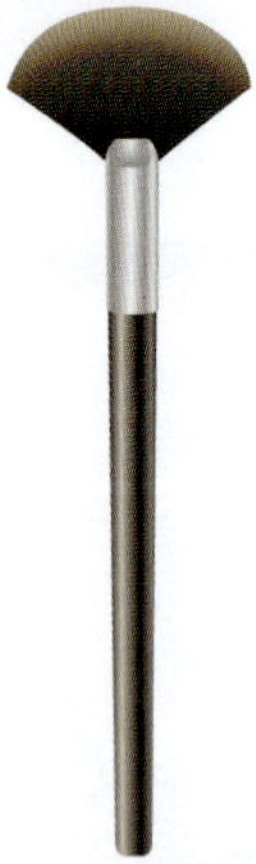
Fächerpinsel der
веерная кисть F

Lippenpinsel der
кисть F для губ F

Lippenkonturenstift der
контурный карандаш M

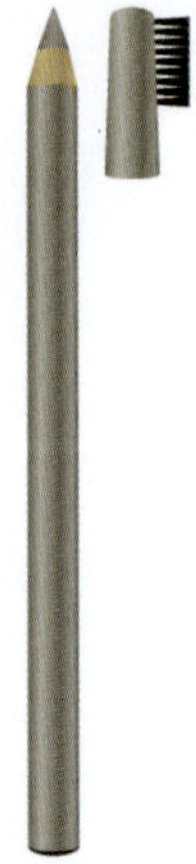
Augenbrauenstift der
карандаш M для бровей F

Flüssiges Make-up das
тональный крем M

Make-up-Entferner der
средство N для снятия N макияжа M

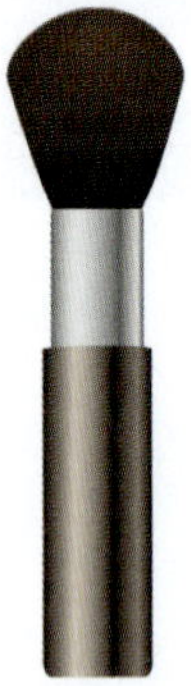
Pinsel der für loses Puder das
щетка F для пудры F

Flüssiger Lidschatten der
жидкие тени F для век F

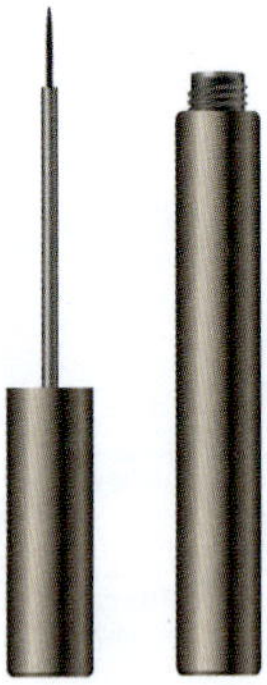
Flüssiger Eyeliner der
жидкая подводка F

Flüssige Wimperntusche die
жидкая тушь F

Lipgloss das
блеск M для губ F

Augencreme die
крем M для глаз M

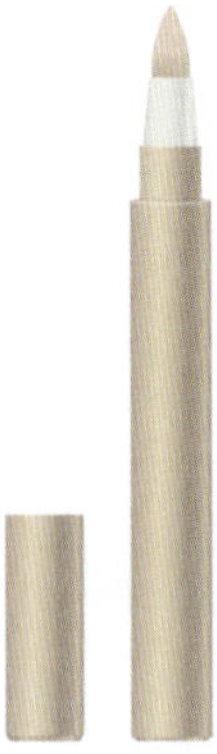
Abdeckstift der
консилер M

Lippenstift der
помада F

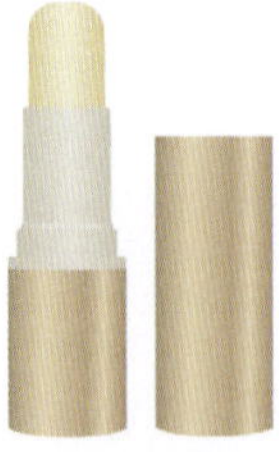
Lippenbalsam der
бальзам для губ F

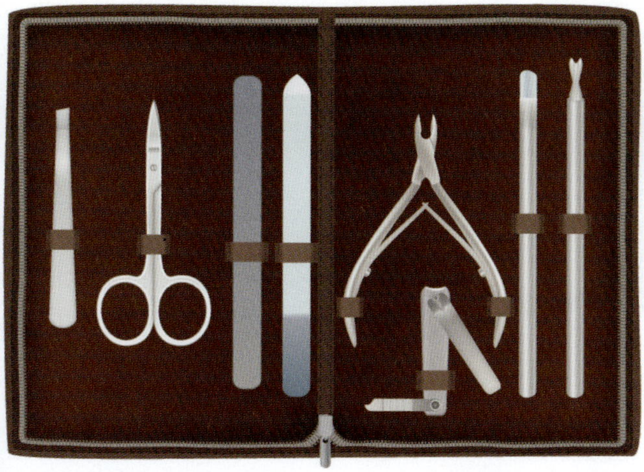

Etui *das*
*футляр M*

Nagellack *der*
*лак M для ногтей M*

Nagellackentferner *der*
*жидкость F для снятия N лака F*

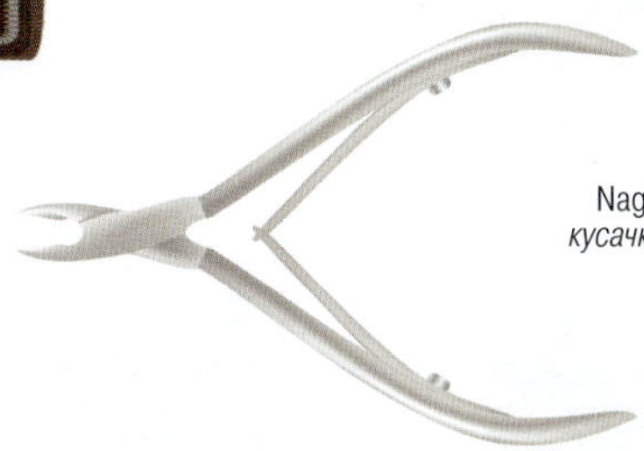

Nagelhautzange *die*
*кусачки для кутикулы F*

Nagelaufhellstift *der*
*карандаш M для отбеливания ногтей M*

Nagelfeile *die*
*пилочка F для ногтей M*

Sandblattfeile *die*
*наждачная пилка F*

Nagelhautschieber *der*
*пушер M кутикулы F*

Nagelhauttrimmer *der*
*триммер M для кутикулы F*

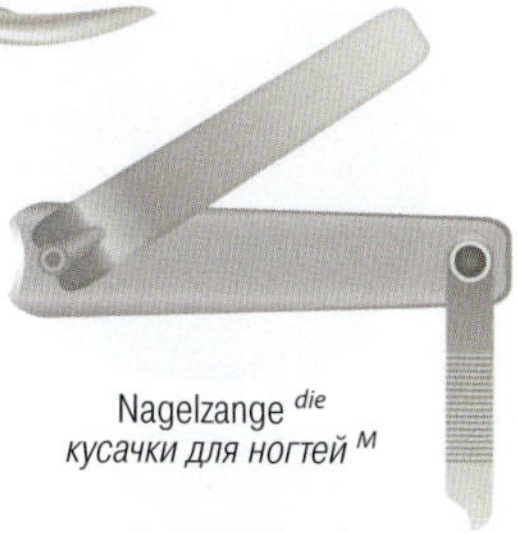

Nagelzange *die*
*кусачки для ногтей M*

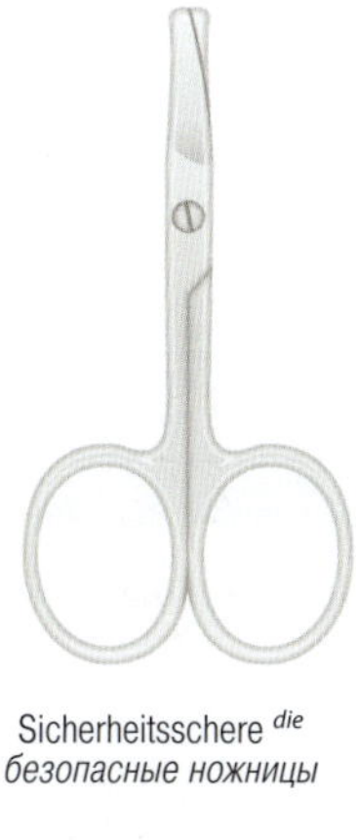

Sicherheitsschere *die*
*безопасные ножницы*

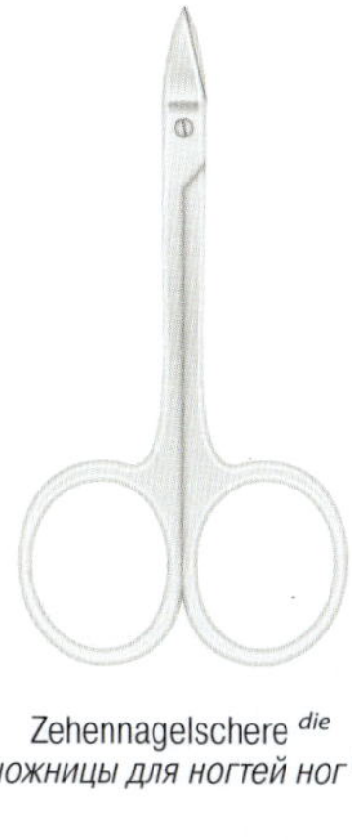

Zehennagelschere *die*
*ножницы для ногтей ног M*

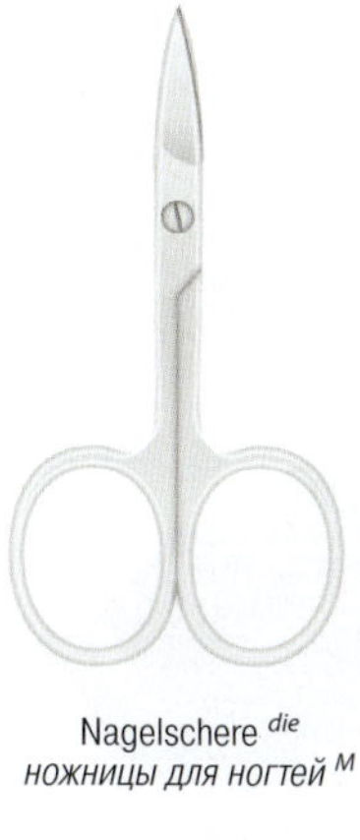

Nagelschere *die*
*ножницы для ногтей M*

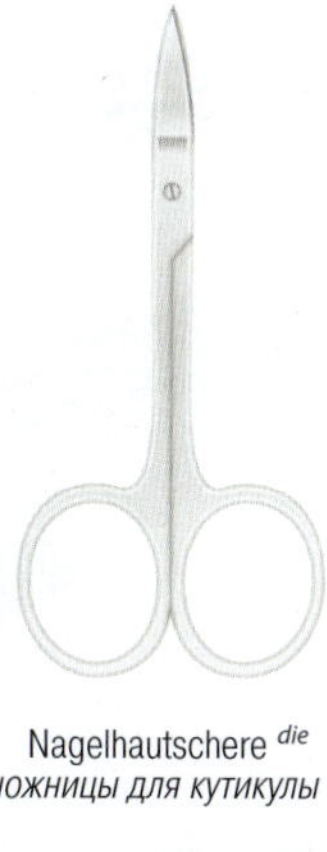

Nagelhautschere *die*
*ножницы для кутикулы M*

Elektrischer Rasierapparat *der*
*электробритва F*

Rasierer *der*
*бреющий блок M*

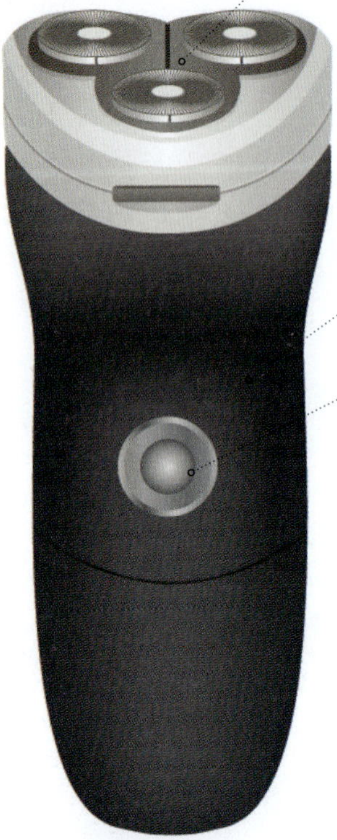

Gehäuse *das*
*корпус M*

An-/Ausschalter *der*
*кнопка F включения N*

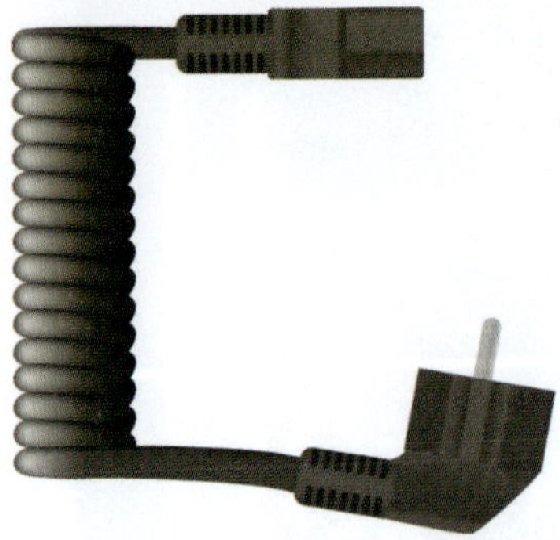

Flexibles Kabel *das*
*спиральный шнур M*

Rasierschaum *der*
*пена M для бритья N*

Rasierbecher *der*
*кружка F для бритья F*

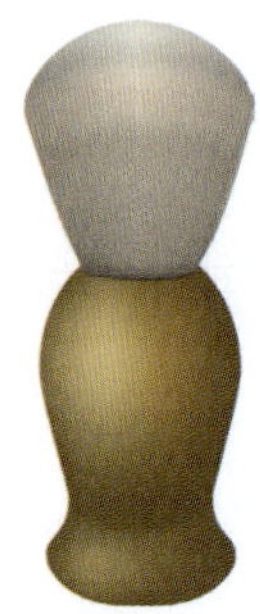

Rasierpinsel *der*
*помазок M*

Rasierwasser *das*
*лосьон M после бритья m*

Klingenspender *der*
*диспенсер M лезвий m*

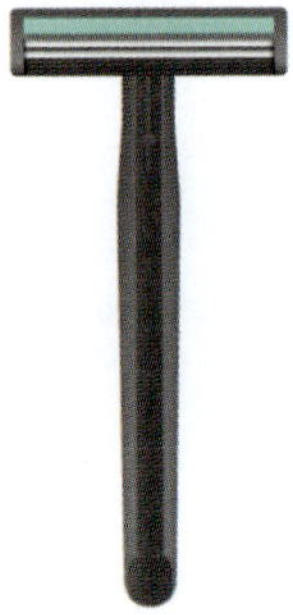

Einwegrasierer *der*
*одноразовая бритва F*

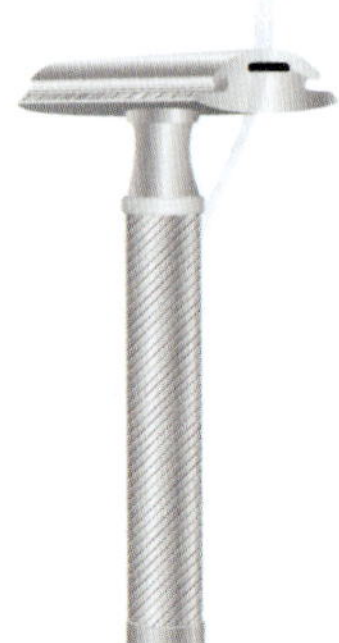

Zweischneidiger Rasierer *der*
*обоюдоострая бритва F*

Zwischenstecker *der*
*адаптер M для вилки F*

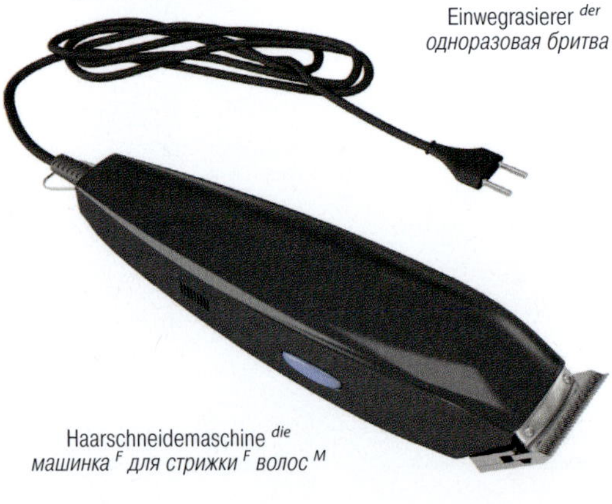

Haarschneidemaschine *die*
*машинка F для стрижки F волос M*

Reinigungspinsel *der*
*щетка M для очистки N*

Zweischneidige Rasierklinge *die*
*обоюдоострое лезвие N*

offenes Rasiermesser das
опасная бритва F

Ausdünnrasierer der
филировочная бритва F

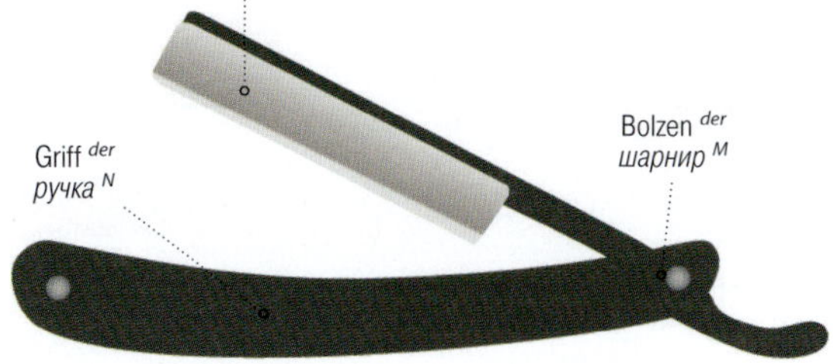


## Haar-Accessoires die
## Аксессуары M для волос M

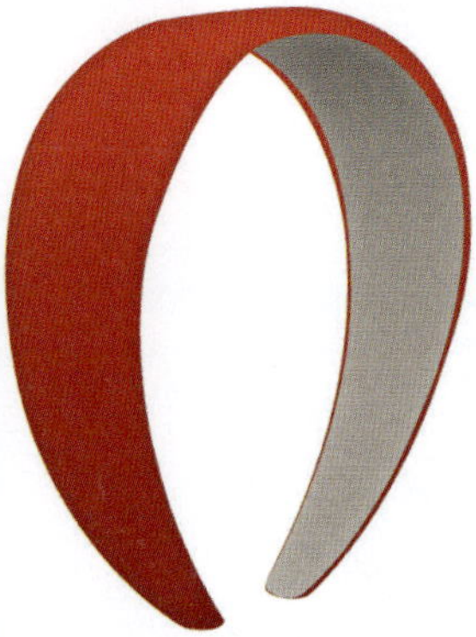

Haarreif der
ободок M

Lockenstab der
плойка F

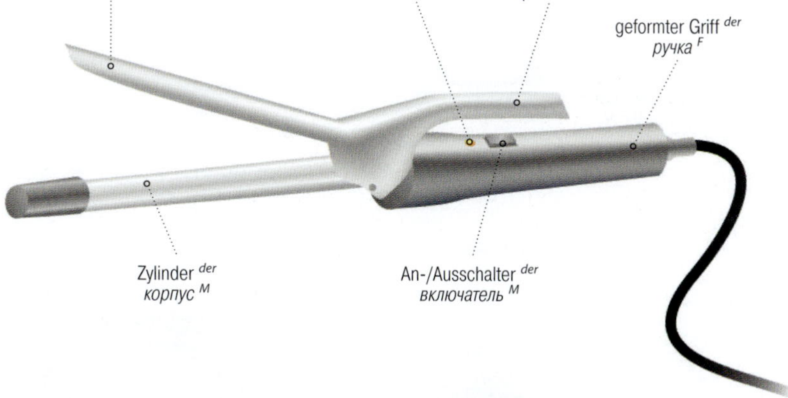


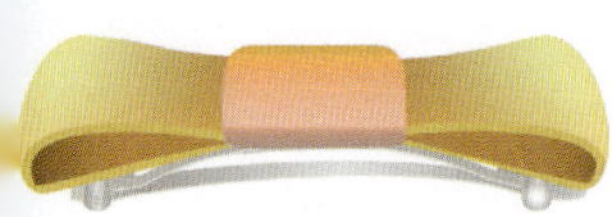

Haarspange die
гребень M

Haartrockner der
фен M

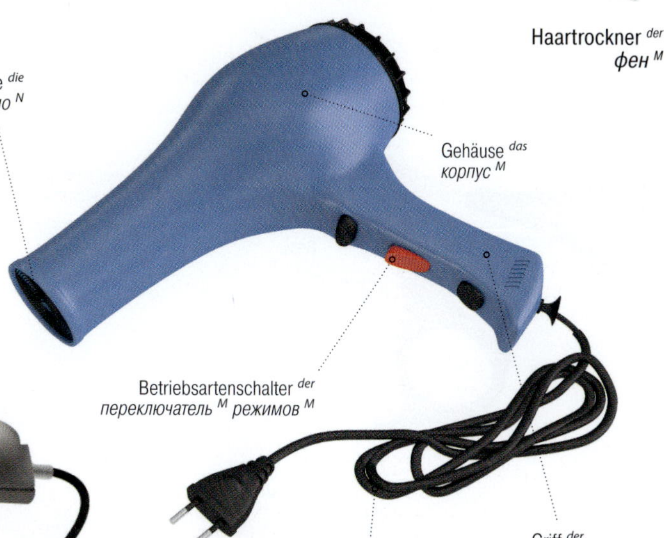


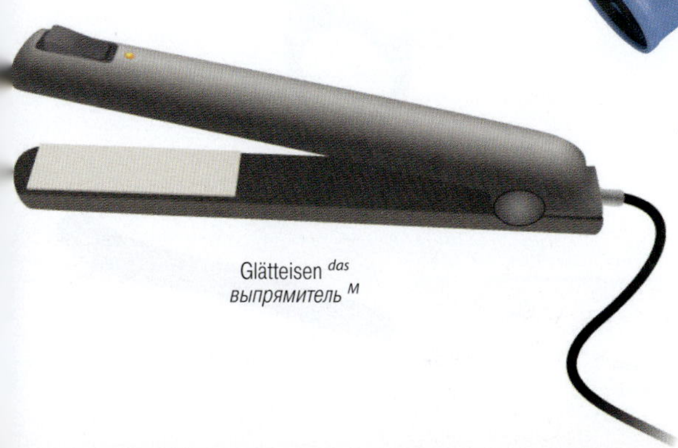

Glätteisen das
выпрямитель M

Klettlockenwickler [der]
*бигуди-липучки*

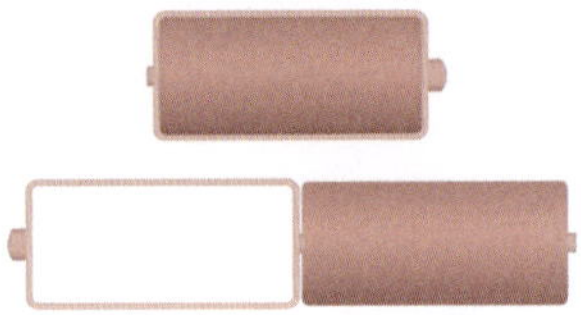

Lockenwickler [der]
*бигуди*

Haargummi [M/N]
*резинка для волос [F]*

Haargel [das]
*гель для волос [M]*

Haarspray [das]
*лак [M] для волос [M]*

Haarspülung [die]
*кондиционер [M] для волос [M]*

Haarfarbe [die]
*краска [F] для волос [M]*

Shampoo [das]
*шампунь [M]*

Schaumfestiger [der]
*мусс [M]*

zweiseitig gezahnte Effilierschere [die]
***зубчатые обоюдоострые филировочные ножницы***

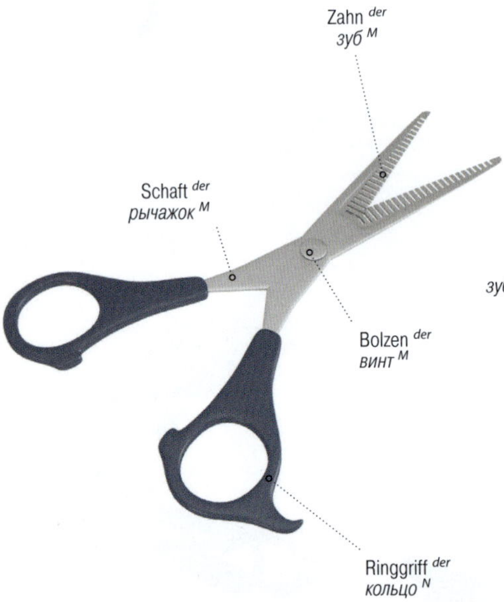

einseitig gezahnte Effilierschere [die]
*зубчатыйе однолезвийные филировочные ножницы*

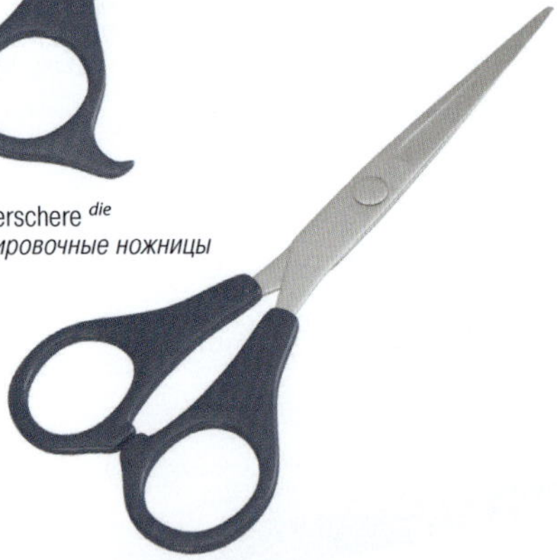

Haarschneideschere [die]
*парикмахерские ножницы*

Haarklemme [die]
*невидимка [F]*

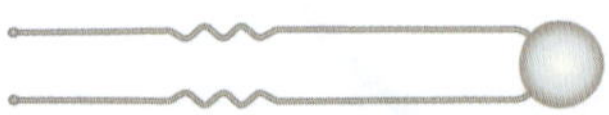

Haarnadel [die]
*шпилька [F]*

Haarklemme [die]
*заколка [F]*

Rechenkamm der
*расческа-гребень* M

Massage-Haarbürste die
*массажная щетка* F

Skelettbürste die
*туннельная щетка* F

Rundbürste die
*круглая щетка* F

Färbepinsel der
*кисть для раскрашивания* F

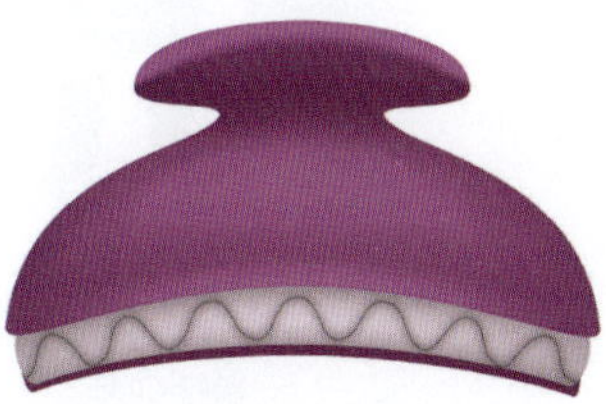

Haarklammer die
*крабик для волос* F

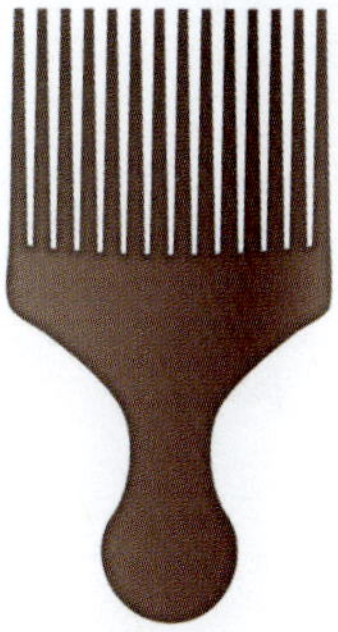

Afro-Kamm der
*расчёска* F

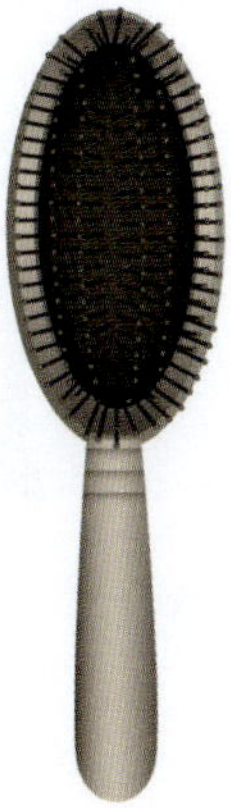

Flachbürste die
*щетка для волос* F

Stielkamm der
*расческа с хвостиком* F

Gabelkamm der
*расческа с вилкой* F

Barbierkamm der
*парикмахерская расческа* F

Toupierkamm der
*расческа для начеса* F

## Eltern das und Kinder das
## *родители M с детьми M*

## Großeltern das und Enkelkinder das
## *дедушка M и бабушка F с внуками M*

## Brüder der und Schwestern di
## *братья M и сестры*

Lebensabschnitte der : Frau die
*стадии M взросления женщины F*

Frau die
*женщина F*

Mädchen das
*девушка F*

kleines Mädchen das
*девочка F*

Lebensabschnitte der : Mann der
*стадии M взросления мужчины M*

kleiner Junge der
*мальчик M*

Junge der
*парень M*

Mann der
*мужчина M*

Verschiedene Körpertypen der
*Примеры M телосложения N*

korpulent
*полный*

durchschnittlich
*нормальный*

sportlich
*атлетический*

Hörsaal der
*учебная аудитория F*

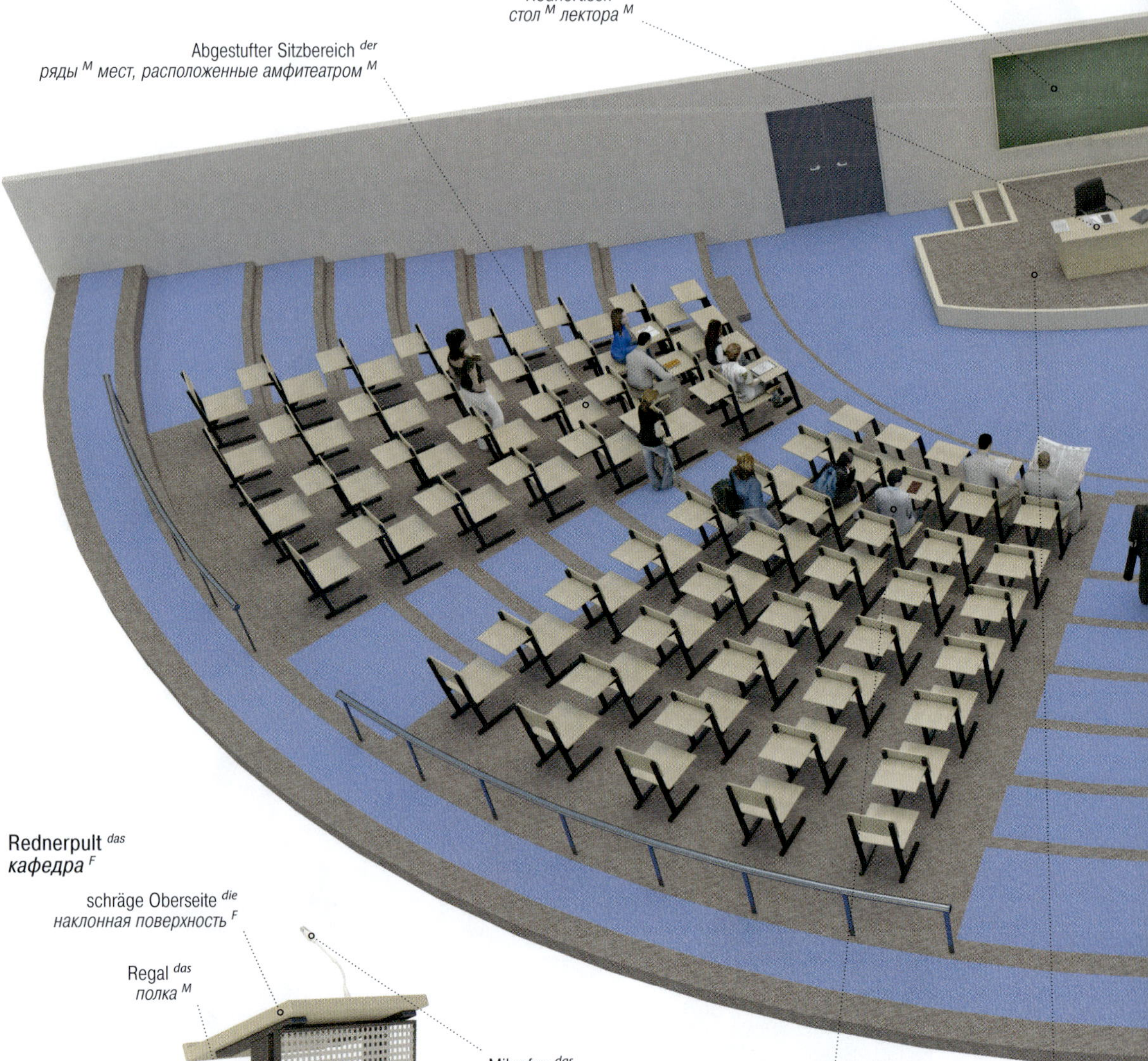


Rednerpult das
*кафедра F*

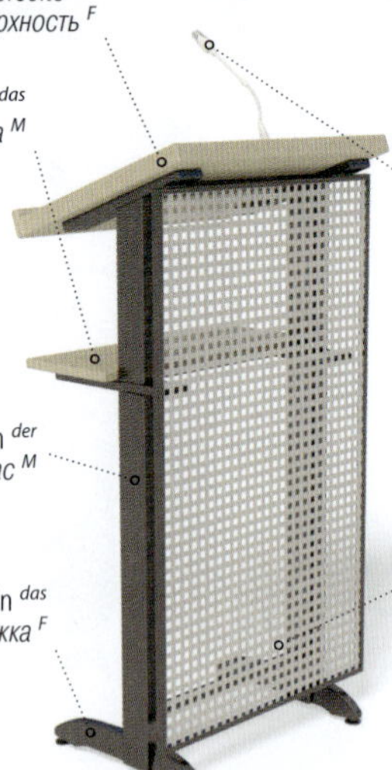

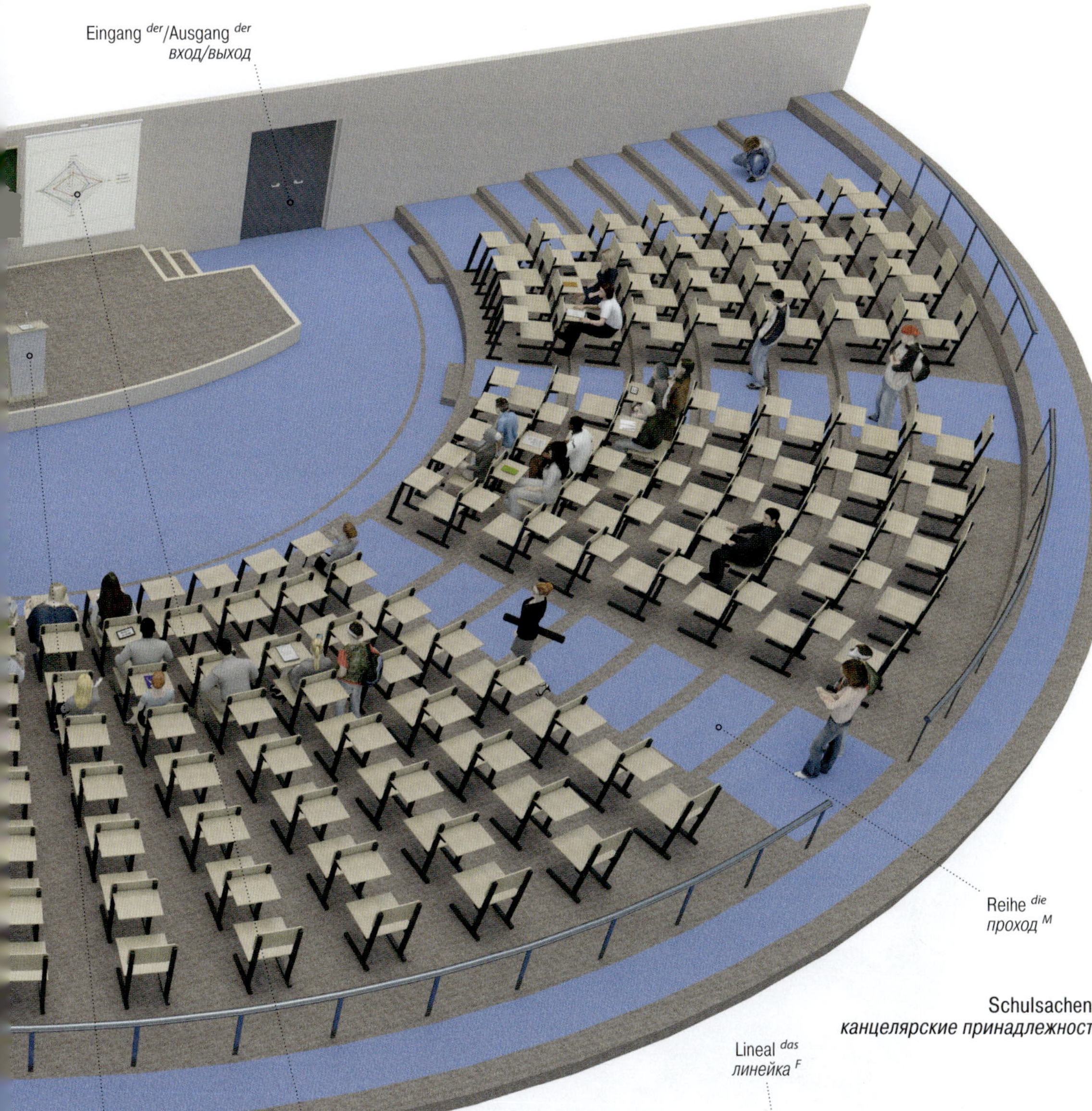


## Schulsachen das
*канцелярские принадлежности F*

Wohngebiet *das*
*жилой F район M*

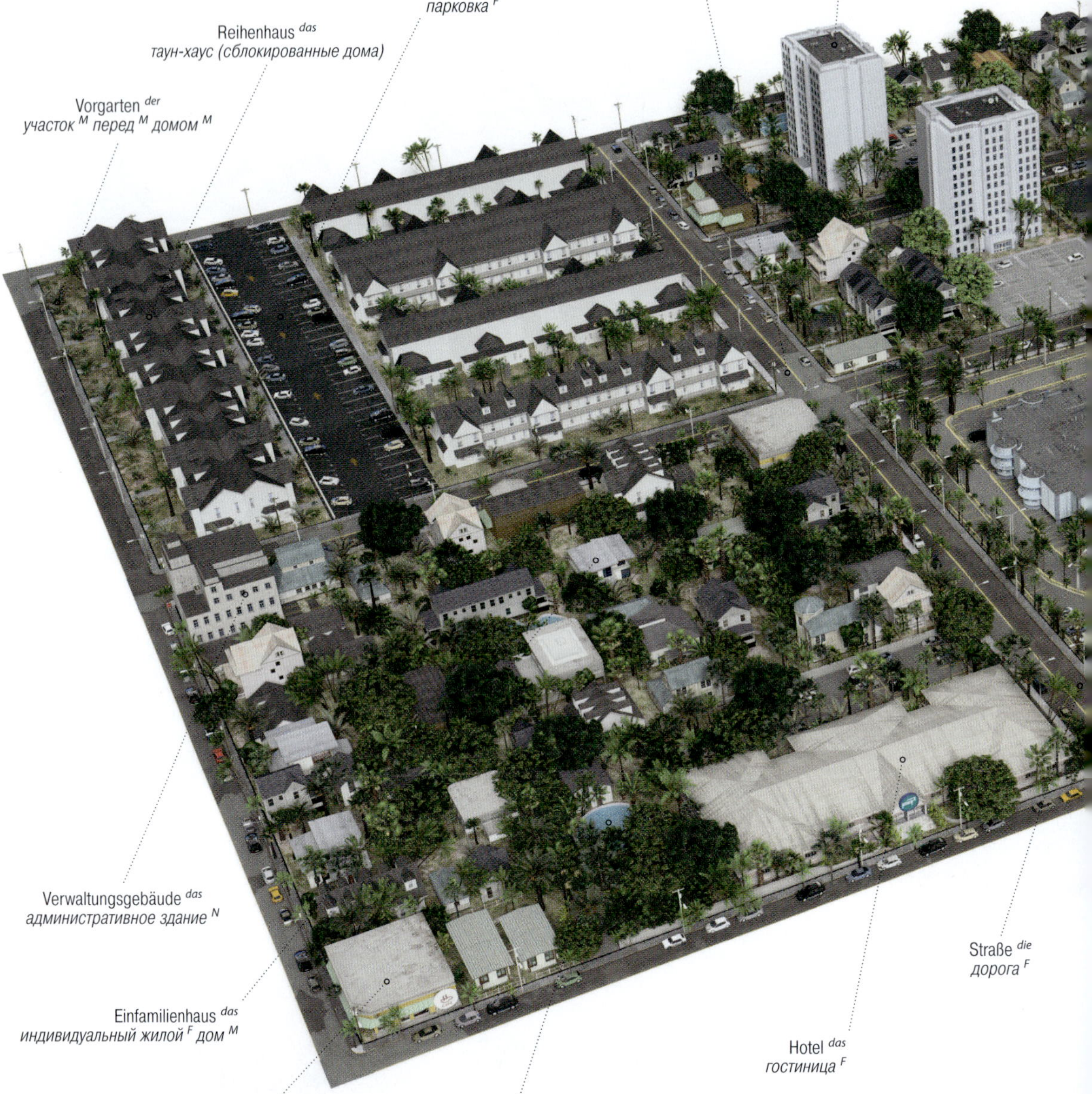

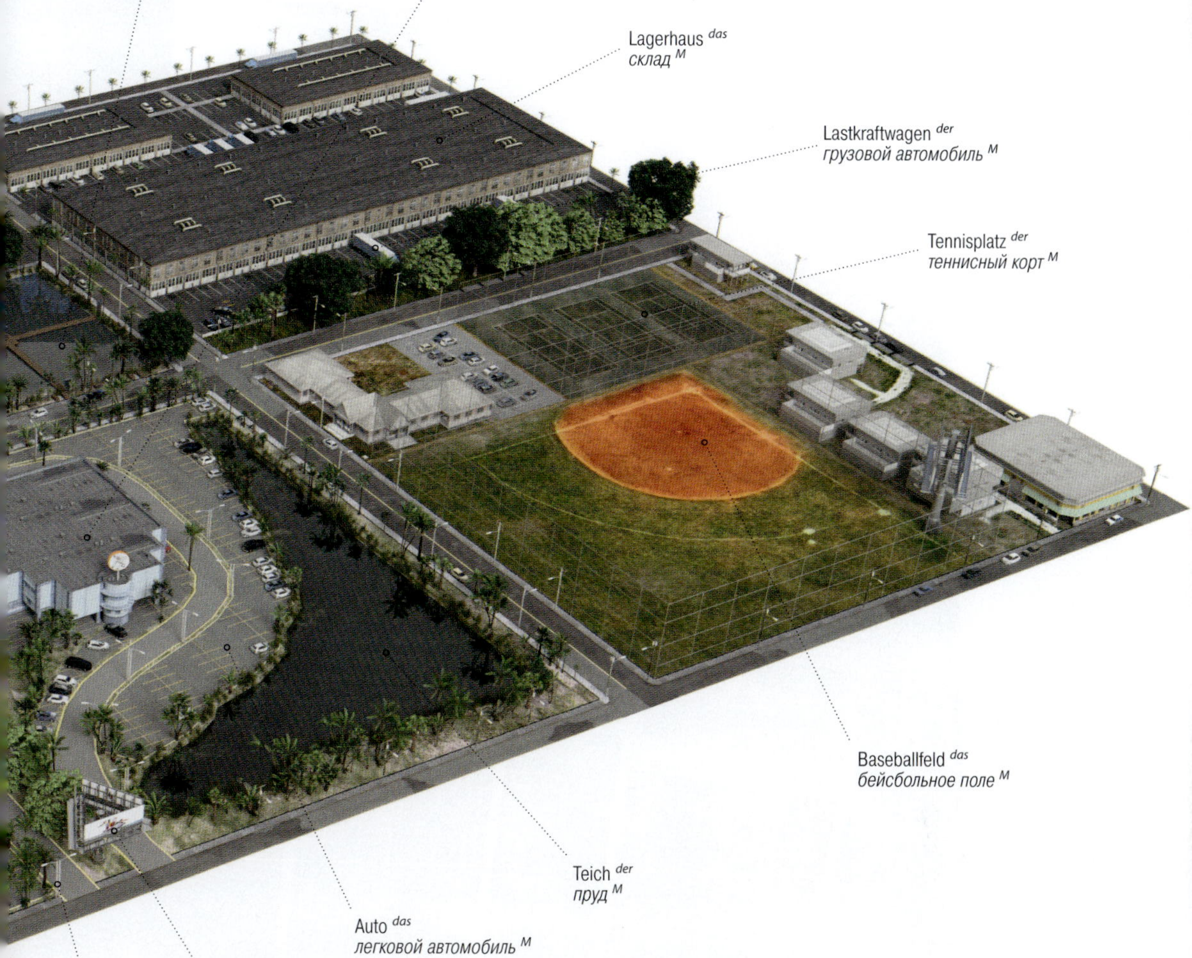

Mülleimer der
урна F

Sitzbank die
скамейка F

Hauptgeschäftsviertel *das*
*деловой центр* *M*

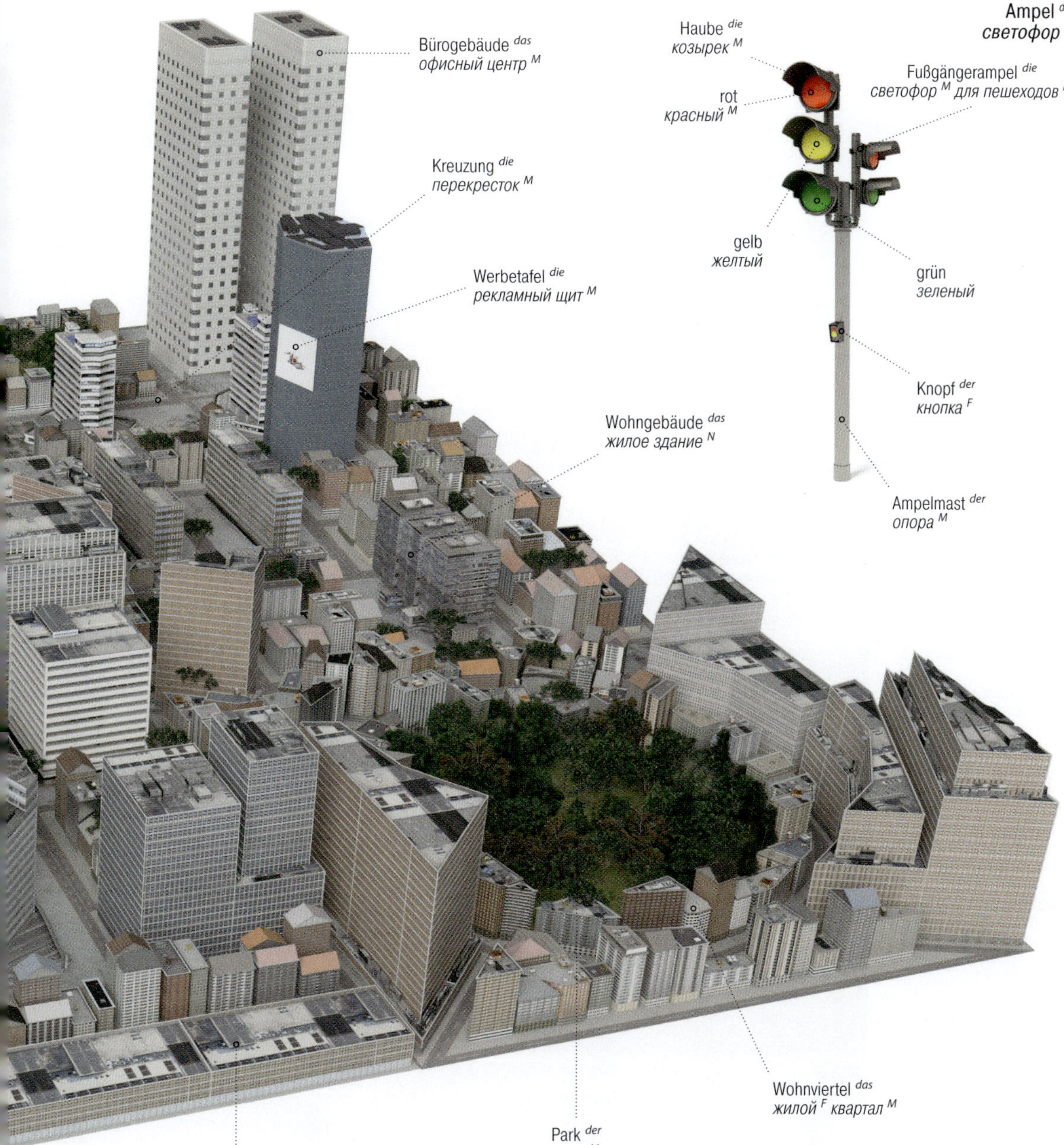
Bürogebäude das
офисный центр M
Kreuzung die
перекресток M
Werbetafel die
рекламный щит M
Wohngebäude das
жилое здание N
Wohnviertel das
жилой F квартал M
Park der
парк M
Industriegebäude das
производственное здание N
Ampel die
светофор M
Haube die
козырек M
rot
красный M
Fußgängerampel die
светофор M для пешеходов M
gelb
желтый
grün
зеленый
Knopf der
кнопка F
Ampelmast der
опора M

## Im Einkaufszentrum das
## *интерьер M торгового центра M*

Herrenausstatter der
*магазин M мужской одежды F*

Reisebüro das
*бюро путешествий N*

Kosmetiksalon der
*косметический магазин M*

Hausmeister der
*домоправитель M*

Laden der für Sportbekleidung die
*магазин M спортивной одежды F*

Juwelier der
*ювелирный магазин M*

Geländer das
*ограждение N*

Zierpflanze die
*декоративное растение N*

Brücke die
*мост M*

Bekleidungsgeschäft das
*магазин M одежды F*

Haushaltswarengeschäft das
*магазин M декора M*

Verkaufsautomat der
*торговый автомат M*

Polizeibeamter der
*полицейский M*

Sitzbank die
*скамейка F*

Supermarkt der
*продуктовый магазин M*

Mülleimer der
*урна F*

Kunde der
*покупатель M*

Informationsstand der
*информационный стенд M*

Informationsanzeige die
информационный дисплей M
Zeitungskiosk der
газетный киоск M
Spielzeuggeschäft das
магазин M детских F игрушек F
Computergeschäft das
магазин M компьютеров M
Beleuchtungsgeschäft das
магазин M светотехники M
Café das
кафе M
sport
Geldautomat der
банкомат M
Bäckerei die
булочная F
Tisch der und Stühle der
стол M со стульями M
Wickelraum der
пеленальная комната F
Toilette die
туалет M
Reinigungskraft die
уборщица F

Supermarkt *der*
*продуктовый универсам M*

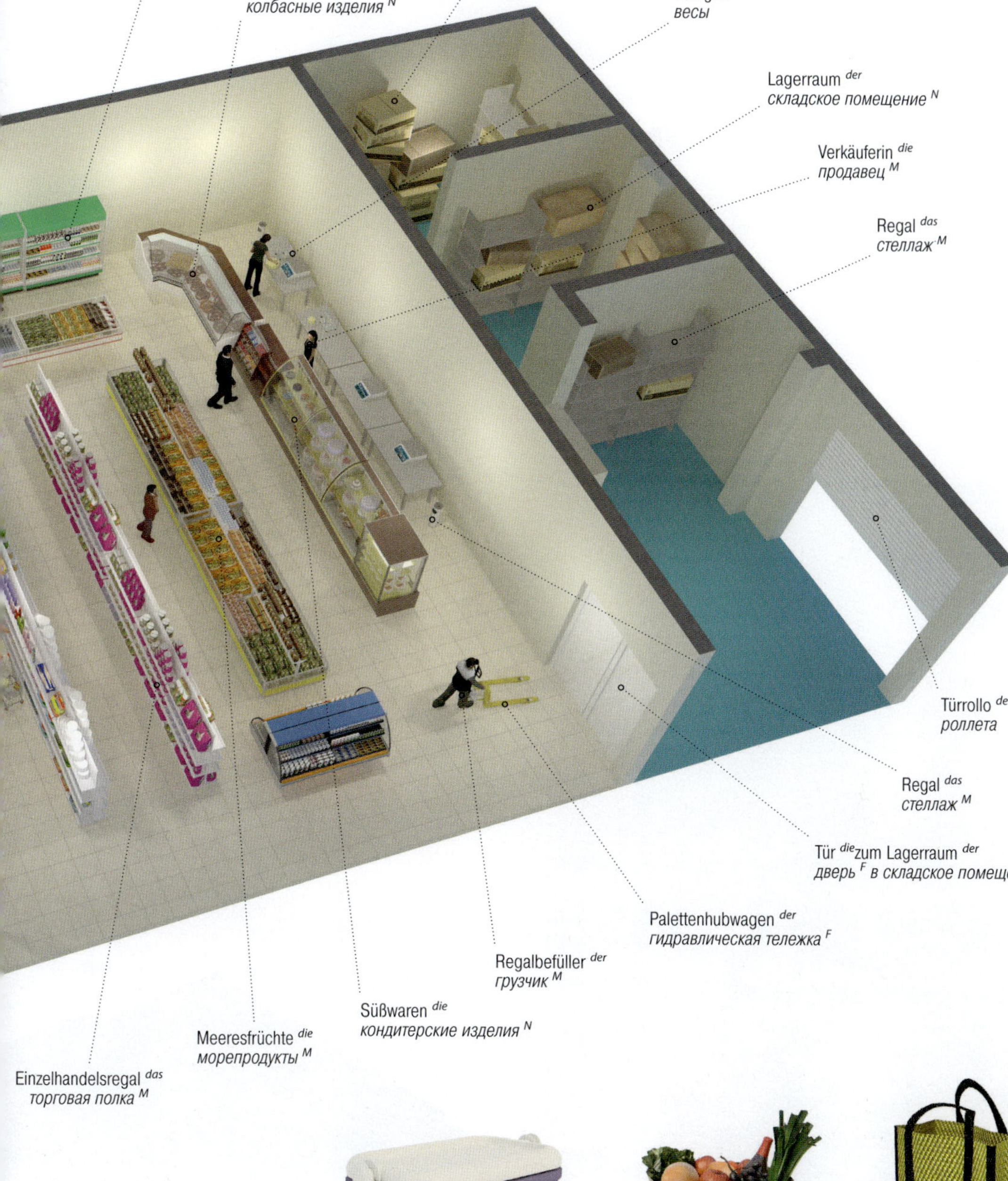

Kühler der
сумка-холодильник

mit Lebensmitteln das gefüllter Beutel der
пакет M с продуктами M

Beutel der
сумка F

Bekleidungsgeschäft *das*
*магазин* *M* *одежды* *F*

Kleiderstange die
вешало
Schaufensterpuppe die
манекен-торс
Regale das
стеллаж M
Verkaufs- und Warenbereich der
торговый зал M
Kasse die
кассовый прилавок M

Restaurant *das*
*ресторан* M

Dunstabzugshaube die
вытяжной зонт M
Toilette die
туалет M
Sitzbank die
диван M
Spülbecken das
раковина F
Speisesaal der
обеденный зал M
Kellnerin die
официантка F
Garderobenaufseher der
гардеробщик M
Bar die
бар M
Garderobe die
гардероб M
Restaurantleiter der
метрдотель M
Maître d' Station der
стойка F метрдотеля M
Barhocker der
барный стул M
Gast der
посетитель M

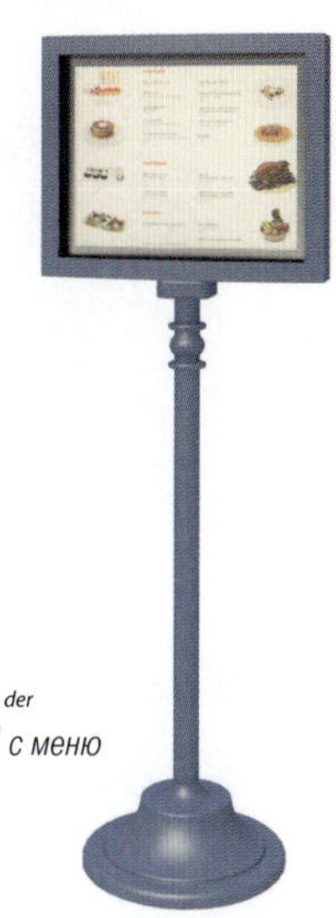
Menüständer der
реламный стенд M с меню

Fastfood-Restaurant das
*ресторан M быстрого питания N*

Lampe *die*
*лампа F*
Fenster *das*
*окно N*
Plastikstuhl *der*
*пластиковый стул M*
Tisch *der*
*стол M*
Soßen-Spritzflasche *die*
*пластиковая бутылка F для соуса M*
Papierserviette *die*
*бумажная салфетка F*
Sitzbank *die*
*диван M*

Rezeption *die*
*рисепшн*

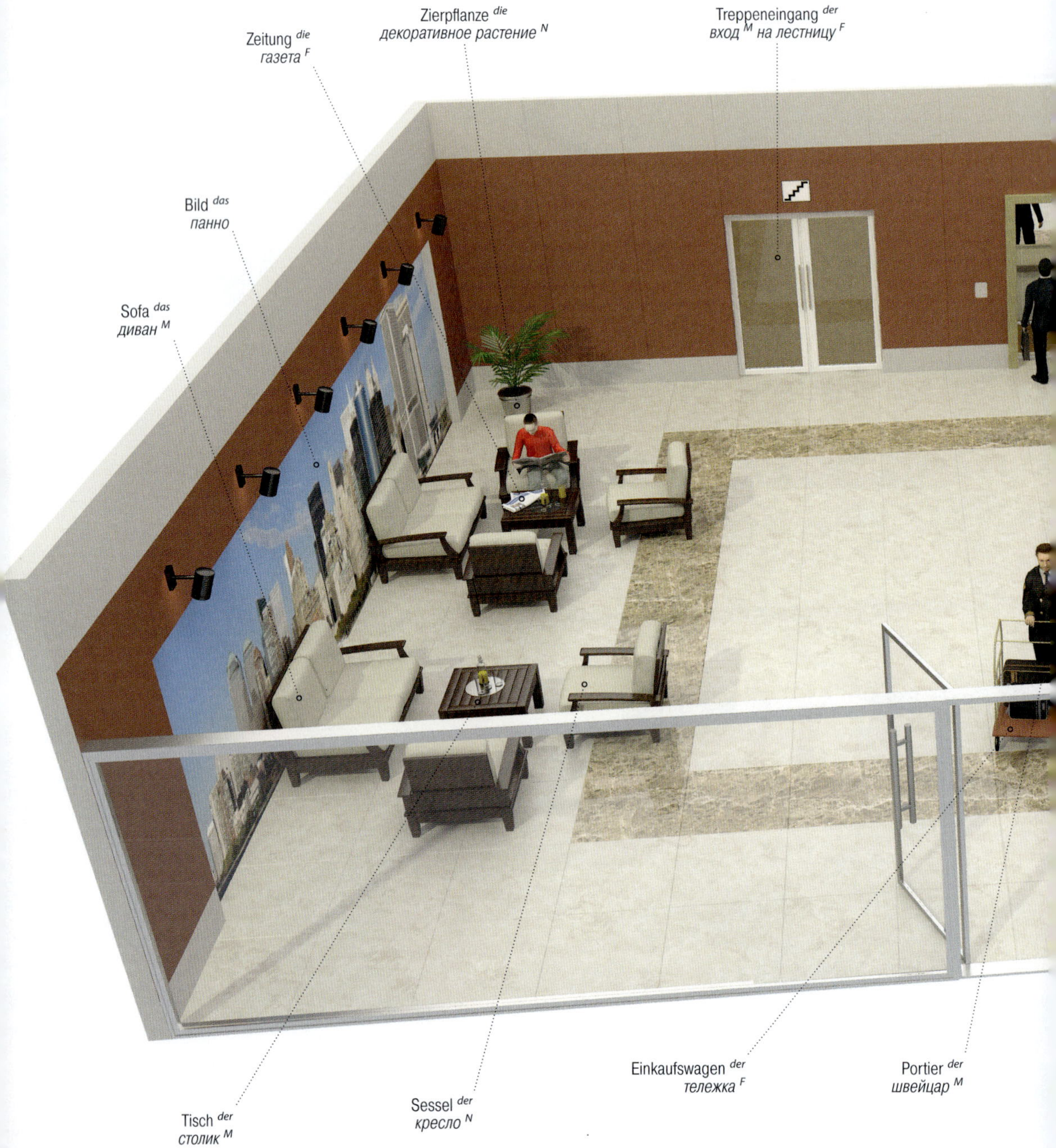

Fahrstuhl der
лифт M
Fahrstuhlknopf der
кнопка F вызова M лифта M
Gast der
клиент M
Schlüsselkasten der
ячейка F
Manager der
менеджер M
RECEPTION
Stuhl der
стул M
Vordereingang der
входная дверь F
Koffer der
чемодан M
Mülleimer der
урна F
Zeitschriftenständer der
стойка F с журналами M

Zimmer *das*
*комната F*

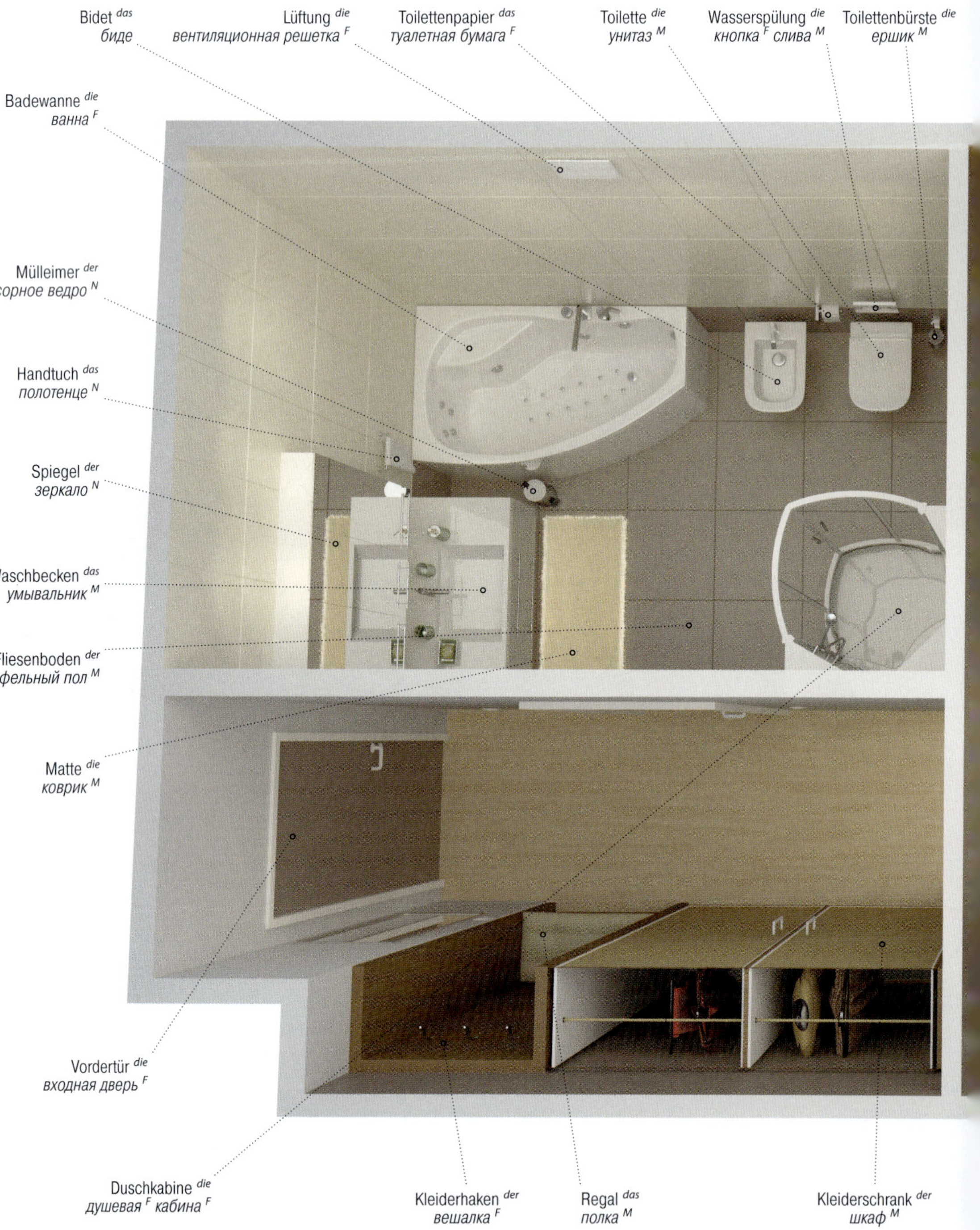

Nachttisch der
прикроватная тумба F
Buch das
книга F
Zeitung die
газета F
Bett das
кровать F
Telefon das
телефон M
Wandleuchte die
бра
Fernbedienung die
пульт M
Vase die mit Blumen die
ваза F с цветами M
Vorhang der
штора F
Bettvorleger der
прикроватный коврик M
Schreibtisch der
стол M
Fernseher der
телевизор M
Sessel der
кресло N
Laptop der
лэптоп M
Schreibtischlampe die
настольная лампа F

## Polizei ^die^
***Полиция*** ^F^

Polizeibeamter ^der^
***полицейский*** ^M^

Polizeiauto ^das^
***полицейский автомобиль*** ^M^

Polizeihubschrauber *der*
*полицейский вертолет* *M*

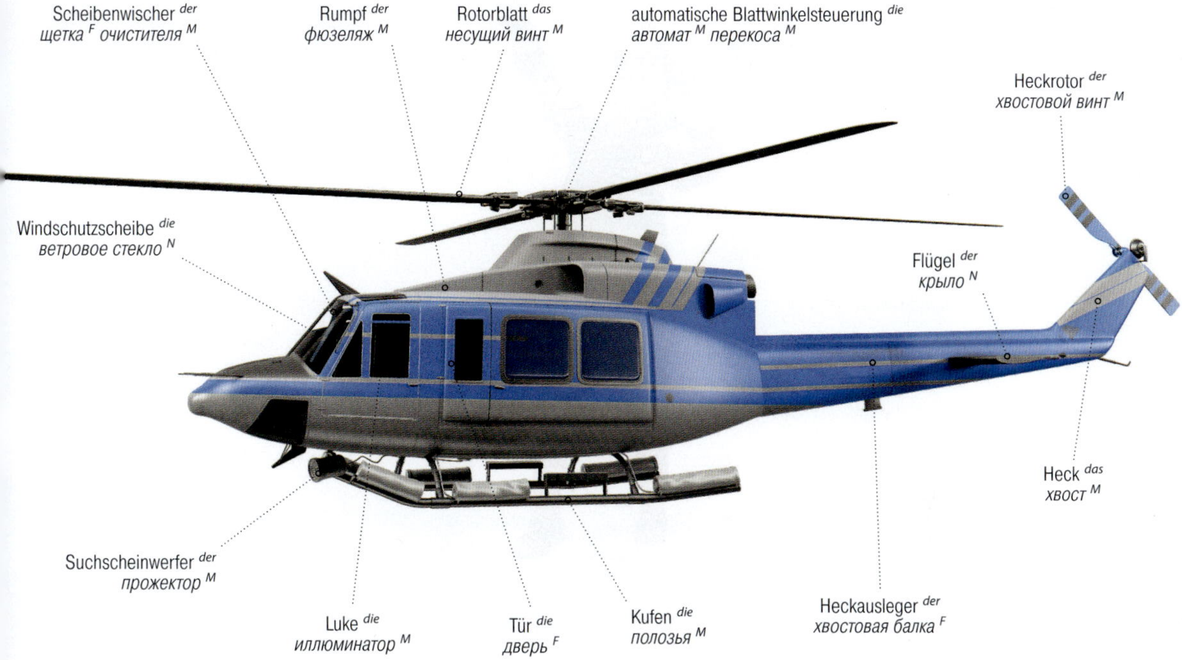


Polizeimotorrad *das*
*полицейский мотоцикл* *M*

## Feuerwehr die
*Пожарная служба F*

### Feuerwehrmann der
*пожарный M*

### Feuerwehrfahrzeug das
***пожарный M автомобиль M вид M***

## Feuerwehrfahrzeug das
*пожарный M автомобиль M вид M*

## Standardschilder das
## *Стандартные знаки M*

Telefon das
*телефон M*

Post die
*почта F*

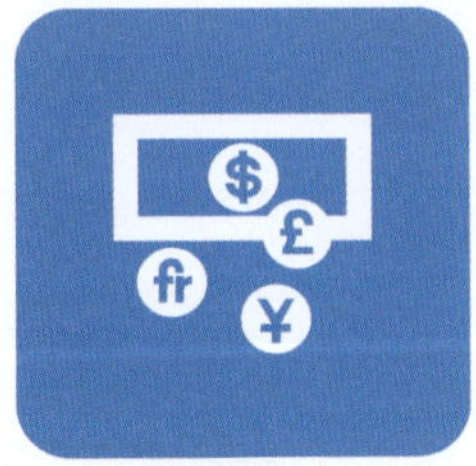

Wechselstube die
*обмен M валюты F*

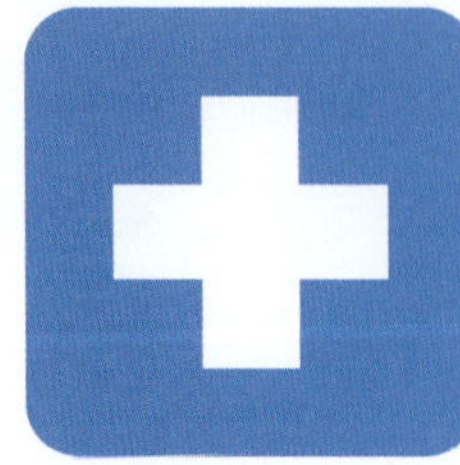

Erste Hilfe die
*скорая помощь F*

Fundbüro das
*бюро находок F*

Garderobe die
*гардероб M*

Gepäckschließfächer das
*шкафчики M для багажа M*

Rolltreppe die
*эскалатор M*

Rolltreppe die
*эскалатор M*

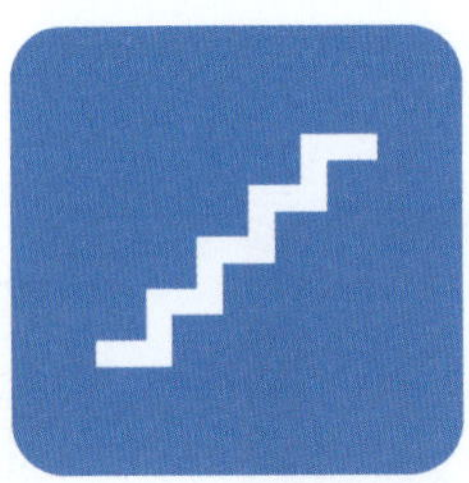

Treppe die
*лестница F*

Fahrstuhl der
*лифт M*

Herrentoilette die
*мужской туалет M*

Damentoilettey die
*женский туалет M*

Toiletten die
*туалеты M*

Kindertagesstätte die
*детская F комната F*

Wartezimmer das
*приемная F*

Information die
*информация* F

Hotel das
*отель* M

Lufttransport der
*воздушные перевозки* F

Mülleimer der
*мусорная корзина* F

Taxi das
*такси*

Bus der
*автобус* M

Bodentransport der
*наземный транспорт* M

Schienentransport der
*железнодорожный транспорт* M

Wassertransport der
*водный транспорт* M

Autoverleih der
*прокат* M *автомобилей* M

Restaurant das
*ресторан* M

Café das
*кафе* M

Bar die
*бар* M

Gepäckausgabe die
*выдача* F *багажа* M

Parkplatz der
*парковка* F

Raucherzone die
*зона* F *для курения* N

Pistole *die*
*пистолет M*

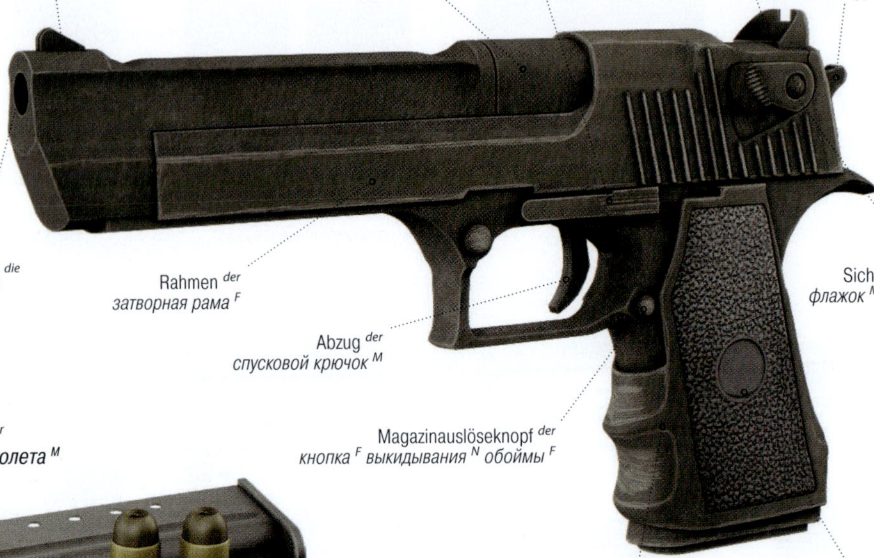


Ladestreifen *der*
*обойма F пистолета M*

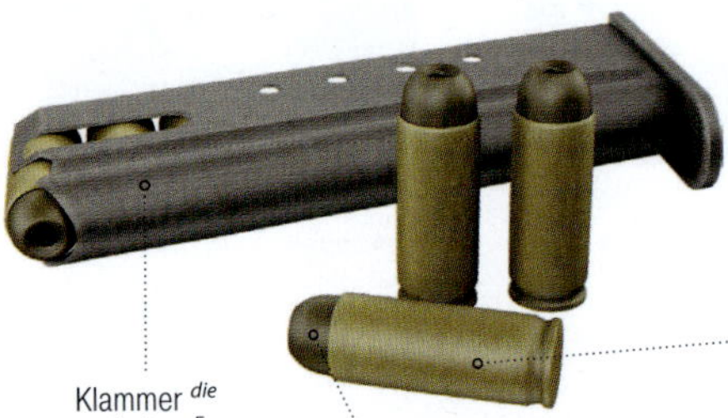


Revolver *der*
*револьвер M*

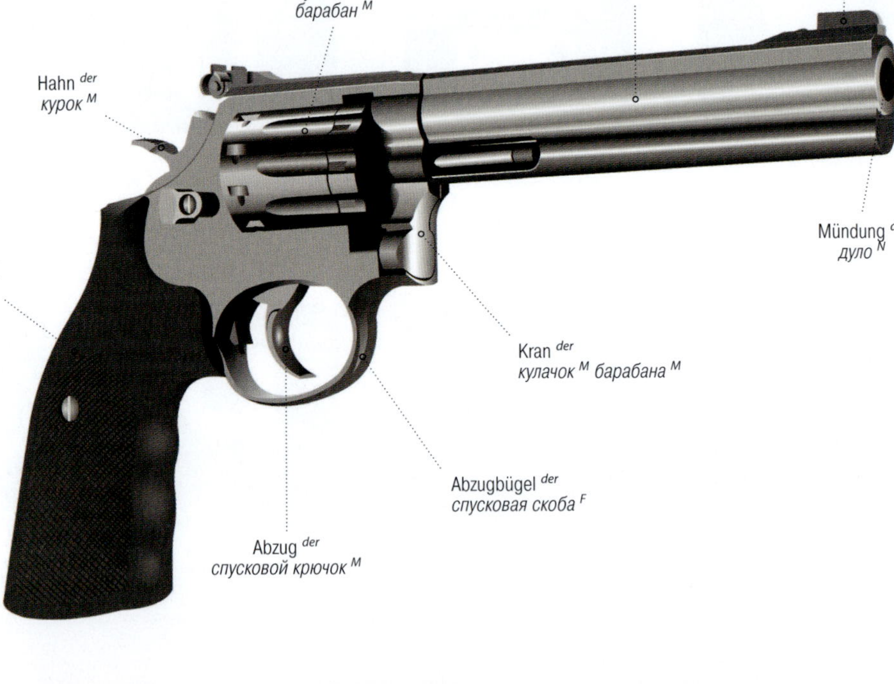

automatisches Gewehr das
*автоматическая винтовка* F

Patrone die
*патрон* M

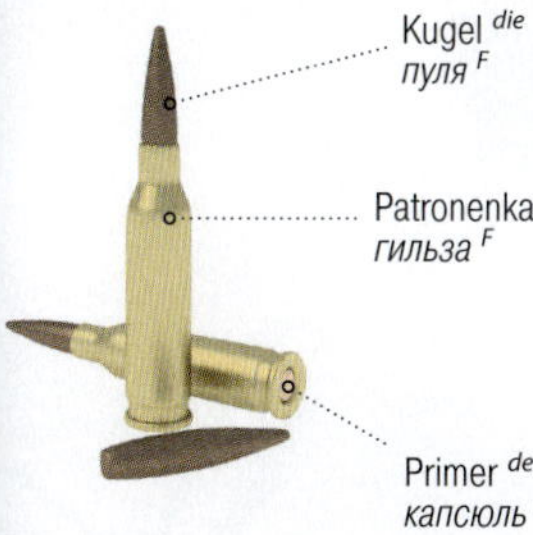


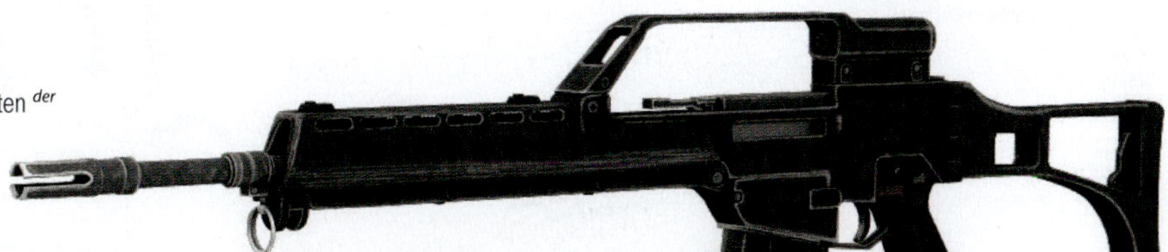

Sturmgewehr das
*штурмовая винтовка* F

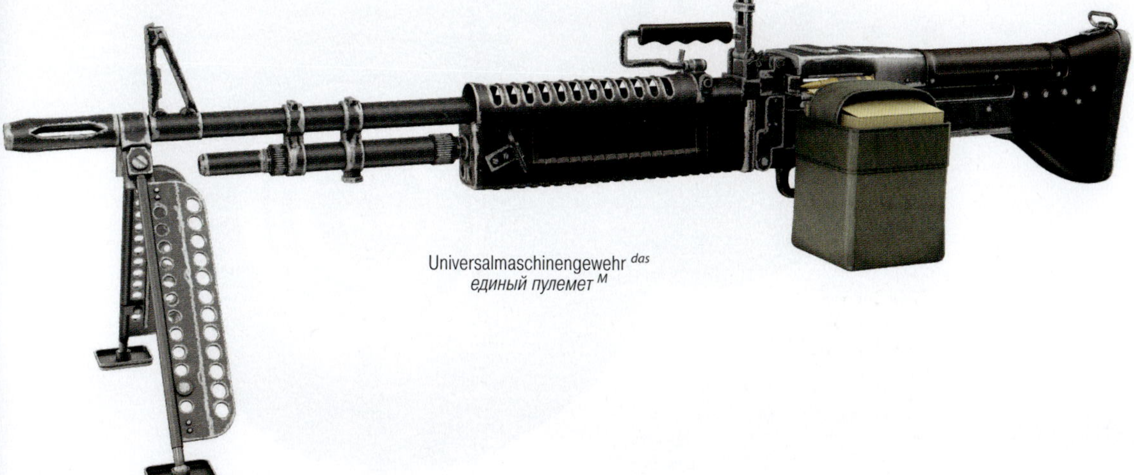

Universalmaschinengewehr das
*единый пулемет* M

Mehrzweckgeländewagen *der*
*многоцелевой внедорожник M*

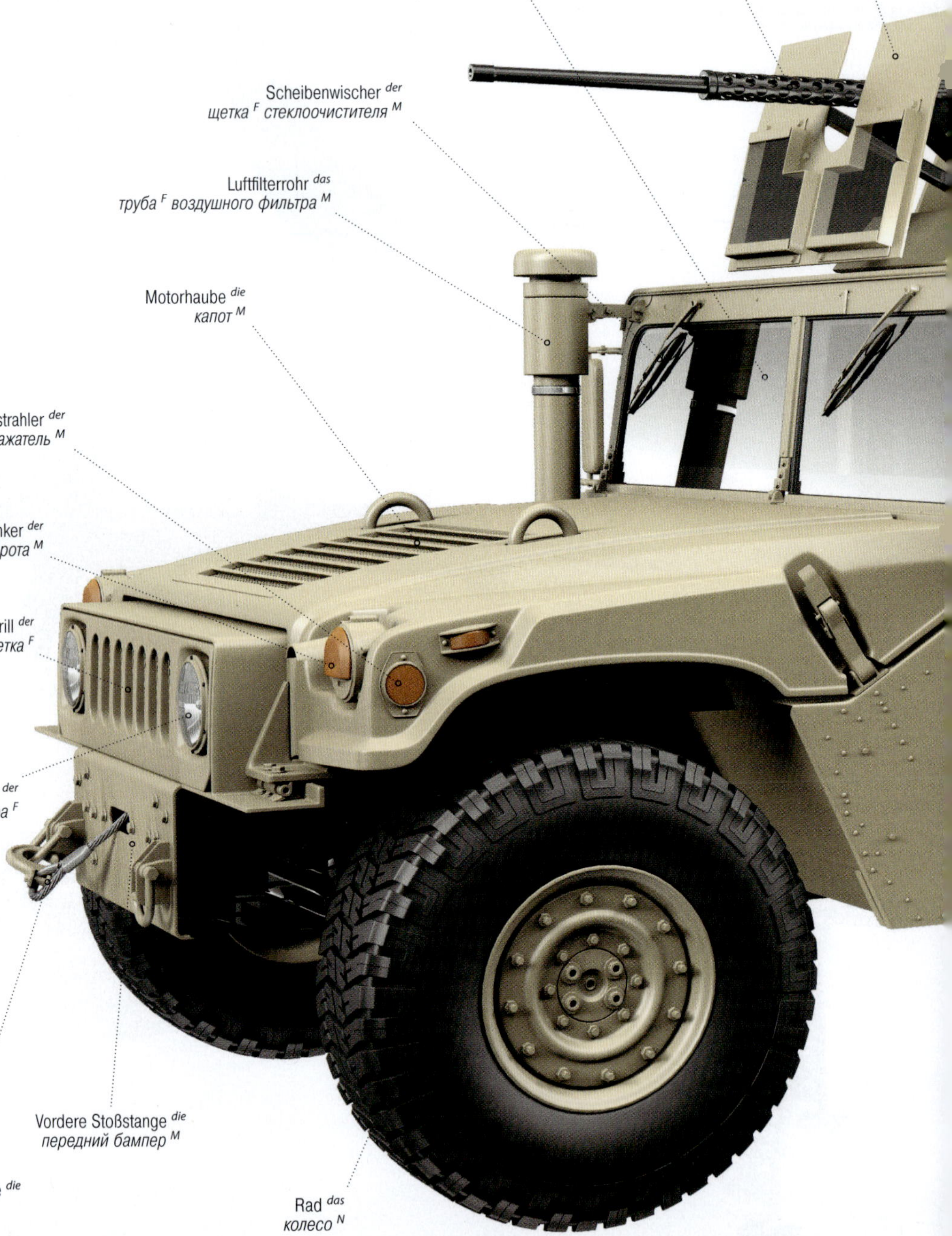

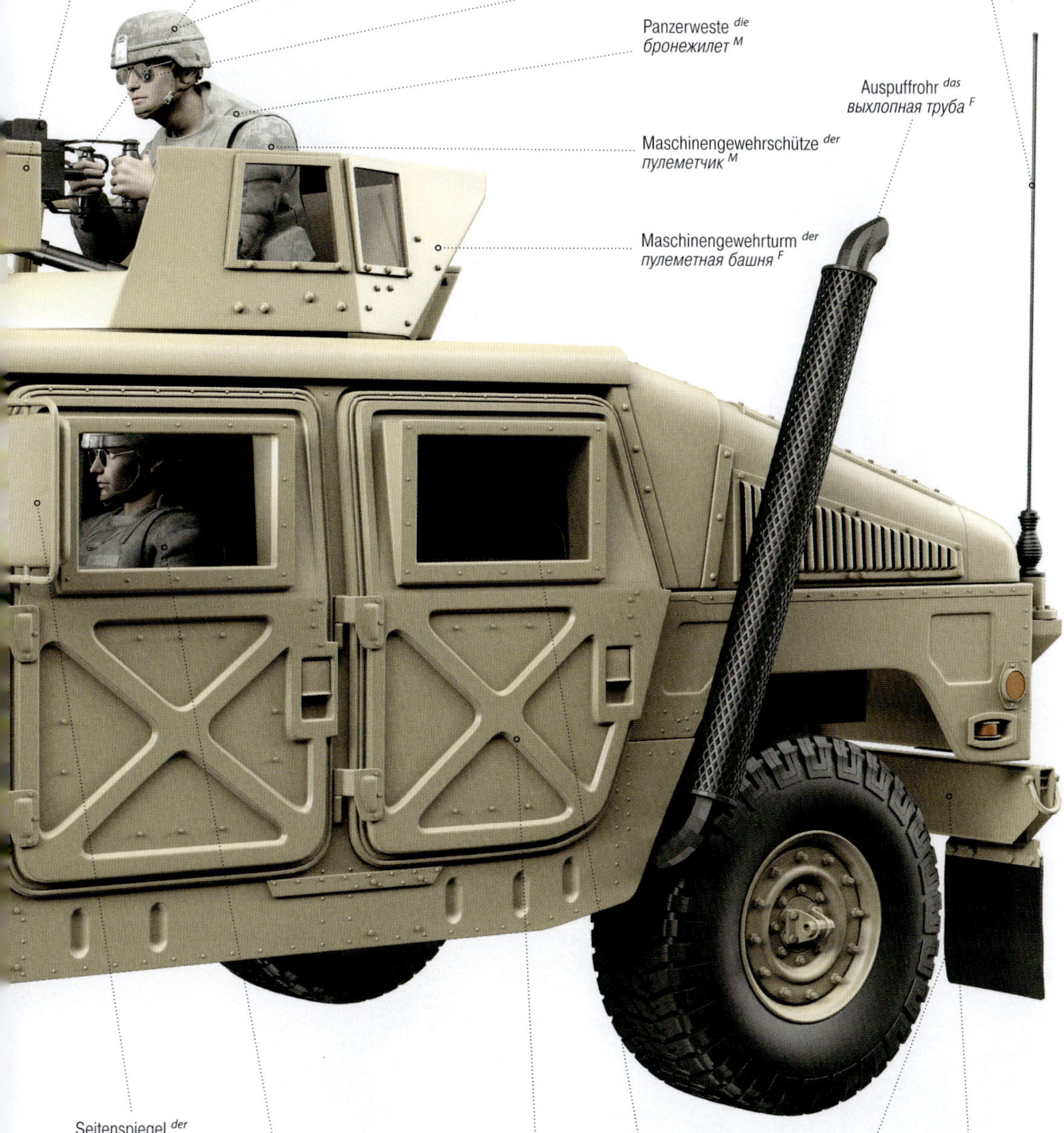
Maschinengewehrmagazin das
магазин M пулемета M
Griff der
рукоятка F
Helm der
каска F
Schutzbrille die
очки N
Panzerweste die
бронежилет M
Antenne die
антенна F
Auspuffrohr das
выхлопная труба F
Maschinengewehrschütze der
пулеметчик M
Maschinengewehrturm der
пулеметная башня F
Seitenspiegel der
зеркало N заднего вида M
Fahrer der
водитель M
Tür die
дверь F
Fenster das
окно N
Kotflügel der
брызговик M
Hintere Stoßstange die
задний бампер M

Soldat der
*солдат M*

Soldat der der Spezialeinsatzkräfte die
*солдат M специального подразделения N*

Kampfpanzer der
*основной танк M*

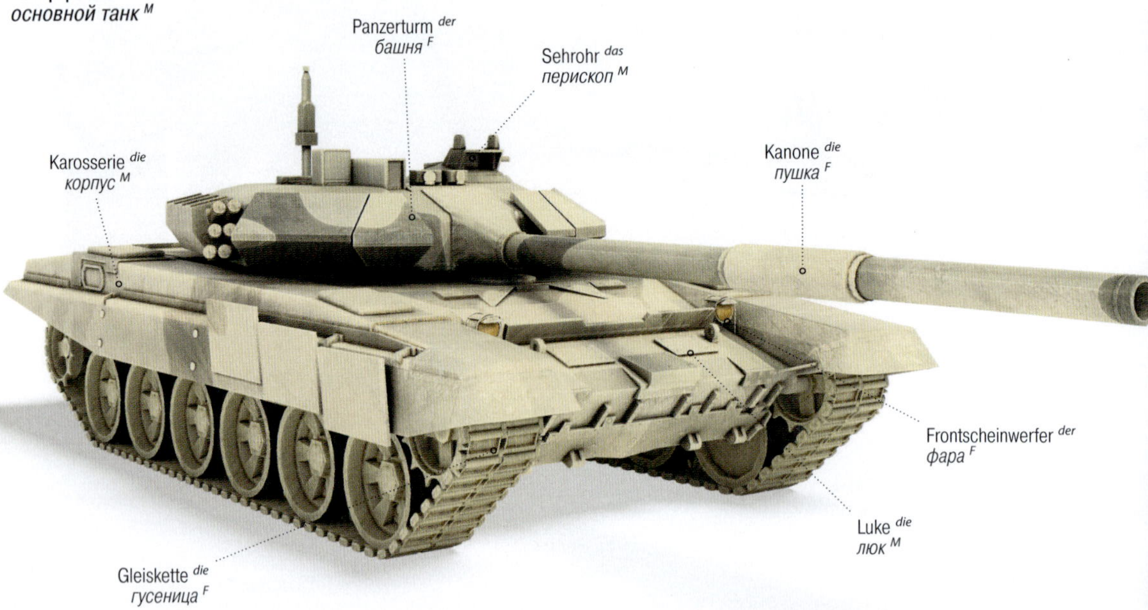

## Flugzeuge *das*
## *Самолеты M*

### Abfangjäger *der*
### *перехватчик M*

### Unbemanntes Kampfflugzeug *das*
### *ударный беспилотный самолет M*

Schiffspropeller der
гребной винт M

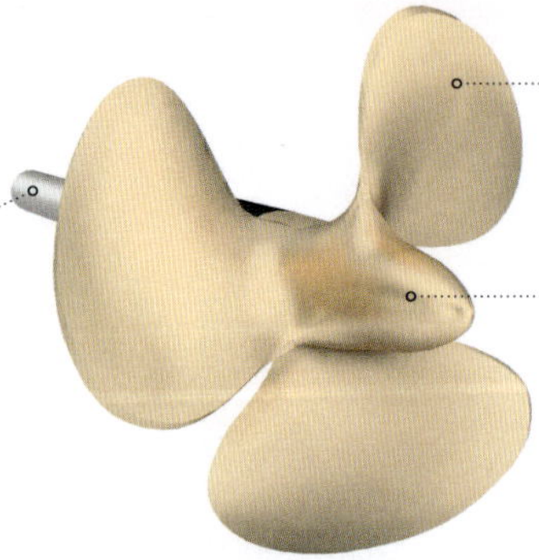

Fass das
бочка F

Anker der
якорь M

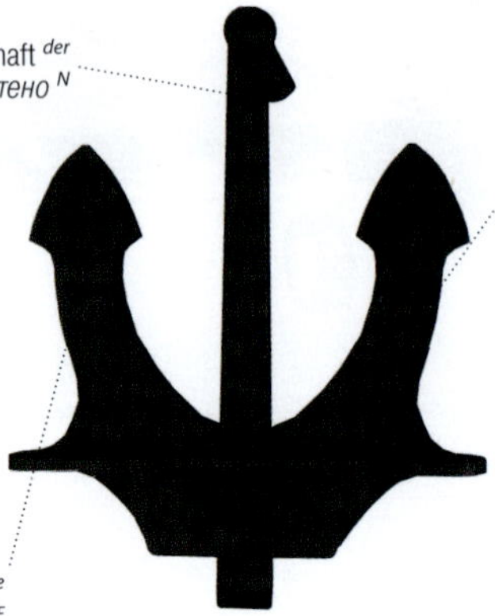


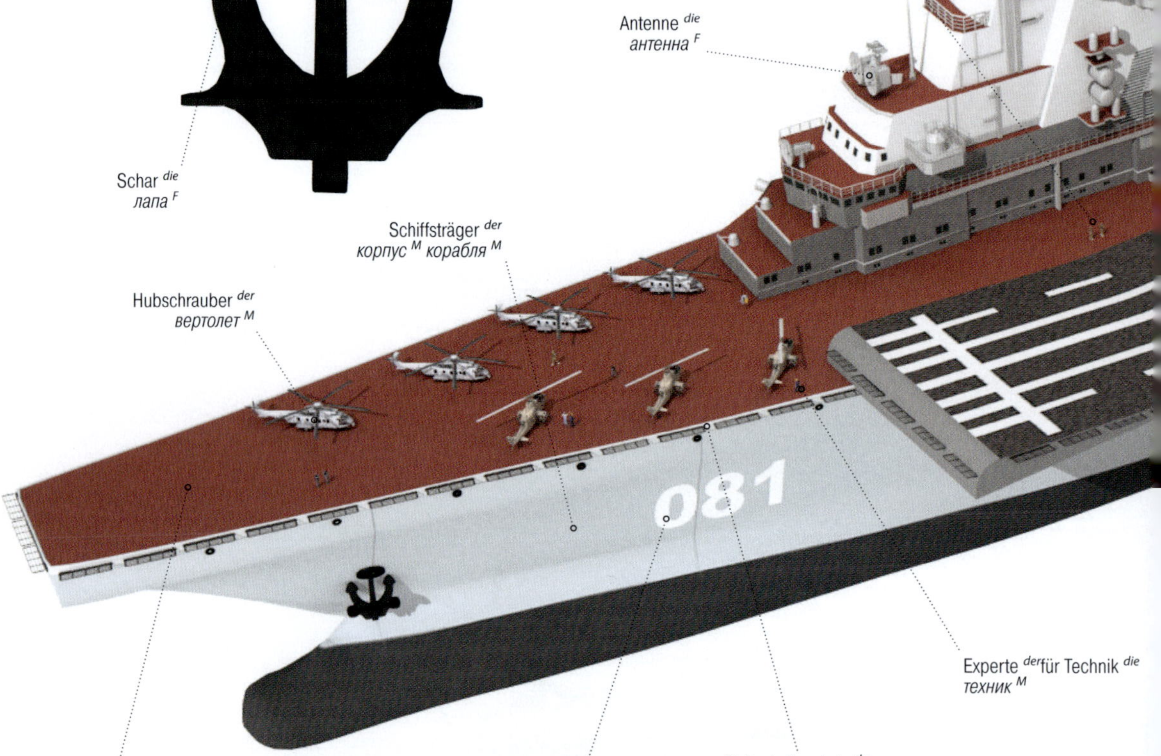

Torpedo der
торпеда F

Flugzeugträger der
*авианосец* M

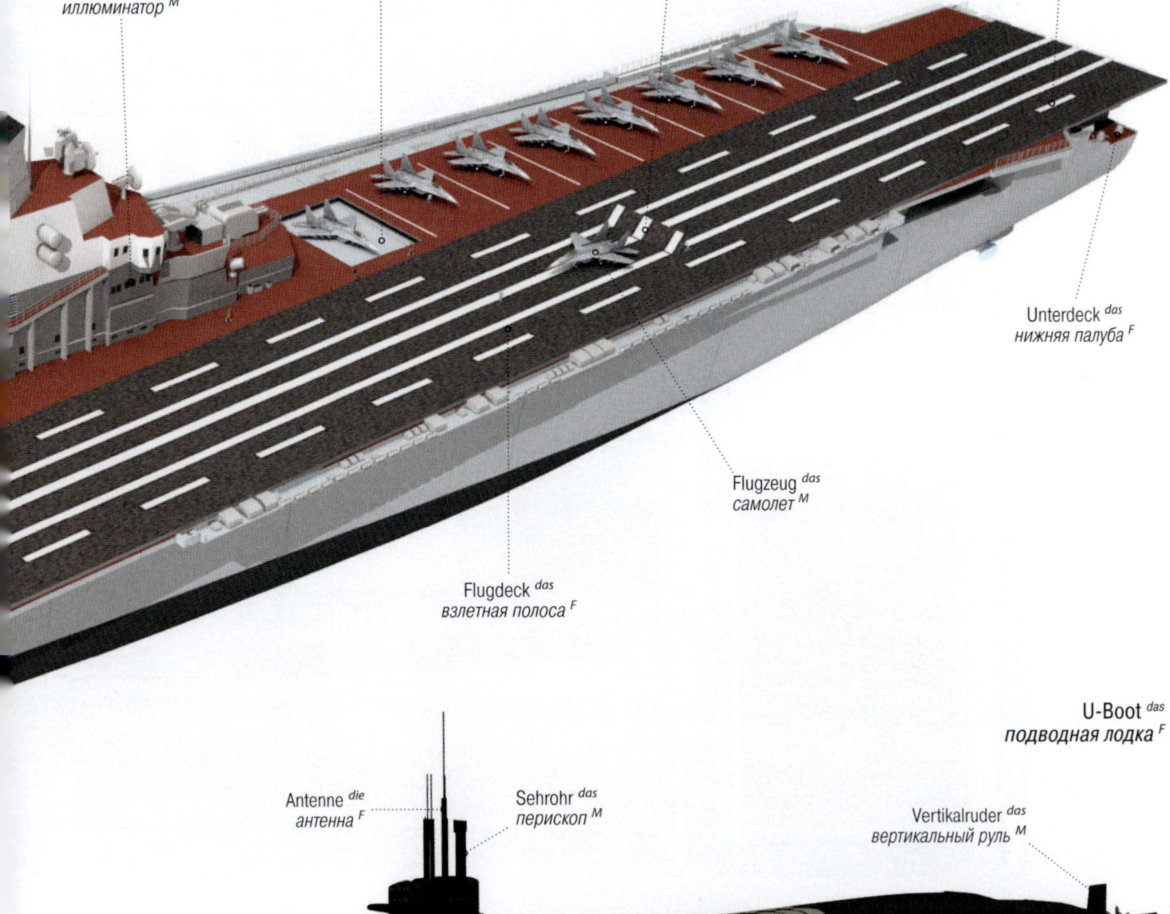


U-Boot das
*подводная лодка* F

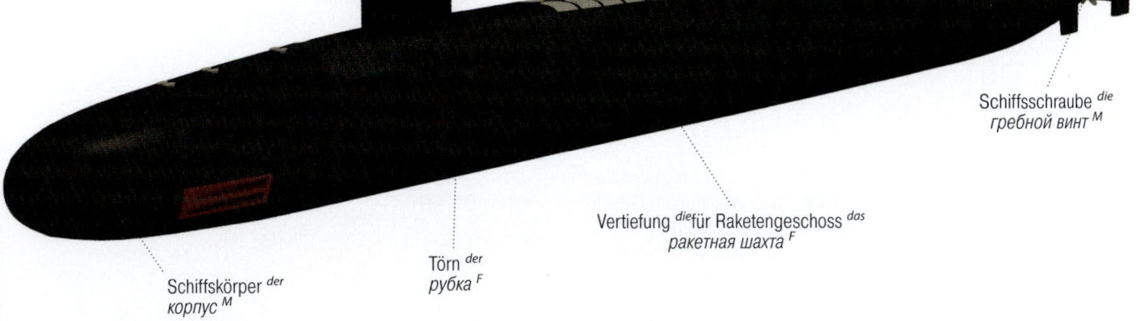

Musikband *die*
*музыкальная группа F*

Sänger der
вокалистка F
Schlagzeuger der
барабанщик F
Schlagzeug das
ударная установка F
Bassgitarrist der
бас-гитарист M
Metallrahmen der
металлическая ферма F
Mixregler der
микшерный пуль M
Stuhl der
стул M
Laptop der
лэптоп M
Tisch der
стол M
Bassgitarre die
бас-гитара F

Kino das
*кино N*

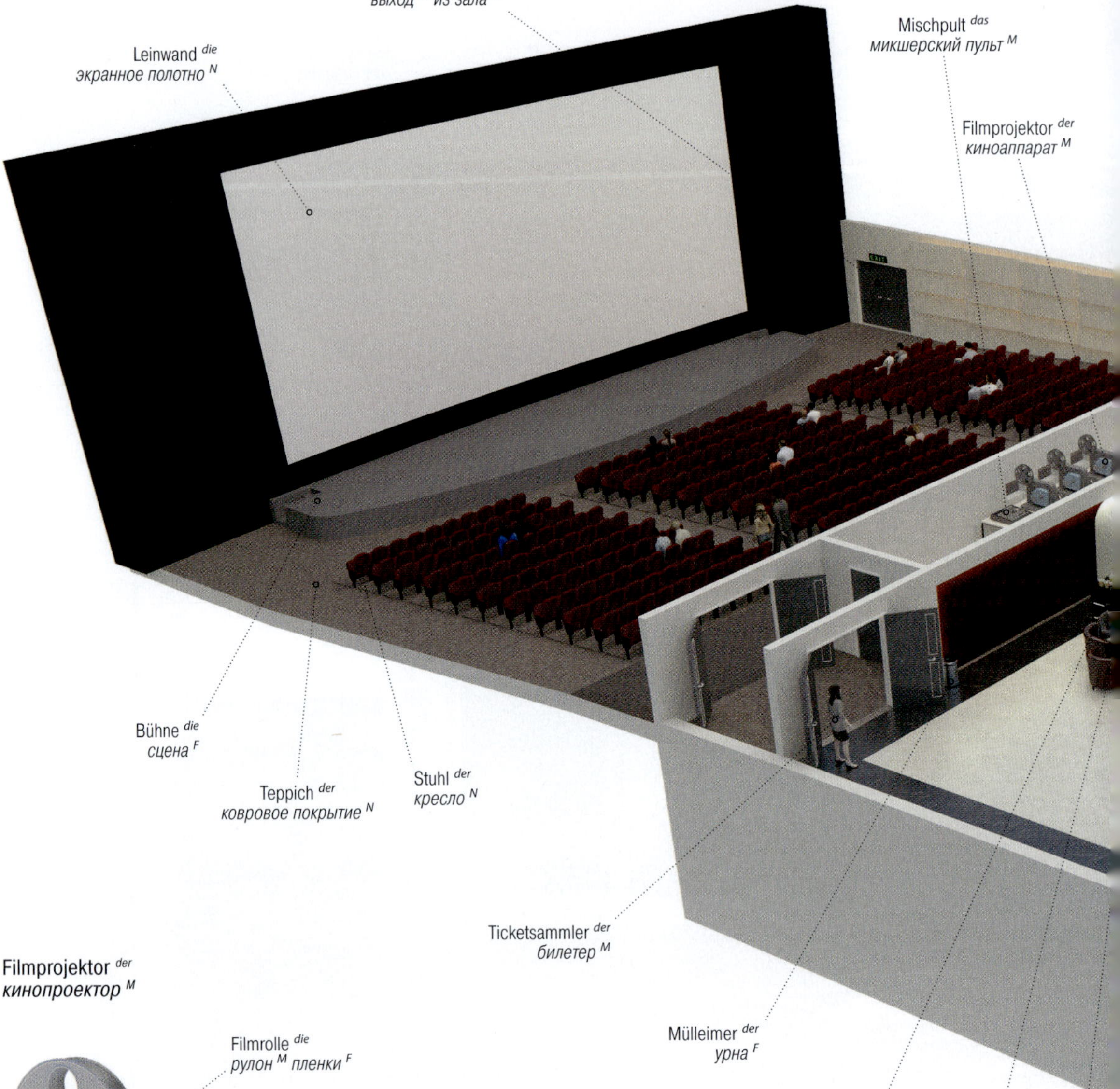


Filmprojektor der
*кинопроектор M*

Mischpult das
микшерный пульт M
Lautstärkeregler der
аналоговый индикатор M уровня M громкости F
Schieberegler der
скользящий регулятор M
Eingangspegel der
регулятор M входного уровня M
Strom-LED die
светодиодный индикатор M

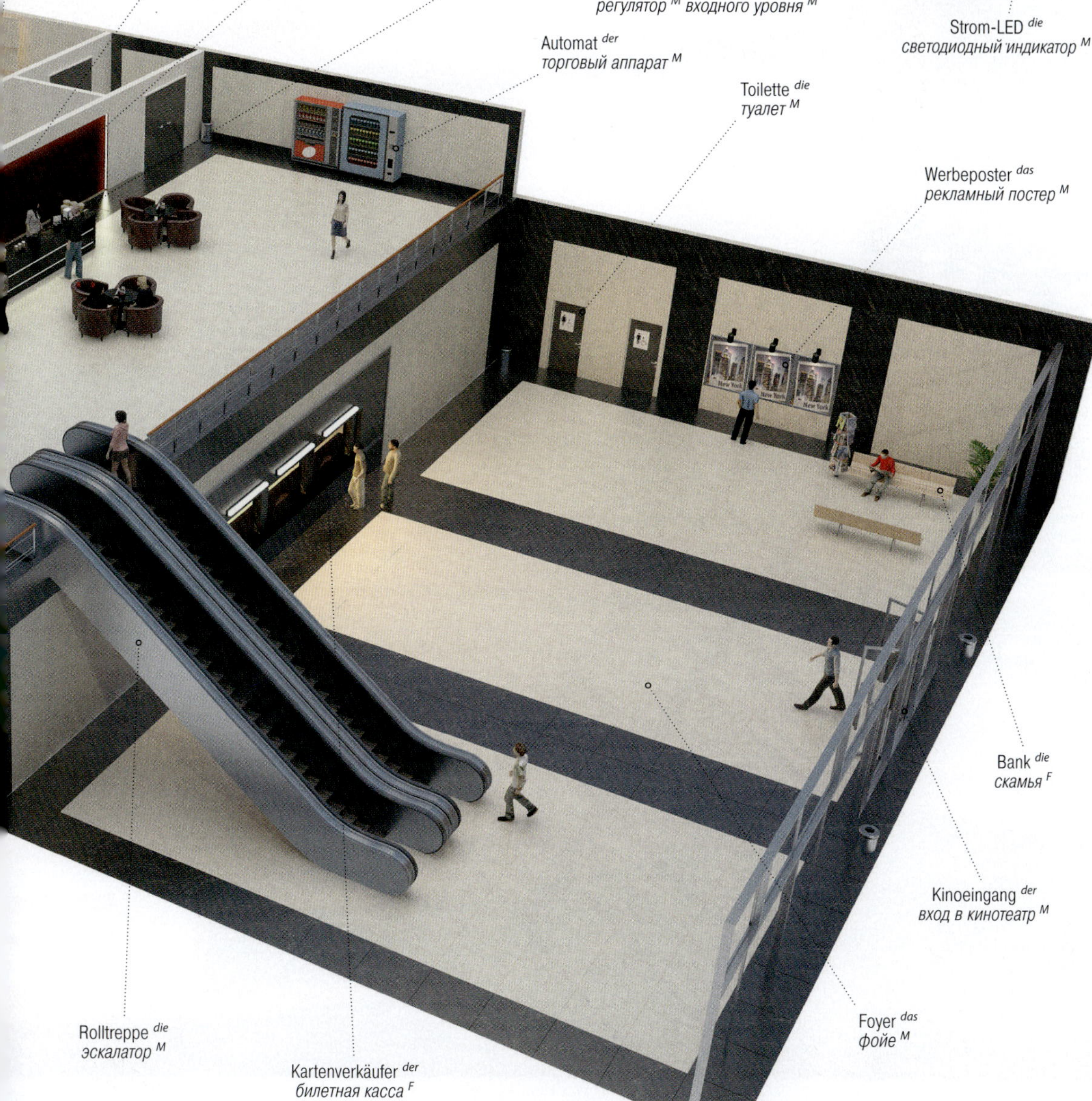
Geräteraum der
аппаратная F
Schaufenster das
витрина F
Barkeeper der
бармен M
Getränk das
напиток M
Automat der
торговый аппарат M
Toilette die
туалет M
Werbeposter das
рекламный постер M
Bank die
скамья F
Kinoeingang der
вход в кинотеатр M
Foyer das
фойе M
Rolltreppe die
эскалатор M
Kartenverkäufer der
билетная касса F

Fernsehshow *die* aus der Nähe *die*
*ТВ-шоу N на близком расстоянии N*

Podium *das*
*подиум M*

Tisch *der*
*стол M*

Kulisse *die*
*декорация F*

Moderator *der*
*ведущий M*

Bildschirm *der*
*монитор M*

Studiogast *der*
*гость* [M] *в студии* [F]

Stuhl *der*
*кресло* [M]

Bassgitarre *die*
*бас-гитара* [F]

Gitarre *die*
*гитара* [F]

Schlagzeug *das*
*ударная установка* [F]

Mikrofon *das*
*микрофон* [M]

Bühne [die]
*сцена* [F]

Lichter [das]
*прожекторы* [M]

Proszenium [das]
*портальная арка* [F]

Hauptvorhang [der]
*театральный занавес* [M]

Schauspielerin [die]
*актриса* [F]

Orchestergraben [der]
*оркестровая яма* [F]

Dirigent [der]
*дирижёр* [M]

Zierleiste die
падуга F
Hintergrund der
задник M
Etappe die
кулисы F
Schauspieler der
актёр M
Vorbühne die
авансцена F
Schaubühne die
игровая часть F сцены F
Publikum das
зрители/публика F

Hörsaal *der*
*зрительный зал* *м*

## Ballettschritte ^die^
## *Позиции ^F^ балета ^M^*

Ausgangsposition ^die^
*первая позиция ^F^*

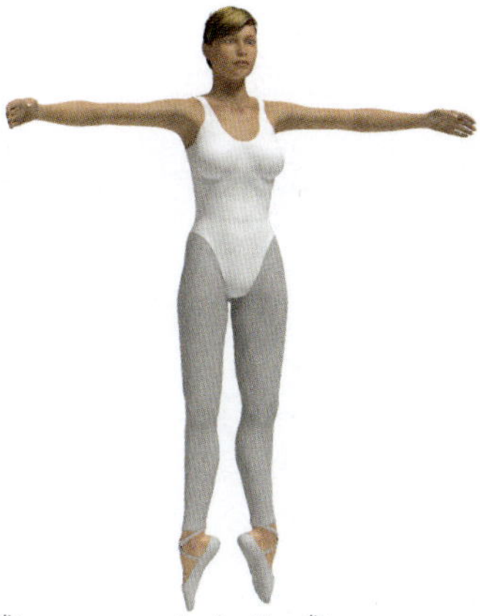

zweite Position ^die^
*2-я позиция ^F^*

dritte Position ^die^
*3-е позиция ^F^*

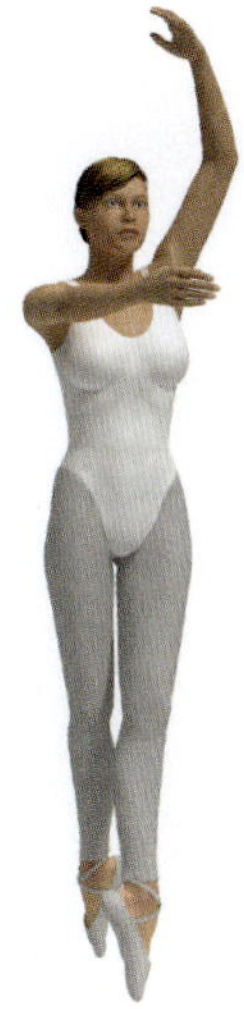

vierte Position ^die^
*4-я позиция ^F^*

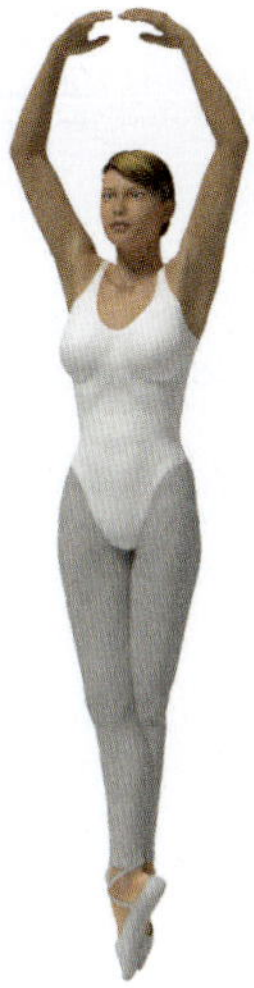

fünfte Position ^die^
*5-я позиция ^F^*

Arabesque-Spitze ^die^
*арабеск - пуэнт ^M^*

Retiré-Spitze ^die^
*retire - pointe*

Attitude-Spitze ^die^
*attitude - pointe*

Jeté ^das^
*jete*

## Tanzchoreographie ^die^
## *Хореография ^F^ танца ^M^*

### Ballettpositionen ^die^
### *сцены ^F^ балета ^M^*

Pas de bourée ^der^
*падебуре ^M^*

Entrechat ^der^
*антраша ^F^*

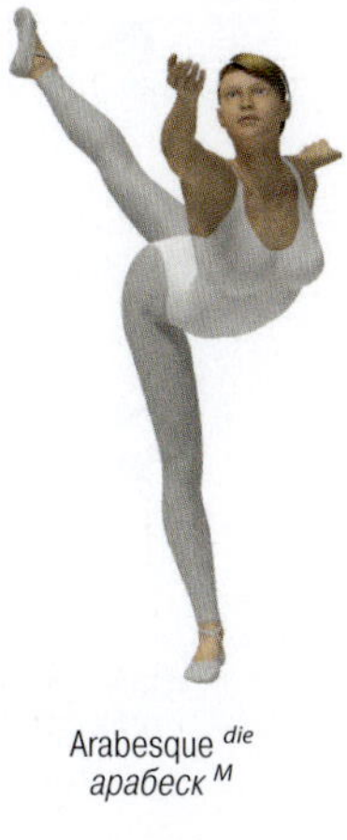

Arabesque ^die^
*арабеск ^M^*

Ausfallschritt, Körper nach hinten gelehnt ^der^
*прогиб ^M^ в полушпагате ^M^*

mit einem Bein nach vorne, Kopf an Knie-Schritt ^der^
*наклон ^M^ корпуса ^M^ вперед к ноге ^F^*

## Liniensystem [das]
*нотный стан* [M]

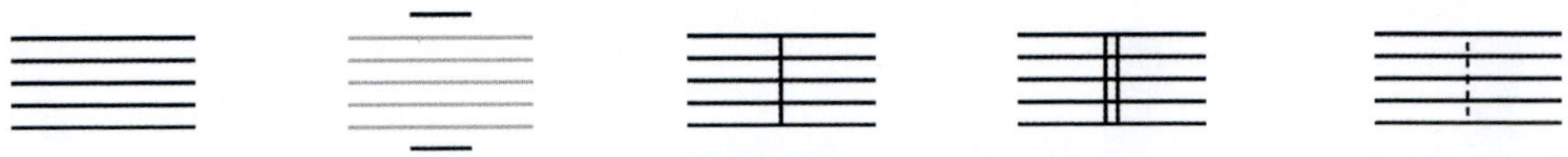

Notenlinien [die] – *нотный стан* [M]
Fixpunkt [der] – *добавочные линии* [F]
Taktstrich [der] – *тактовая черта* [F]
Doppelstrich [der] – *двойная тактовая черта* [F]
gepunkteter Taktstrich [der] – *пунктирная тактовая черта* [F]

## Notenschlüssel [der]
*ключи* [M]

Notenschlüssel [der] – *ключ* [M]
Tenorschlüssel [der] – *ключ* [M]
Bassschlüssel [der] – *ключ* [M]

## Notenwerte [der]
*длительность* [F] *нот* [F]

Ganze [die] – *целая* [F]
Halbe [die] – *половинная* [F]
Viertel [das] – *четвертная* [F]
Achtel [das] – *восьмая* [F]
Sechzehntel [das] – *шестнадцатая* [F]
Zweiunddreißigstel [das] – *тридцатьвторая* [F]

## Pausenwerte [der]
*паузы* [F]

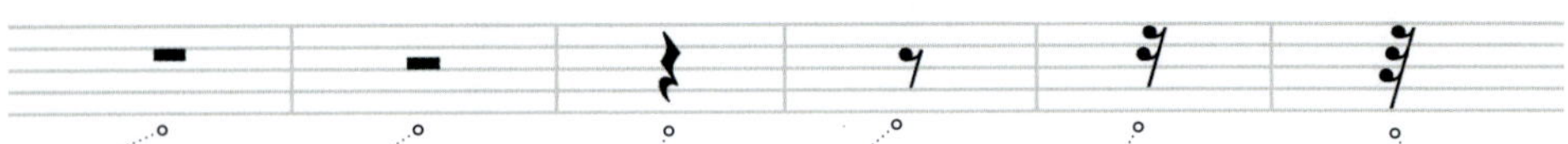

ganze Pause [die] – *целая* [F]
halbe Pause [die] – *половинная* [F]
Viertelpause [die] – *четвертная* [F]
Achtelpause [die] – *восьмая* [F]
Sechzentelpause [die] – *шестнадцатая* [F]
Zweiunddreißigstelpause [das] – *тридцатьвторая* [F]

## Taktart [die]
*размеры* [M] *такта* [M]

Vïerviertеltakt [der] – *четырёхдольный размер* [M]
Zweihalbetakt [der] – *двудольный размер* [M]
Dreivierteltakt [der] – *трёхдольный размер* [M]

## Ornamente [das]
*орнаментика* [F]

Triller [der] – *трель* [F]
Mordent [der] – *мордент* [M]
Gruppetto [das] – *группетто* [N]
langer Vorschlag [der] – *долгий форшлаг* [M]
kurzer Vorschlaf [der] – *короткий форшлаг* [M]

## Vorzeichen das
## *знаки алтерации M*

Kreuz das
*диез M*

Be das
*бемоль M*

Auflösung die
*бекар M*

Halbkreuz das
*дубль-диез M*

Doppelerniedrigung die
*дубль-бемоль M*

## Dynamik die
## *динамика F*

***p***
Piano das
*пиано N*

***pp***
Pianississimo das
*пианиссимо N*

***mp***
Mezzo piano das
*меццо-пиано N*

***f***
Forte die
*форте N*

***ff***
Fortissimo das
*фортиссимо N*

***mf***
Mezzo forte die
*меццо-форте N*

***sfz***
Sforzando das
*сфорцандо N*

<
Crescendo das
*крещендо N*

>
Diminuendo das
*диминуэндо N*

## Artikulation die
## *артикуляция F*

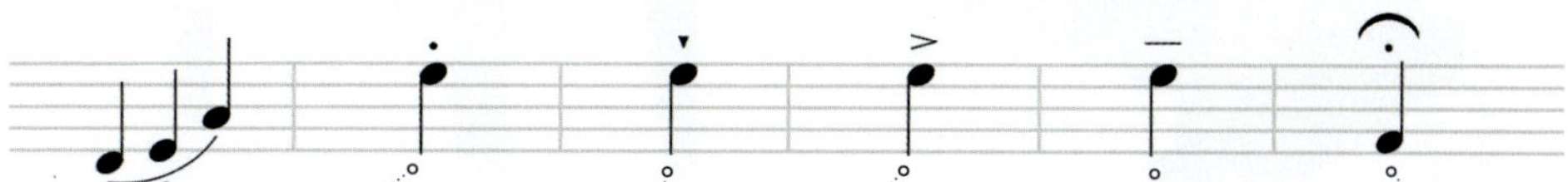

Legato das
*легато*

Stakkato das
*стаккато*

Stakkatissimo das
*стаккатиссимо*

Akzent der
*акцент M*

Tenuto das
*тенуто*

Fermate die
*фермата*

## Tonart die
## *ключевые знаки M*

Be-Vorzeichen das
*бемольные тональности F*

Kreuz-Vorzeichen das
*диезные тональности F*

## andere Zeichen das
## *другие знаки M*

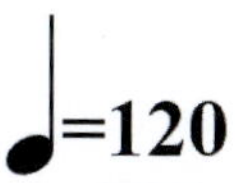


Metronomzeichen das
*темп M метронома M*

## Reprise die
## *реприза F*

Wiederholungen die
*реприза F*

Gleichniszeichen das
*повтор M*

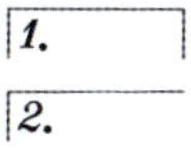


Volta die
*вольта F*

***D.C.***
vom Beginn der
*с начала N*

***D.S.***
vom Zeichen das
*со знака M*

Klavier das
*пианино N*

Cembalo das
*клавесин M*

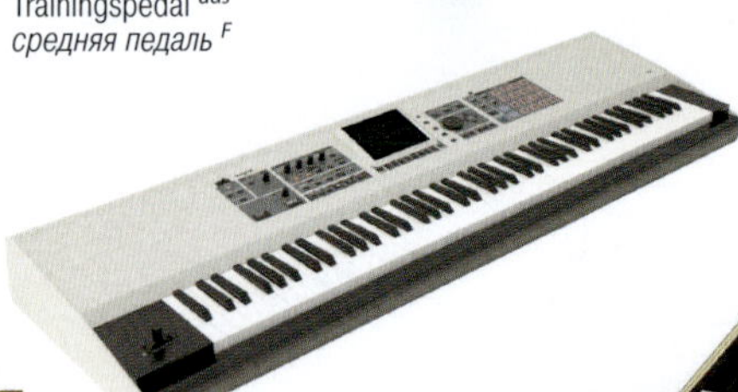

Synthesizer der
*синтезатор M*

Orgel die
*орган M*

Flügel der
*рояль M*

Schlagzeug *das*
*ударная установка F*

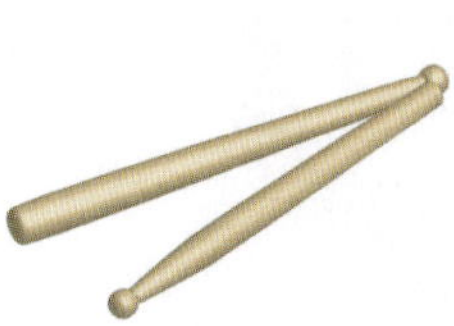

Trommelstöcke *der*
*барабанные палочки F*

Basstrommelhammer *der*
*колотушка F для большого барабана M*

Hämmer *der*
*колотушки F*

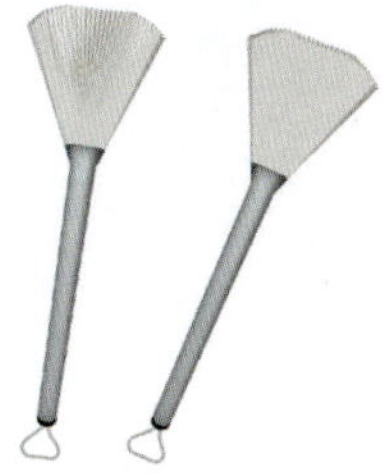

Drahtbürste *die*
*метёлка F*

## Blechblasinstrumente das
## *Медные духовые инструменты M*

### Posaune die
### *тромбон M*

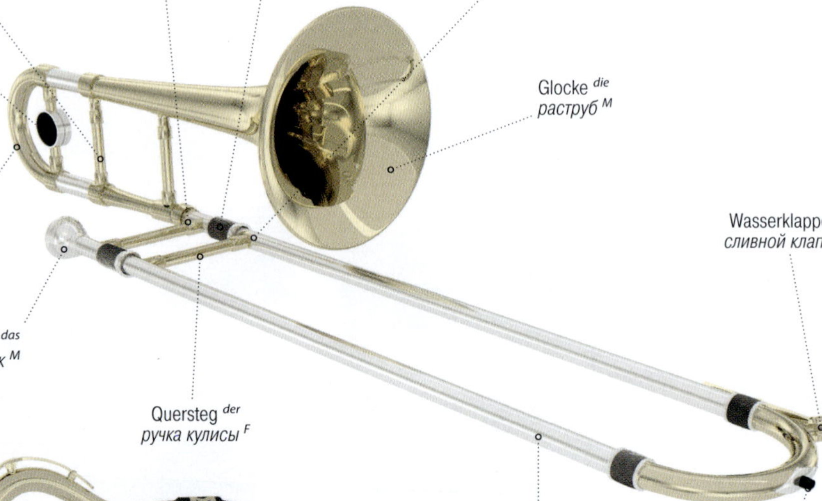


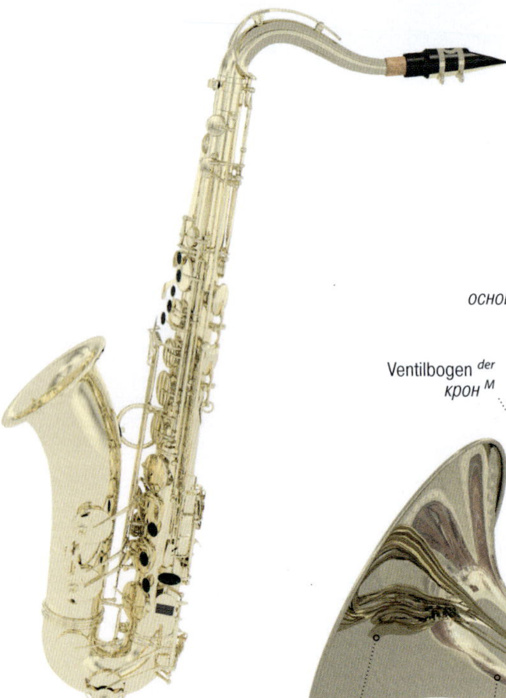

Saxophon das
*саксофон M*

### Waldhorn das
### *валторна*

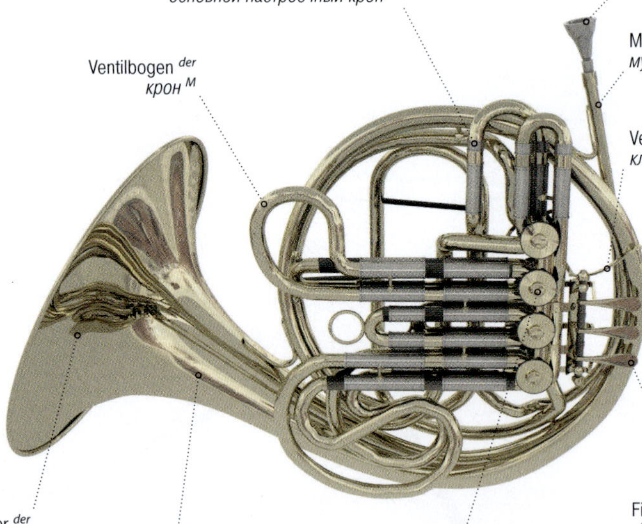

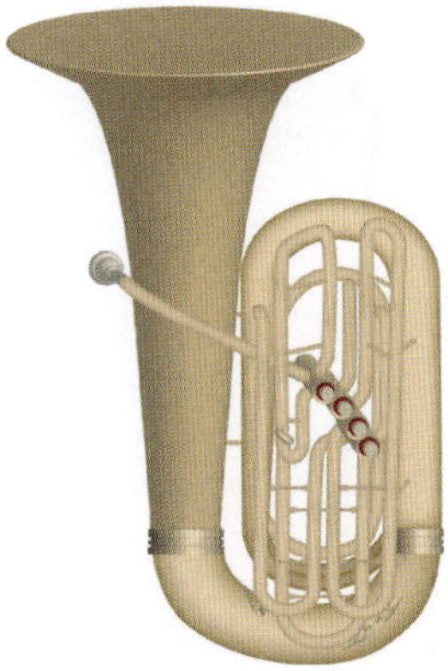

Tuba *die*
*туба F*

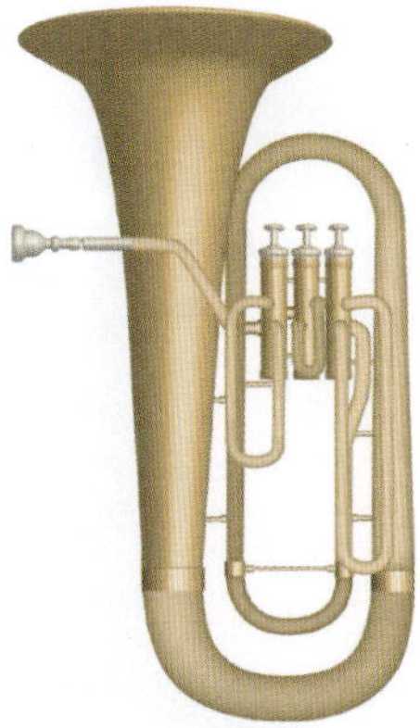

Saxhorn *das*
*саксгорн M*

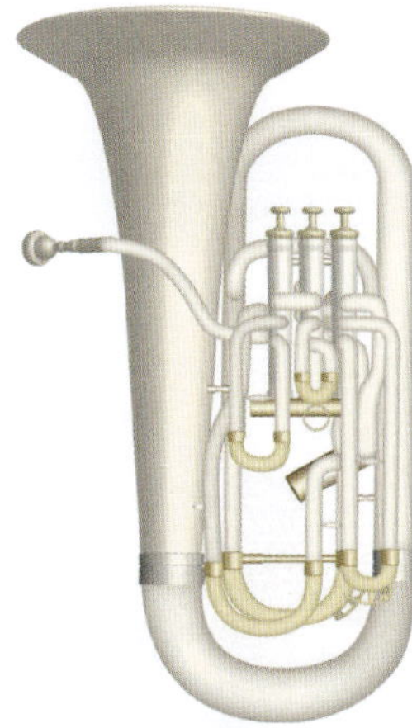

Euphonium *das*
*эфониум M*

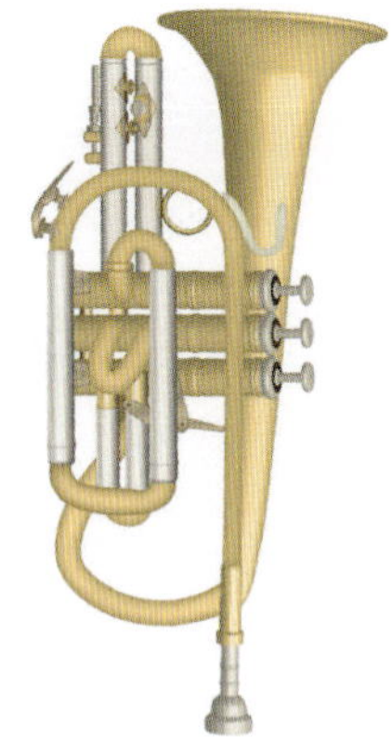

Kornett *das*
*корнет M*

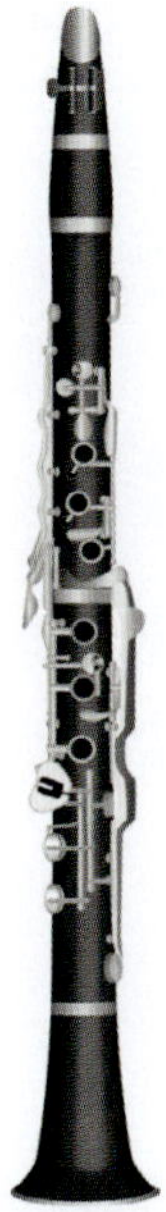

Klarinette *die*
*кларнет M*

Englischhorn *das*
*английский рожок M*

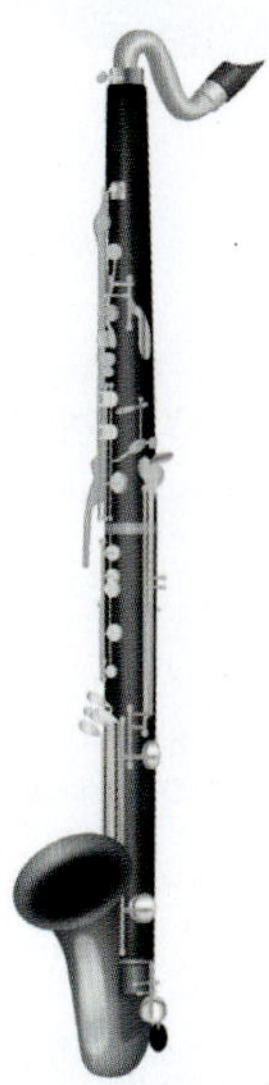

Bassklarinette *die*
*бас-кларнет M*

Fagott *das*
*фагот M*

Flöte *die*
*флейта F*

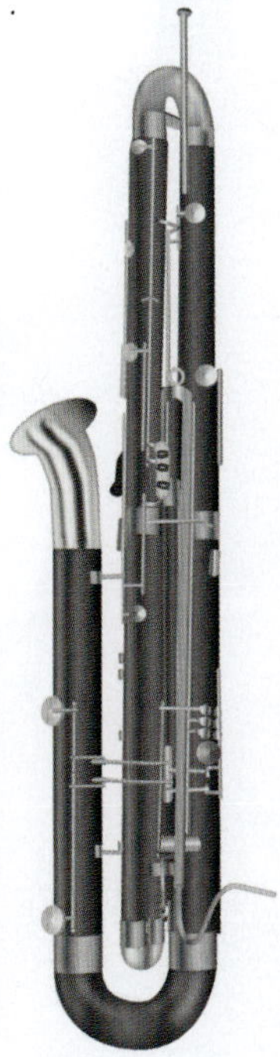

Kontrafagott *das*
*контрафагот M*

Oboe *die*
*гобой M*

Konzertflöte *die*
*концертная флейта F*

Piccolo *das*
*пикколо N*

Cello das
*виолончель F*

Violine die
*скрипка F*

Kontrabass das
*контрабас* M

Harfe die
*арфа* F

Viola die
*виола* F

E-Kontrabass der
*электрический контрабас* M

E-Geige die
*электроскрипка* F

Bassgitarre die
*бас-гитара F*

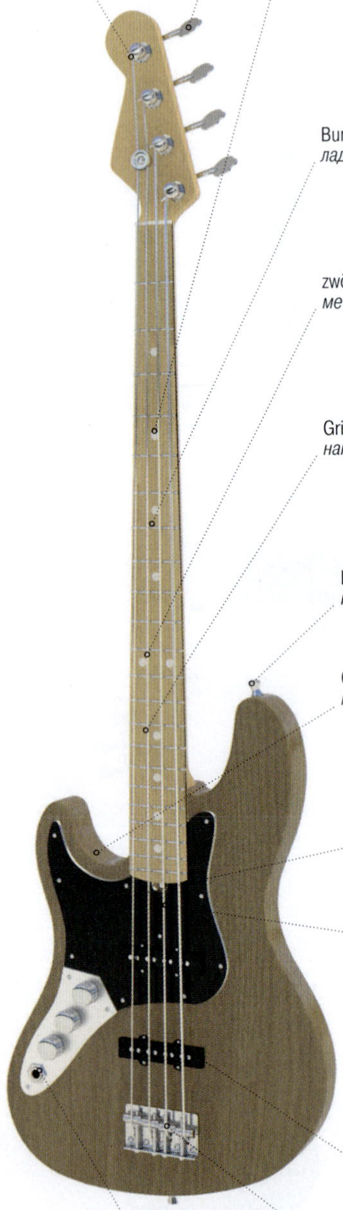


E-Gitarre die
*электрогитара F*

Halbresonanzgitarre die
*полуакустическая гитара F*

Akustikgitarre die
*акустическая гитара F*

Verstimmungspedal das
*дисторшн F*

Gitarrenverstärker der
*гитарный усилитель M*

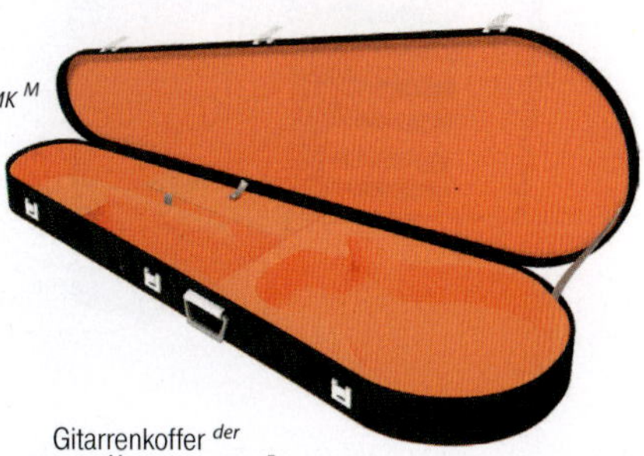

Gitarrenkoffer der
*футляр M для гитары F*

Konzertina *die*
*концертино* N

Harmonium *das*
*фисгармония* F

Harmonika *die*
*гармоника* F

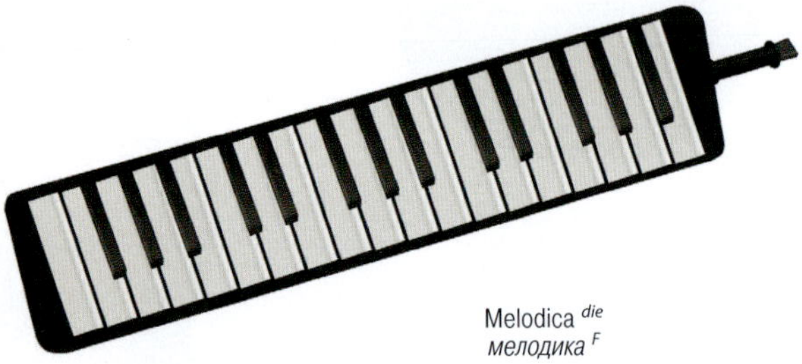

Melodica *die*
*мелодика* F

Akkordion *das*
*аккордеон* M

Bajan *das*
*баян* M

Staffelei die
*мольберт M*

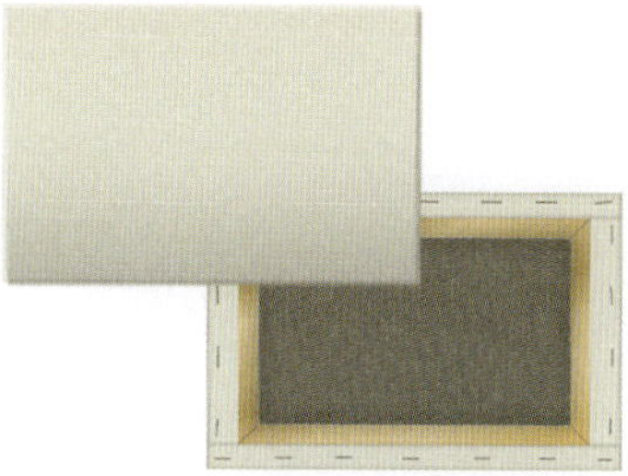

Leinwand die
*холст M*

Ölfarbe die
*масляная краска F*

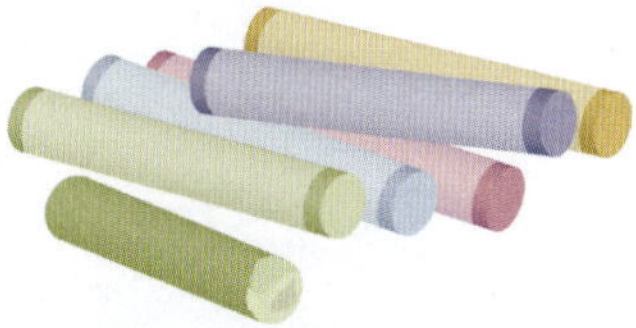

Weichpastell das
*мягкая пастель F*

Gouache die
*гуашь F*

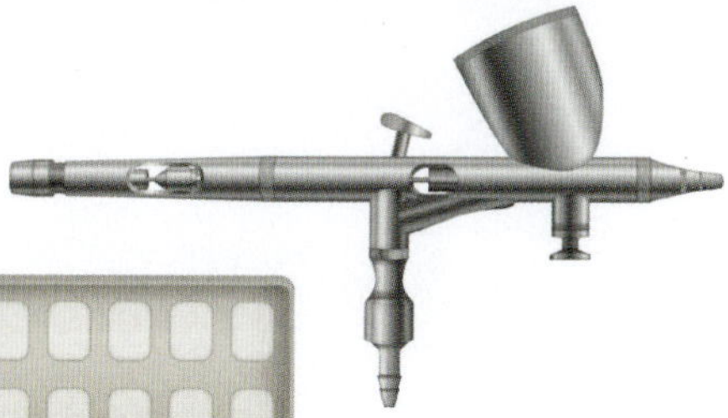

Airbrush die
*аэрография F*

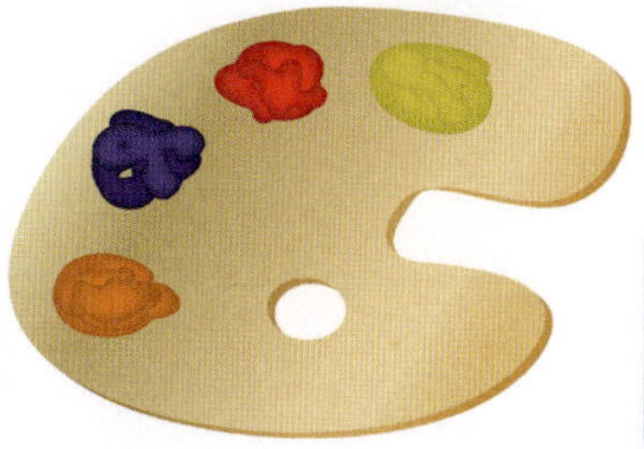

Palette die
*палитра F*

Wachsmalstift der
*восковый карандаш M*

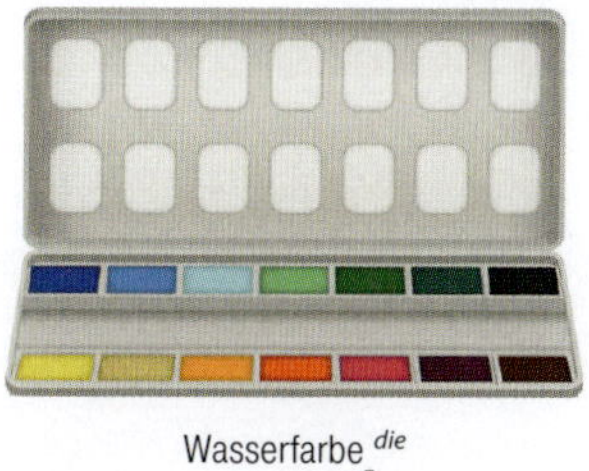

Wasserfarbe die
*акварель F*

## Stickerei *die*
## *Вышивка F*

### Plattstich *der*
### *вышивка F гладью F*

Leinen *die*
*льняное полотно N*

Nadel *die*
*игла F*

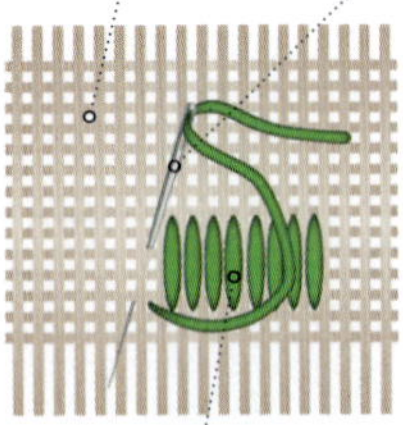

Garn *das*
*пряжа F*

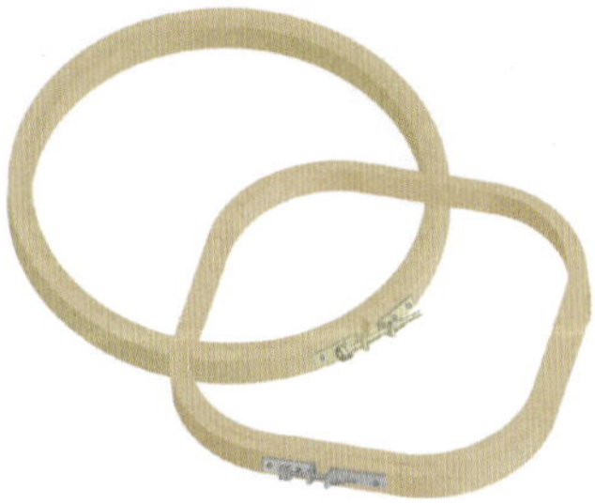

Reifen *der*
*обруч M*

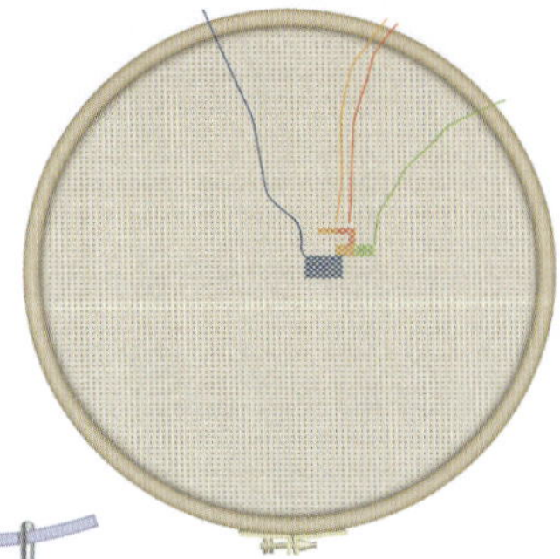

Stickerei *die*
*вышивка F*

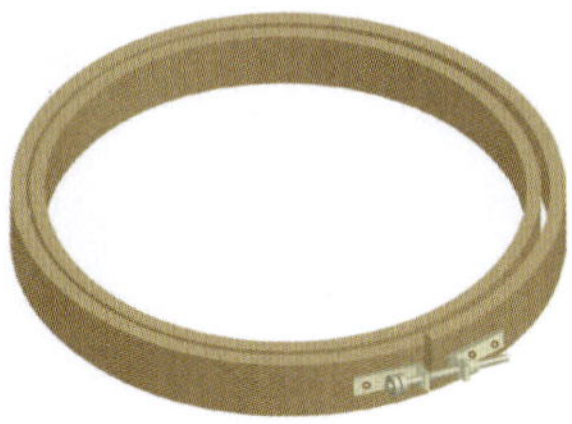

Rahmen *der*
*рамка F*

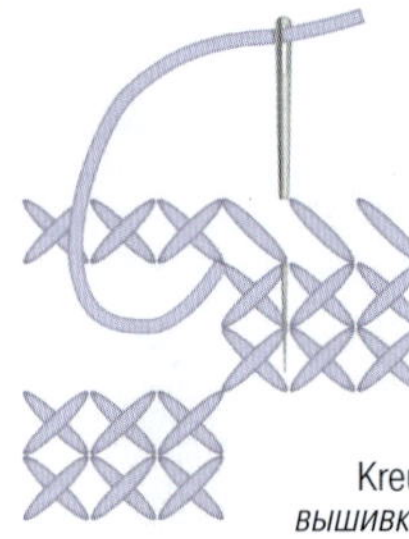

Kreuzstich *der*
*вышивка F крестом M*

## Stricken *das*
## *Вязание N*

Häkeln *das*
*вязание N крючком M*

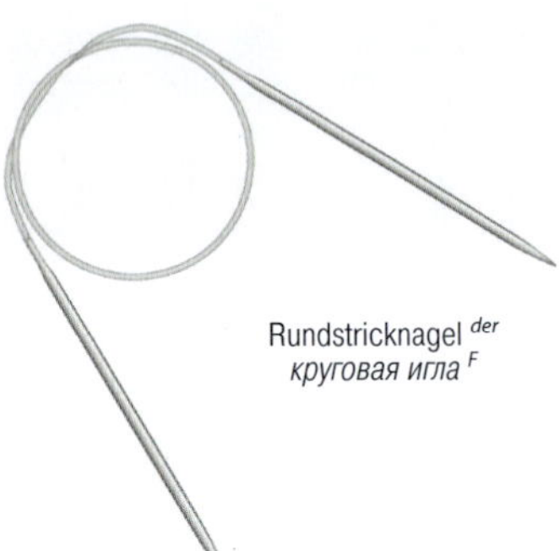

Rundstricknagel *der*
*круговая игла F*

Häkelnadel *die*
*крючок M*

Stricknadel *die*
*спица F*

Spitze *die*
*кружево N*

### Stricken *das*
### *вязание N*

Stich *der*
*стежка F*

Stricknadel *die*
*спицы F*

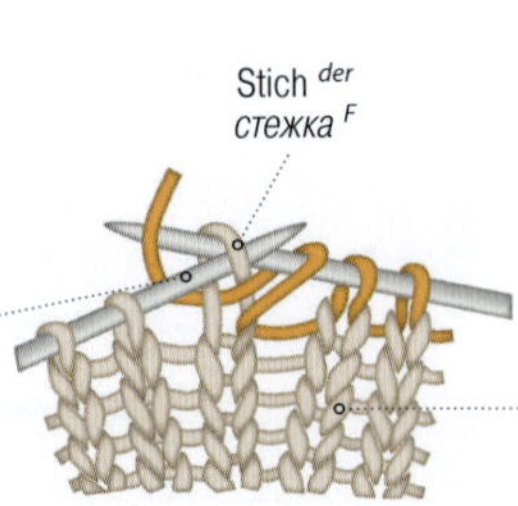

Wollgarn *das*
*шерстяная пряжь F*

Strickmaß *das*
*мера F*

## Nähen das
## *Шитье N*

Reißverschluss der
*молния F*

**Nähmaschine die**
***швейная машина F***

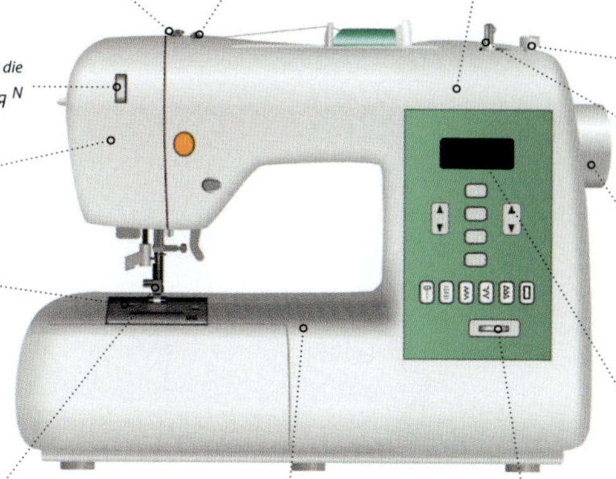


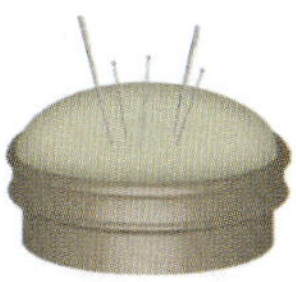

Nadelkissen das
*булавочная подушка F*

Nadeleinfädler der
*приспособление M*

Druckknopf der
*кнопка F*

Fingerhut der
*наперсток M*

Maßband das
*рулетка F*

Durchnähknöpfe der
*пуговицы F с отверстиями N*

Heftel das
*крючек M*

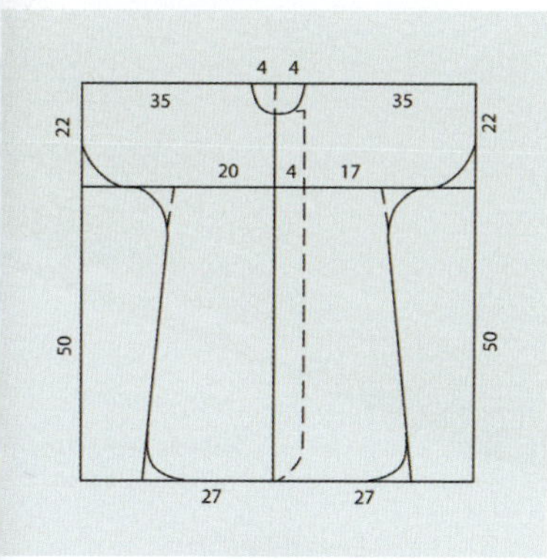


Muster das
*рисунок M*

Stoff der
*ткань F*

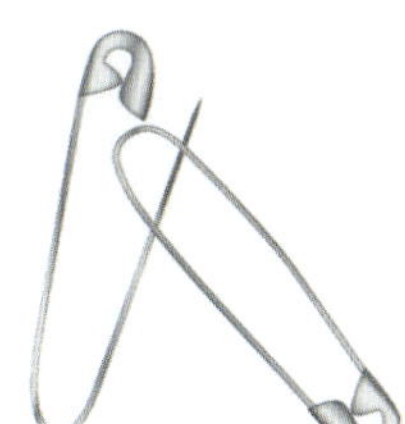

Sicherheitsnadel die
*булавка F*

Fußballfeld *das*
*Футбольное поле M*

Fußballspiel *das*
*футболный матч M*

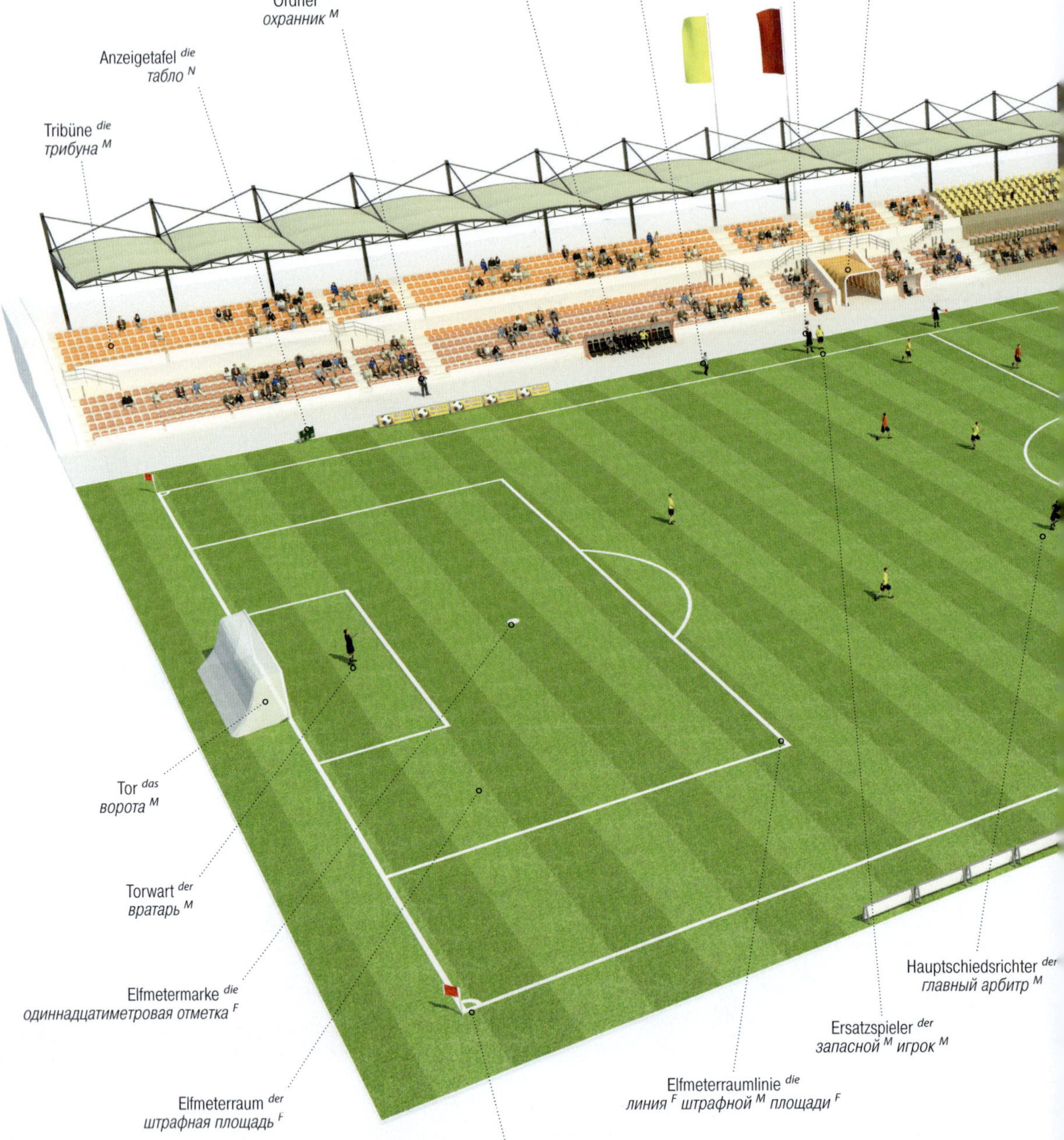

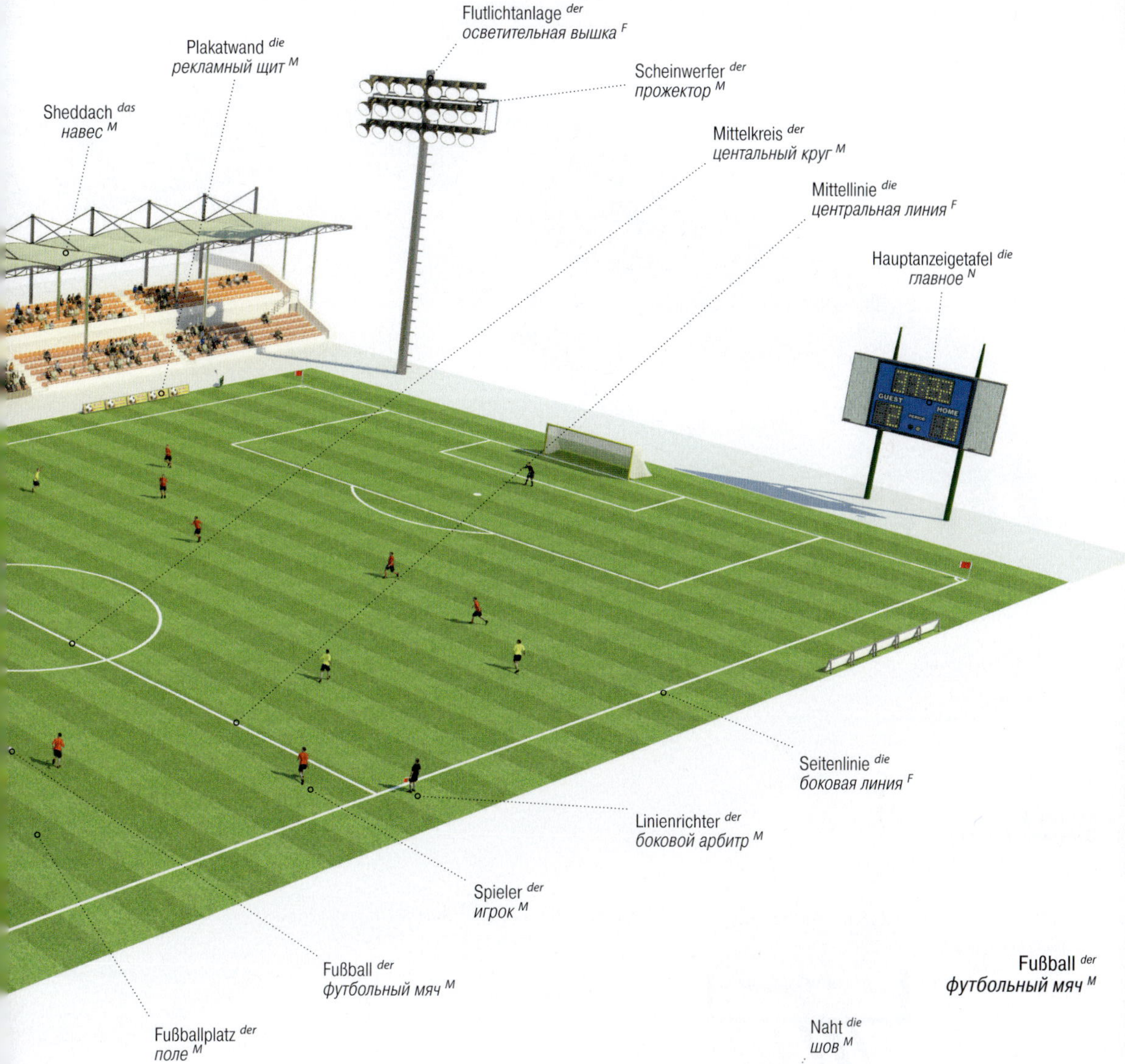


**Fußball** der
**футбольный мяч** M

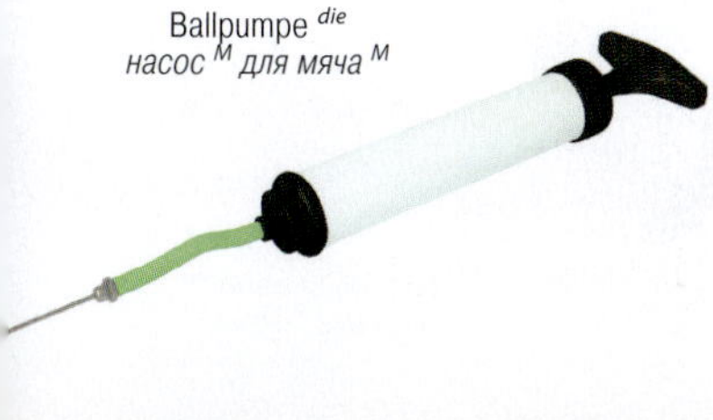

Basketballspiel *das*
*баскетбольный матч* *M*

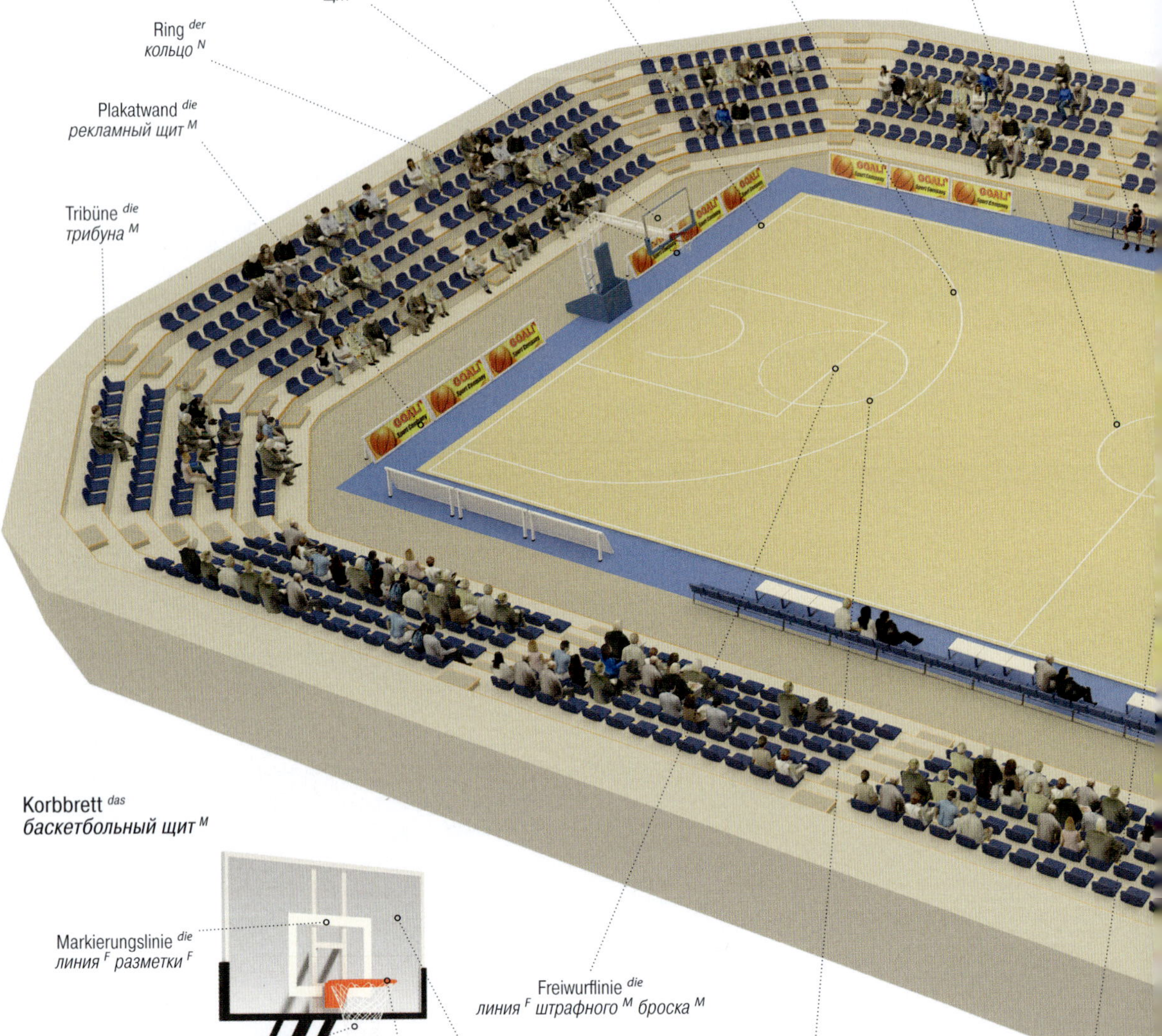


Korbbrett *das*
*баскетбольный щит* *M*

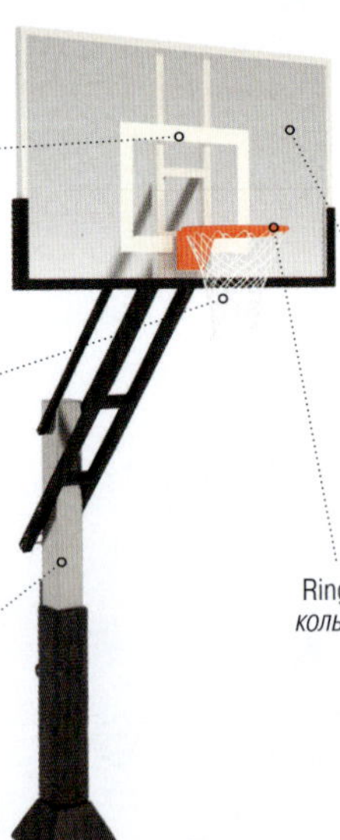

den Ball dribbeln *der*
*ведение* *N* *мяча* *M*

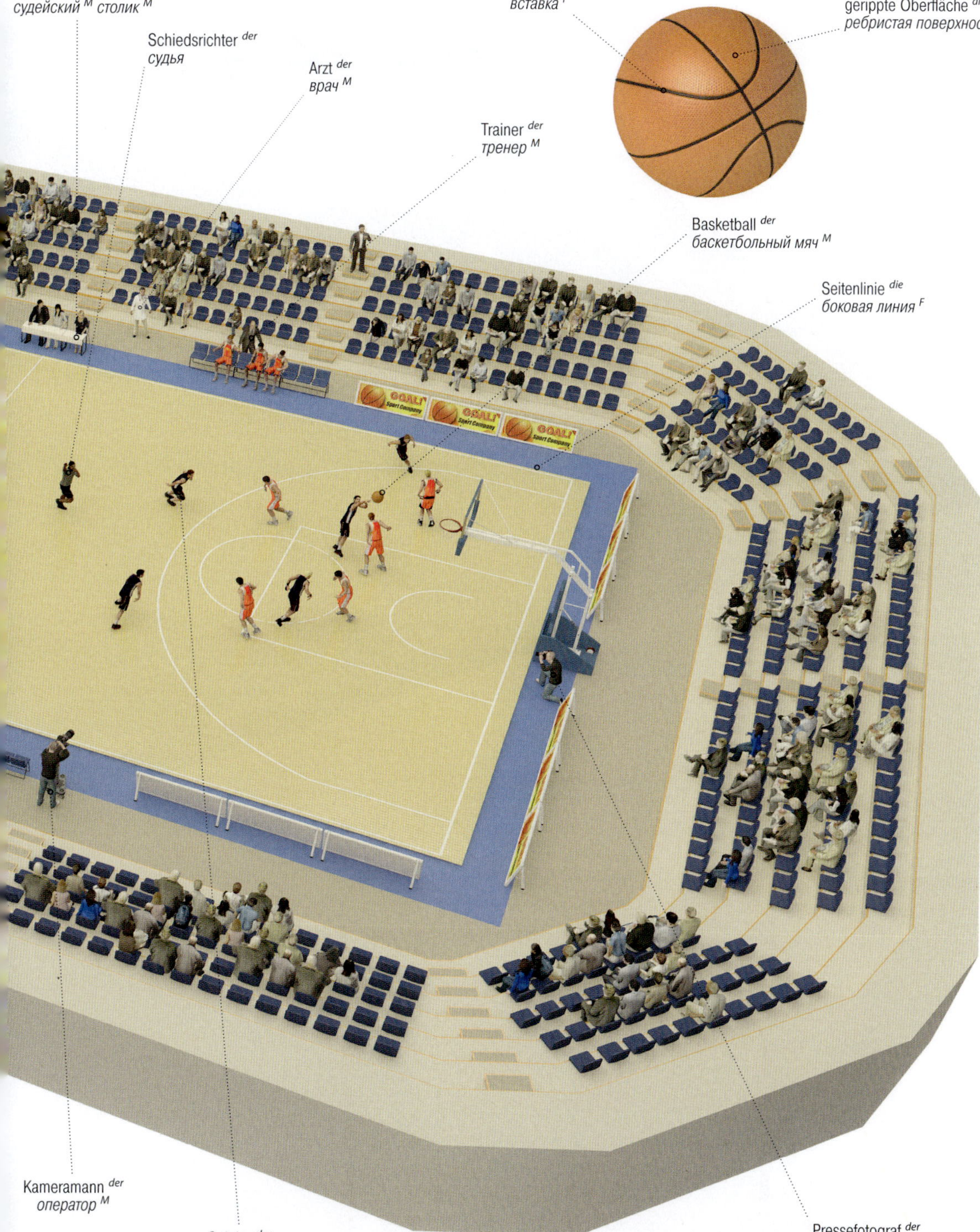

Basketball der
*баскетбольный мяч* M
Rippung die
*вставка* F
gerippte Oberfläche die
*ребристая поверхность* F
Schiedsrichtertisch der
*судейский* M *столик* M
Schiedsrichter der
*судья*
Arzt der
*врач* M
Trainer der
*тренер* M
Basketball der
*баскетбольный мяч* M
Seitenlinie die
*боковая линия* F
Kameramann der
*оператор* M
Spieler der
*игрок* M
Pressefotograf der
*фотокорреспондент* M

Handballspiel das
*матч M по гандболу M*

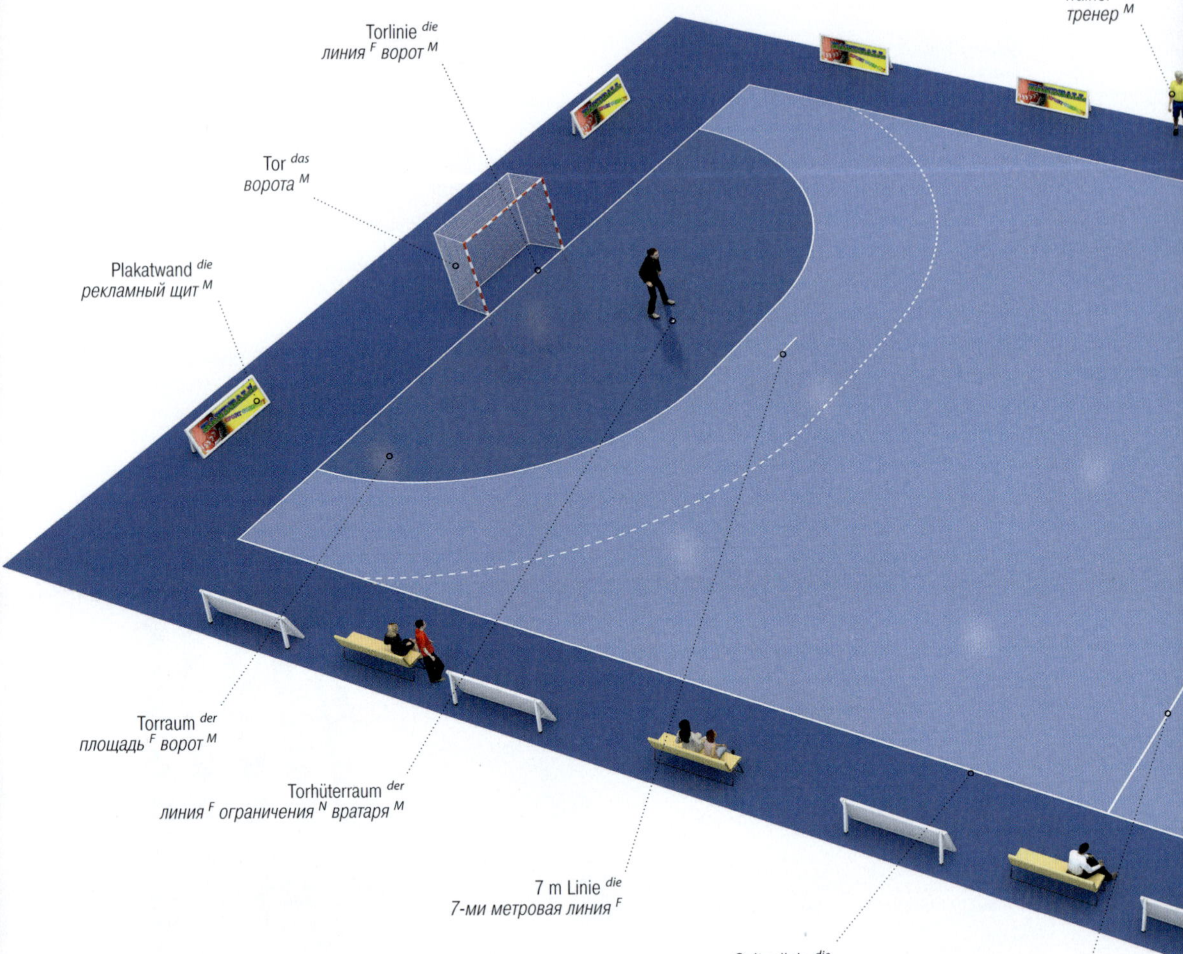


Handballtor das
*гандбольные ворота M*

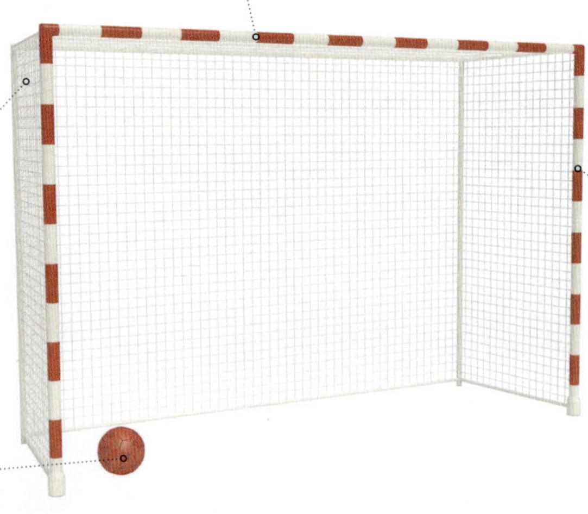

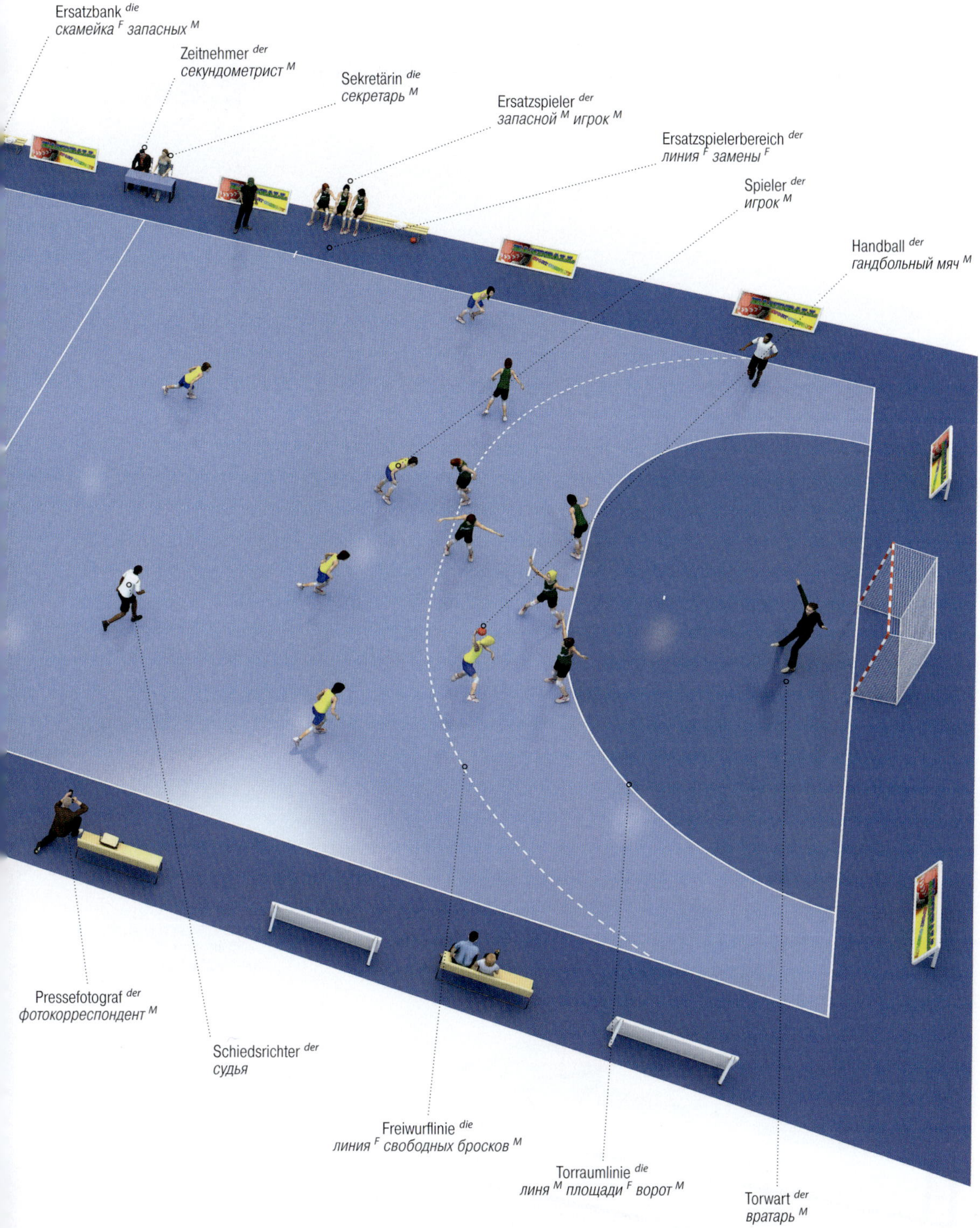
Ersatzbank *die*
*скамейка* F *запасных* M
Zeitnehmer *der*
*секундометрист* M
Sekretärin *die*
*секретарь* M
Ersatzspieler *der*
*запасной* M *игрок* M
Ersatzspielerbereich *der*
*линия* F *замены* F
Spieler *der*
*игрок* M
Handball *der*
*гандбольный мяч* M
Pressefotograf *der*
*фотокорреспондент* M
Schiedsrichter *der*
*судья*
Freiwurflinie *die*
*линия* F *свободных бросков* M
Torraumlinie *die*
*линя* M *площади* F *ворот* M
Torwart *der*
*вратарь* M

## Volleyballspiel das
## *волейбольный матч M*

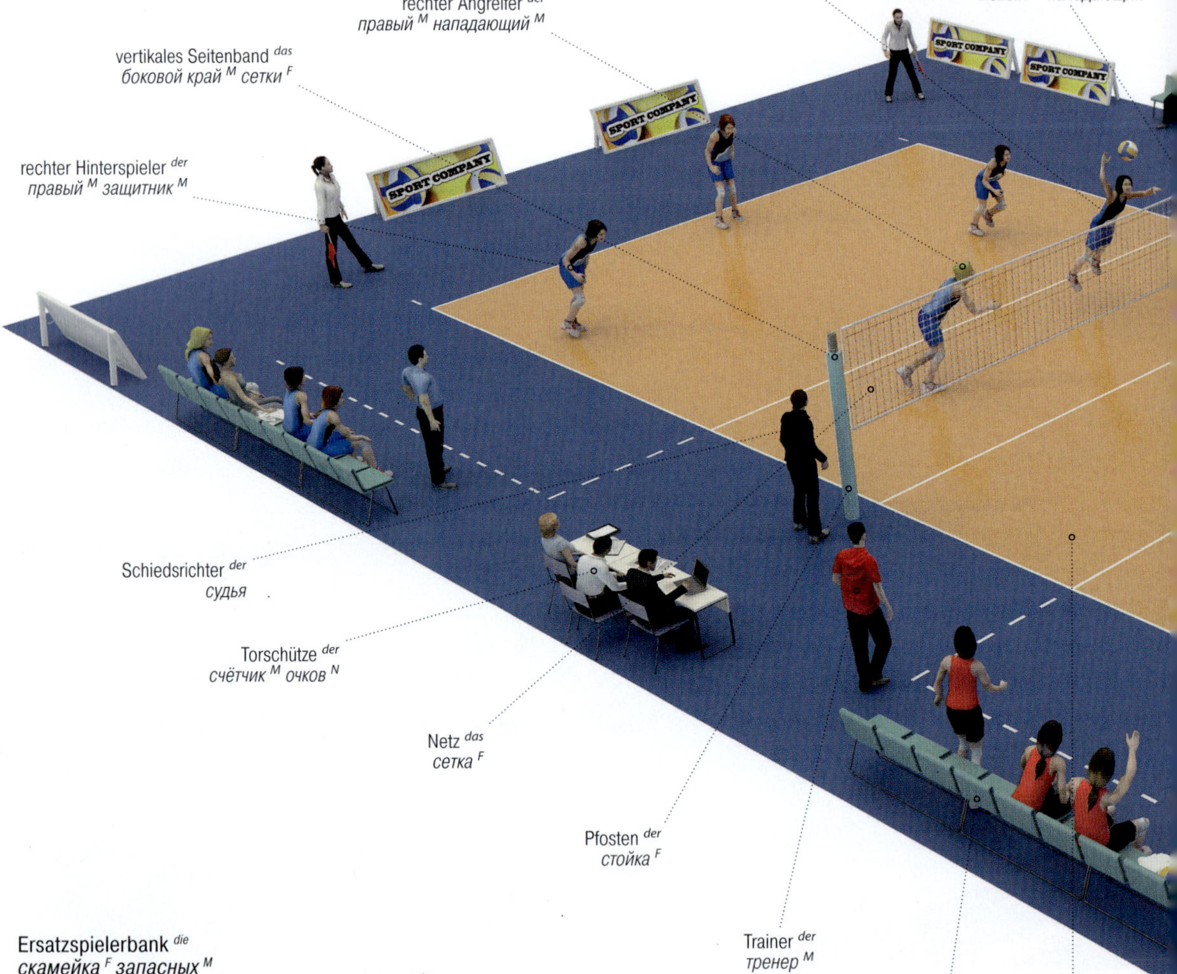


## Ersatzspielerbank die
## *скамейка F запасных M*

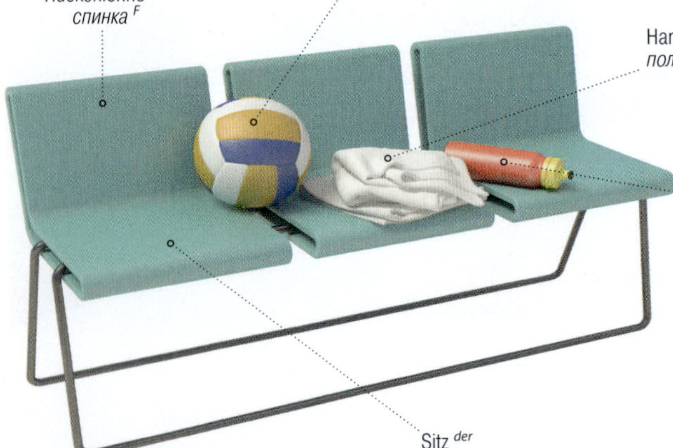

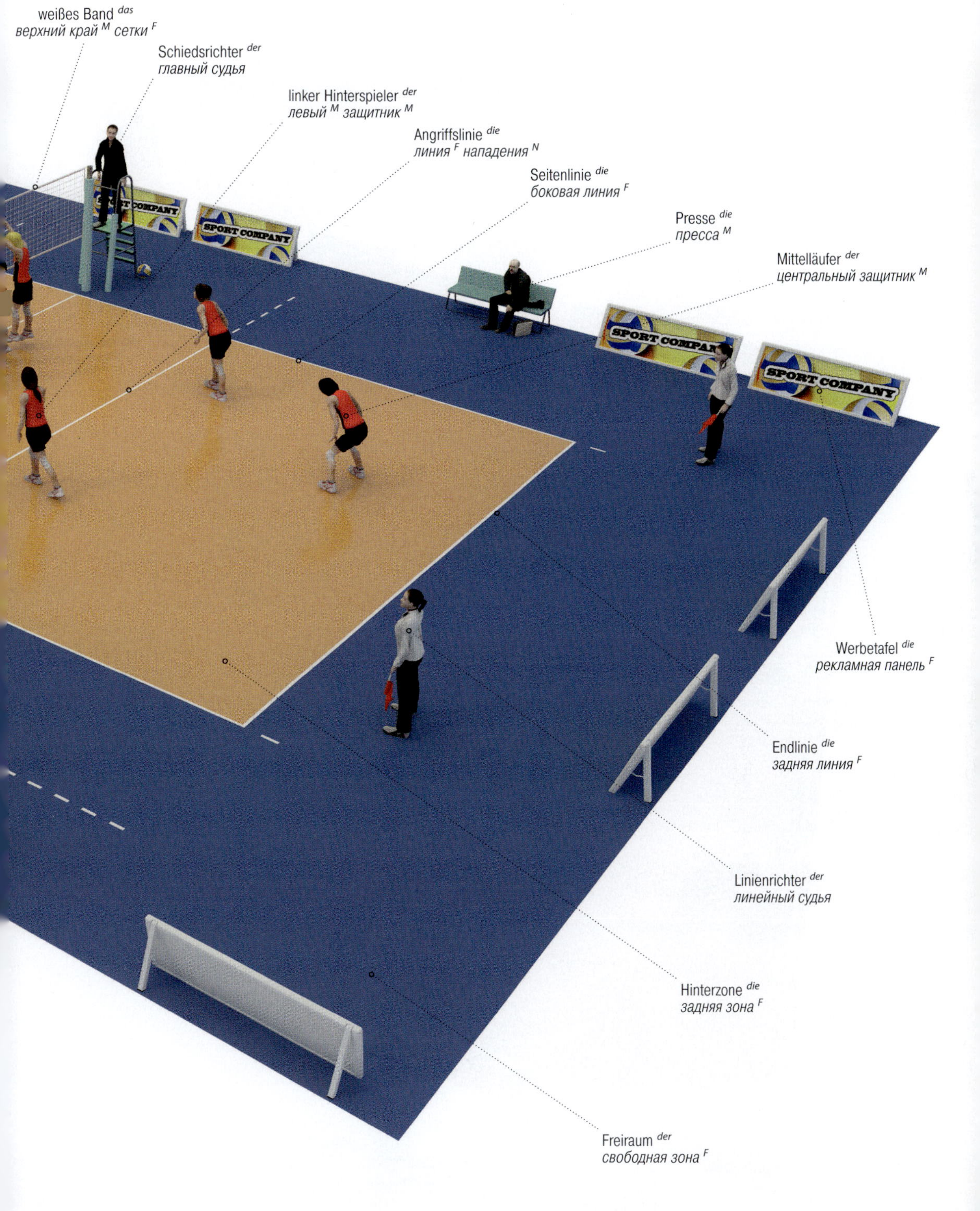
weißes Band das
верхний край M сетки F
Schiedsrichter der
главный судья
linker Hinterspieler der
левый M защитник M
Angriffslinie die
линия F нападения N
Seitenlinie die
боковая линия F
Presse die
пресса M
Mittelläufer der
центральный защитник M
SPORT COMPANY
Werbetafel die
рекламная панель F
Endlinie die
задняя линия F
Linienrichter der
линейный судья
Hinterzone die
задняя зона F
Freiraum der
свободная зона F

Badmintonplatz der
*корт M для игры F в бадминтон M*

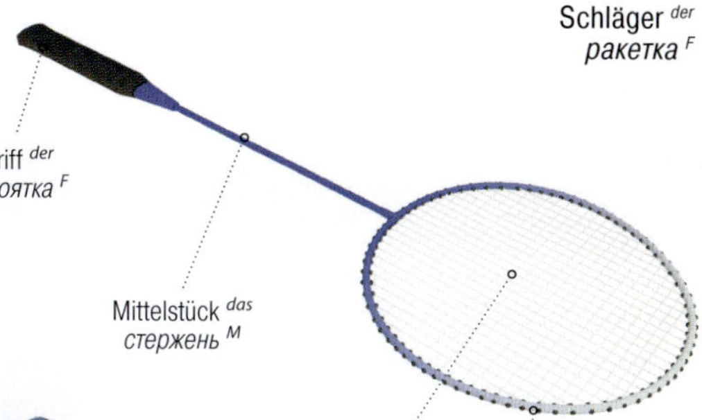
Schläger der
ракетка F
Griff der
рукоятка F
Mittelstück das
стержень M
Saite die
струна F
Rand der
обод M

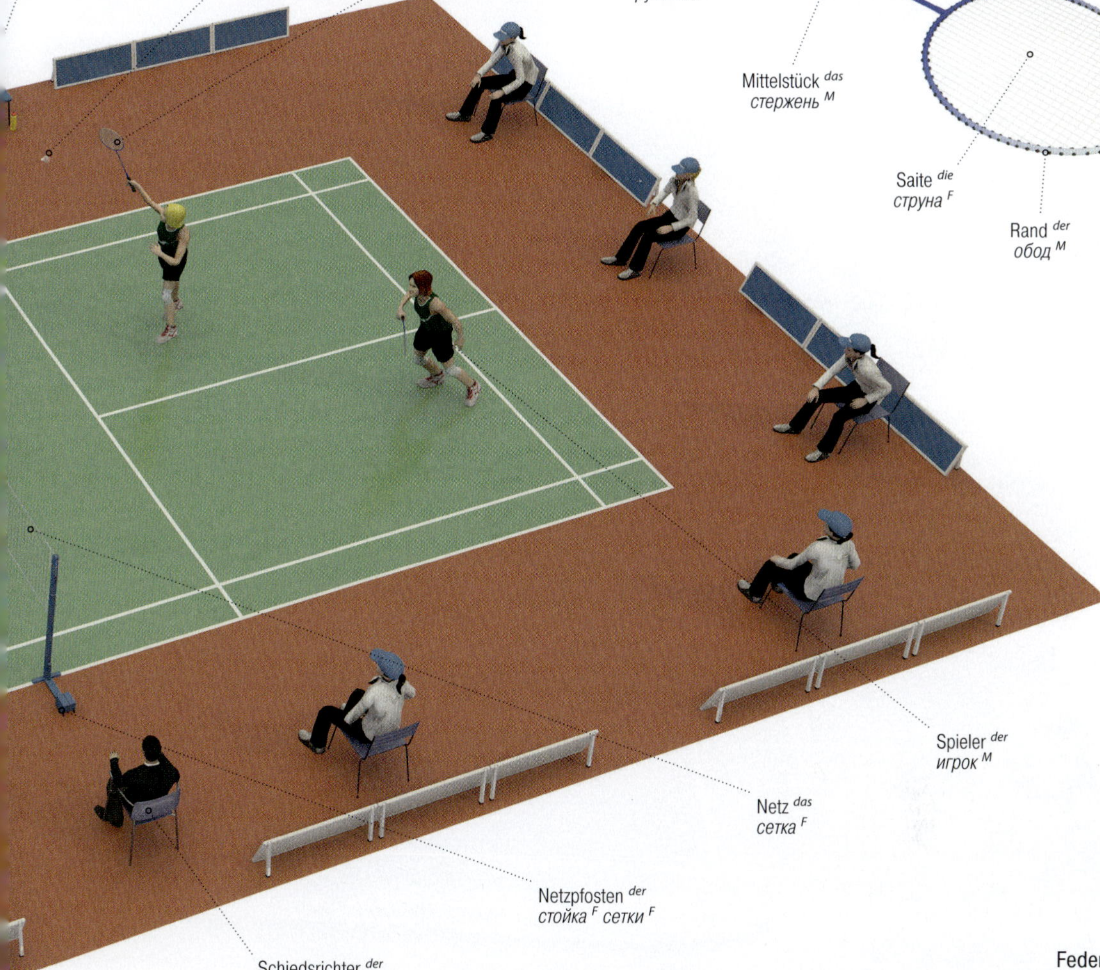
Bank die
скамейка F
Federball der
волан M
Schläger der
ракетка F
Spieler der
игрок M
Netz das
сетка F
Netzpfosten der
стойка F сетки F
Schiedsrichter der
судья

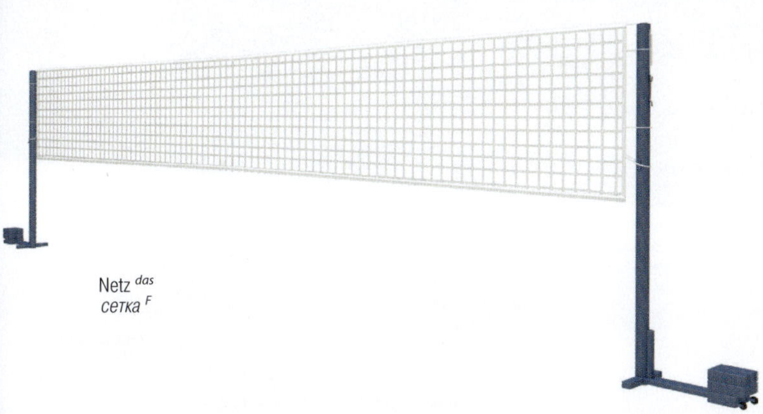
Netz das
сетка F

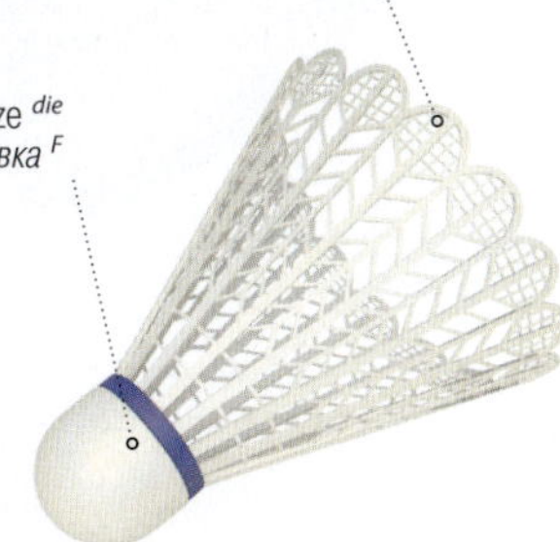
Federball der
волан M
Basis die
юбка F
Spitze die
головка F

Tennisplatz *der*
*тенисный корт* *M*

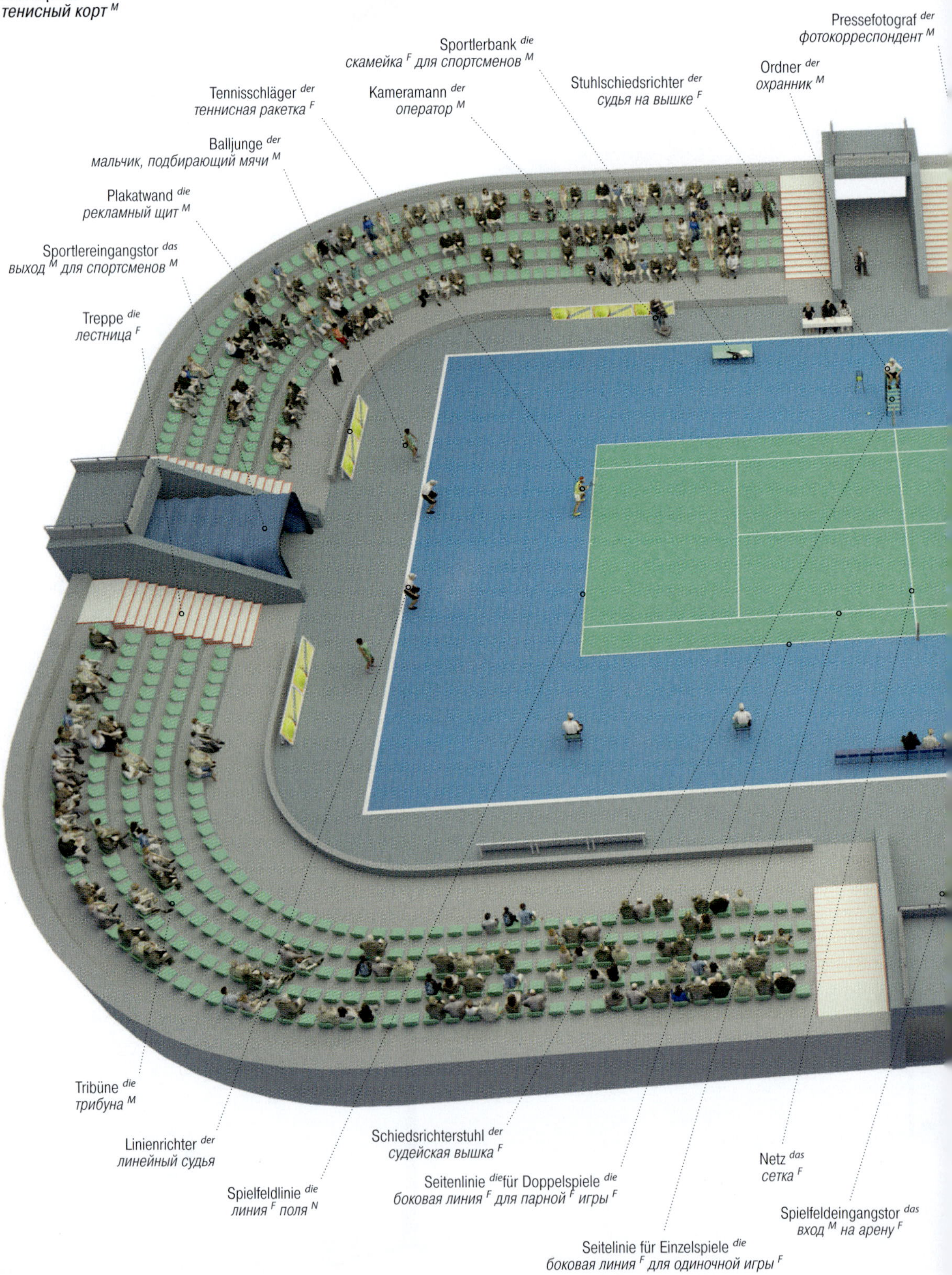

Schlägertasche die
чехол M для ракетки F
Mittellinie die
центральная линия F
Spielfeld das
корт M
Journalist der
журналист M
Aufschlaglinie die
линия F подачи F

Tennisspieler der
теннисистка F

Tennisball der
теннисный мяч M

Schläger der
ракетка F

Tischtennisturnier das
*турнир M*

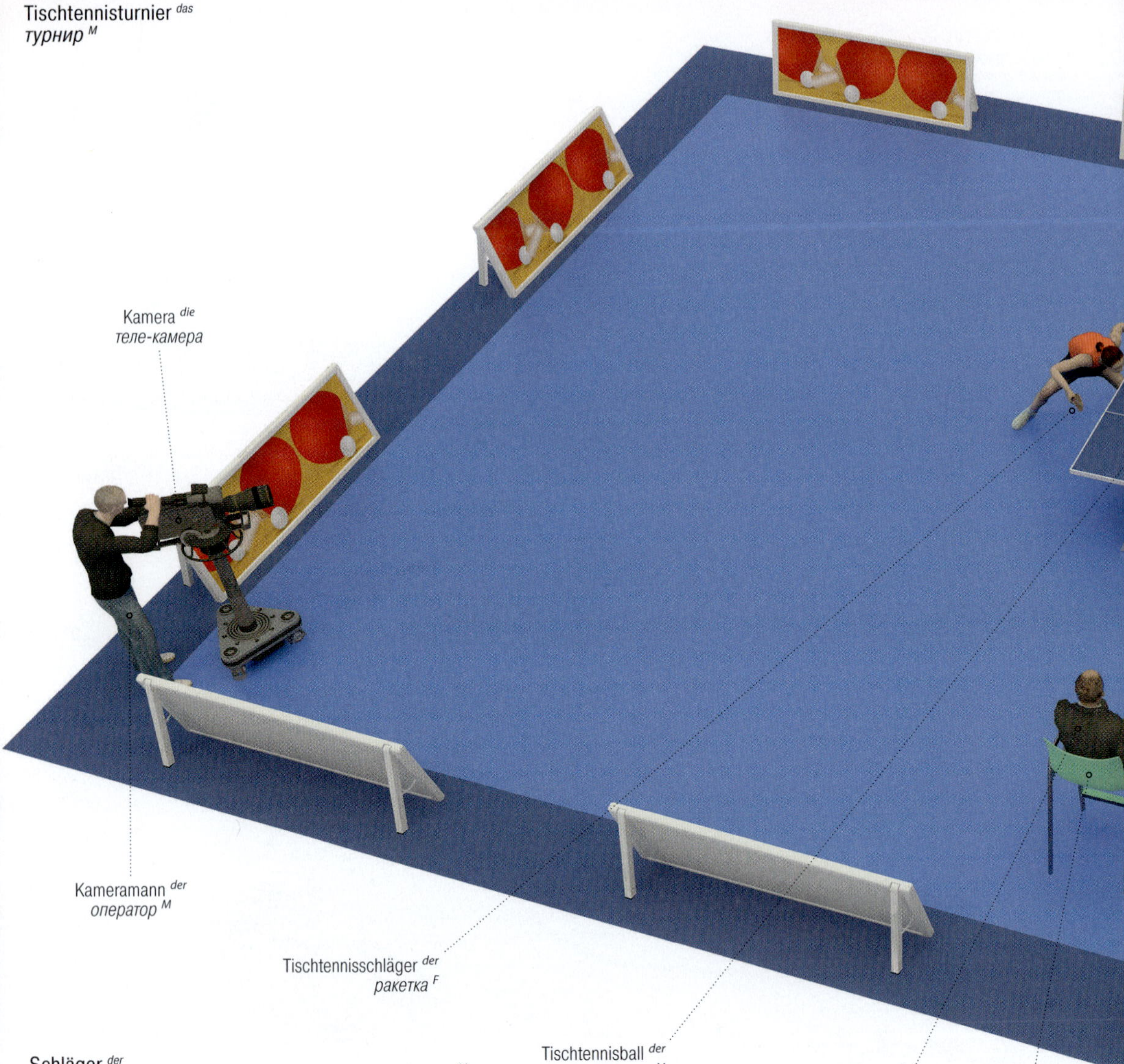


Schläger der
*ракетка F*

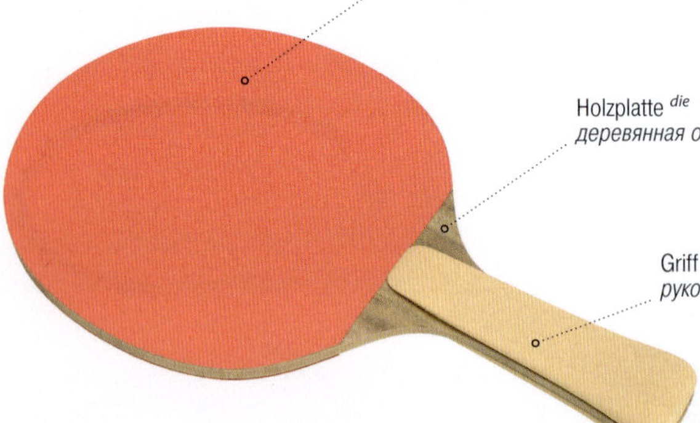

Hauptlinienrichter der
главный судья
Anzeigetafel die
табло N
Schiedsrichtertisch der
судейский M стол M
Plakatwand die
рекламный щит M
Spielfeld das
игровое поле M
Netz das
сетка F
Tischtennisplatte die
теннисный стол M
Spieler der
игрок M

Darstellung *die*
*внешинй вид* *M*

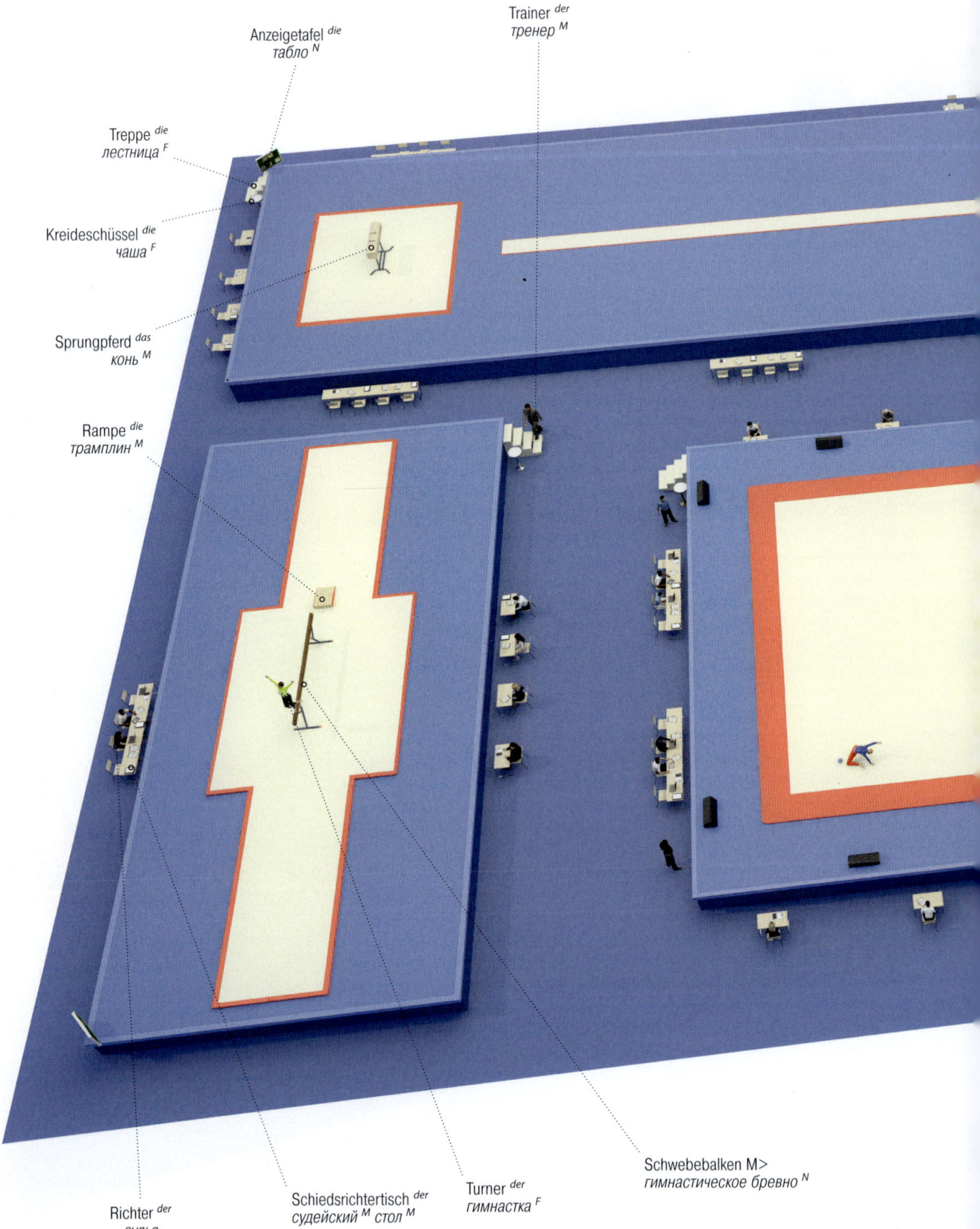

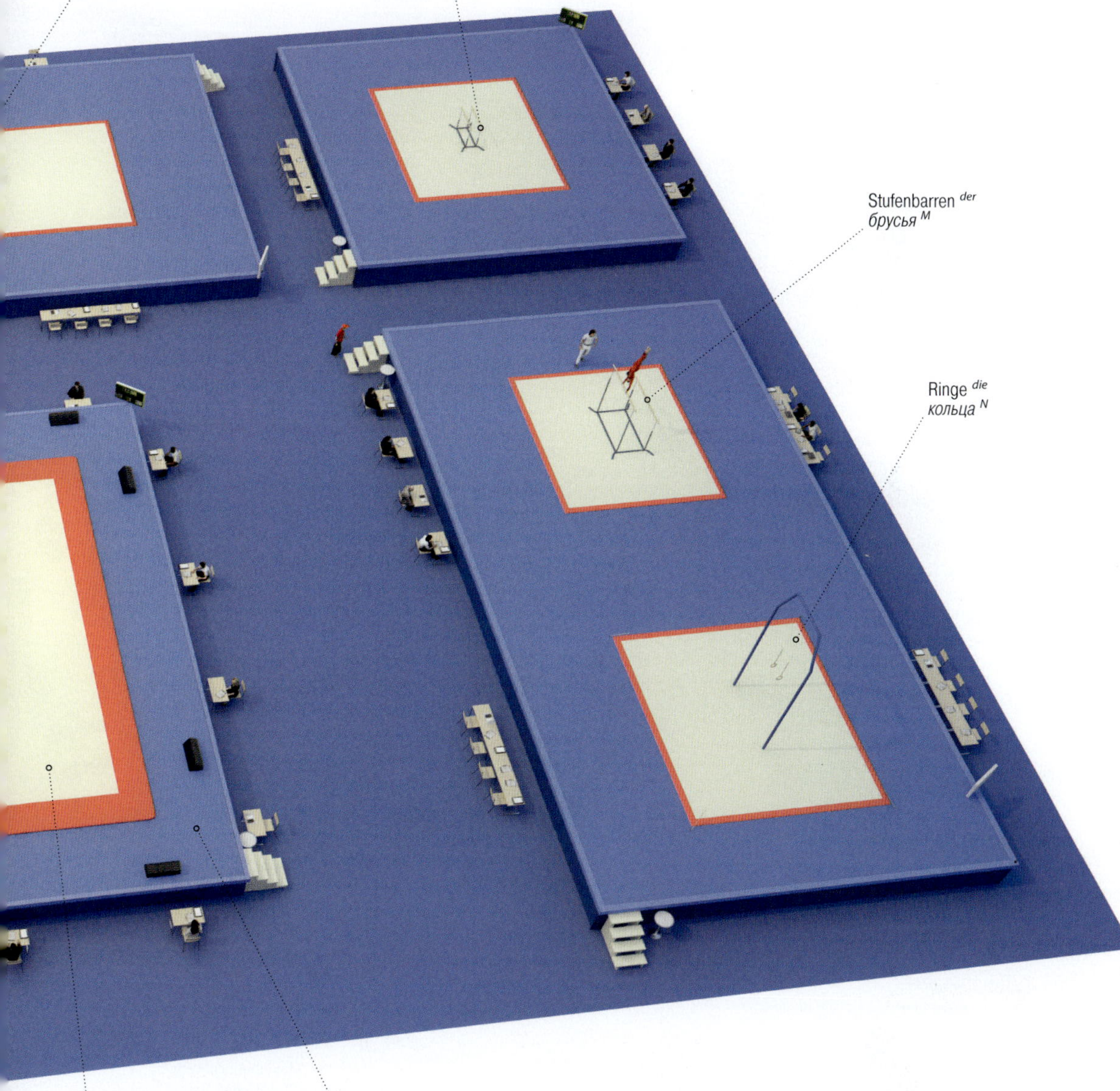
Bock der
козел M
Barren der
брусья M
Stufenbarren der
брусья M
Ringe die
кольца N
Podest das
помост M
Teppich der
ковер M

Turnerin die
гимнастка F

Kraftraum der
*тренажерный зал M*

Fitnesstation *die*
*фитнесс-станция*
Kleiderspind *der*
*ящик* *M* *для одежды* *F*
2 Block-Multistation *die*
*2-х блочная мультистанция*
Eingang *der*
*входная дверь* *F*
Oberschenkelmuskulaturtrainer *der*
*тренажер* *M* *для мышц* *F* *бедер* *N*
Verkaufsstand *der*
*стойка* *F*
Tisch mit Stühlen *der*
*стол* *M*
Getränkeautomat *der*
*торговый аппарат* *M*
Handbuch *das*
*инструкция* *F* *по использованию* *N*
Crosstrainer *der*
*кроссовер* *M*
Desinfektionsmittel *das*
*дезинфецирющее средство* *N*
Desinfektionsmittelständer *der*
*стойка* *F* *для дезинфецирующих средств* *N*
Papiertuch *das*
*бумажное полотенце* *N*
Papierkorb *der*
*мусорная корзина* *F*
Brustmuskeltrainer *der*
*тренажер* *M* *для мышц* *F* *груди* *F*
kurze Langhantel *die*
*короткая штанга* *F*
Beinmuskeltrainer *der*
*тренажер* *M* *для мышц* *F* *ног* *F*

Wettkampfbecken das
*бассейн M для соревнований N*

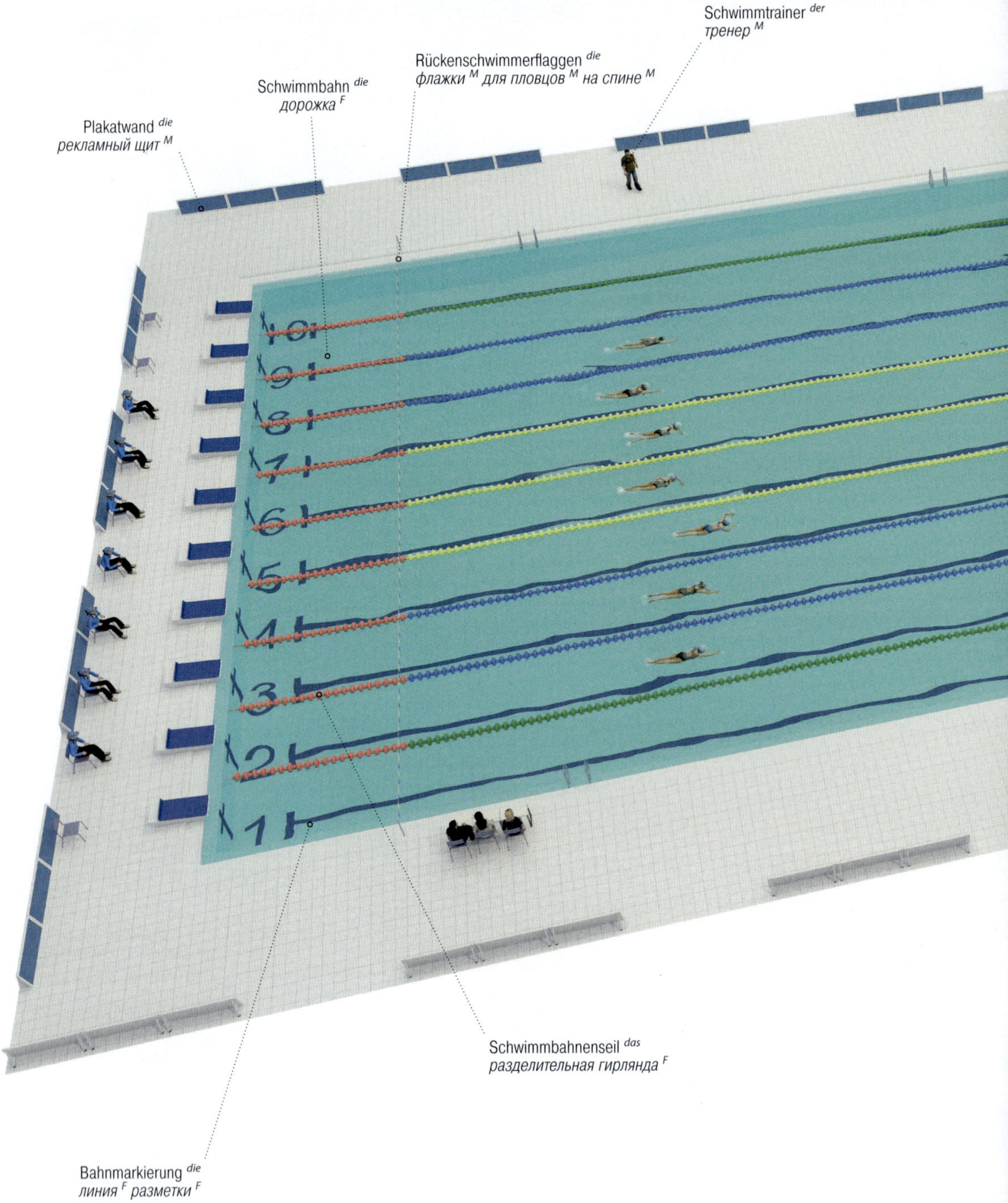

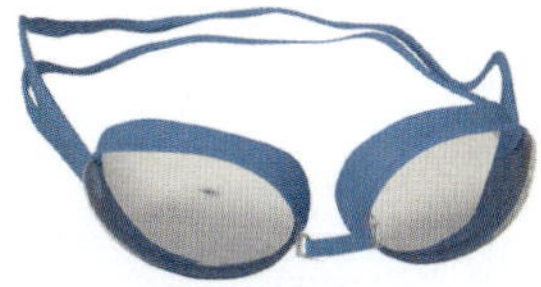

Schwimmbrille *die*
*очки N пловца M*

Badekappe *die*
*шапка F пловца M*

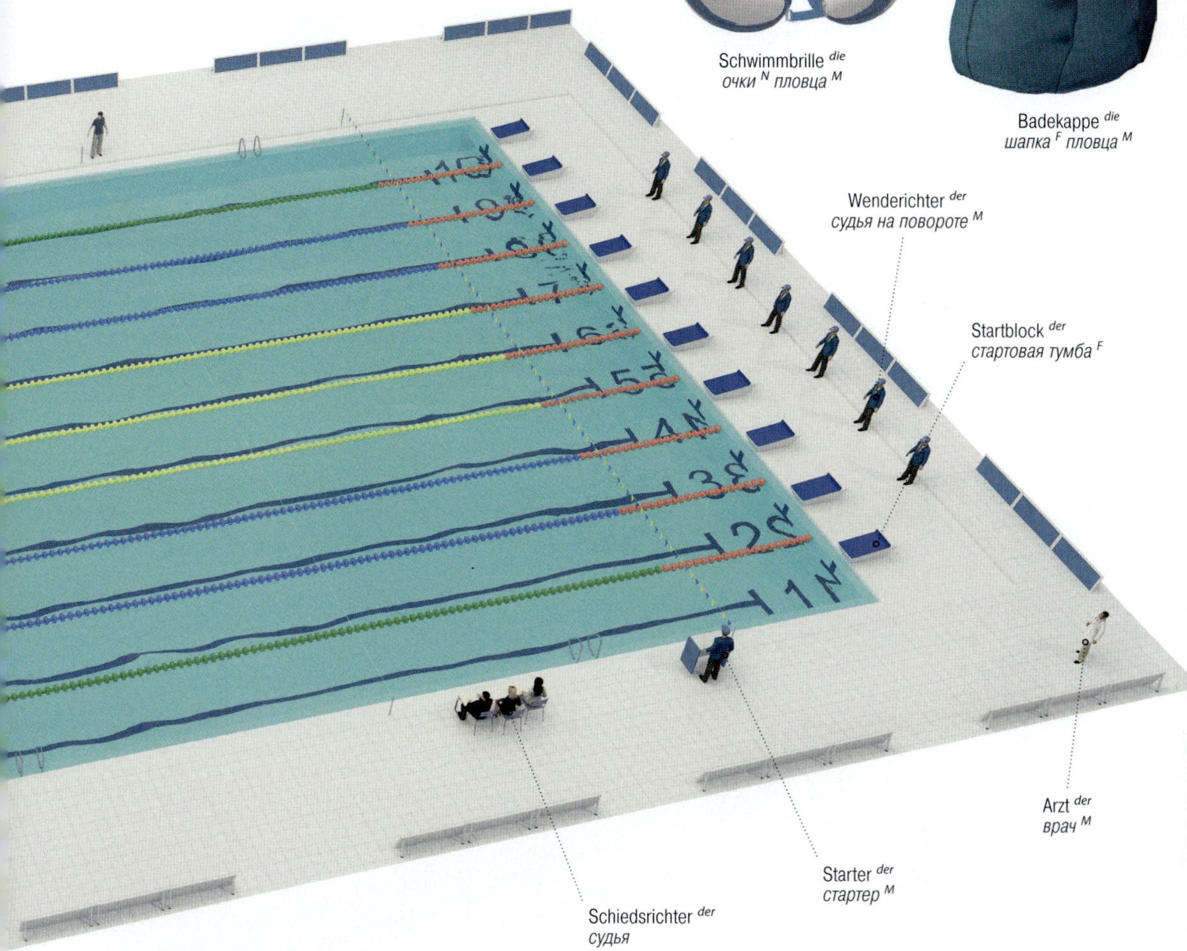


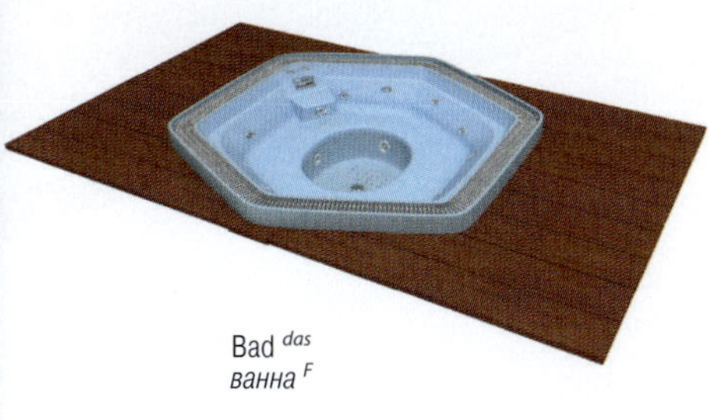

Bad *das*
*ванна F*

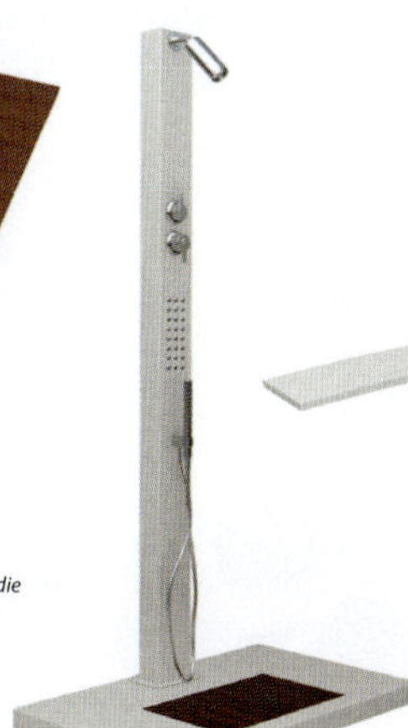

Dusche *die*
*душ M*

Sprungbrett *das*
*трамплин M*

Eisfläche die
*каток M*

Seitenwand die
*борт M*

Torwart der
*вратарь M*

Trainer der
*тренер M*

Ersatzspieler der
*запасной M игрок M*

Linie die
*площадь F ворот M*

Tor das
*ворота M*

Glasbarriere die
*стеклянное ограждение N*

Torlinie die
*линия F ворот M*

Bullypunkt der
*точка F*

blaue Linie die
*синяя линия F*

zentraler Bullypunkt der
*центральная точка F*

angreifender Spieler der
*штрафованный игрок M*

Torhüter-Schutzpolster das
*щитки M вратаря M*

Schlittschuhe der
*коньки M*

Puck der
*шайба F*

Schutzhelm der
шлем M
Hockeyschläger der
клюшка F
rote Linie die
красная линия F
Schiedsrichter der
судья
Linienrichter der
линейный судья
oberster Kampfrichter der
главный судья
Spieler der
игрок M
Strafraum der
скамейка F
Eis das
лед M
Kamera die
телекамера F
Kameramann der
оператор M

Skibrille die
*лыжные очки* N

Ski der
*лыжи* F

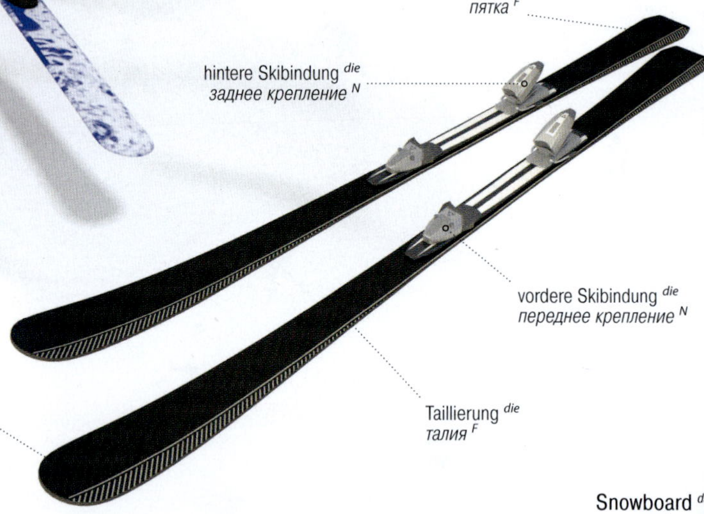


Skischuhe der
*лыжные ботинки* M

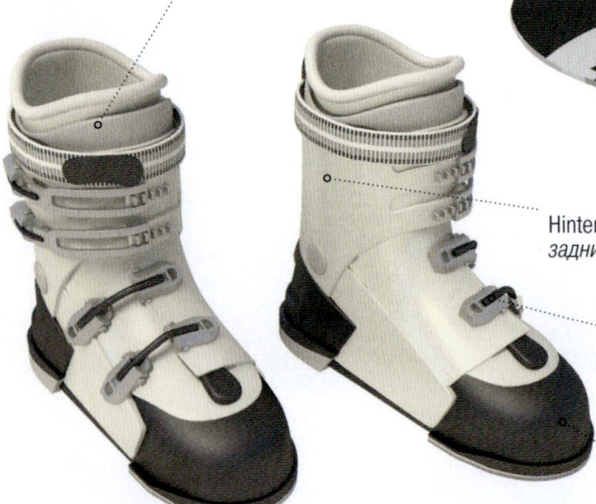


Snowboard das
*сноуборд* M

Boxring der
*боксёрский ринг M*

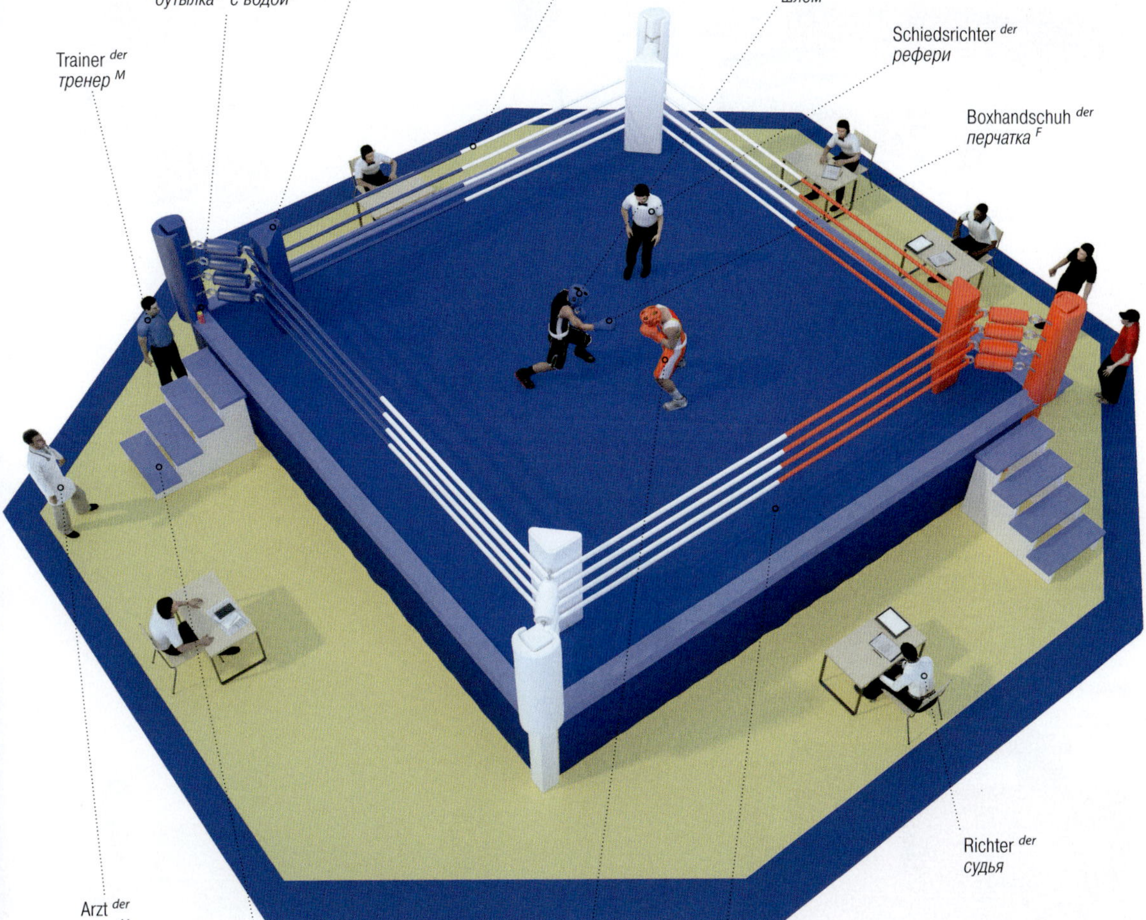


Boxhandschuhe der
*боксерские перчатки F*

Fußboden-Sandsack der
*груша F*

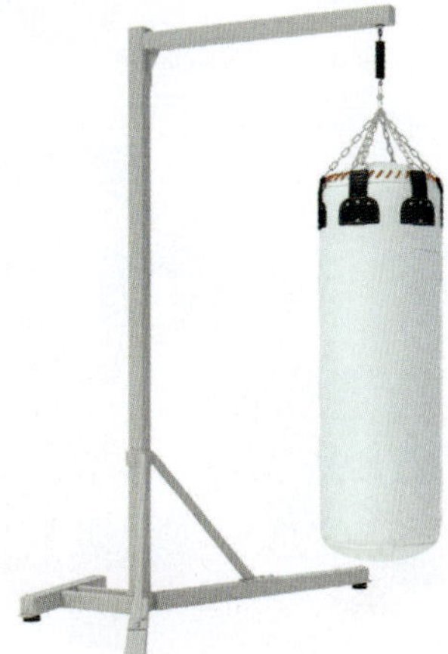

Mehzweck-Sandsack der
*груша F*

Lernplüschwürfel der
развивающие кубики M

Mobile das
мобиль для детской F кроватки F

Plüschtier das
плюшевая игрушка F

Plüschwürfel der
детский кубик M

Spielzeugzug der
деревянный паровоз M

Lernspielzeug das
развивающая игрушка F

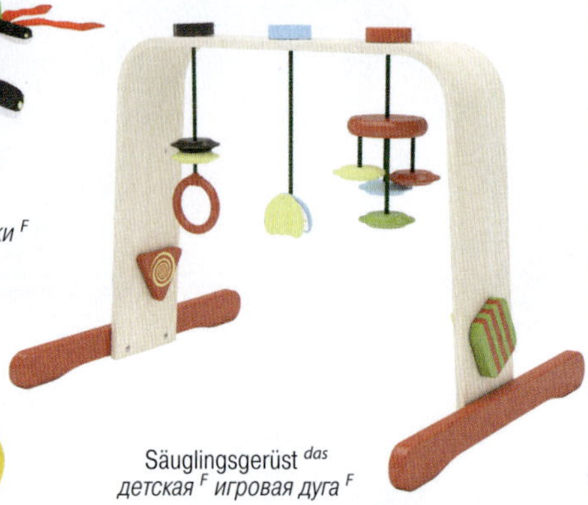

Säuglingsgerüst das
детская F игровая дуга F

Plastikfeuerwehrauto das
деревянная машинка F

Zugset das
деревянная железная дорога F

Bauklötze der
строительные кубики M

Puppenhaus das
дом M

Schaukelset [das]
*качели*

Klettergerüst [das]
*стенка* [F]

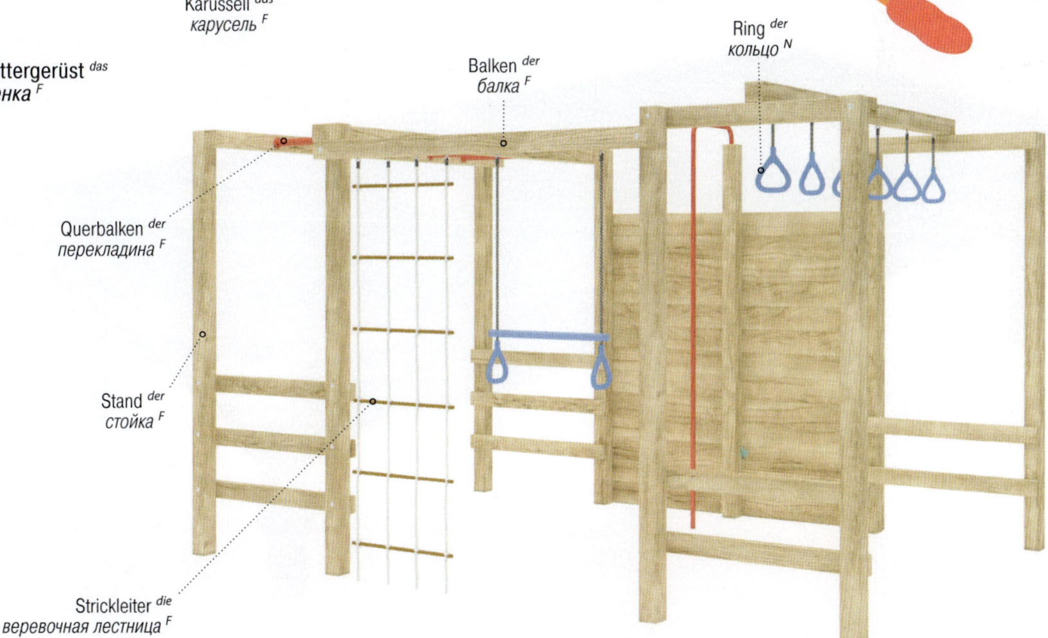

Billiardtisch *der*
*бильярдный стол M*

Außenansicht *die*
*внешний вид* M

Bauer *der*
*пешка*

Springer *der*
*конь* M

Turm *der*
*ладья* F

Läufer *der*
*слон* M

König *der*
*король* M

Dame *die*
*ферзь* M

Außenansicht *die*
*внешний вид M*

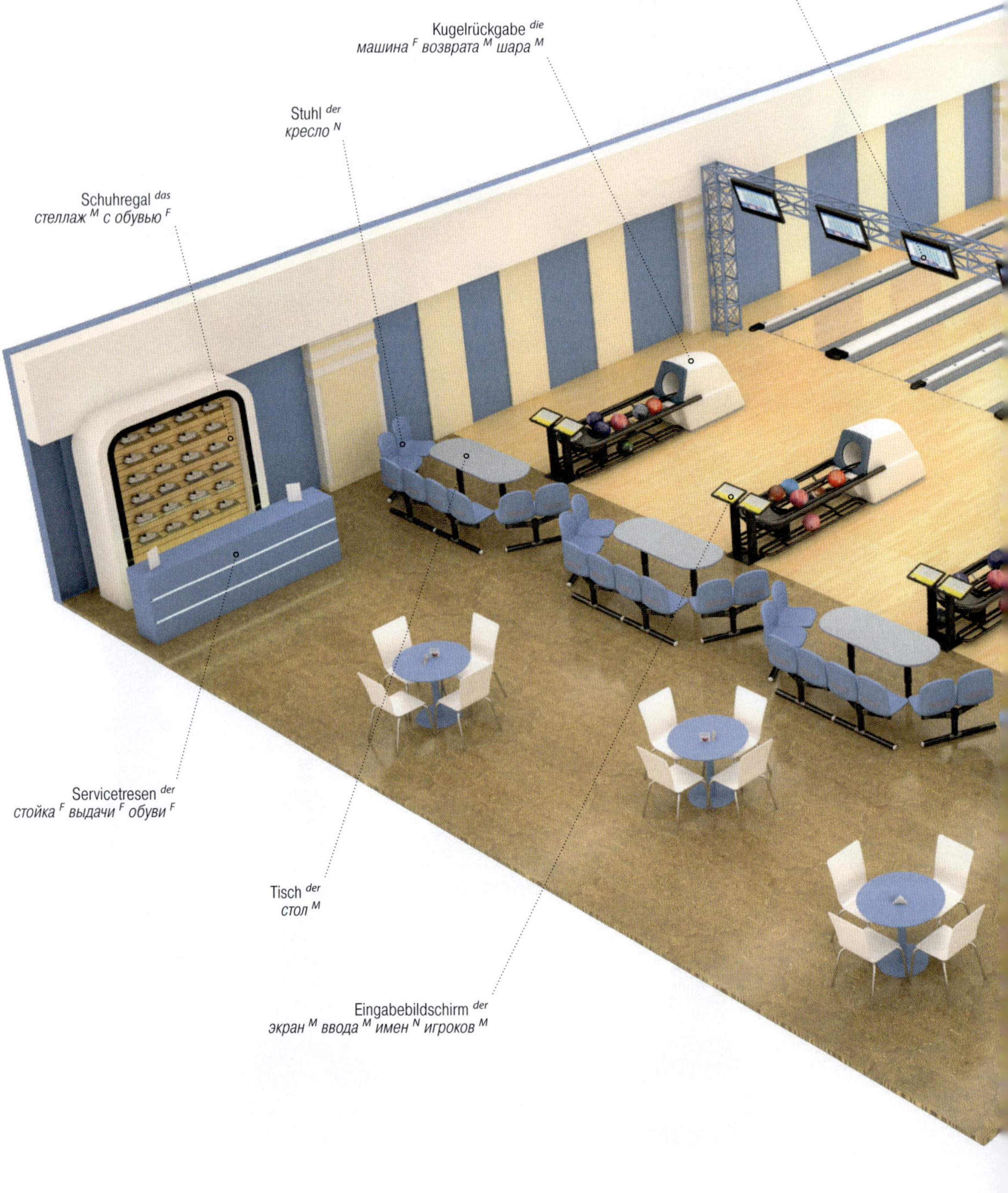

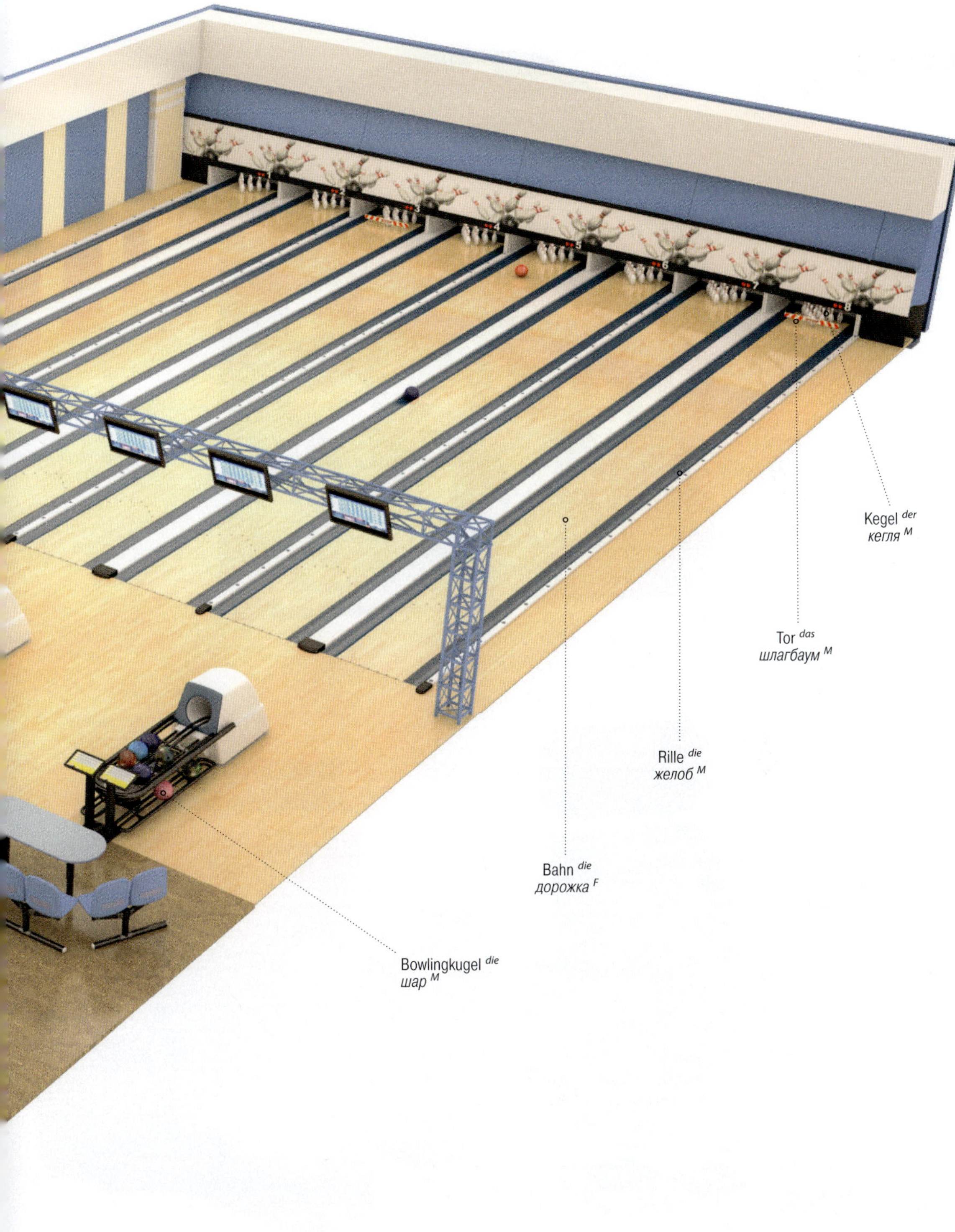
Kegel der
кегля M
Tor das
шлагбаум M
Rille die
желоб M
Bahn die
дорожка F
Bowlingkugel die
шар M

## Dartbrett das
*поле M для игры F*

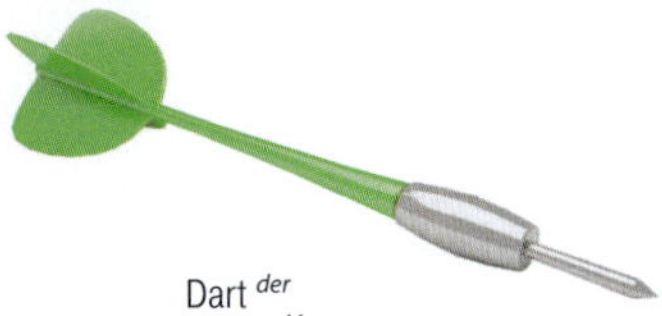

Dart der
*дротик M*

Dartbrett das
*игровое поле M*

Rahmen der
*корпус M*

Bedienknopf der
*кнопка F управления N*

Punkteanzeige die
*электронное табло*

## Arkadeautomat der
*Игровые автоматы M*

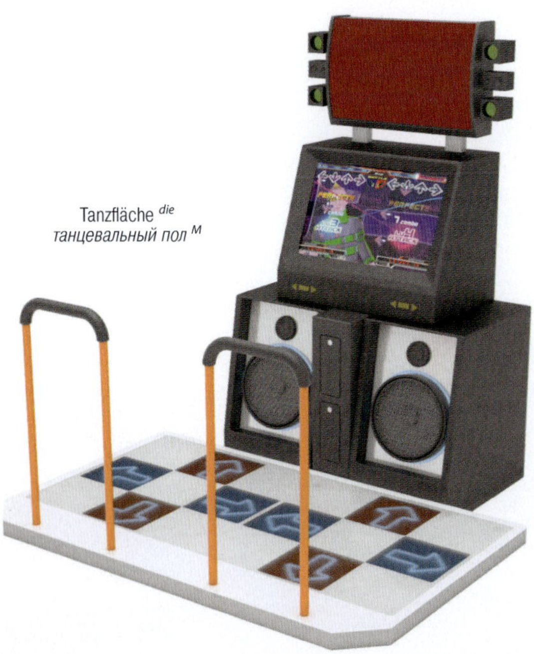

Tanzfläche die
*танцевальный пол M*

doppelter Rallyesimulator der
*парный симулятор M*

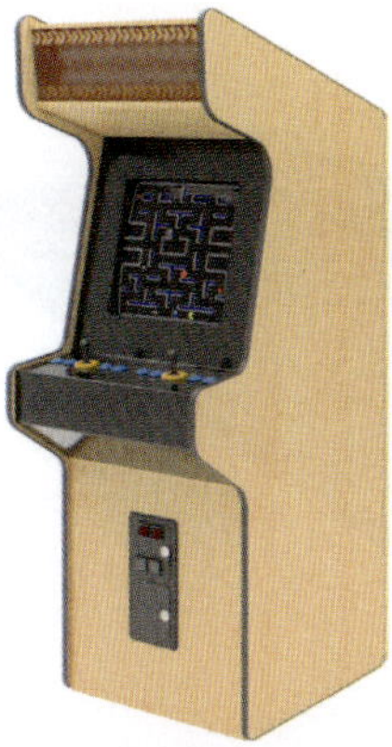

Videospiel *das*
*лабиринт* M

Bowlingsimulator *der*
*симулятор* M *боулинга* M

Fußballsimulator *der*
*симулятор* M *футбола* M

Kampfsimulator *der*
*симулятор* M *единоборств* N

Boxsimulator *der*
*силомер* M

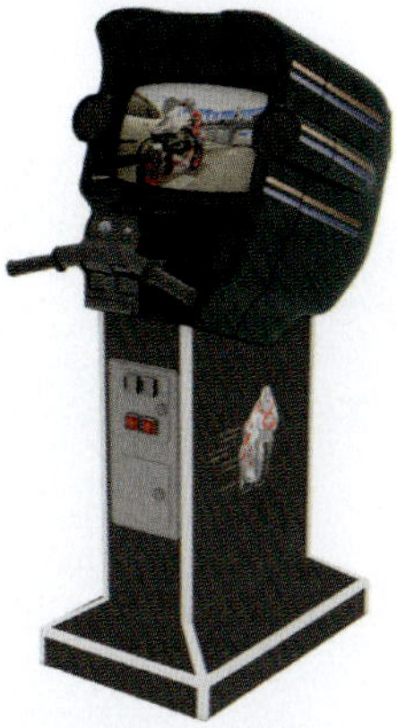

Motorradrennensimulator *der*
*симулятор* M *мотогонок* F

Schießsimulator *der*
*парный симулятор* M *стрельбы* F

Greifzange *die*
*кран-машина*

Tischhockey *das*
*настольный хоккей* M

Airhockeytisch *der*
*аэро-хоккей*

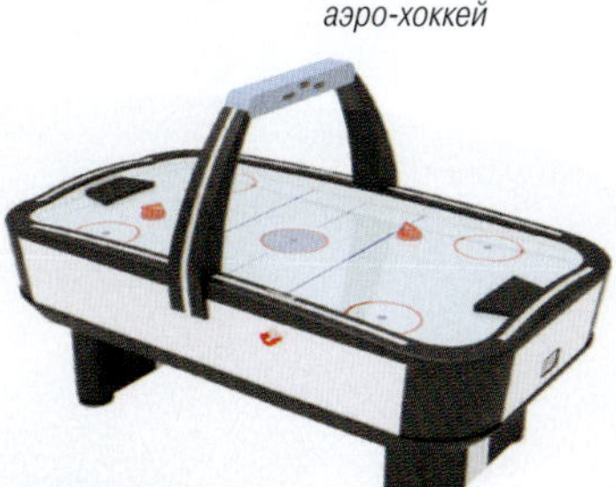

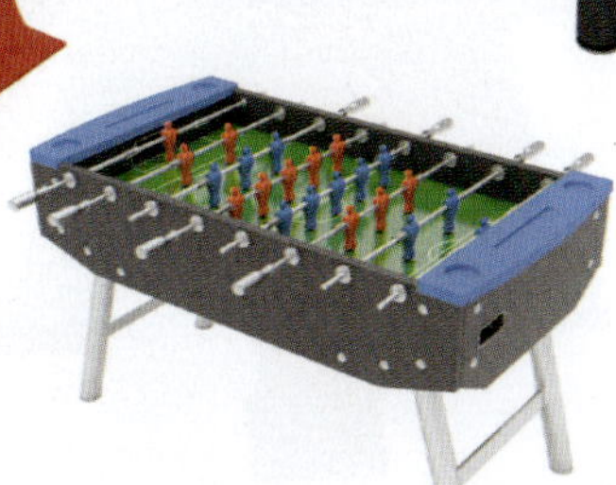

Tischfußball *der*
*настольный футбол* M

elektronisches Basketballspiel *das*
*симулятор* M *баскетбола* M

elektronisches Dartbrett *das*
*дартс*

Blackjacktisch *der*
*блек-джек*

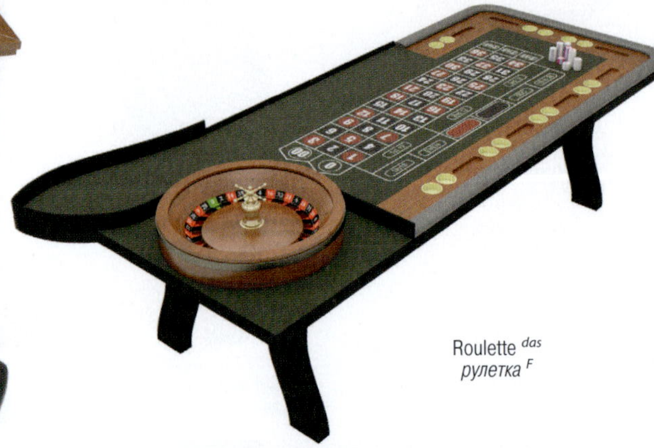

Roulette *das*
*рулетка* *F*

Pokertisch *der*
*покер* *M*

Crapstisch *der*
*стол* *M* *для игры* *F* *в кости* *F*

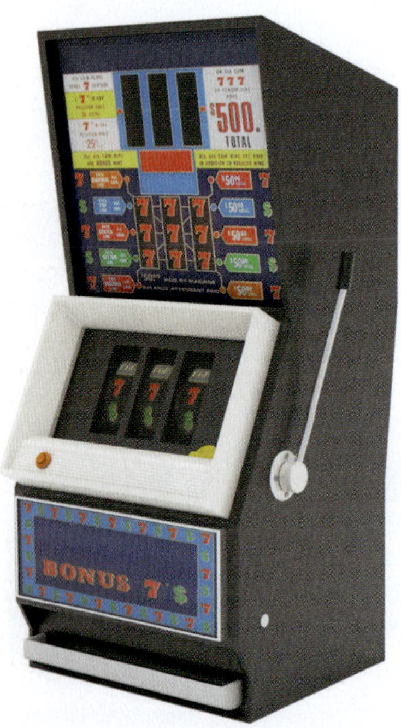


Spielautomat *der*
*слот-машина (однорукий бандит)*

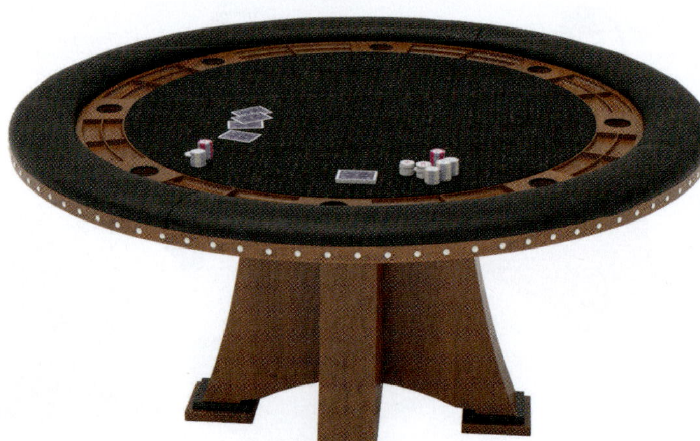

Kartentisch *der*
*стол* *M* *для карточных игр* *F*

## Kartenfarben *die*
## *Карточные масти F*

Herz *das*
*червы F*

Karo *das*
*бубны M*

Kreuz *das*
*трефы M*

Pik *das*
*пики M*

## Bildkarten *die*
## *Колода F карт F*

Bube *der*
*валет M*

Dame *die*
*дама F*

König *der*
*король M*

Ass *das*
*туз M*

Joker *der*
*джокер M*

## Pokerkombinationen *die*
## *Покерные комбинации F*

Paar *das*
*пара M*

Zwei Paare *die*
*две пары M*

Drilling *der*
*сет M*

Straße *die*
*стрит*

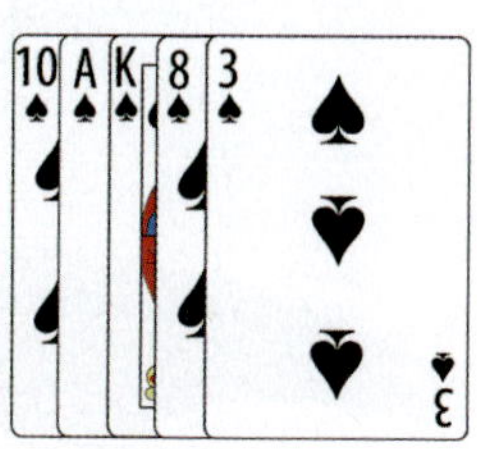

Flush *der*
*флэш M*

Full House *das*
*фул-хаус*

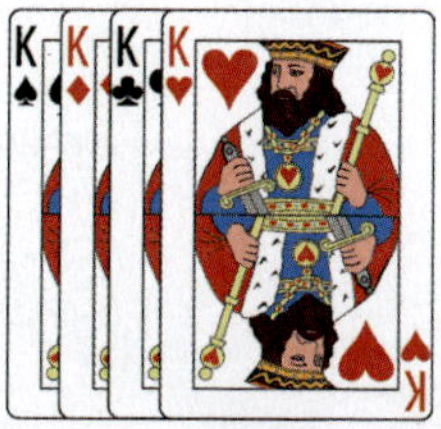

Vierling *der*
*каре F*

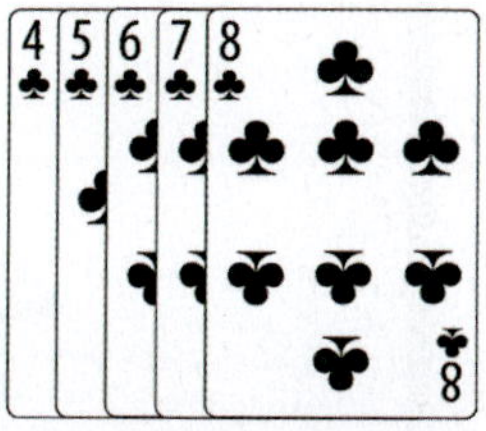

Straße in einer Farbe *die*
*стрит-флэш*

Royal Flush *der*
*роял-флэш*

Thermoskanne *die*
*термос M*

Zelt *das*
*палатка F*

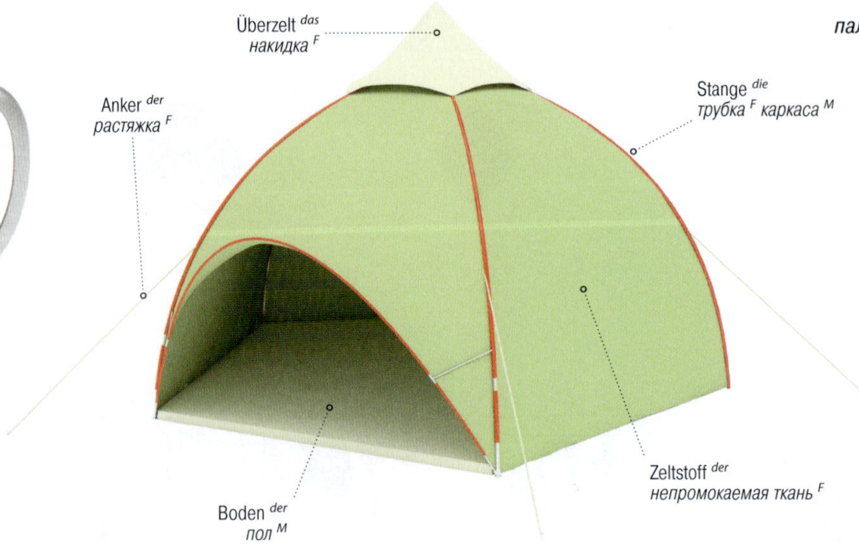


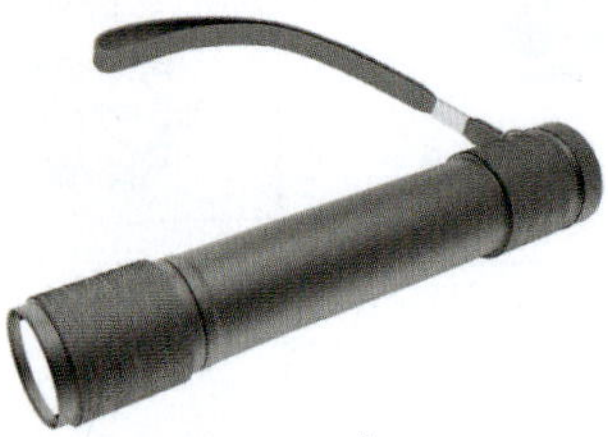

Taschenlampe *die*
*фонарик M*

Taschenmesser *das*
*складной нож M*

Klappstuhl *der*
*складной стул M*

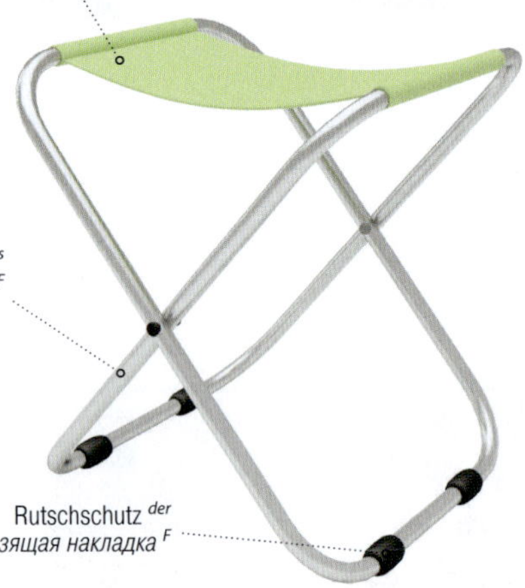

Verandaschirm *der*
*зонт M*

Liegestuhl *der*
*топчан M*

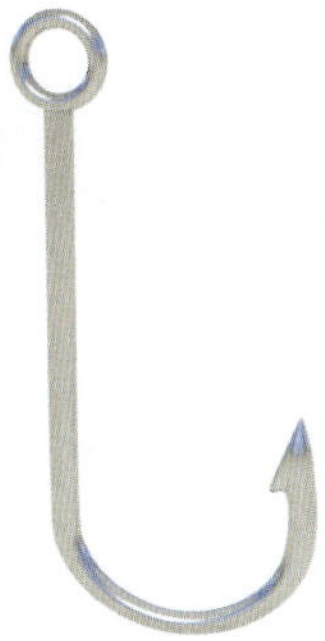

Angelhaken [der]
*крючок* [M]

Dreifachhaken [der]
*тройной крючок* [M]

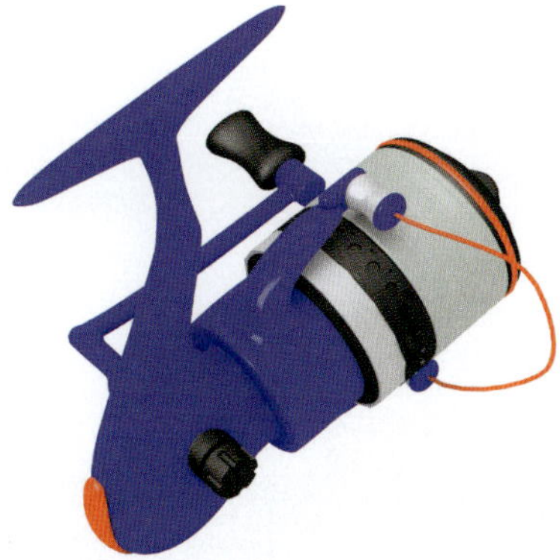

Angelschnur [die]
*катушка* [F]

Korkenschwimmer [der]
*поплавок* [M]

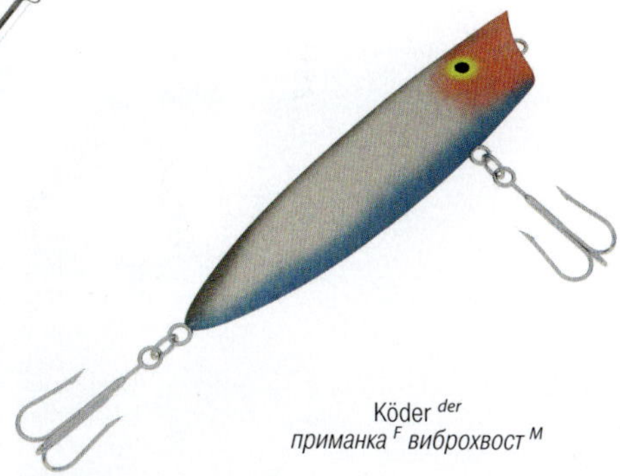

Köder [der]
*приманка* [F] *виброхвост* [M]

Angelrute [die]
*удочка* [F]

Jagdschrotflinte [die]
*охотничье ружье* [N]

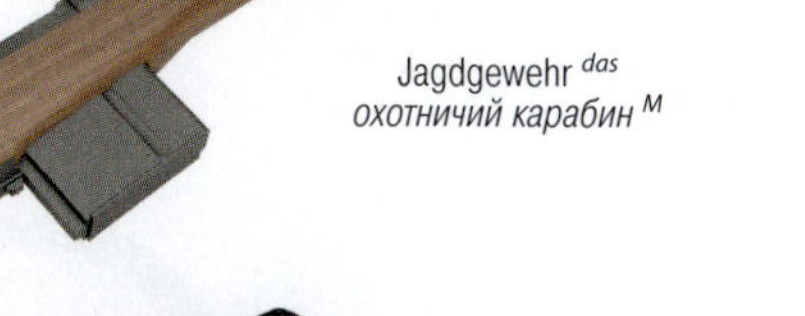

Jagdgewehr [das]
*охотничий карабин* [M]

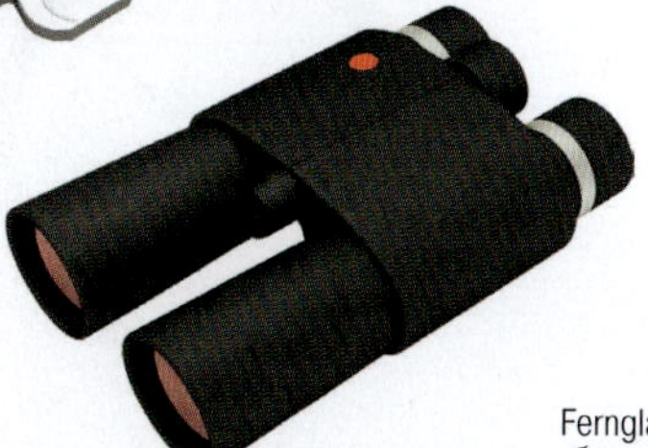

Fernglas [das]
*бинокль* [M]

## Angestelltenzimmer das
*комната F персонала M*

Uhr die
*часы M*

Bewegliche Schubladeneinheit die
*тумба F*

Couchtisch *der*
*журнальный столик* *M*

Besucherstuhl *der*
*кресло* *N* *для посетителя* *M*

**Eckbüro** *das*
***кабинет*** *M* ***руководителя*** *M*

USB-Hub de
usb-накопитель

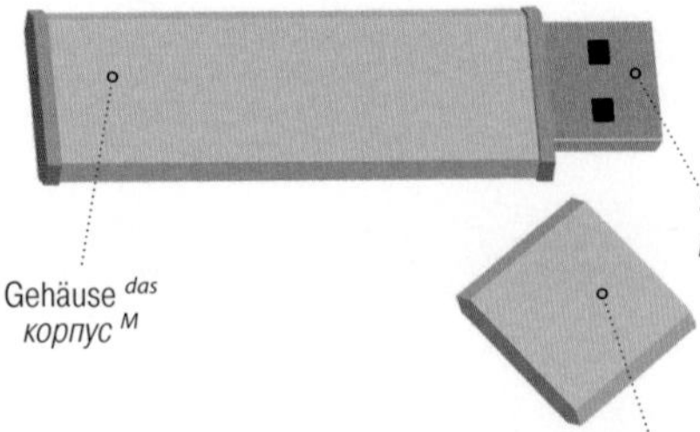

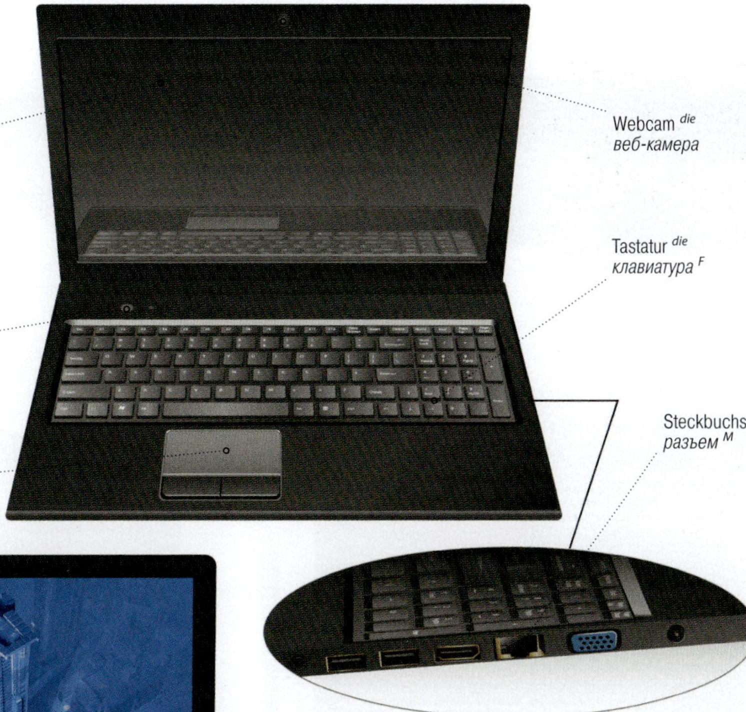
Laptop der
ноутбук M
Anzeige die
дисплей M
Webcam die
веб-камера
Tastatur die
клавиатура F
An-Aus-Schalter der
кнопка F включения N
Steckbuchse die
разъем M
Touchpad das
тач-пад

All-in-One der
моноблок M

Tablet-PC der
планшетный компьютер M
Bildschirm der
экран M
Kamera die
камера F
An-Aus-Schalter der
кнопка F включения N
Lautstärketaste die
кнопка F громкости F
App-Symbol das
икона F приложения N
Gehäuse das
корпус M
17:45
Wed, 17 September
Clock
Internet
Network
Camera
Message
Settings
Shop
Phone
Mail
Calendar
Map
Stocks

## Eingabegeräte das
## *Устройства N ввода M*

Tastatur die
*клавиатура F*

Funkmaus die
*беспроводная мышь F*

Maus die
*мышь F*

Grafiktablett das
*графический планшет M*

Joystick der
*джойстик M*

## Kommunikationsgeräte das
## *Устройства N связи F*

### Hör- und Sprechgarnitur die
### *гарнитура M*

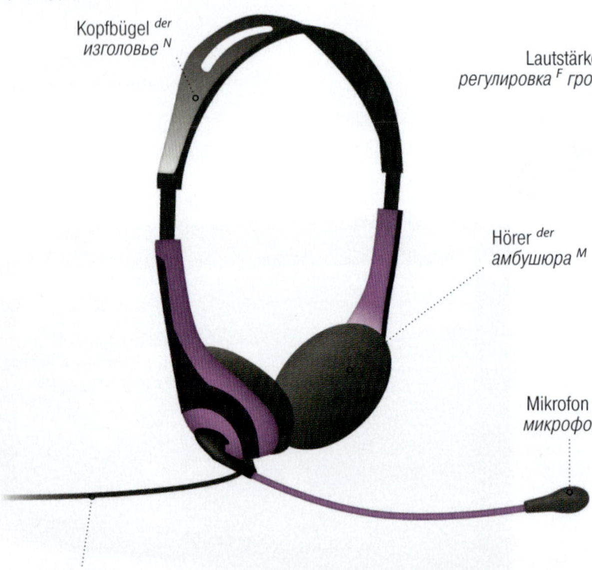


### Smartphone das
### *смартфон M*

Webcam die
веб-камера

Diktiergerät das
диктофон M

Telefon das
телефонный аппарат M

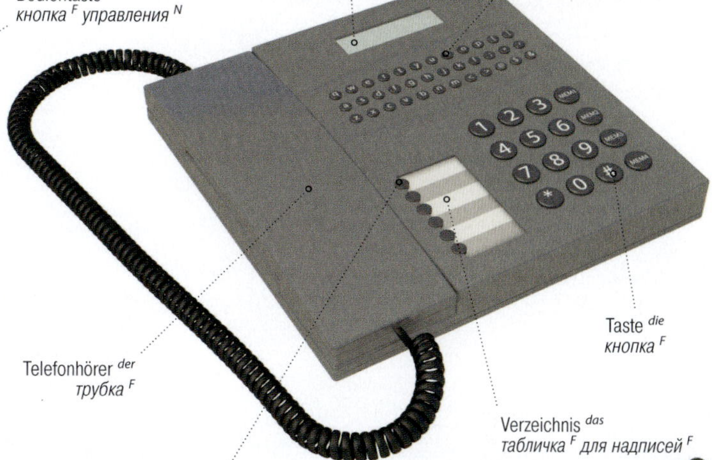


Fax das
факсимильный аппарат M

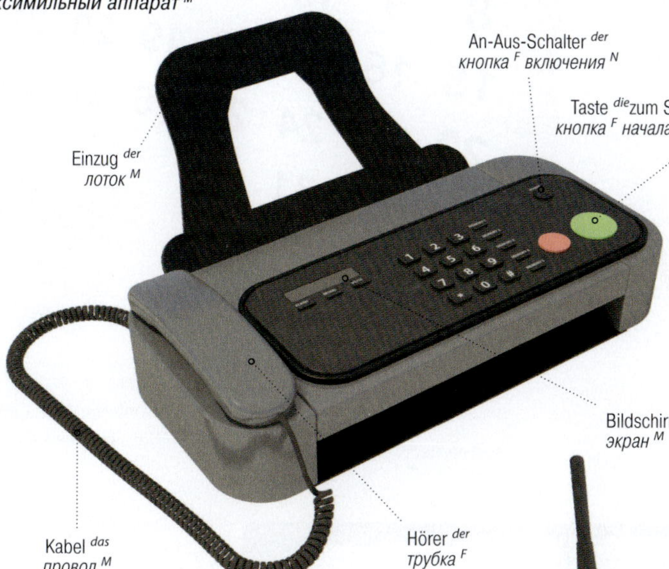


Mikrofon das
микрофон M

Router der
маршрутизатор M

USB-Modem das
usb-модем

Karteikarten die
карточки F

Klebezettel der
наклейки F для заметок F

Briefumschlag der mit transparentem Fenster das
конверт M с окном N

Umschlag der
конверт M

Kalender der
календарь M

Klappseite die
перекидной лист M

Monat der
месяц M

Spirale die
пружина F

Wochentag der
день M недели F

Datum das
число N месяца M

Kartonunterlage die
картонная основа F

Seitentrenner der
разделитель M листов M

Buch das zur Konferenzteilnahme die
книга F для записи F деловых встреч

Klebeetiketten das
самоклеящиеся этикетки F

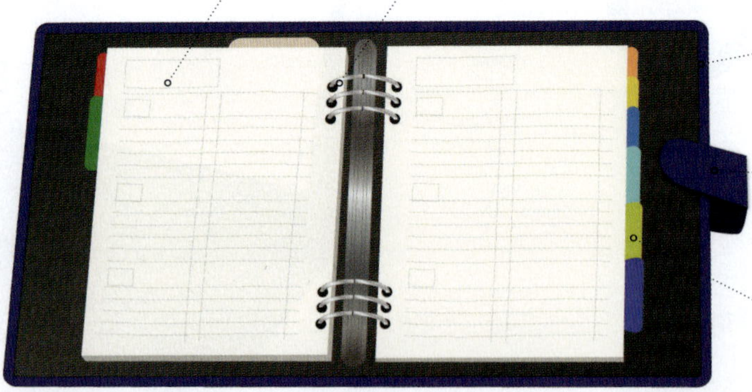

Blatt das
лист M

Heftmappe die
сшиватель M

Einband der
обложка F

Klammer die
застежка F

Memo das
закладка F

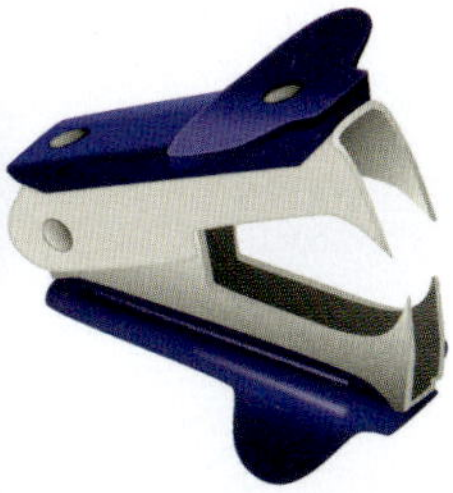

Heftklammerentferner *der*
*скобкоразгибатель*

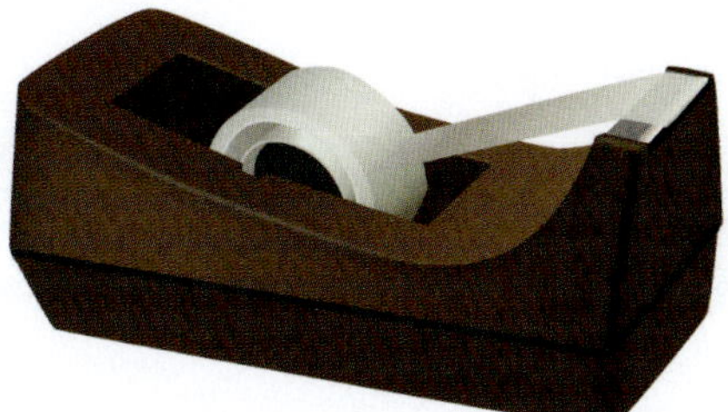

Klebebandschneider *der*
*установка F для мерной отрезки F*

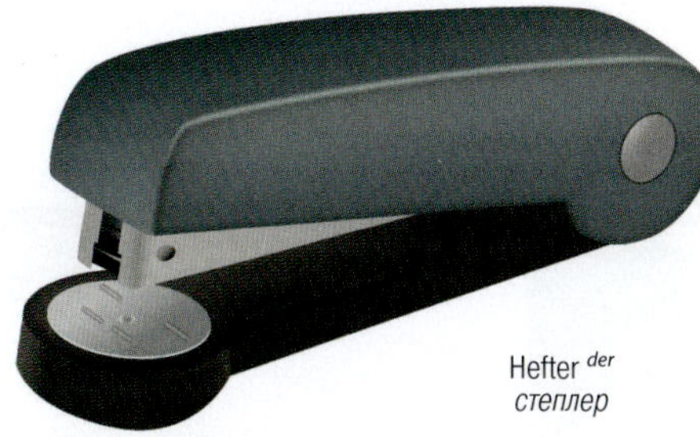

Hefter *der*
*степлер*

Handlocher *der*
*дырокол M*

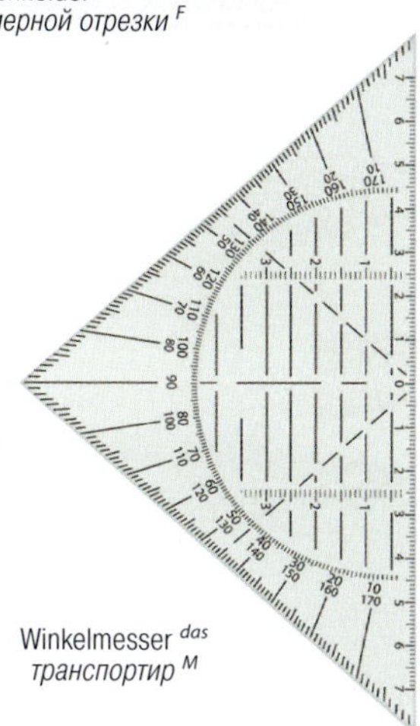

Winkelmesser *das*
*транспортир M*

Bleistiftanspitzer *der*
*точилка F для карандашей M*

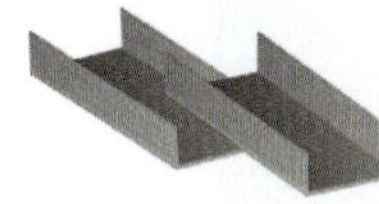

Heftklammern *die*
*скобка F*

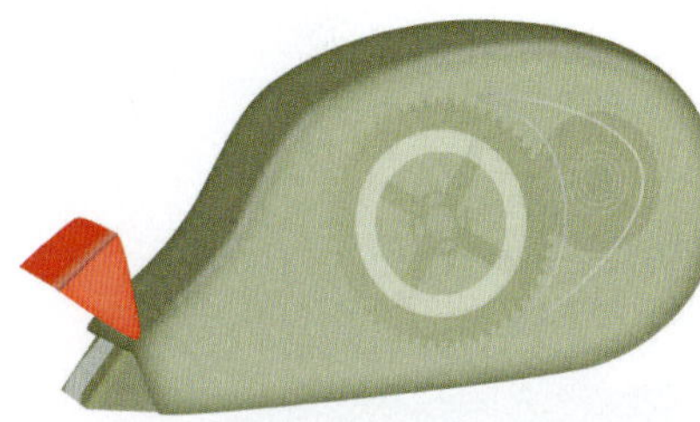

Korrekturband *das*
*корректор-лента*

**Klebebandhalter** *der*
***держатель M клейкой F ленты F***

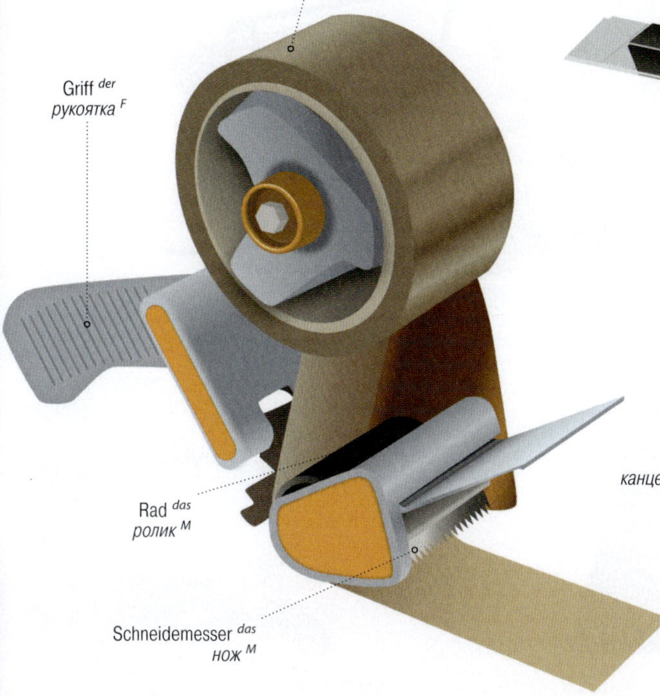


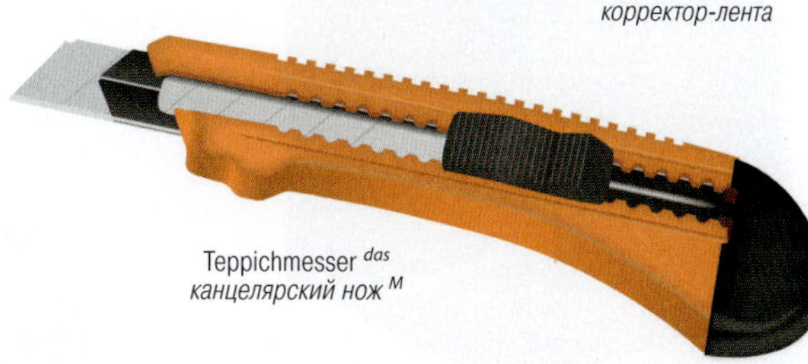

Teppichmesser *das*
*канцелярский нож M*

Stift *der*
*канцелярская кнопка F*

Büroklammer *die*
*скрепка F*

Radierer *der*
*стирательная резинка F*

Klebstift *der*
*клеящий карандаш M*

Textmarker der
*фломастер-выделитель для текста* M

Kugelschreiber der
*шариковая ручка* F

Tintenbehälter der mit Kugel die
*стержень* M *с шариком* M

Gehäuse das
*корпус* M

Clip der zur Befestigung die an der Kleidung die
*клипса для одежды* F

Stift der
*кнопка* F

Bleistift der
*карандаш* M

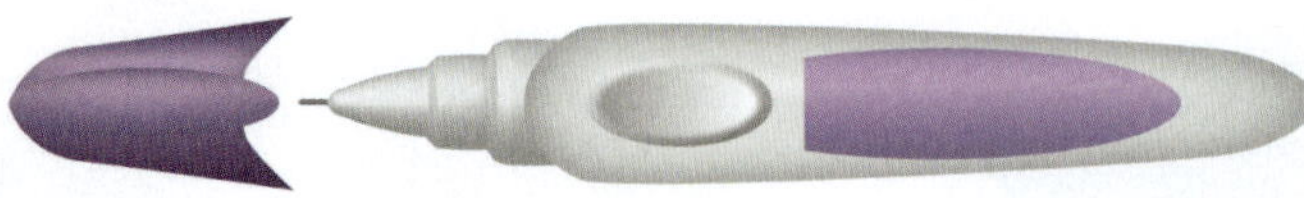

Korrekturstift der
*ручка-корректор*

Marker der
*маркер* M

## Dokumentenaufbewahrung die
## *Хранение* N *документов* M

Heftmappe die
*архивная папка* F

Ablagekasten der
*лоток* M

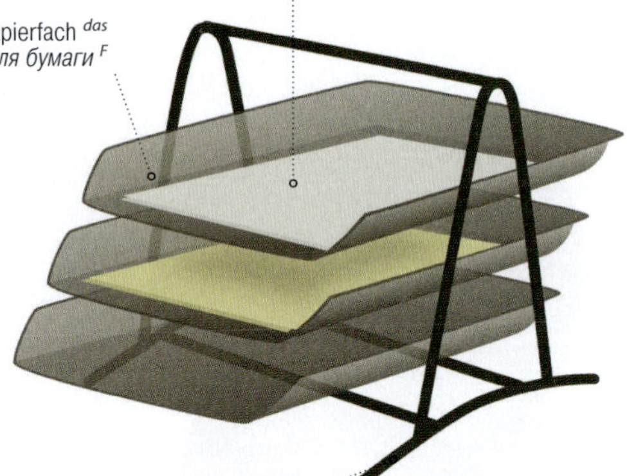

Papier das
*лист* M *бумаги* F

Papierfach das
*лоток* M *для бумаги* F

Rahmen der
*каркас* M

Heftmappe die
*скоросшиватель* M

Rotationskartei die
*перекидное устройство* N *для документов* M

Heftmappe *die*
*сшиватель* *M*

Dokumententasche *die*
*портфель* *M* *для документов* *M*

Broschüre *die*
*брошюра* *F*

Ordner *der*
*папка* *F* *для документов* *M*

Hülle *die*
*обложка* *F*

Aktenschrankordner *der*
*подвесная картотека* *F*

Aktenständer *der*
*архивные коробки* *F*

Straßenkreuzung die
*дорожная развязка* F

Mähdrescher der
*комбайн* M

Auto das
*легковой автомобиль* M

Rettungswagen der
*скорая помощь* F

Strohballen der
*стог* M

Brücke die
*мост* M

Straße die
*дорожное полотно* N

Plakatwand die
*рекламный щит* M

Stützpfeiler der
*консольная опора* M

Lkw der
*грузовой автомобиль* M

## Straßenbauarbeiter der
## *дорожный рабочий M*

## Straßenbelag der
## *дорожное покрытие N*

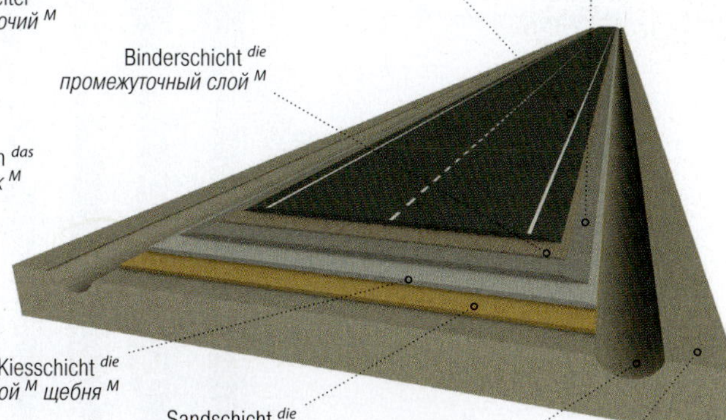

Selbstbedienungstankstelle *die*
*автоматическая заправочная станция F*

Zapfsäule *die*
*топливораздаточная колонка F*

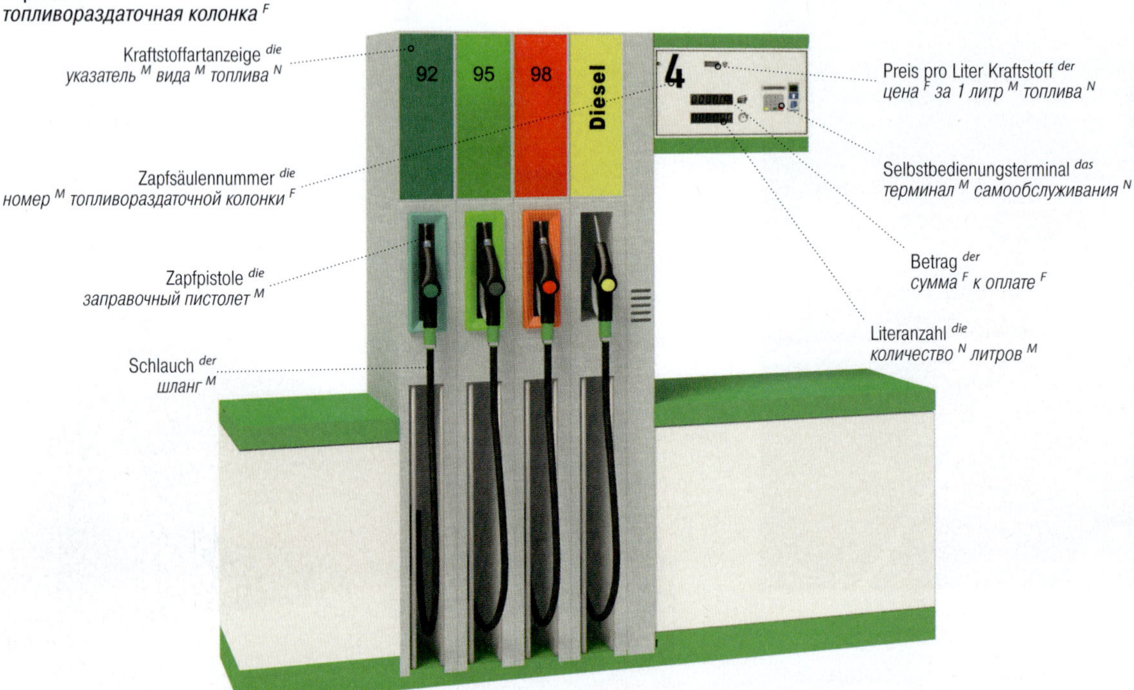

## Autozubehör das
## *Автомобильные принадлежности F*

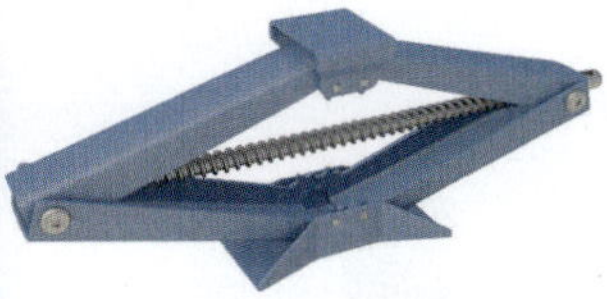

Wagenheber der
*домкрат M*

Gummimatte die
*резиновый коврик M*

Fahrradträger der
*автомобильное крепление N для велосипеда M*

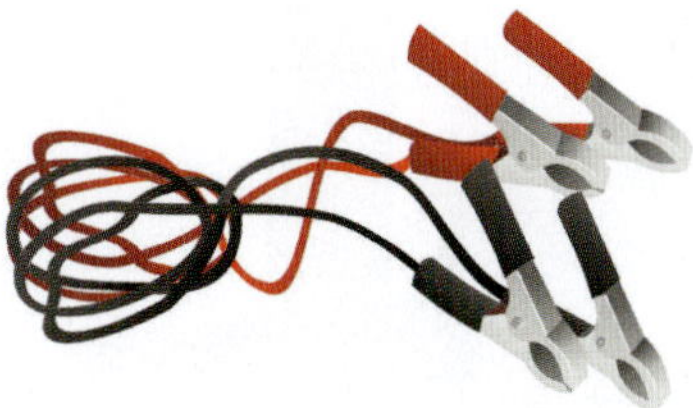

Starthilfekabel das
*силовые провода M*

Feuerlöscher der
*огнетушитель M*

Eiskratzer mit Schneefeger der
*щетка-скребок*

Eiskratzer der
*скребок F*

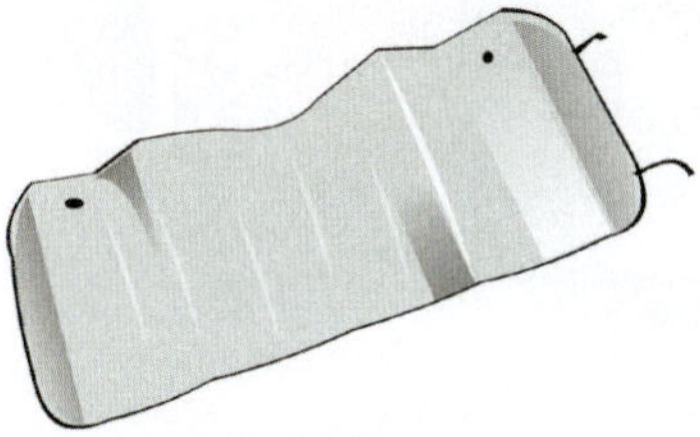

Sonnenblendschutz der
*солнцезащитная шторка F*

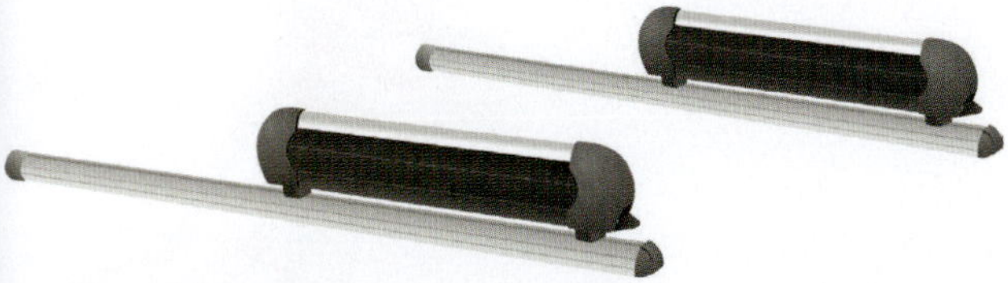

Skiträger der
*автомобильное крепление N для лыж F*

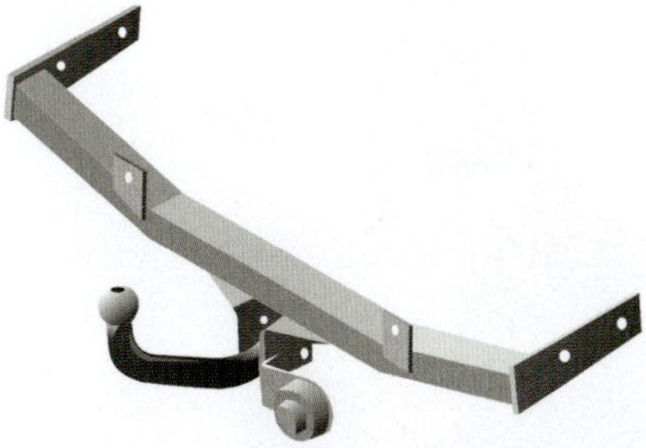

Anhängerkupplung die
*фаркоп*

Sonnenrollos das
*автомобильные жалюзи*

Babyschale die
*детское кресло N для младенцев M*

Kindersicherheitssitz der
*детское сидение N*

Kindersicherheitssitz der
*автомобильное детское кресло N*

## Farhzeugsystem [das]
## *Автомобильные системы [F]*

### Heckfederung [die]
### *задняя подвеска [F]*

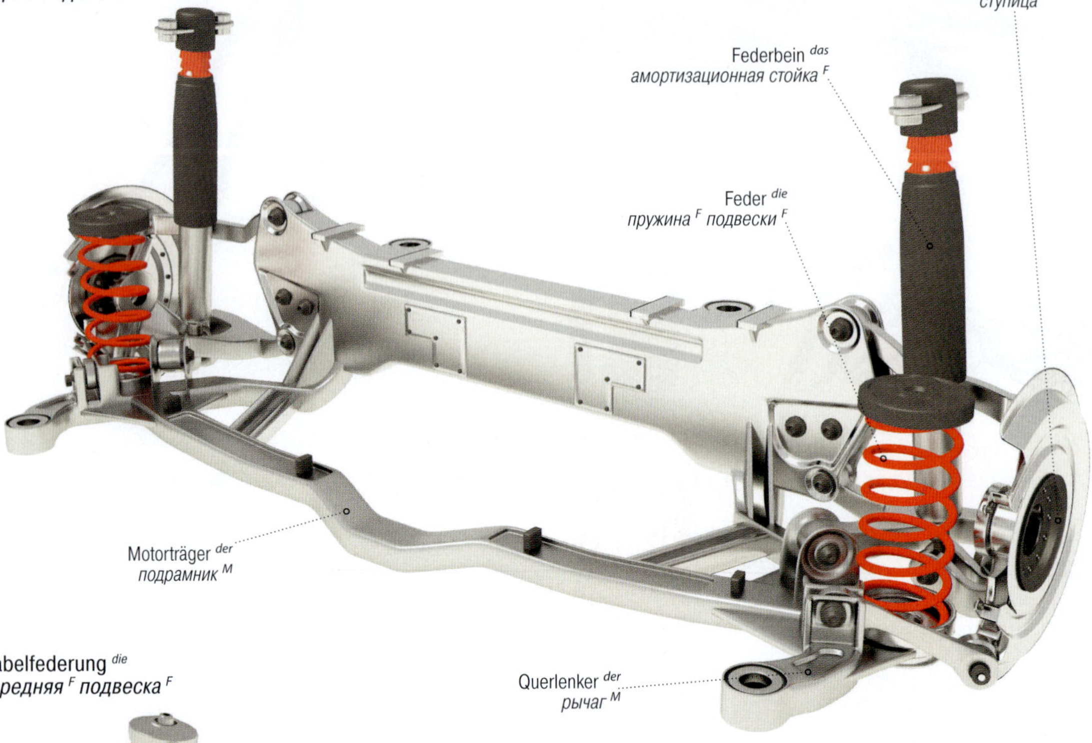


### Gabelfederung [die]
### *передняя [F] подвеска [F]*

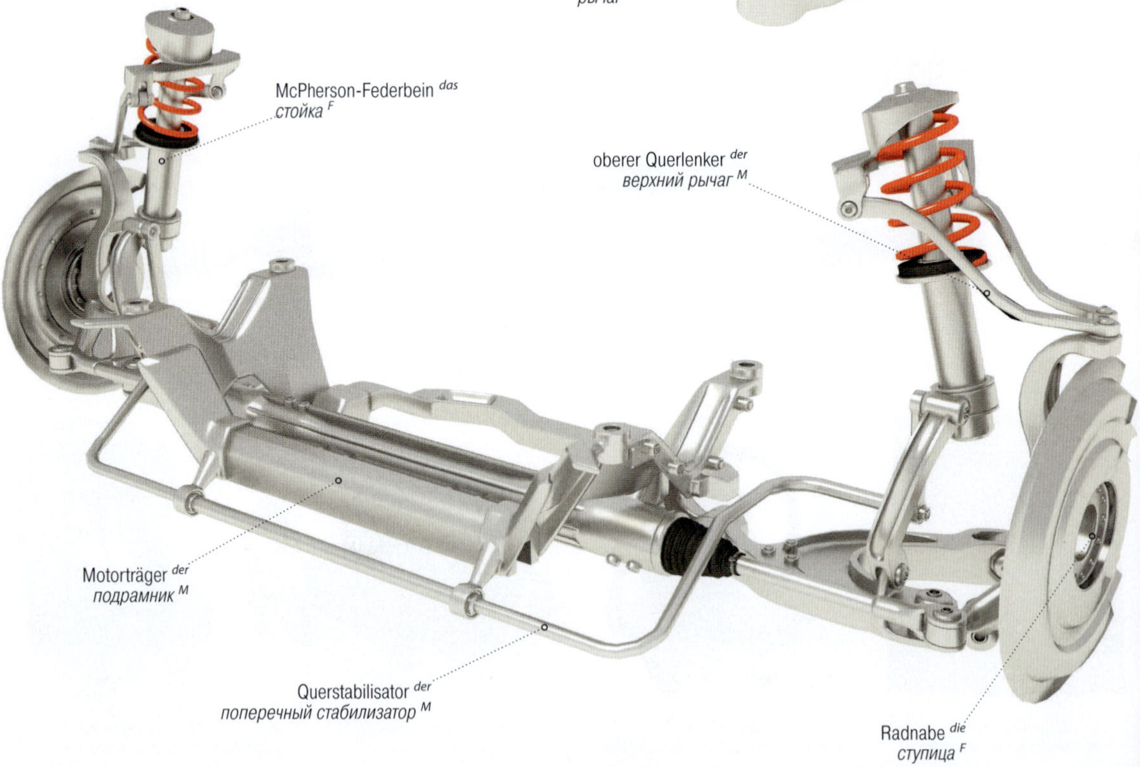

Autoteile das
*Автомобильные части F*

ahrwerk das
*олесо N в сборе M*

Felge die
*диск M*

Reifenprofil das
*колея F покрышки F*

Bolzen der
*болт M*

Federaufhängung die
*пружина F подвески F*

Stoßdämpfer der
*амортизатор M*

Bremsbacken die
*тормозные колодки F*

cheibenwischer der
*теклоочиститель M ветрового стекла N*

Klauenhalter der
*зажим/опора*

Scheibenwischergummibelag der
*очистительная лента F*

Scheibenwischerarm der
*коромысло N*

Scharnierstift der
*шарнирный палец M*

großer Scheibenwischerarm der
*большое коромысло N*

Gelenkbolzen der
*шарнирный болт M*

Gelenk das
*соединительная деталь F*

Scheibenwischerblatt das
*каркасная щётка F стеклоочистителя M*

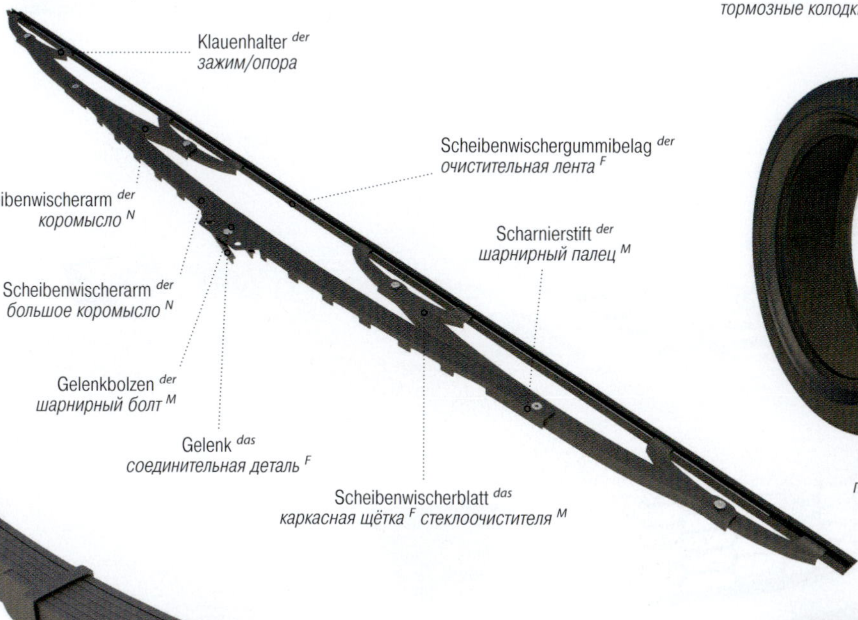

Reifen der
*покрышка F*

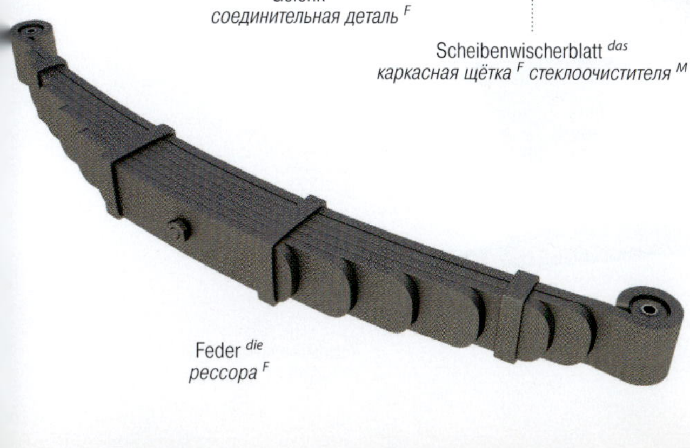

Feder die
*рессора F*

Bremsscheibe die
*тормозной диск M*

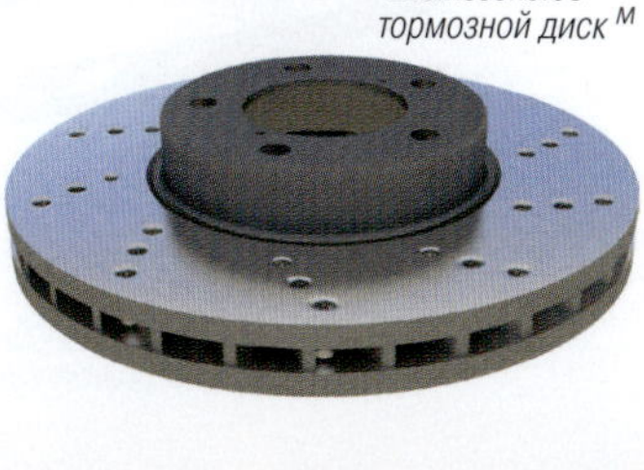

## Türen [die]
## *двери* [F]

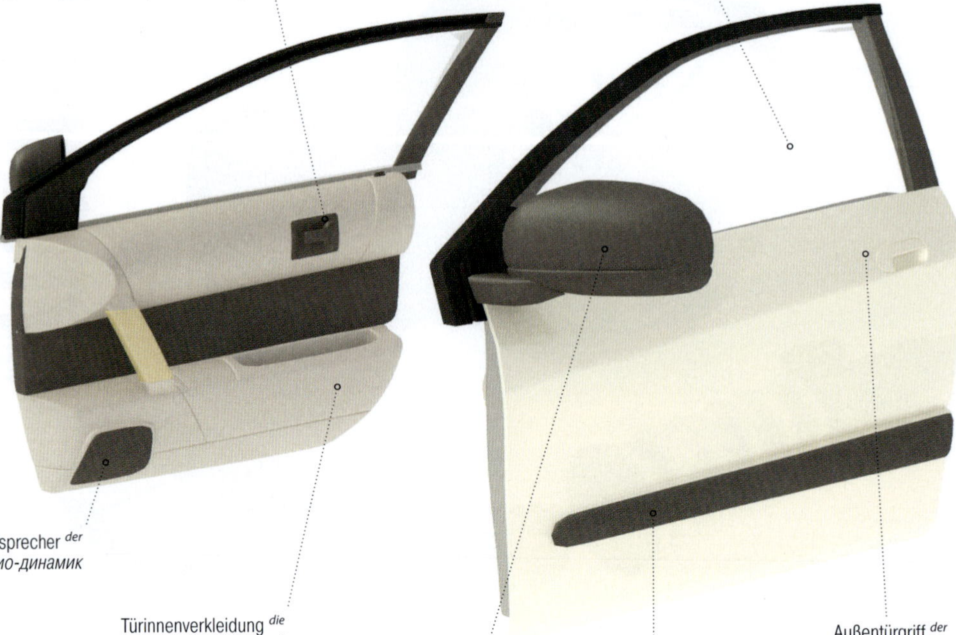

Innentürgriff [der]
*внутренний рычаг* [M] *открывания двери* [F]

Fenster [das]
*окно* [N]

Lautsprecher [der]
*аудио-динамик*

Türinnenverkleidung [die]
*внутрянная обшивка* [F] *двери* [F]

Rückspiegel [der]
*зеркало* [N] *заднего вида* [M]

Leiste [die]
*молдинг*

Außentürgriff [der]
*наружняя ручка* [F] *открывания двери* [F]

## Frontschürze [die]
## *передняя* [F] *декоративная накладка* [F] *бампера* [M]

Kühlergrill [der]
*решетка* [F] *радиатора* [M]

Fernlicht [das]
*дальний свет*

Abblendlicht [das]
*ближний* [M]

Umrissleuchte [die]
*габаритный огонь* [M]

Attrappe [die]
*декоративная решетка* [F]

Stoßstangenverkleidung [die]
*декоративный обтекатель* [M] *бампера* [M]

Fahrtrichtungsanzeiger [der]
*поворотник*

Auto *das*
*Легковой автомобиль* M

Innenausstattung *die*
*вид* M

Armaturenbrett *das*
*приборная панель* F

Autoradio *der*
*автомагнитола* F

Anzeige *die*
*дисплей* M

Rückspiegel *der*
*зеркало* N *заднего вида* M

Lenkrad *das*
*рулевое колесо* N

Spiegel *der*
*зеркало* N

Sonnenblende *die*
*солнцезащитный козырек* M

Lüftungsgitter *das*
*вентиляционная решетка* F

Kupplungspedal *das*
*педаль* F *сцепления* N

Windschutzscheibenwischer *der*
*щетка* F *стеклоочистителя* M

Frontplatte *die*
*торпедо*

Bremspedal *das*
*педаль* F *тормоза* M

Feststellbremsentaste *die*
*кнопка* F *включения* N *стояночного тормоза* M

Gaspedal *das*
*педаль* F *акселератора* M

Schaltknüppel *der*
*рукоятка* F *переключения* N *передач* F

Fahrmodusauswahl *die*
*управление* N *стилями* M *движения* N *автомобиля* M

Armaturenbrett *das*
*приборная панель* F

Autoaußenansicht *die*
*внешний вид* *M* *автомобиля* *M*

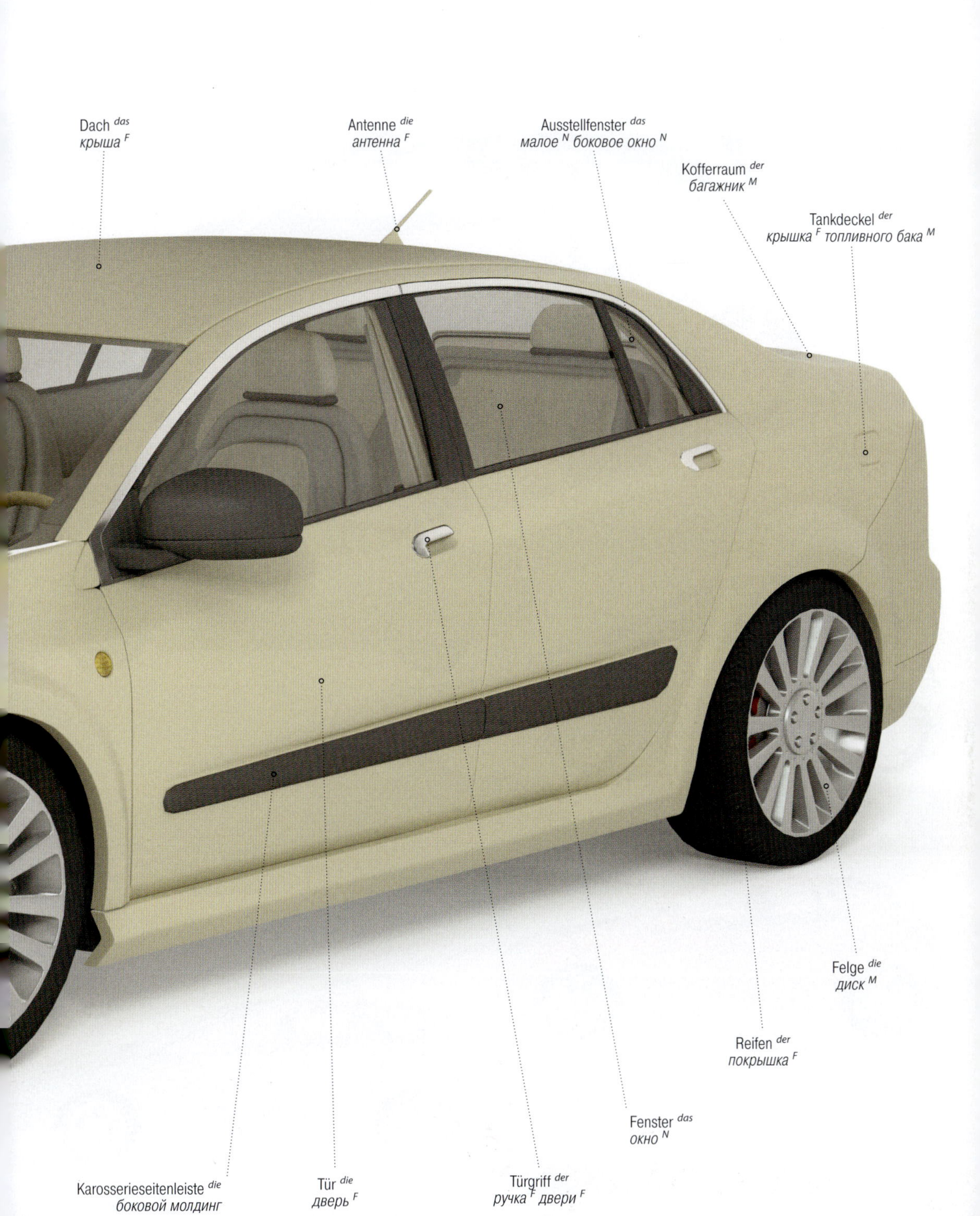
Dach das
крыша F
Antenne die
антенна F
Ausstellfenster das
малое N боковое окно N
Kofferraum der
багажник M
Tankdeckel der
крышка F топливного бака M
Felge die
диск M
Reifen der
покрышка F
Fenster das
окно N
Karosserieseitenleiste die
боковой молдинг
Tür die
дверь F
Türgriff der
ручка F двери F

## Karosserietyp *der*
## *Типы M кузовов M*

### Elektroauto *das*
### *электромобиль M*

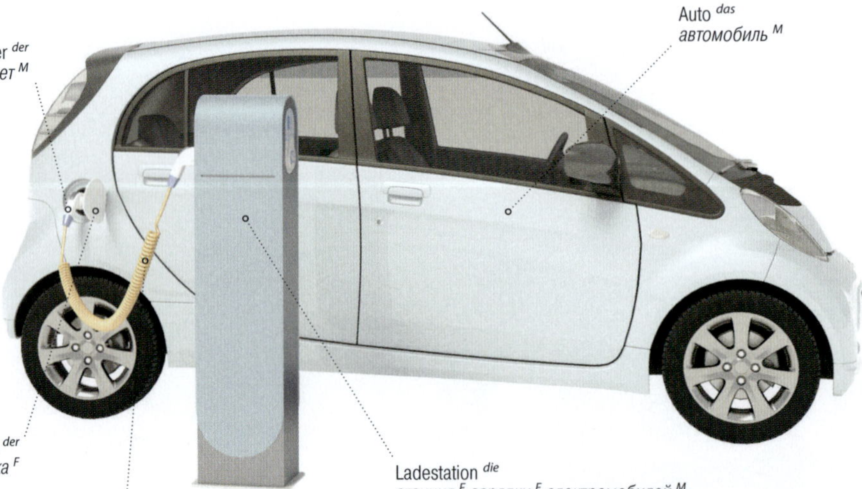


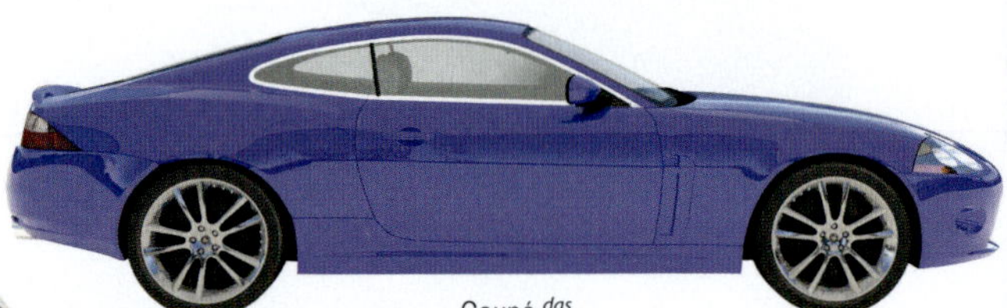

Coupé *das*
*купе F*

Kompaktwagen *der*
*миникар*

Sportwagen *der*
*спорткар*

Golf-Klasse *die*
*гольф-класс*

Kombi *der*
*универсал M*

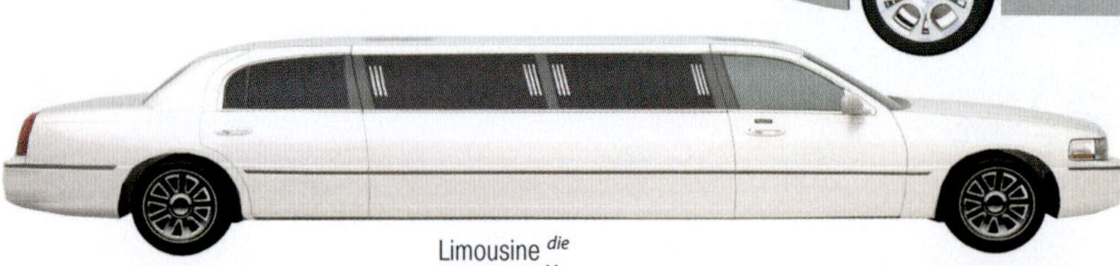

Limousine *die*
*лимузин M*

Cabrio das
*кабриолет* M

Kombilimousine die
*хэтчбэк*

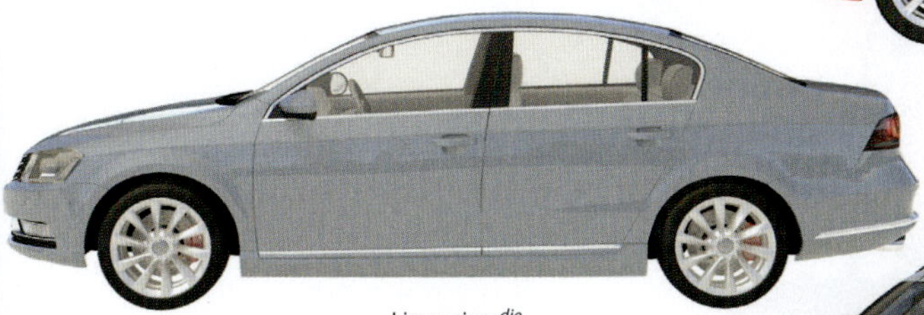

Limousine die
*седан* M

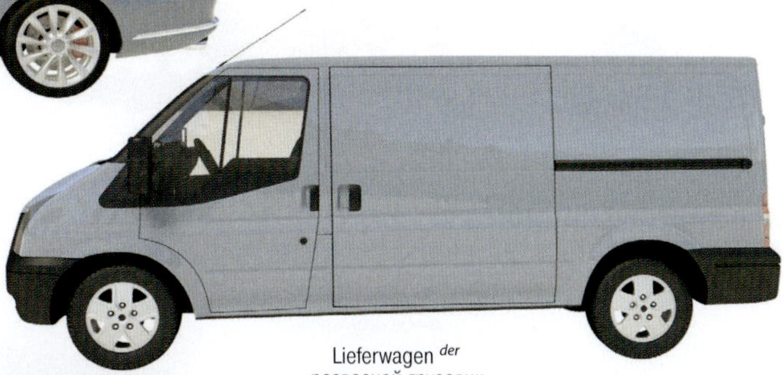

Lieferwagen der
*развозной грузовик*

Geländewagen der
*внедорожник* M

Pickup der
*пикап* M

Minivan der
*минивен*

Anhänger der
трейлер M

Mini-Wohnwagen der
жилой F прицеп M

Wohnmobil die
дом M на колесах N
Wohnbereich der
жилое помещение N
Rückspiegel der
зеркало N заднего вида M
Windschutzscheibe die
ветровое стекло N
Motorhaube die
капот M
Eingangstür die
входная дверь F
Fenster das
окно N
Fahrertür die
дверь F водителя M
Fahrtrichtungsanzeiger der
указатель M поворота M
Scheinwerfer der
фара F

Kinderlaufrad *das*
*беговел*

Dreirad *das*
*трёхколёсный велосипед* *M*

Roller *der*
*самокат* *M*

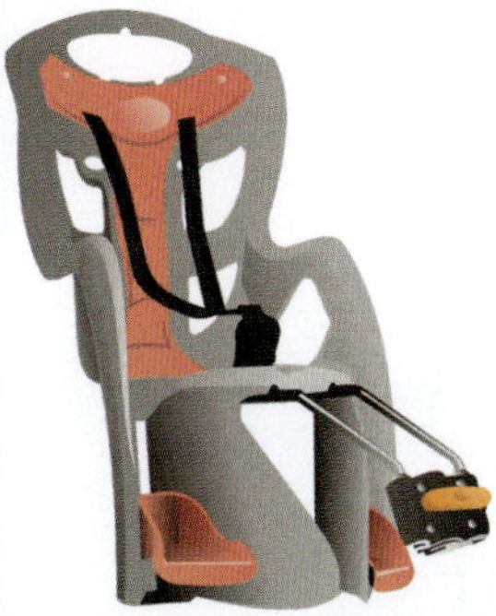

Kinderfahrradsitz *der*
*детское велосипедное кресло* *N*

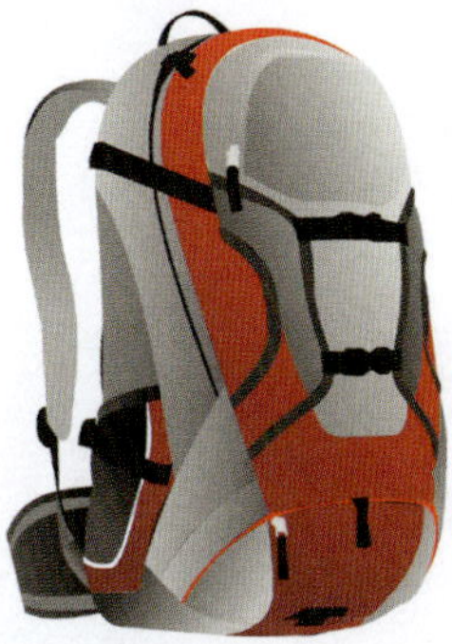

Rucksack *der*
*рюкзак* *M*

BMX-Rad *das*
*велосипед* *M* *для триала и фристайла* *M*

Mountainbike *das*
*горный*

Tourenfahrrad *das*
*туринг*

Tandemfahrrad *das*
*тандем* *M*

Fahrradanhänger *der*
*велоприцеп*

Fahrrad das
велосипед M

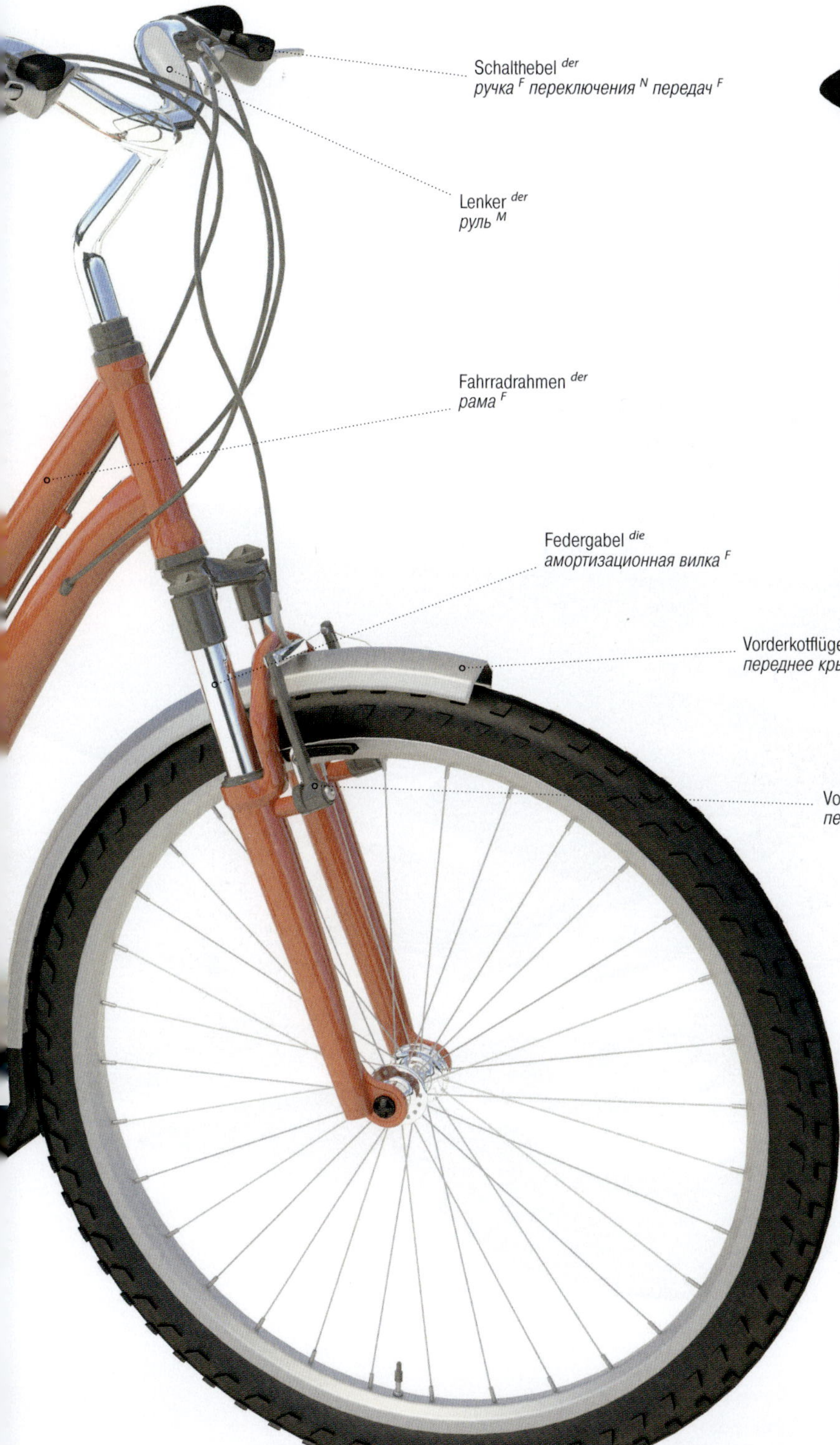

Fahrradhelm der
*велосипедный шлем M*

Fahrradschloss das
*велосипедный замок M*

Fahrradmehrzweckwerkzeug das
*универсальный велосипедный ключ M*

Sportmotorrad *das*
*спортивный мотоцикл* *M*

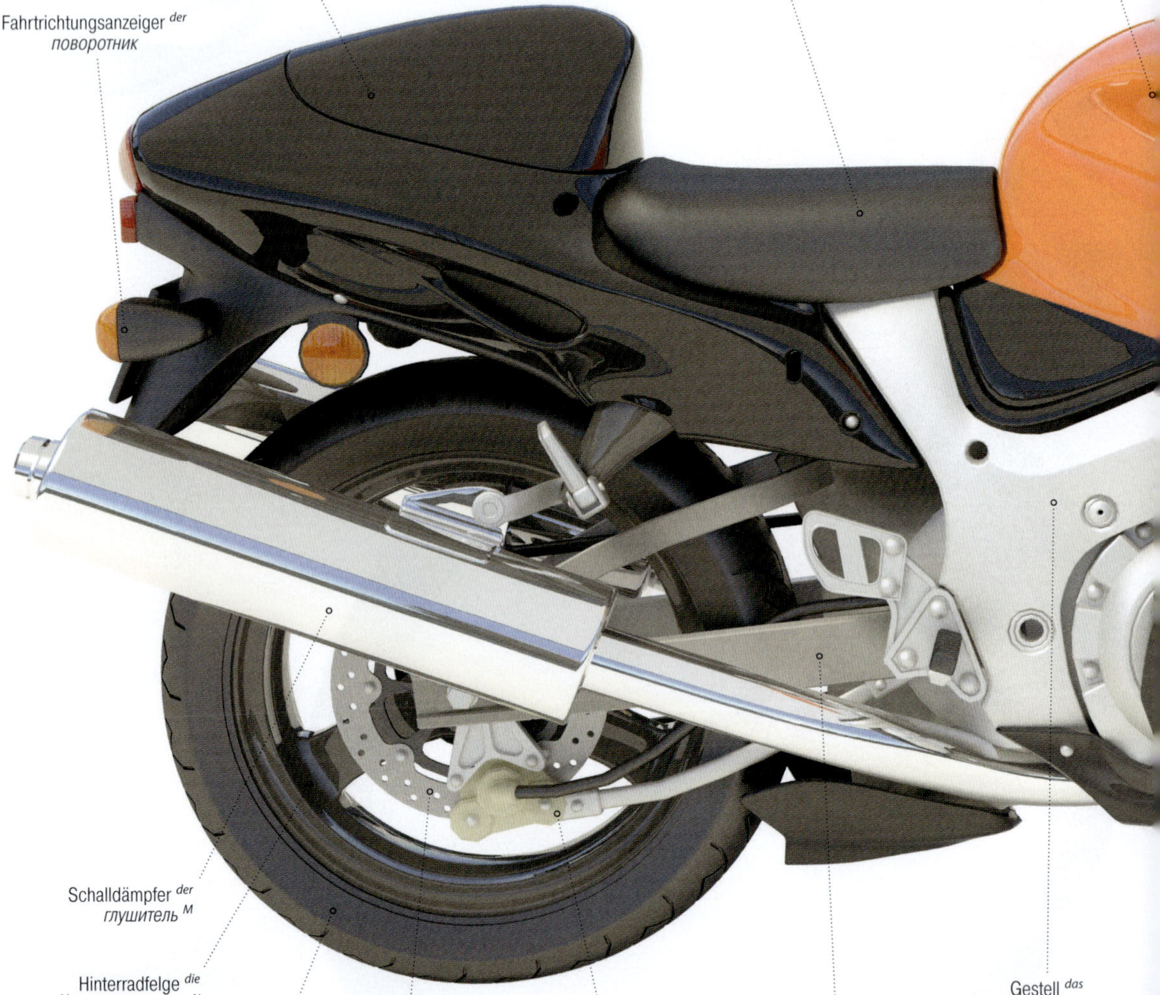

Bremshebel der
ручка F тормоза M
Haube die
обтекатель M
Rückspiegel der
зеркало N заднего вида M
Gashebel der
ручка F акселератора M
Armaturenbrett das
приборная панель F
Scheinwerfer der
фара F
Vorderkotflügel der
переднее крыло N
Radnabe die
ступица F
Vorderbremse die
передний тормоз M

Reisemotorrad *das*
*туристический мотоцикл* M

klassisches Motorrad *das*
*классический*

Chopper *der*
*чоппер*

Enduro-Motorrad *das*
*эндуро*

Quad (Geländefahrzeug) *das*
*квадроцикл* *M*

Motorroller *der*
*мотороллер* *M*

Motorrad *das*
*мотоцикл* *M*

Motocross-Motorrad *das*
*кроссовый мотоцикл* *M*

Gelenkbus *der*
*сочлененный автобус M*

Haltestelle des öffentlichen Personenverkehrs *die*
*остановка F общественного транспорта M*

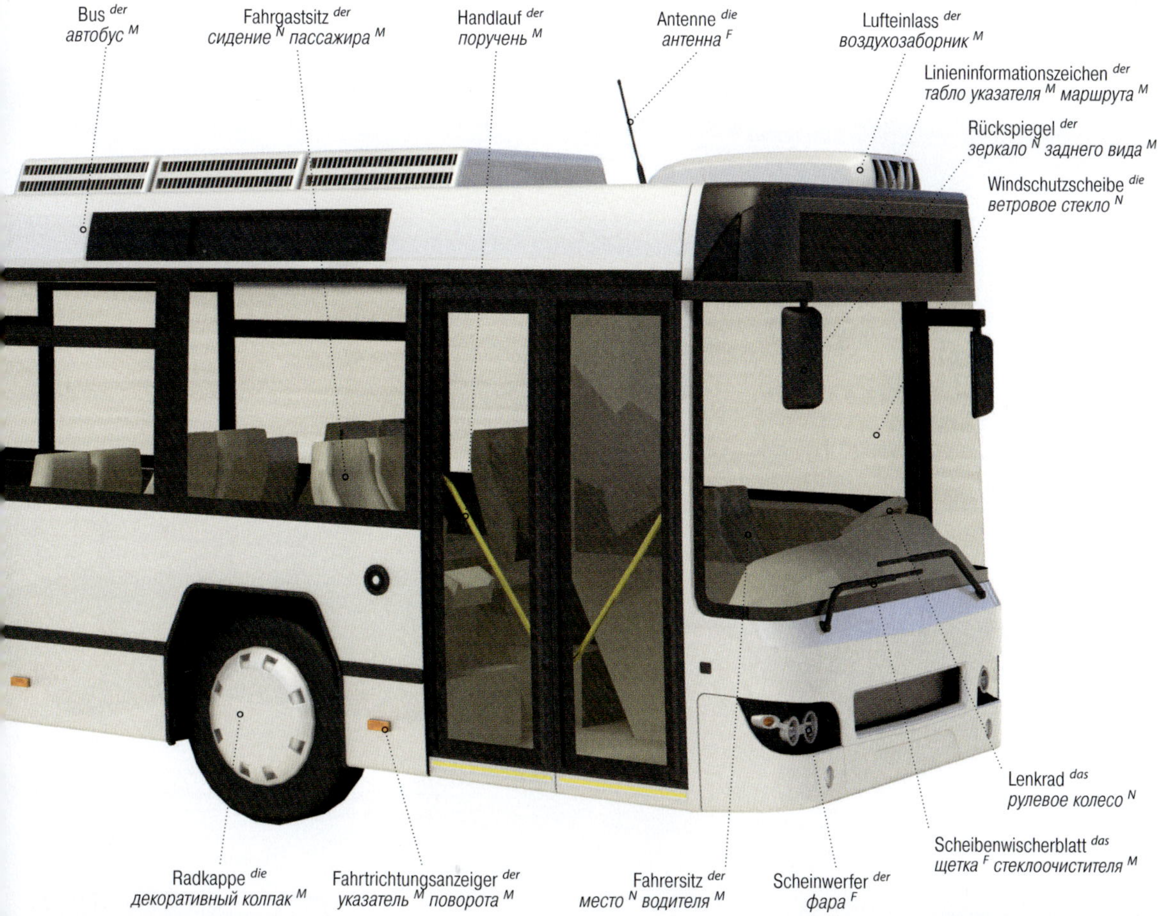

Reisebus der
междугородний автобус M

Schulbus der
школьный автобус M

## Arten des Frachtverkehrs [die]
*Типы [M] грузового транспорта [M]*

### Lastkraftwagen [der]
*грузовой автомобиль [M]*

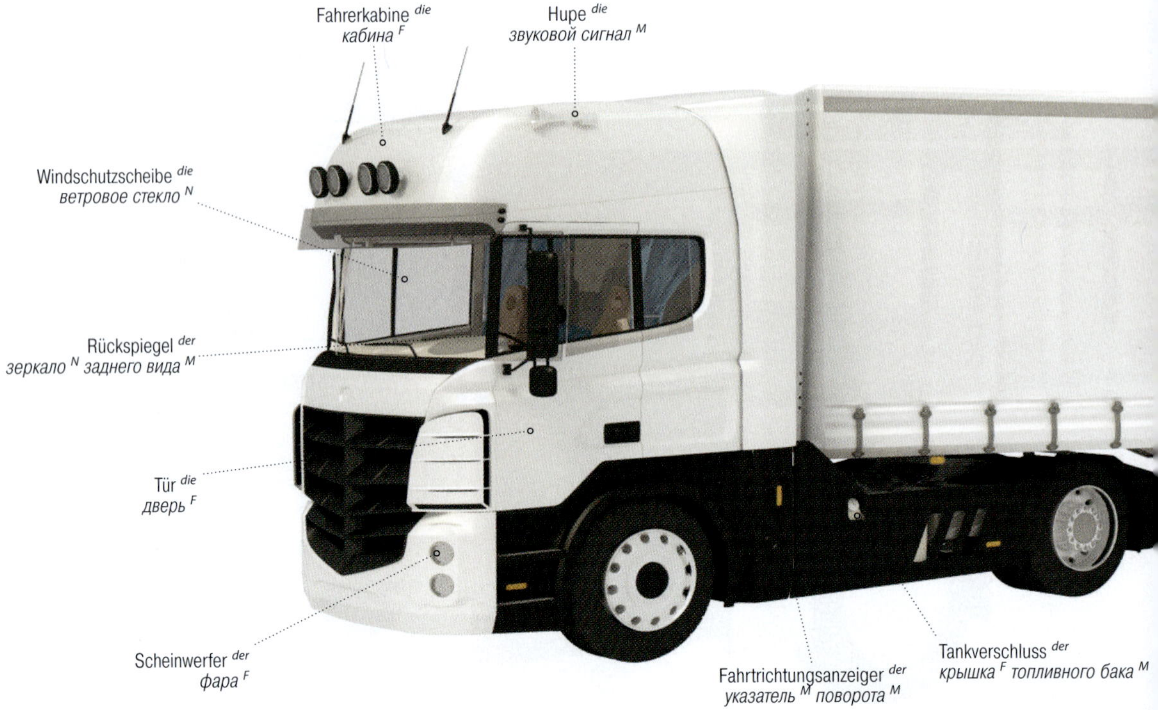

Benzintankwagen der
бензовоз M

## Arten des Frachtverkehrs die
## *Типы M грузового транспорта M*

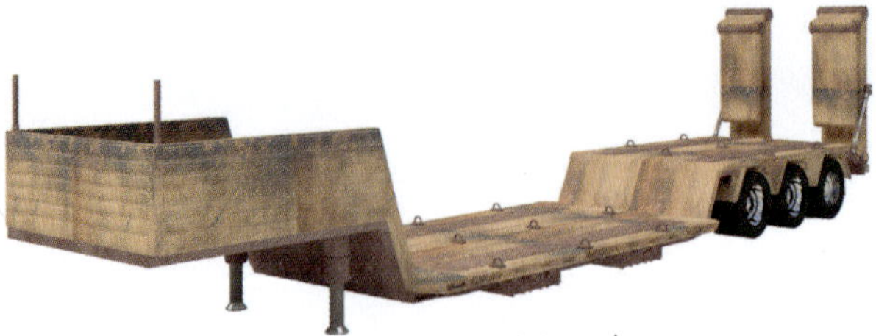

Tieflader der
*трал M*

Betonmischer der
*бетономешальная машина F*

Forstsattelanhänger der
*лесовоз M*

Tanksattelanhänger der
*полуприцеп M бензовоз M*

Isothermvan der
*изотермический фургон M*

Autotransportanhänger der
*автовоз M*

Muldenkipper der
*самосвал M*

Lkw und Anhänger der
*сцепка F*

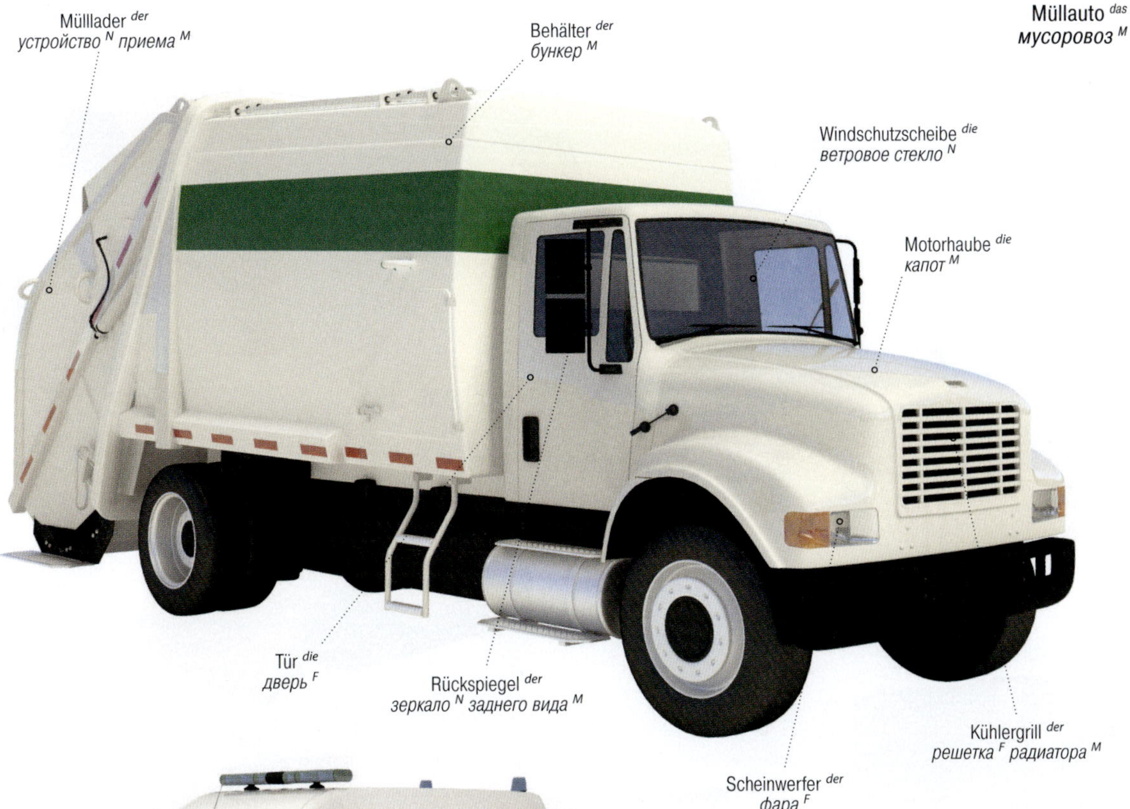

Krankenwagen der
*скорая помощь F*

Geldtransporter der
*инкассаторская машина F*

Straßenkehrmaschine die
*подметально-уборочная машина F*

## Straßenbaumaschinen die
## *Дорожно-строительная техника M*

Baggerlader der
*экскаватор-погрузчик*

Betonmischer der
*бетоносмеситель M*

Planierraupe die
*бульдозер M*

Kompaktraupenbagger der
*компактный гусеничный экскаватор M*

Raupenkipper der
*гусеничный самосвал M*

Bodenhobelmaschine die
*грейдер M*

Straßenwalze die
*каток M*

## Muldenkipper der
*карьерный самосвал M*

## Muldenkipperunteransicht die
*карьерный самосвал M вид M*

## Landwirtschaftsmaschinen *die*
## *Сельскохозяйственные машины F*

## Gabelstapler *der*
## *вилочный погрузчик M*

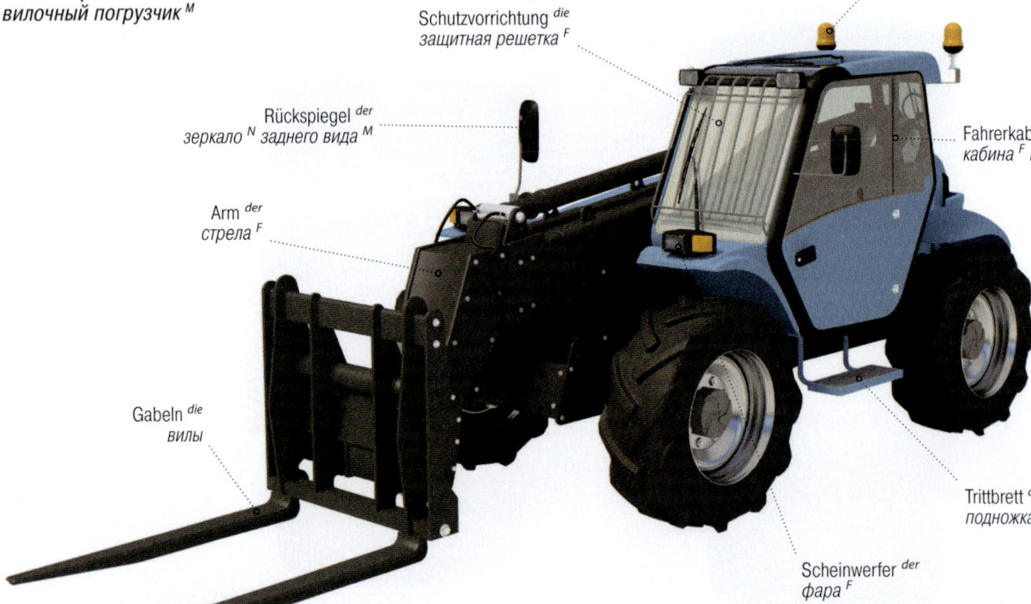

Erntemaschine die
*жатка F для уборки F*

Traktor der
*трактор M*

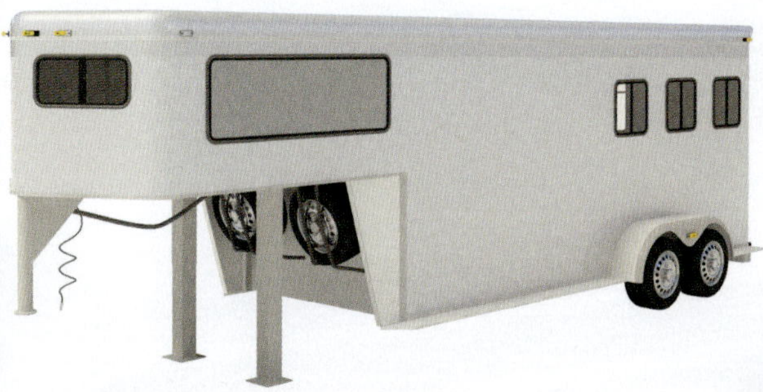

Pferdeanhänger der
*прицеп M*

Mähdrescher der
*комбайн M*

Saatmaschine die
*посевная F машина F*

Scheibeneggeanhänger der
*борона F*

## Flughafenaußenansicht *die*
## *Внешний вид* *M* *аэропорта* *M*

Rollbahn die
рулежная дорожка F
Kontrollturm der
диспетчерская F вышка F
Kontrollraum der
пункт M управления N
Vorfeld das
бетонированная площадка F перед M ангаром M
Versorgungsstraße die
сервисно-технический путь M
Rollbahnmarkierung die
разметка F взлетно-посадочной полосы F

## Abflughalle die
## *зал M вылета M*

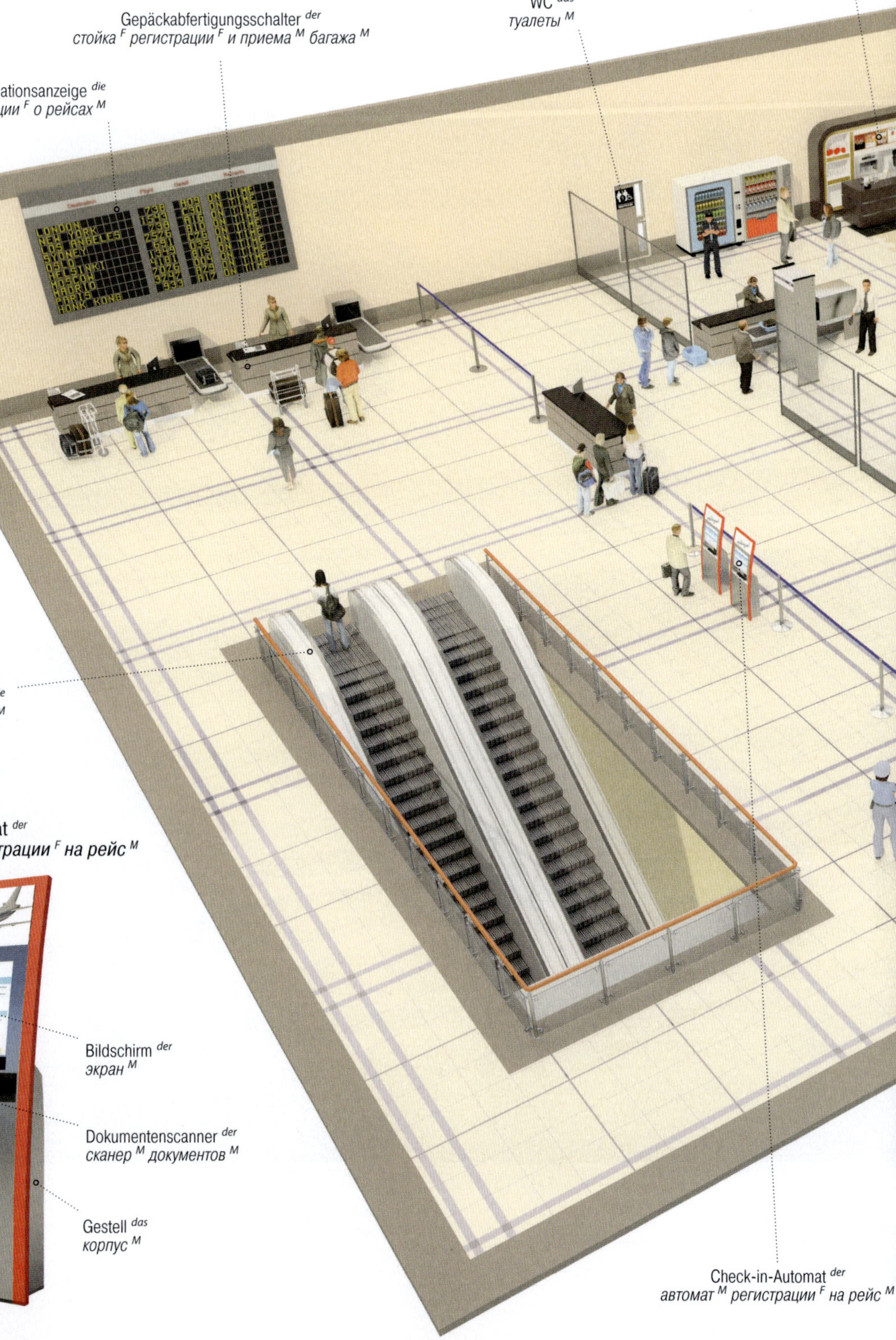


## Check-In Automat der
## *автомат M регистрации F на рейс M*

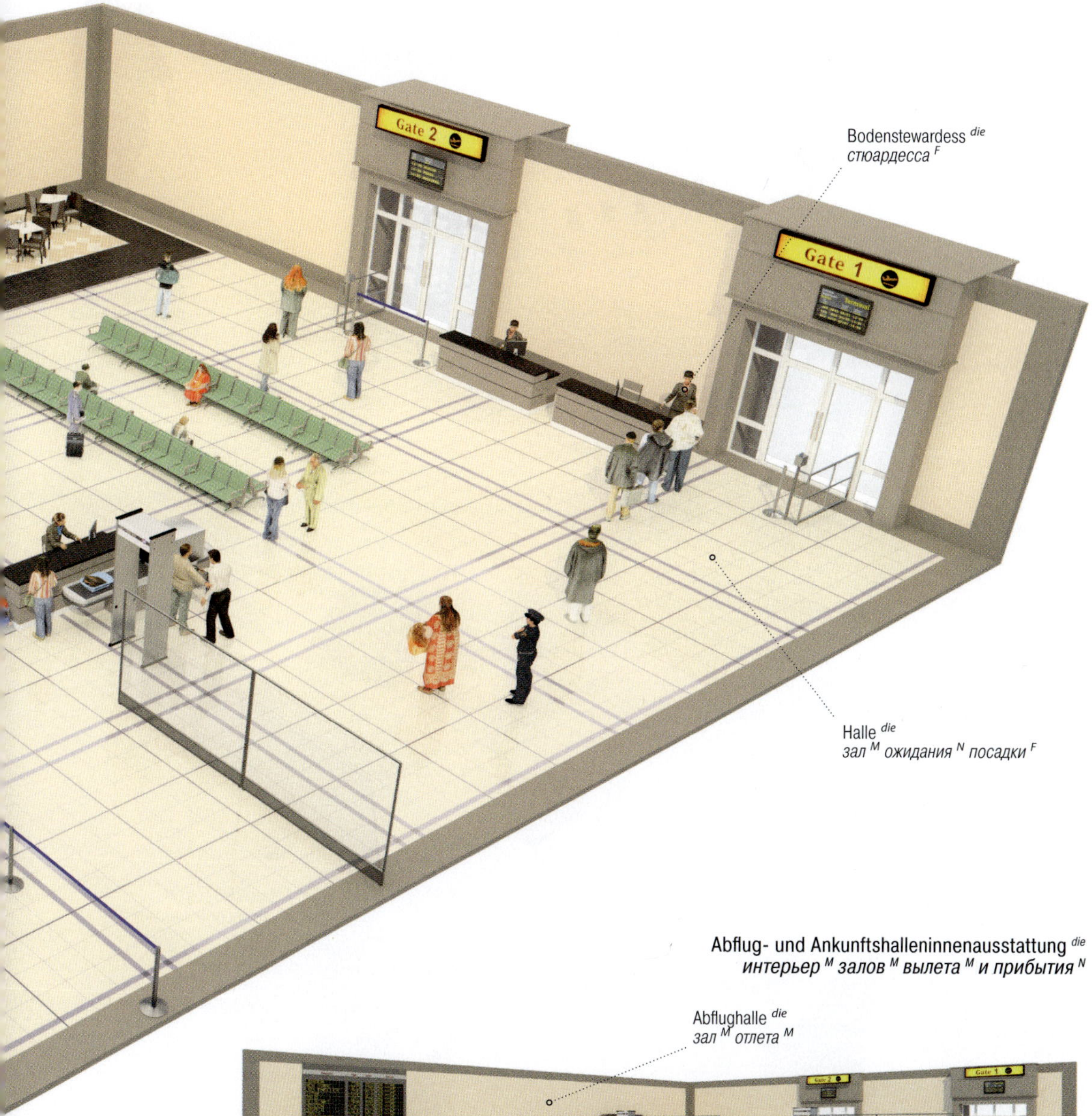


Abflug- und Ankunftshalleninnenausstattung *die*
***интерьер* *M* *залов* *M* *вылета* *M* *и прибытия* *N***

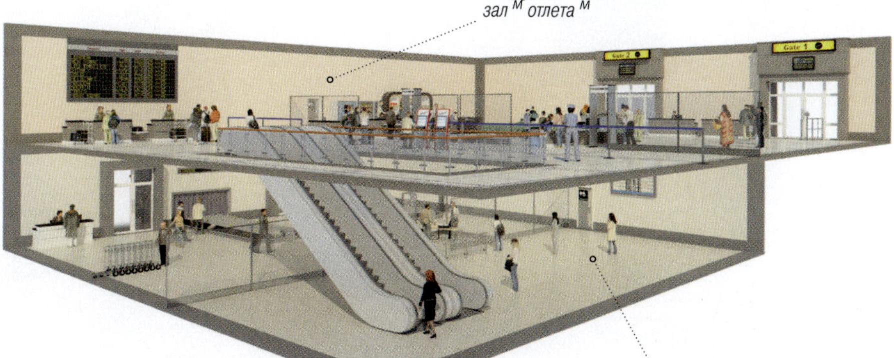

Geschäftsjet *der*
*административный самолет* M

Flugbegleiterin *die*
*бортпроводница* F

Leichtfluzeug *das*
*местный (легкий) самолет* M

Großraumflugzeug *das*
*широкофюзеляжный авиалайнер* M

Hubschrauber der
*вертолет M*

Standardrumpfflugzeug das
*узкофюзеляжный самолет M*

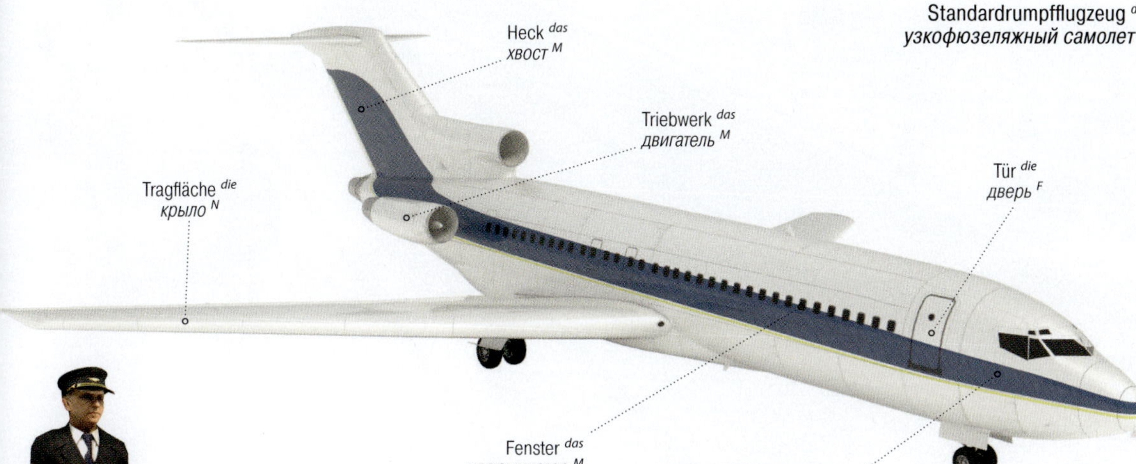

Bahnhof *der*
*вокзал M*

Zug der
поезд M
Café das
кафе M
Informationsanzeige die
указательная табличка F
Pendlerzug der
электричка F
Kiosk der
торговый ларек M
Schwelle die
шпала F
Gleise das
рельсы M
Koffer der
чемодан M
Fahrplantafel die
стенд M с расписанием N
Abfalleimer der
урна F

## Personenzüge der
*Пассажирские поезда M*

## Personenzug der
*пассажирский поезд M*

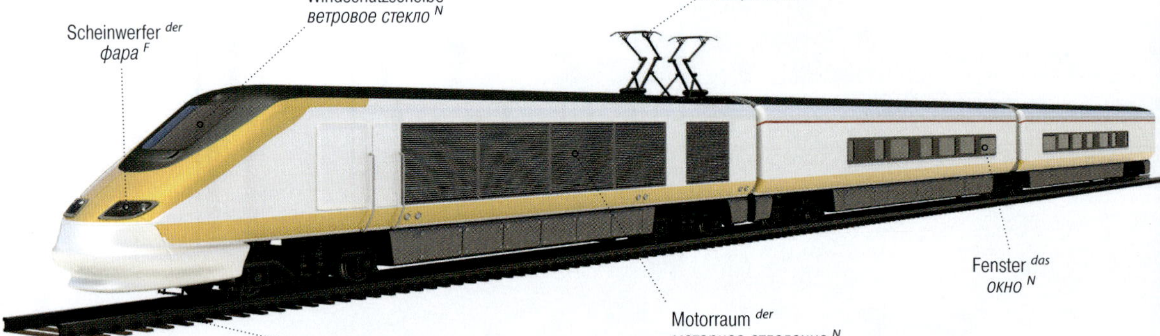

## Lokomotiven die
## *Локомотивы M*

### Doppellokomotive die
### *локомотив M с двумя кабинами F управления N*

## Frachtwagen der
## *Товарные вагоны M*

Autotransportwaggon der
*автомобилевоз*

geschlossener Güterwaggon der
*крытый вагон M*

überdachter Schüttgutwaggon der
*вагон M бункерного типа M*

Tankwagen der
*цистерна F*

U-Bahnstation *die*
*станция F*

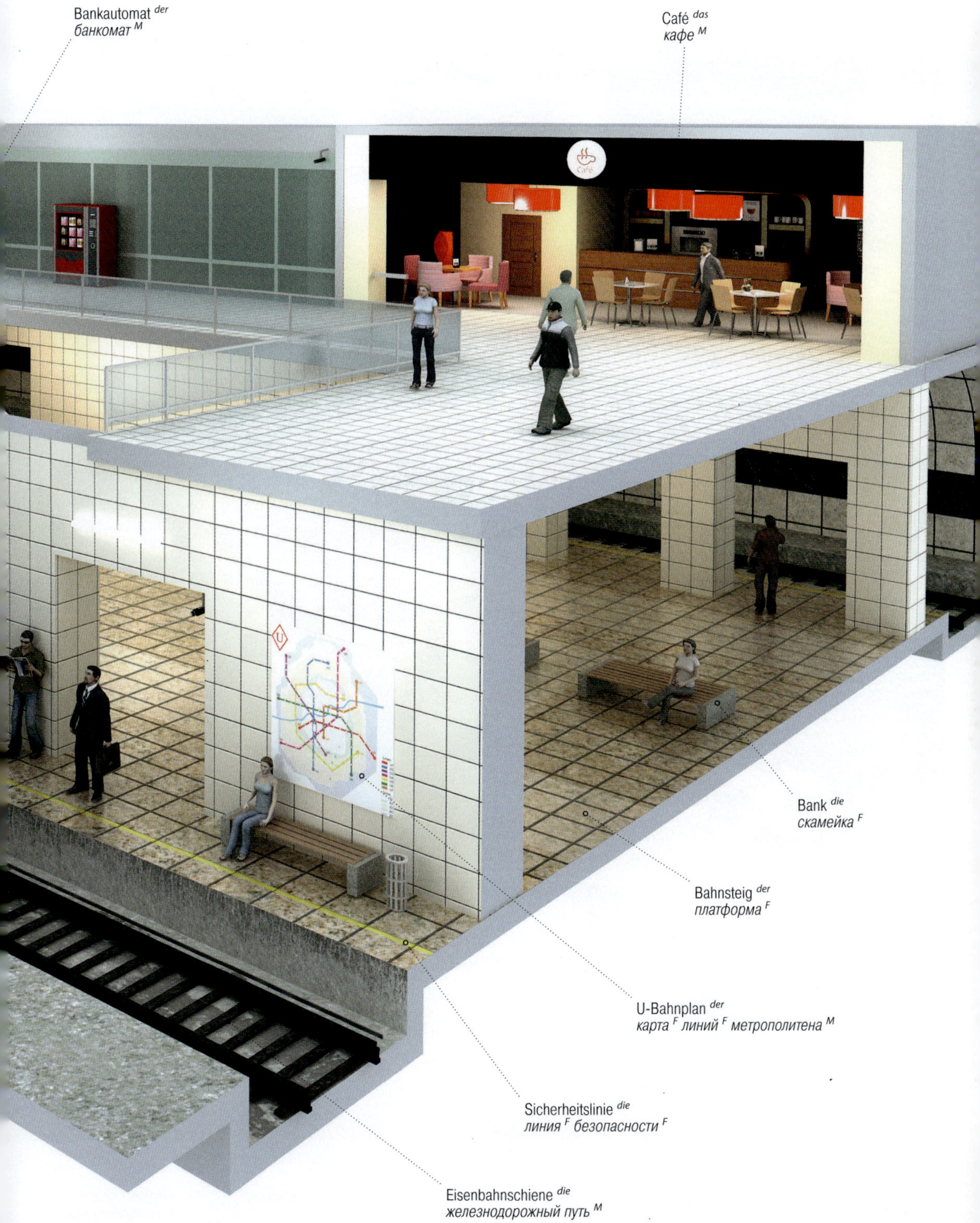
Bankautomat *der*
*банкомат* *M*
Café *das*
*кафе* *M*
Bank *die*
*скамейка* *F*
Bahnsteig *der*
*платформа* *F*
U-Bahnplan *der*
*карта* *F* *линий* *F* *метрополитена* *M*
Sicherheitslinie *die*
*линия* *F* *безопасности* *F*
Eisenbahnschiene *die*
*железнодорожный путь* *M*

Hafen *der*
*порт* *M*

Containerkran der
контейнерный кран M
Verwaltungsgebäude das
административное здание N
Container der
контейнер M
Containerschiff das
контейнеровоз M
Stapler der
стакер M
muelle M
Kai der

## Passagier- und Frachtschiffe *das*
## *Пассажирские и грузопассажирские суда* *M*

Passagierschiff *die*
*пассажирского лайнер* *M*

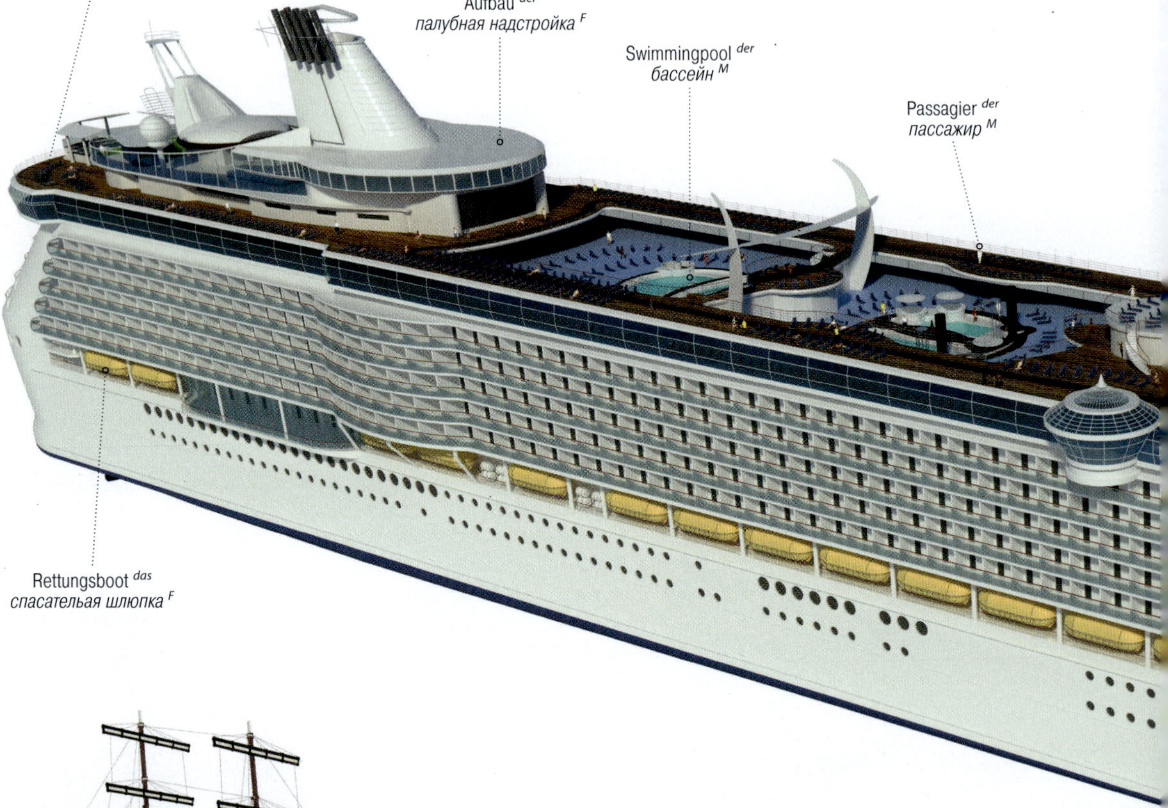

Segelboot *das*
*парусник* *M*

Fähre *die*
*паром* *M*

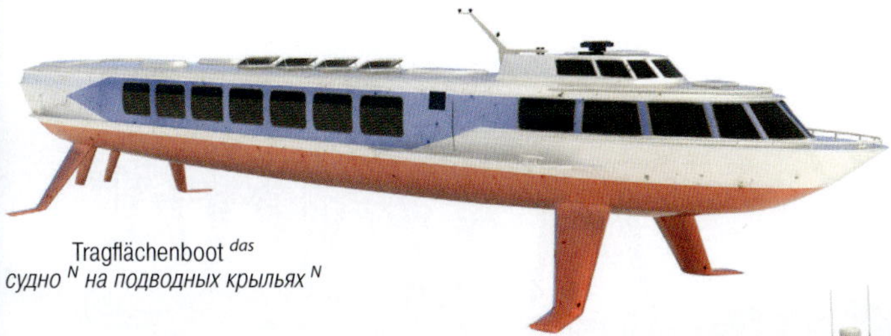

Tragflächenboot das
судно N на подводных крыльях N

Motorjacht die
моторная яхта F

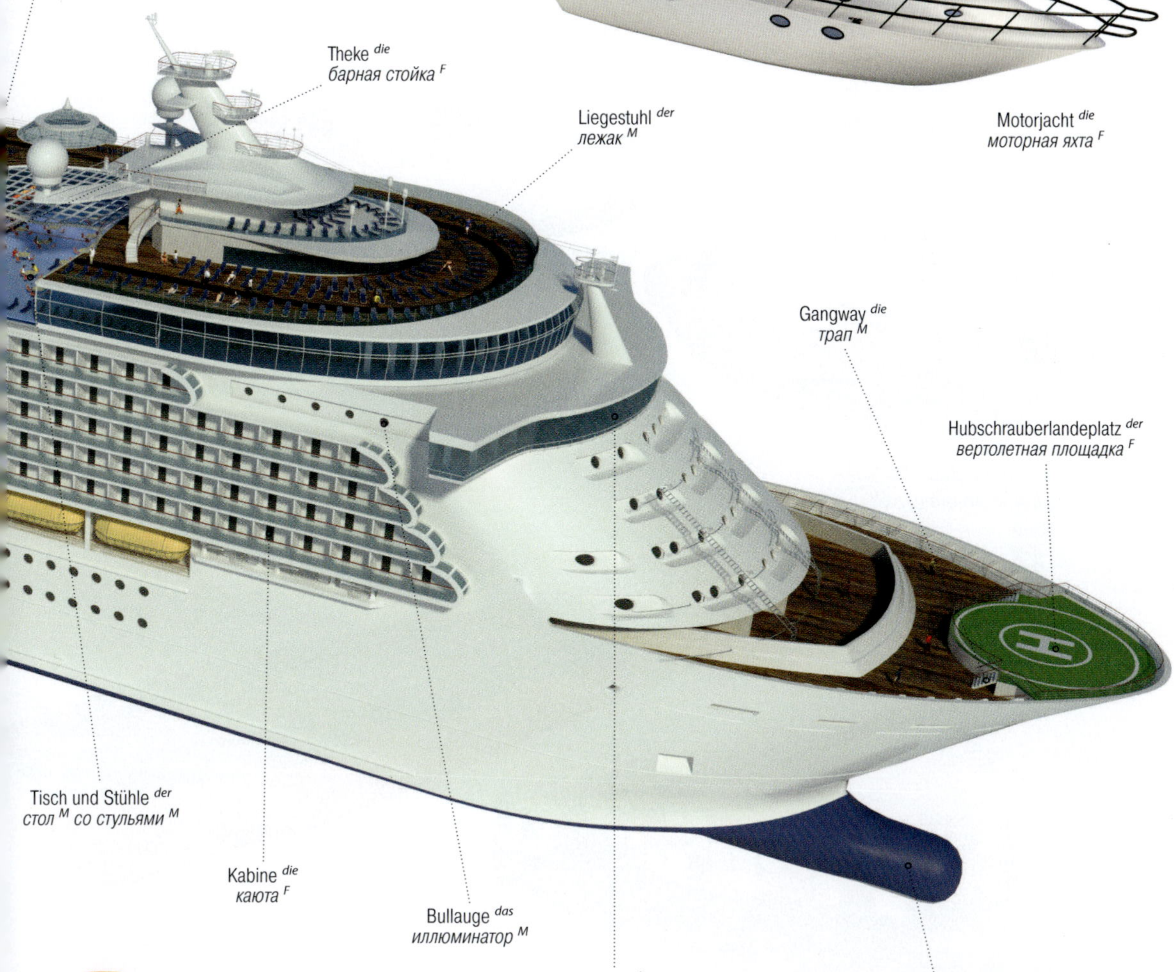


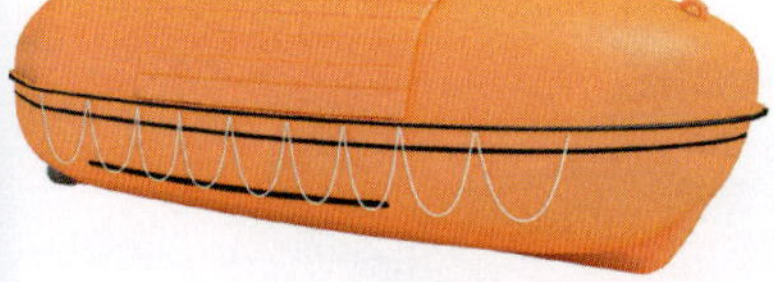

Rettungsboot das
спасательная шлюпка F

## Hilfs-, Service- und Arbeitsschiffe das
## *Вспомогательные обслуживающие и технические суда M*

Eisbrecher der
*ледокол M*

Schwimmkran der
*плавучий кран M*

Schlepper der
*буксир M*

Seezeichenschiff die
*вспомогательное судно N*

## Fracht- und Fischereischiffe das
## *Грузовые и промысловые суда M*

Tanker der
*танкер M*

Containerfahrzeug das
*контейнеровоз M*

Trockenfrachtschiff das
*сухогруз M*

Kranhubschrauber [der]
*летающий кран* [M]

Gittermastkran [der]
*портальный кран* [M]

Brückenkran [der]
*мостовый кран* [M]

Hebekran [der]
*консольный кран* [M]

Hafenkran [der]
*береговой перегружатель* [M]

Kranfahrzeug [das]
*автомобильный кран* [M]

Periodensystem *das*
*периодическая таблица F*

Gruppe *die*
*группа F*

Kategorie *die*
*семейство N*

Periodendauer *die*
*период M*

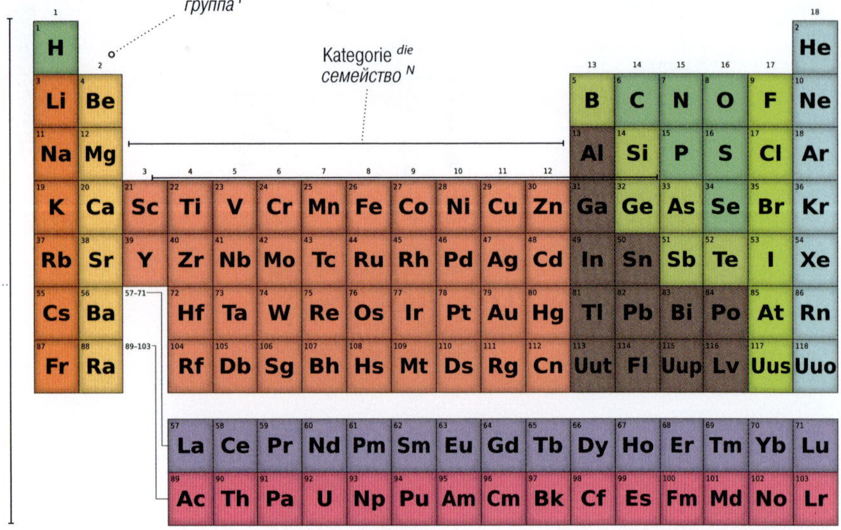


Symbole *das* der chemischen Elemente *das*
*символы M химических элементов M*

Atomzahl *die*
*атомный номер M*

atomares Gewicht *das*
*атомная масса F*

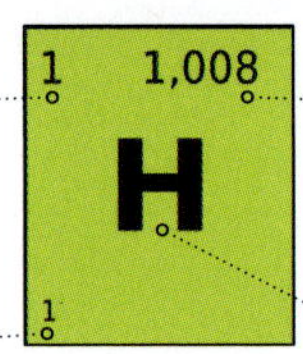


Elektronenkonfiguration *die*
*электронная конфигурация F*

chemisches Symbol *das*
*символ M*

Wasserstoff *der*
*вода M*

Cholesterin *das*
*холестирин*

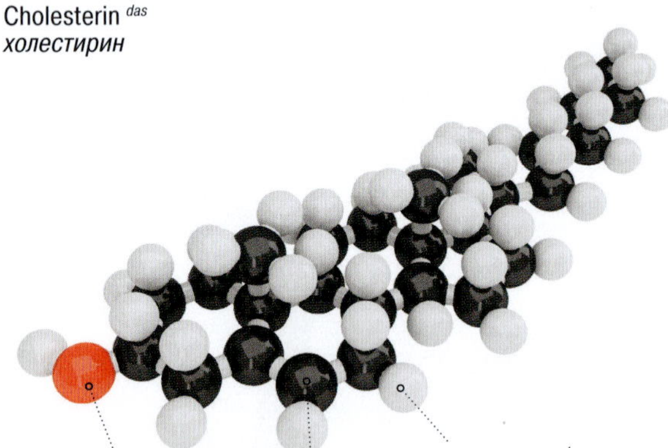

Sauerstoff *der*
*кислород M*

Kohlenstoff *der*
*углерод M*

Wasserstoff *der*
*водород M*

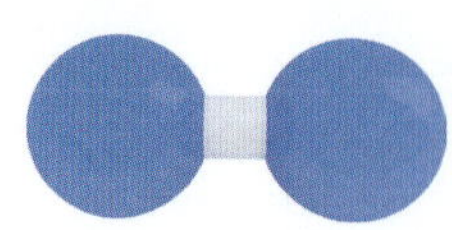

Stickstoff *der*
*азот M*

Kohlendioxid *das*
*углекислый газ M*

Kohlenstoff *der*
*углерод M*

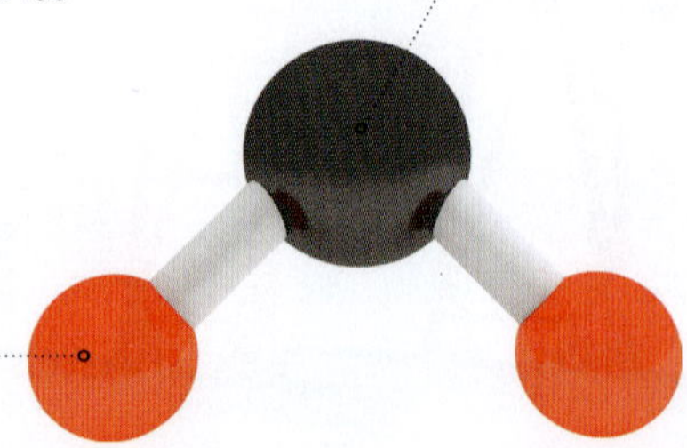

Sauerstoff *der*
*кислород M*

## Kreis *der*
## *Круг М*

Kreis *der*
*круг М*

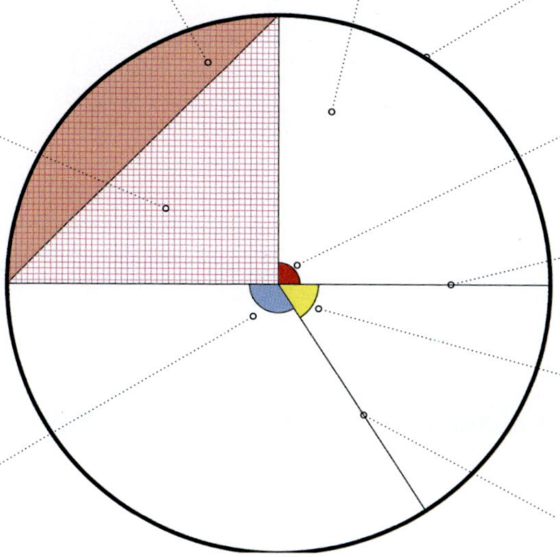


## Dreiecke *das*
## *Треугольники М*

Dreieck *das*
*треугольник М*

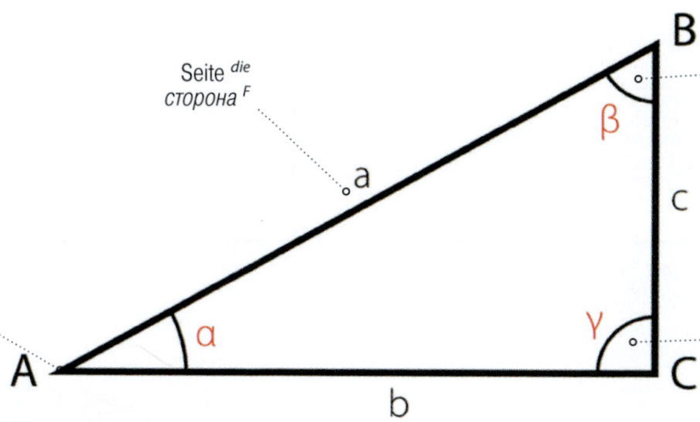


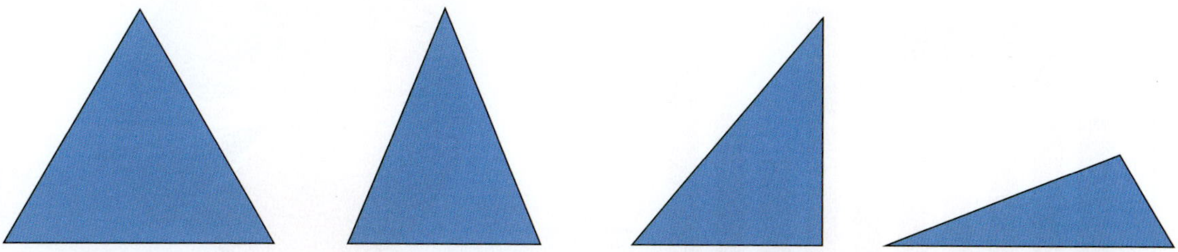

gleichseitig
*равносторонний*

gleichschenkelig
*равнобедренный*

rechtwinkeliges Dreieck *das*
*прямоугольный*

ungleichschenkelig
*разносторонний*

## Polygone *das*
*Многоугольники* *M*

flächenförmige Flusseinheit *die*
*квадрат* *M*

Rechteck *das*
*прямоугольники* *M*

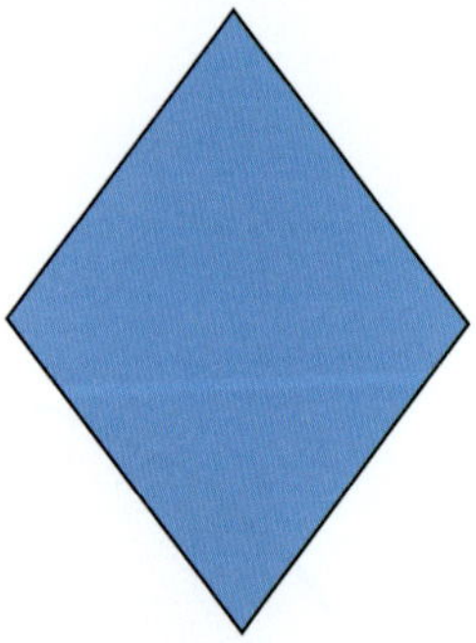

Rhombus *der*
*ромб* *M*

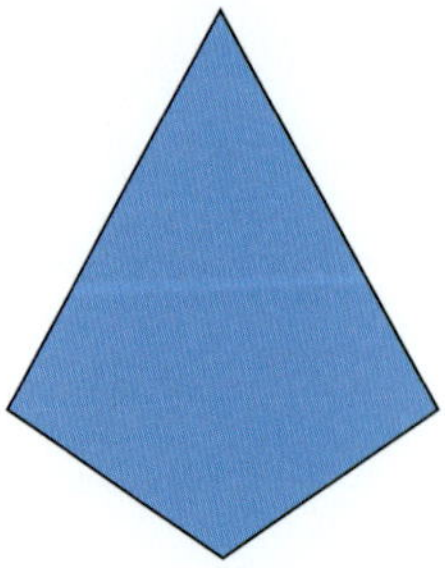

Deltoid *das*
*дельтоид* *M*

Trapez *das*
*трапеция* *F*

Fünfeck *das*
*пятиугольник* *M*

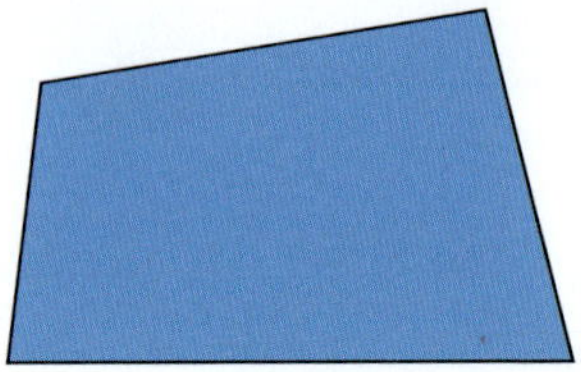

Viereck *das*
*четырехугольник* *M*

Parallelogramm *das*
*параллелограмм* *M*

## Diagramme *das*
*Диаграммы* *F*

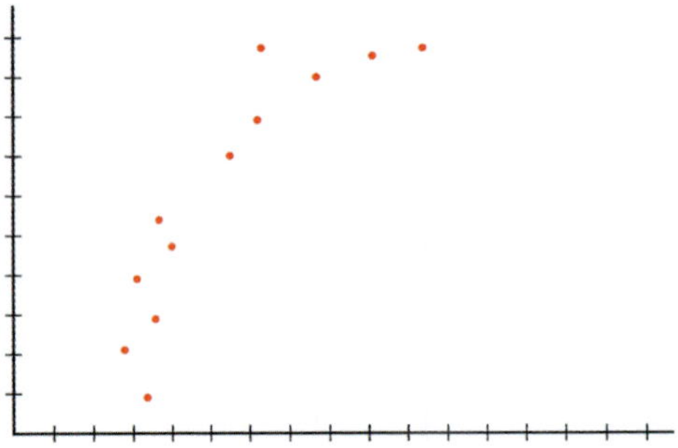

Punktdiagramm *das*
*точечная диаграмма* *F*

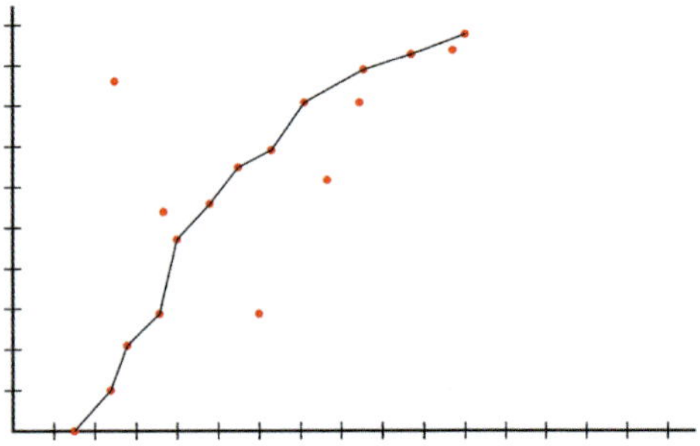

Liniendiagramm *das*
*линейная диаграмма* *F*

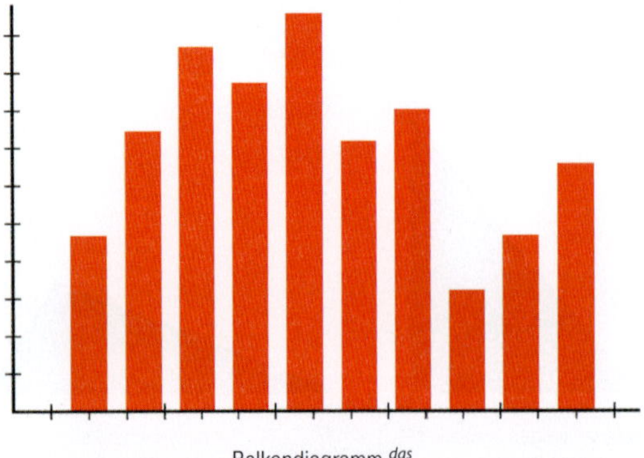

Balkendiagramm *das*
*столбчатая диаграмма* *F*

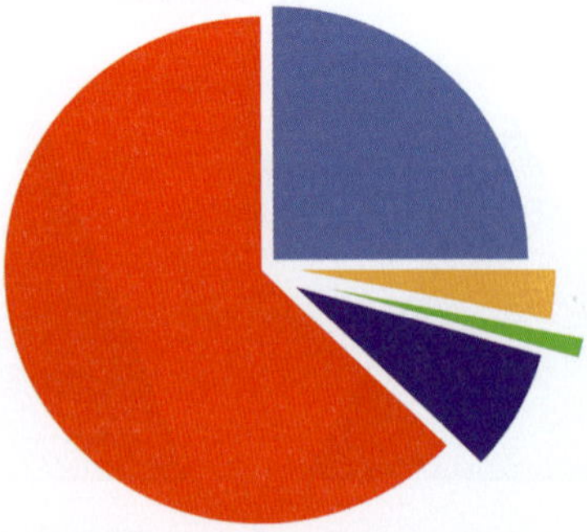

Kreisdiagramm *das*
*круговая диаграмма* *F*

## Körper der
## *Фигуры F*

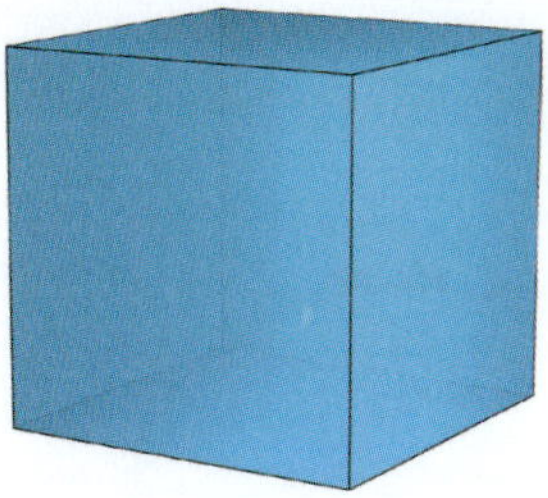

Würfel der
*куб M*

rechtwinkeliger Quader der
*прямоугольный параллелепипед M*

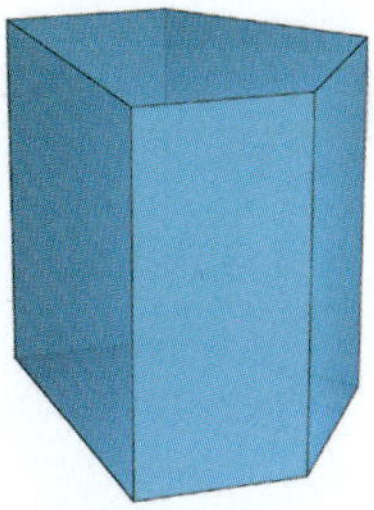

Prisma das
*призма F*

Zylinder der
*цилиндр M*

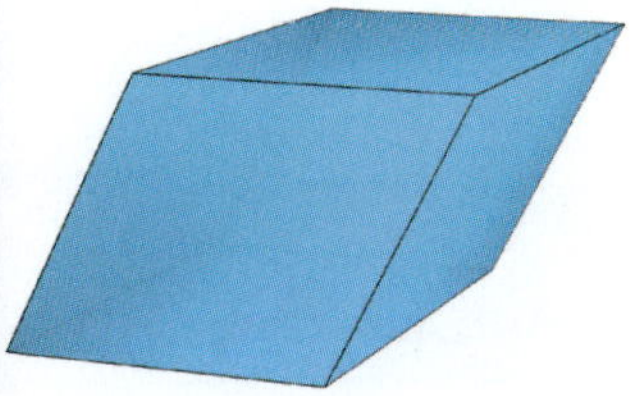

Quader der
*параллелепипед M*

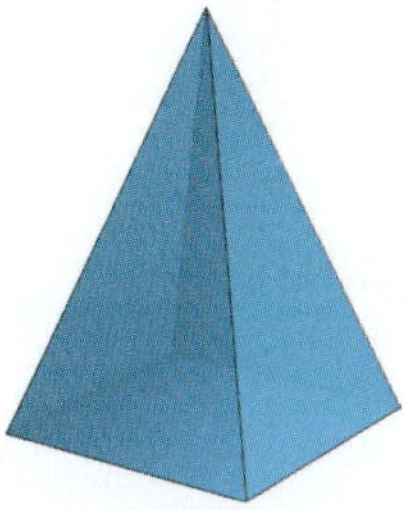

Pyramide die
*пирамида F*

Tetraeder der
*тетраэдр M*

kegelförmiger Kolben der
*конус M*

Kugel die
*шар M*

Ellipsoid das
*эллипсоид M*

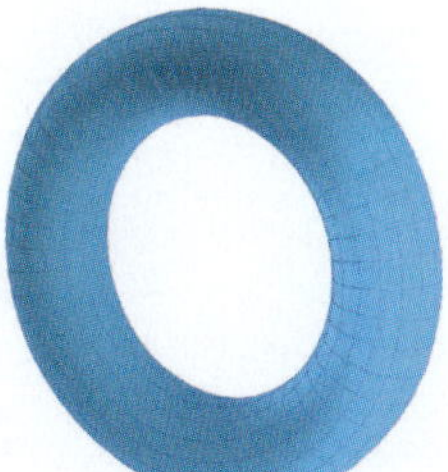

Torus der
*тор M*

Oktaeder der
*октаэдр M*

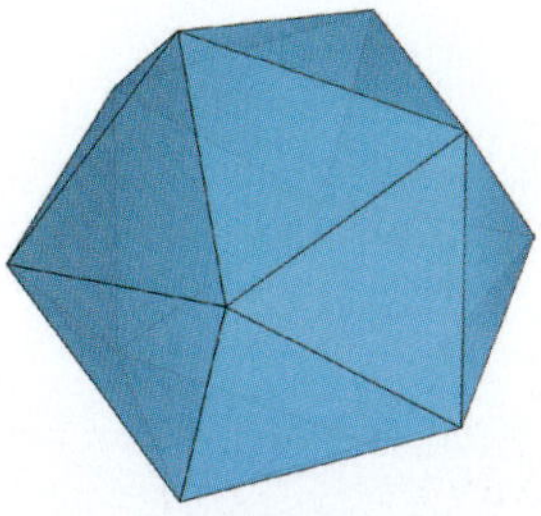

Ikosaheder der
*икосаэдр M*

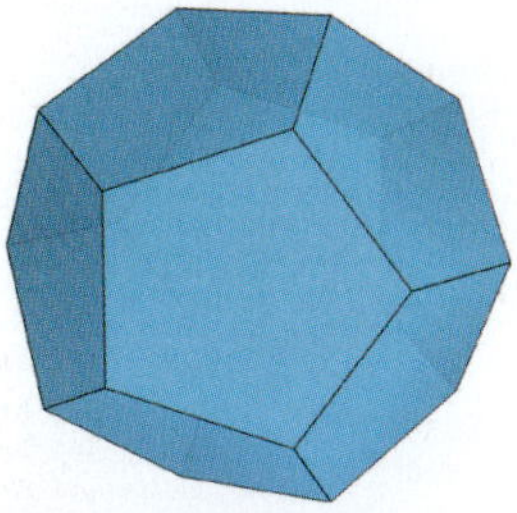

Dekaeder der
*додекаэдр M*

Wetterkarte *die*
*синоптическая карта F*

Hochdruckgebiet *das*
*область F высокого давления N*

Tiefdruckgebiet *das*
*область F низкого давления N*

Luftdruck *der*
*атмосферное давление N*

Isobare *die*
*изобара F*

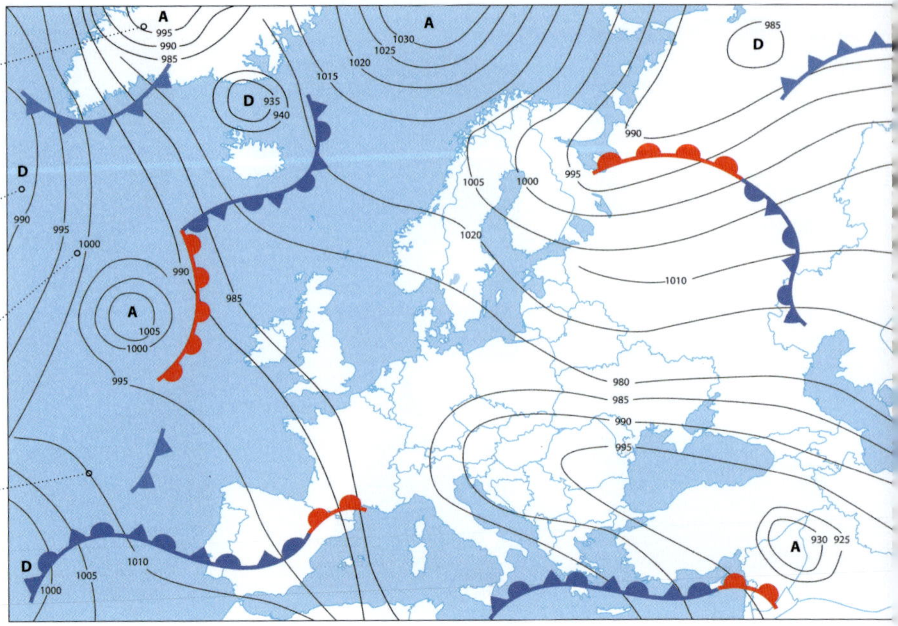


## Fronten *die*
## *Погодные фронты M*

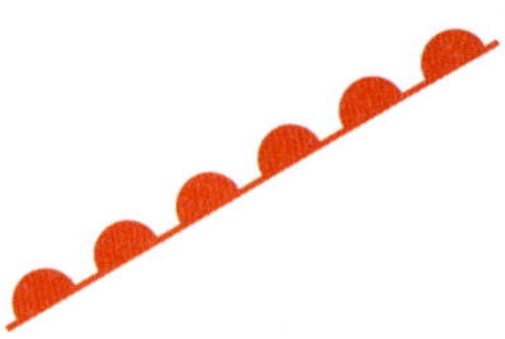

Warmfront *die*
*тёплый фронт M*

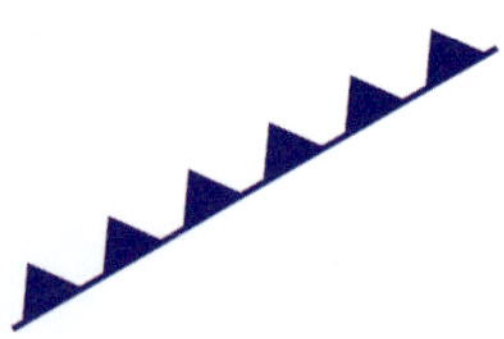

Kaltfront *die*
*холодный фронт M*

geschlossene Front *die*
*фронт M окклюзии F*

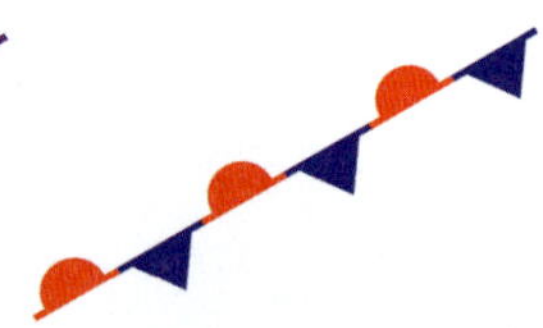

stationäre Front *die*
*стационарные фронты M*

## Niederschlag *der*
## *Осадки M*

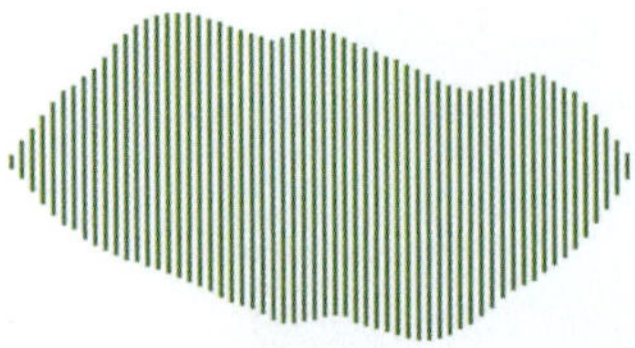

Schnee *der*
*снег M*

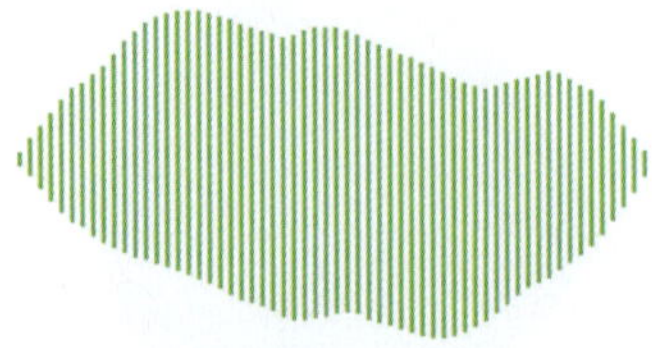

Regen *der*
*дождь M*

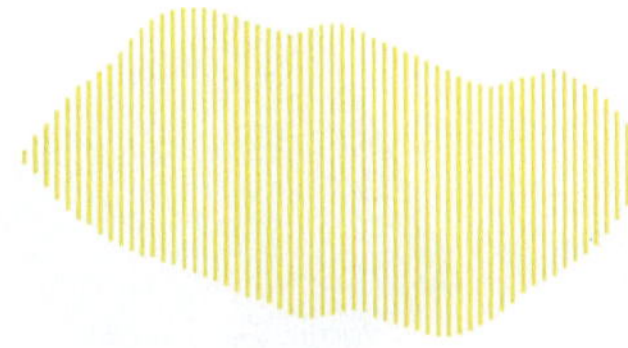

Nebel *der*
*туман M*

## Farbrad das
## *цветовой круг M*

## Farbkontraste der
## *Цветовые контрасты M*

Kontrast der des Farbtons der
*цветовой контраст M*

Simultankontrast der
*симультанный контраст M*

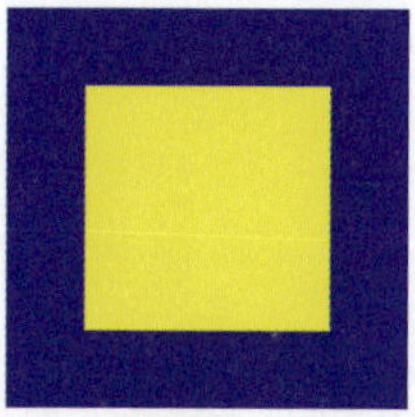

hell-dunkel Kontrast der
*тональный контраст M*

Sättigungskontrast der
*насыщенность F контраста M*

warm-kalt Kontrast der
*контраст M холодного N*

Quantitätskontrast der
*количественный контраст M*

Komplementärkontrast der
*комплиментарный контраст M*

## Kolben der auf Ständer der
*колба F на подставке F*

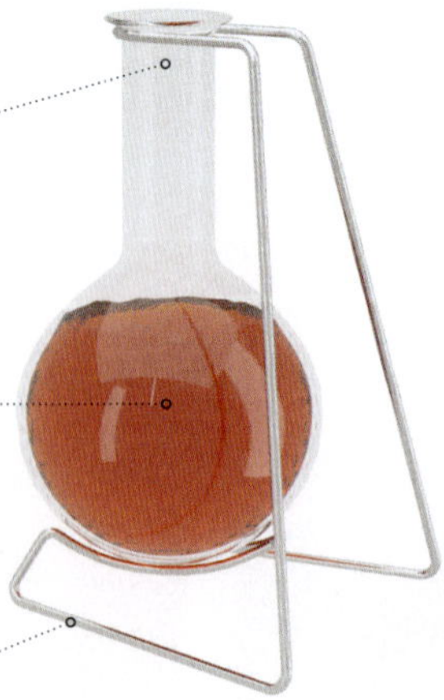

Kolben der mit Abtropfvorrichtung der
*колба F с отводами M*

Hut der
*колпак M*

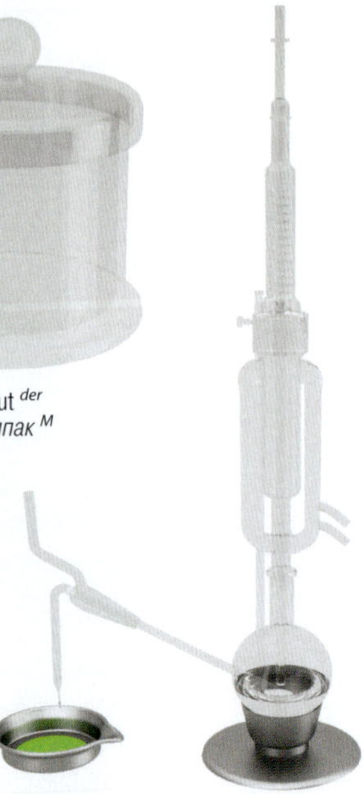

Set die für Destillattrennung das
*установка F для фракционной перегонки F*

## Heizmantel der
*колбонагреватель*

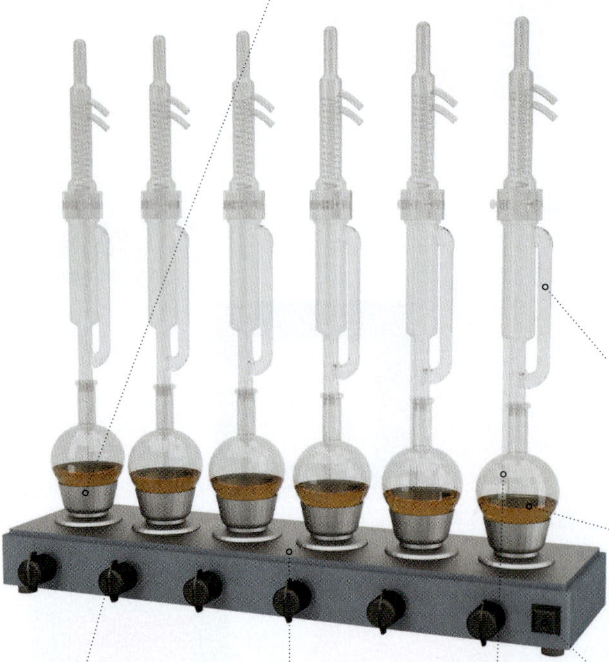

Universalheizung die
*универсальный нагреватель M*

Trockenapparat der
*десикатор M*

magnetischer Mixer der
магнитная термо-мешалка F

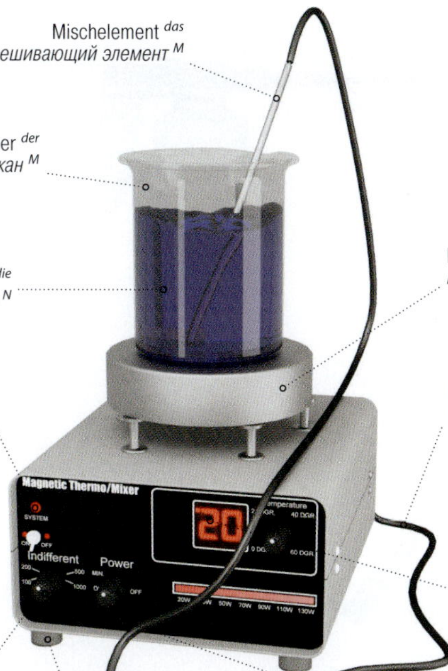

magnetischer Mixer der
магнитная мешалка F

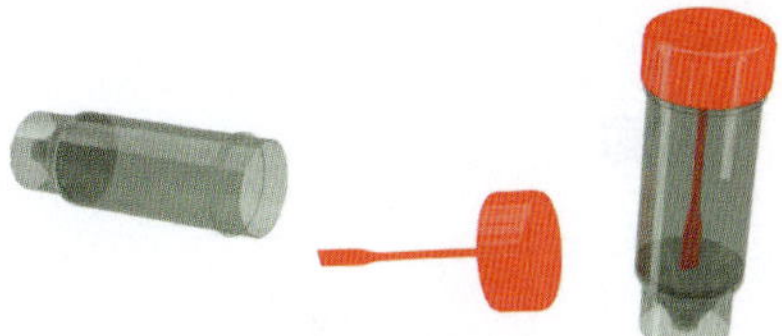

Kolben der mit Schaufel der
флакон M с лопаткой F

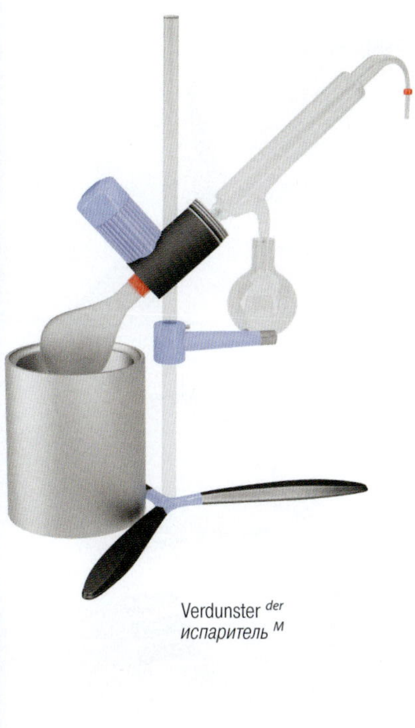

Verdunster der
испаритель M

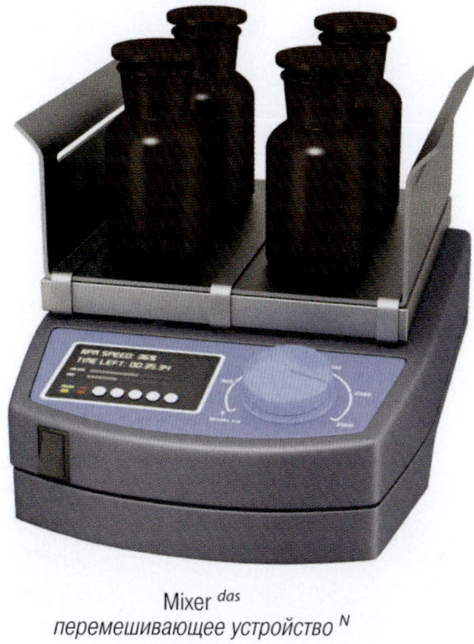

Mixer das
перемешивающее устройство N

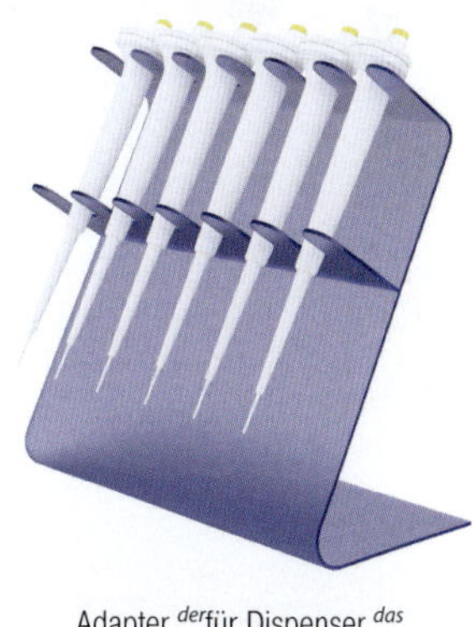

Adapter der für Dispenser das
штатив M для дозатора M

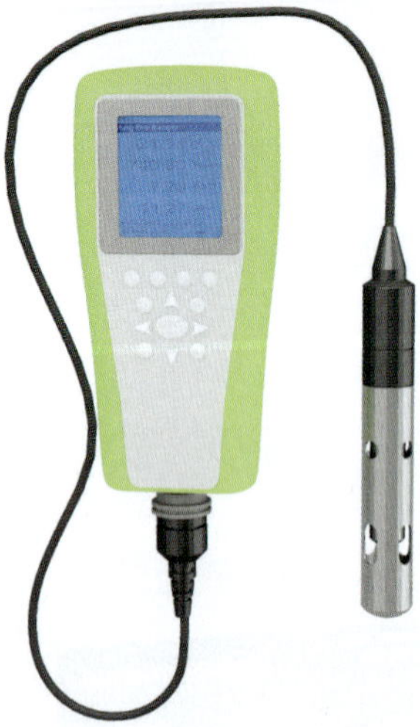

Thermometer *die* mit Funksensor *das*
*термометр M с выносным датчиком M*

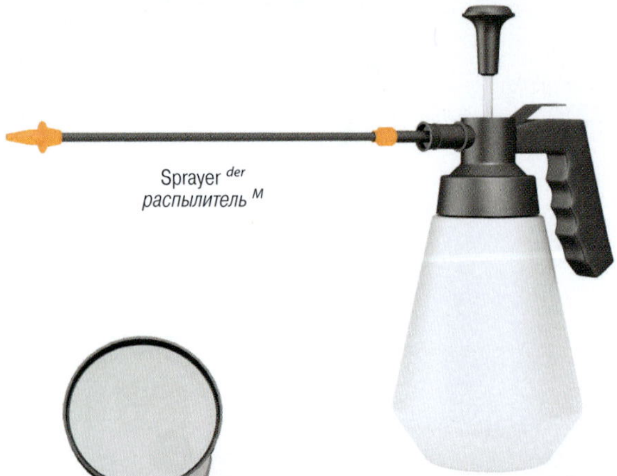

Sprayer *der*
*распылитель M*

Lautstärkemesser *der*
*измеритель M шума M*

Vergrößerungsglas *das*
*лупа F*

Kelle *die*
*ступка F*

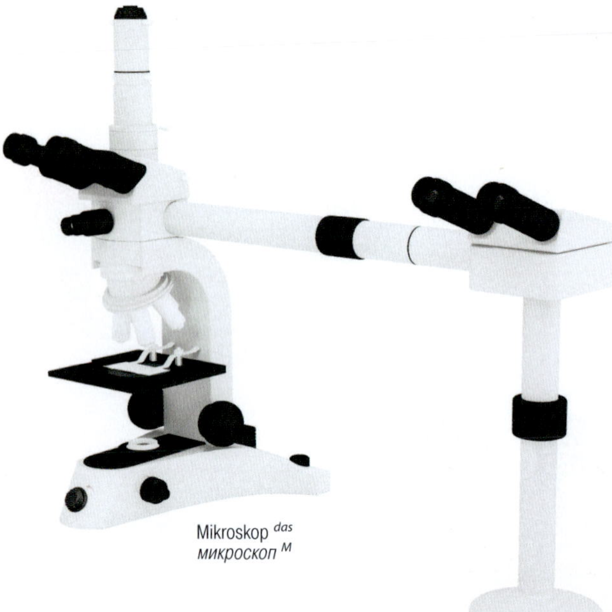

Mikroskop *das*
*микроскоп M*

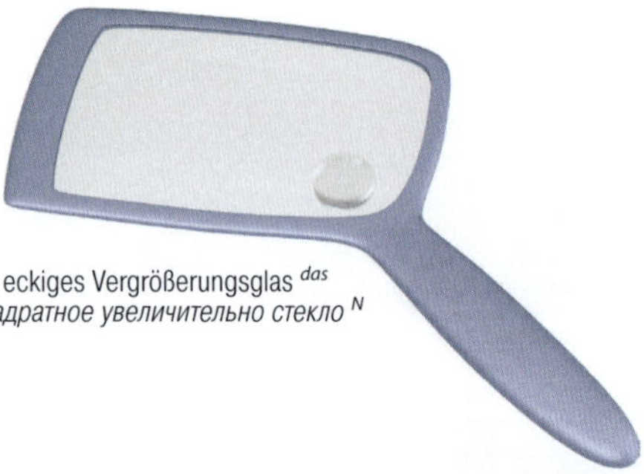

eckiges Vergrößerungsglas *das*
*квадратное увеличительно стекло N*

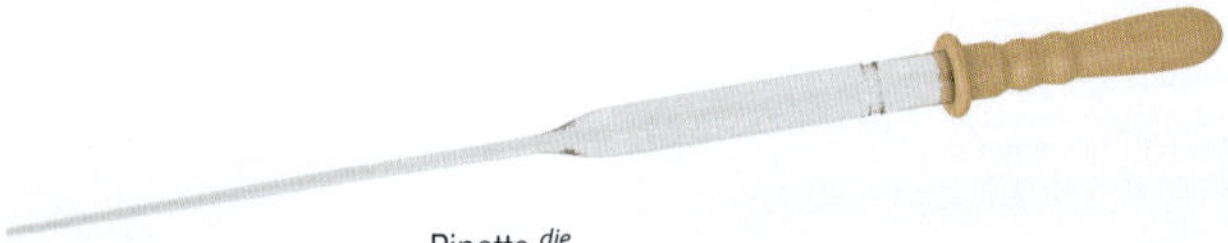

Pipette *die*
*пипетка F*

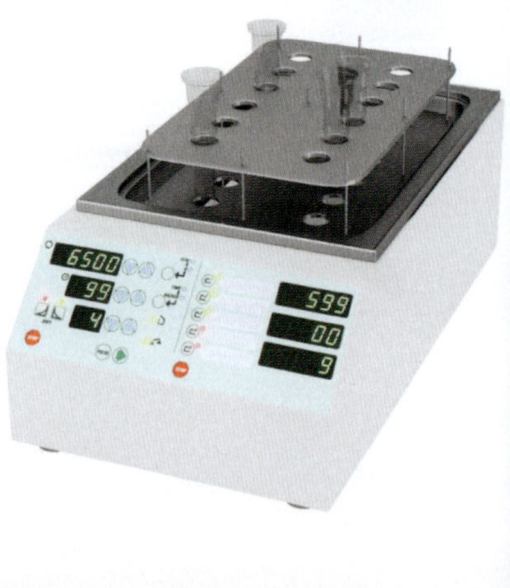


Thermostat *das*
*термостат M*

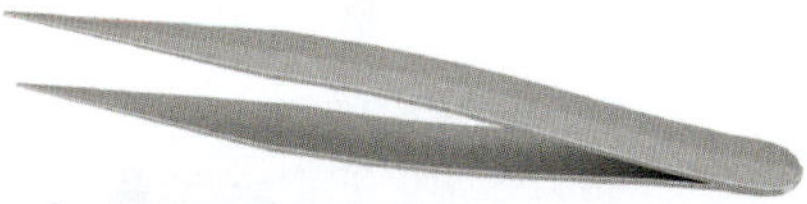

Pinzette die
пинцет M

geschärfte und gebogene Pinzette die
пинцет M

gebogene Pinzette die
пинцет M

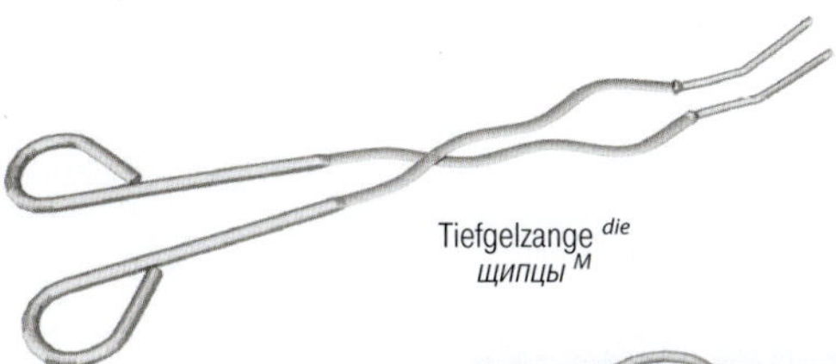

Tiefgelzange die
щипцы M

Wage die
весы M

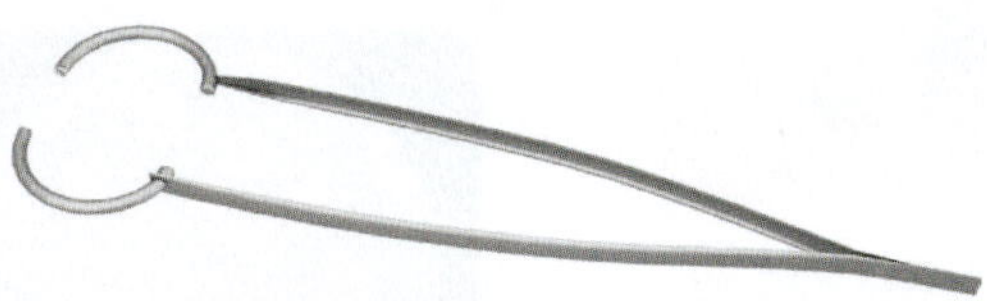

Zange die für Kolben die
щипцы M для колбы F

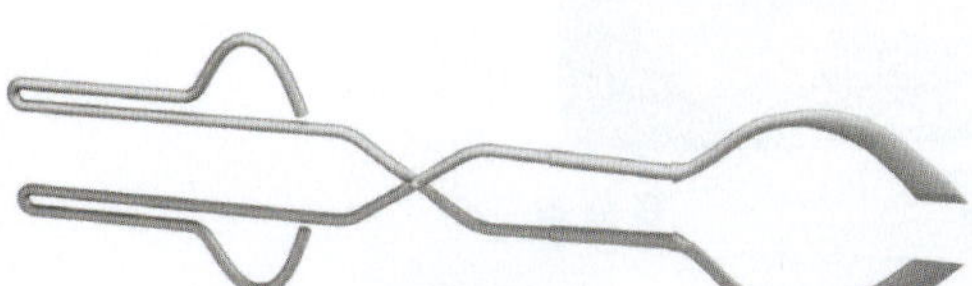

Laborzange die
лабораторные щипцы M

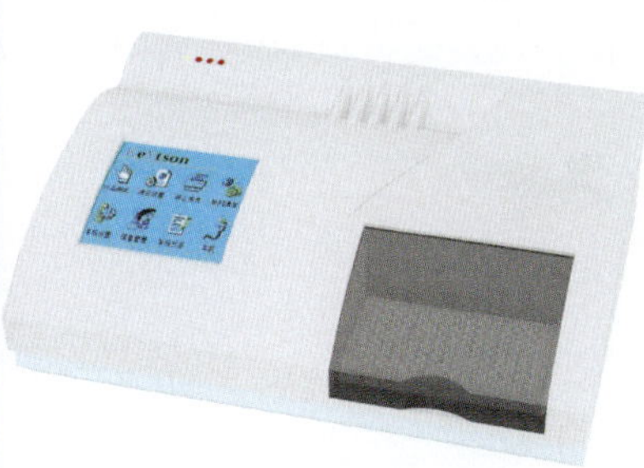

Flüssigkeitenanalysator der
анализатор M жидкости F

Destillator der
дистиллятор M

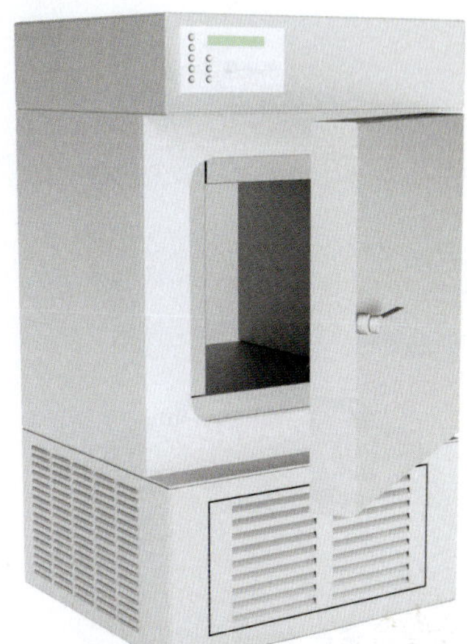

elektrische Heizung die
электропечь F

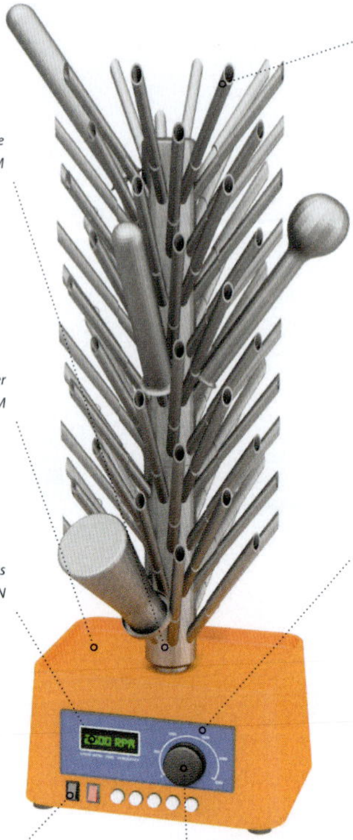


Geschirrtrockner der
*устройство N для сушки F посуды F*

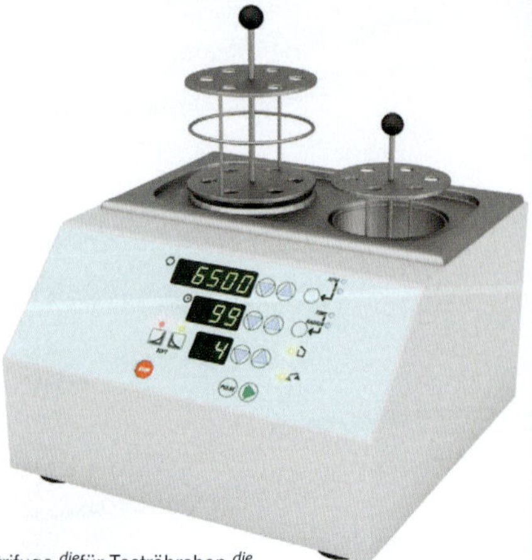

Zentrifuge die für Teströhrchen die
*центрифуга F для пробирок F*

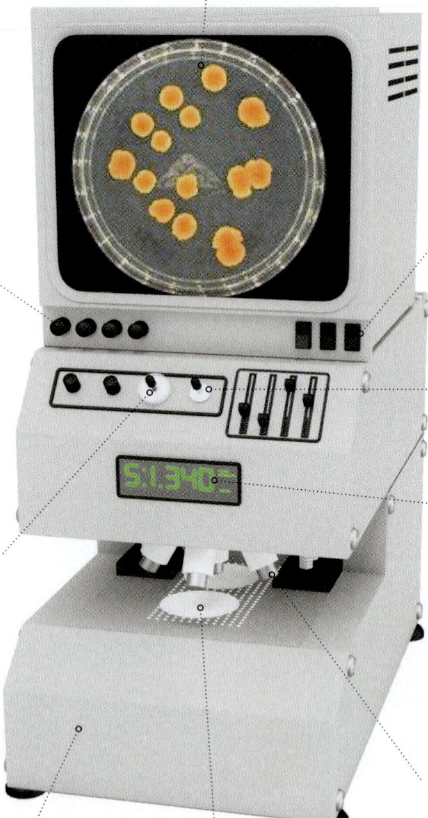


Elektronenmikroskop das
*электронный микроскоп M*

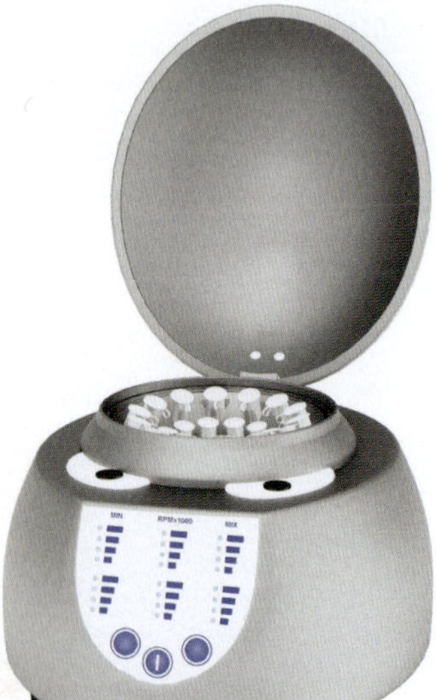

Zentrifuge die
*центрифуга F*

Mond der
луна F

Mondphasen die
Фазы F луны F

alt abnehmend
спадающий месяц M

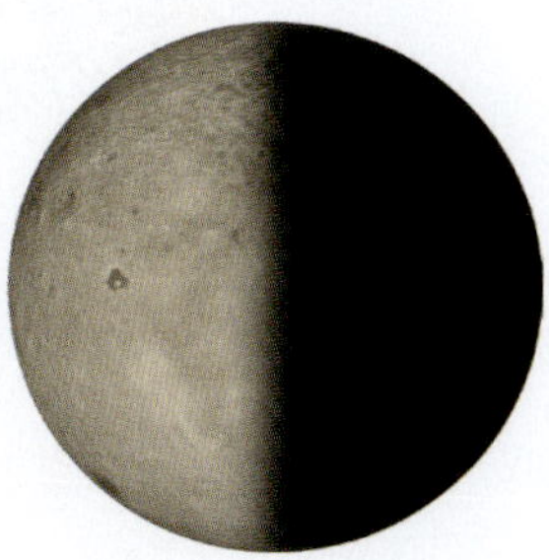
letztes Viertel das
последняя четверть F

abnehmendes Dreiviertel das
убывающая луна F

Vollmond der
полнолуние N

wachsendes Dreiviertel das
растущая луна F

erstes Viertel das
первая четверть F

Neuzunahme die
растущий месяц M

Neumond der
новолуние N

Solarsystem *das*
*солнечная система* F

Struktur die der Erde die
*строение N земли F*

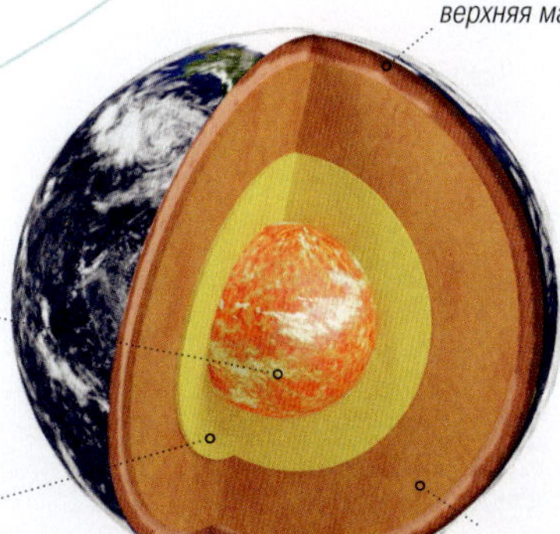

Radioteleskop das
*радиотелескоп M*

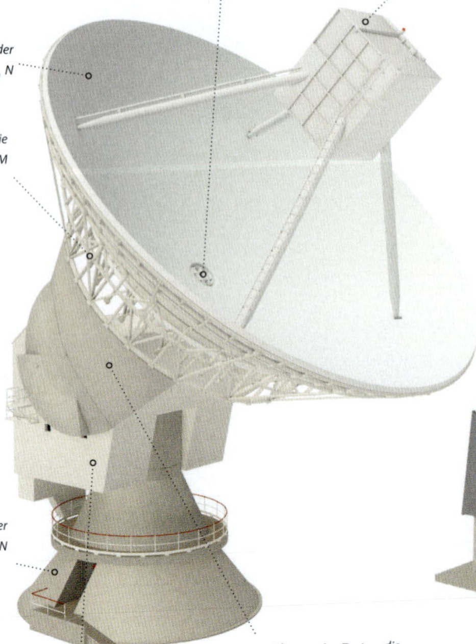


Observatorium das
*обсерватория F*

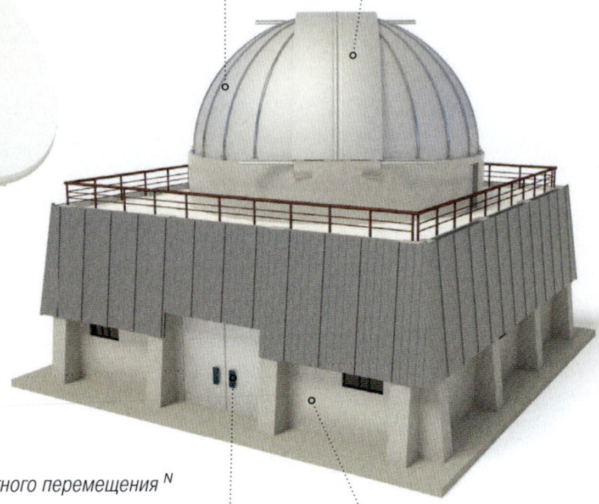


Teleskop das
*телескоп M*

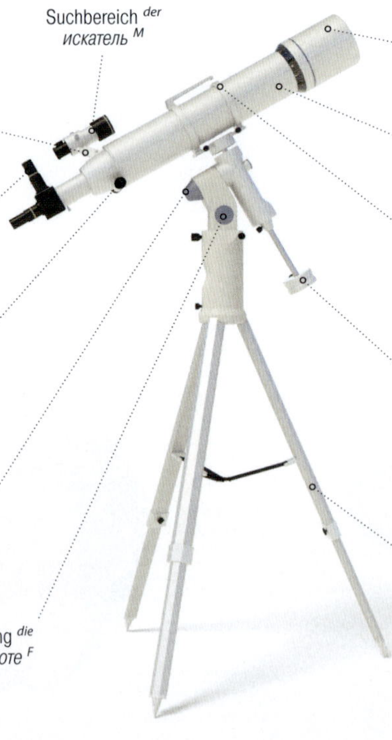

## internationale Raumstation *die*
## *международная космическая станция F*

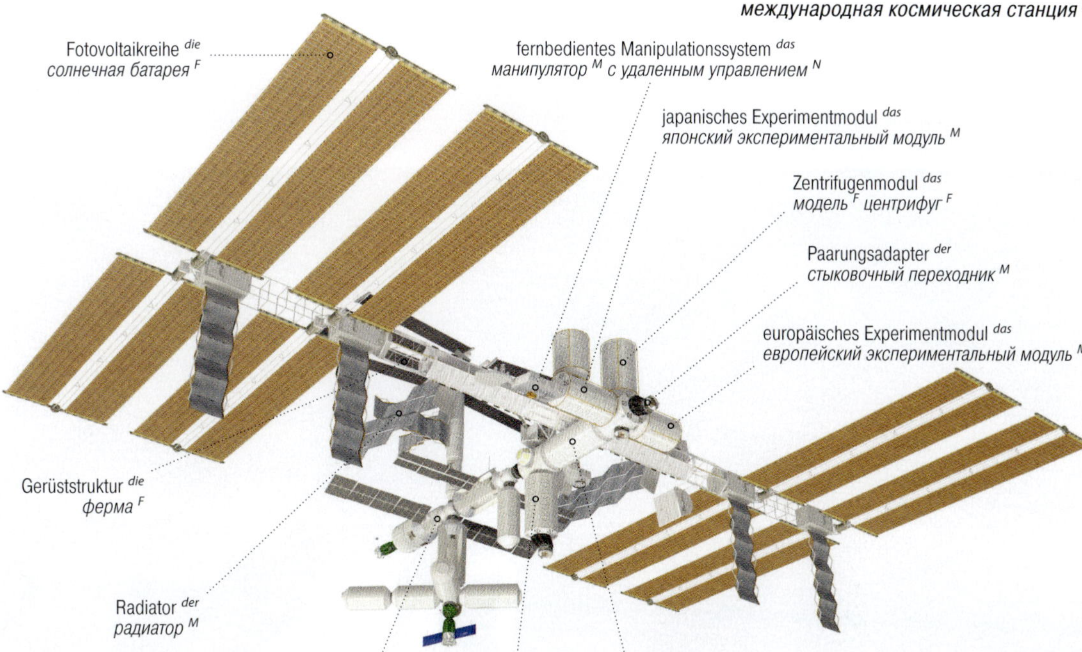


## Weltraum *der* Forschungssatellit *der*
## *космический зонд M*

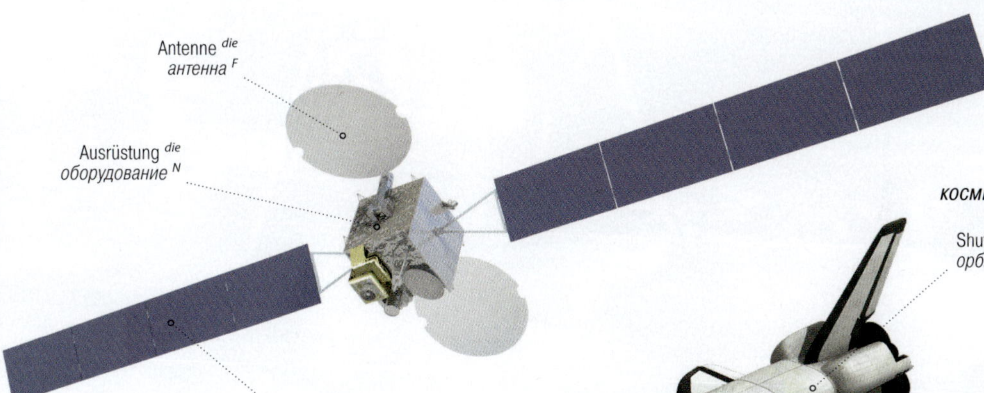


## Raumschiff *das*
## *космический челнок M*

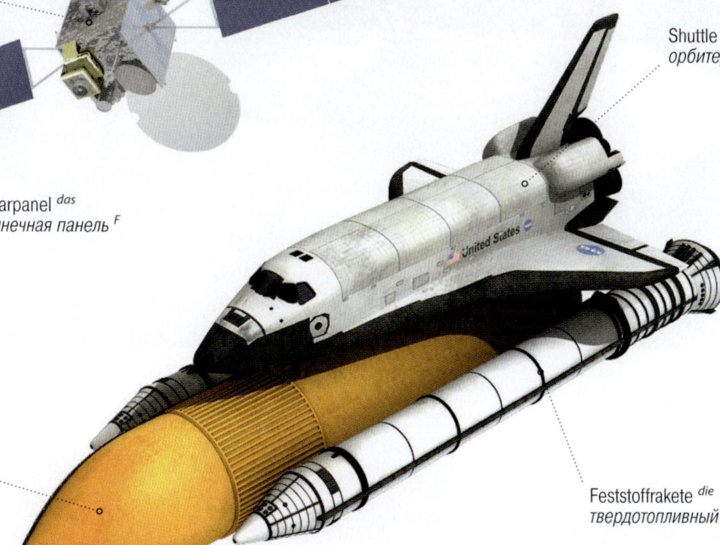

Mondlandung [der]
*посадка [F] на луну [F]*

Raumanzug der
*скафандр M*

Trägerrakete die
*ракета-носитель F*

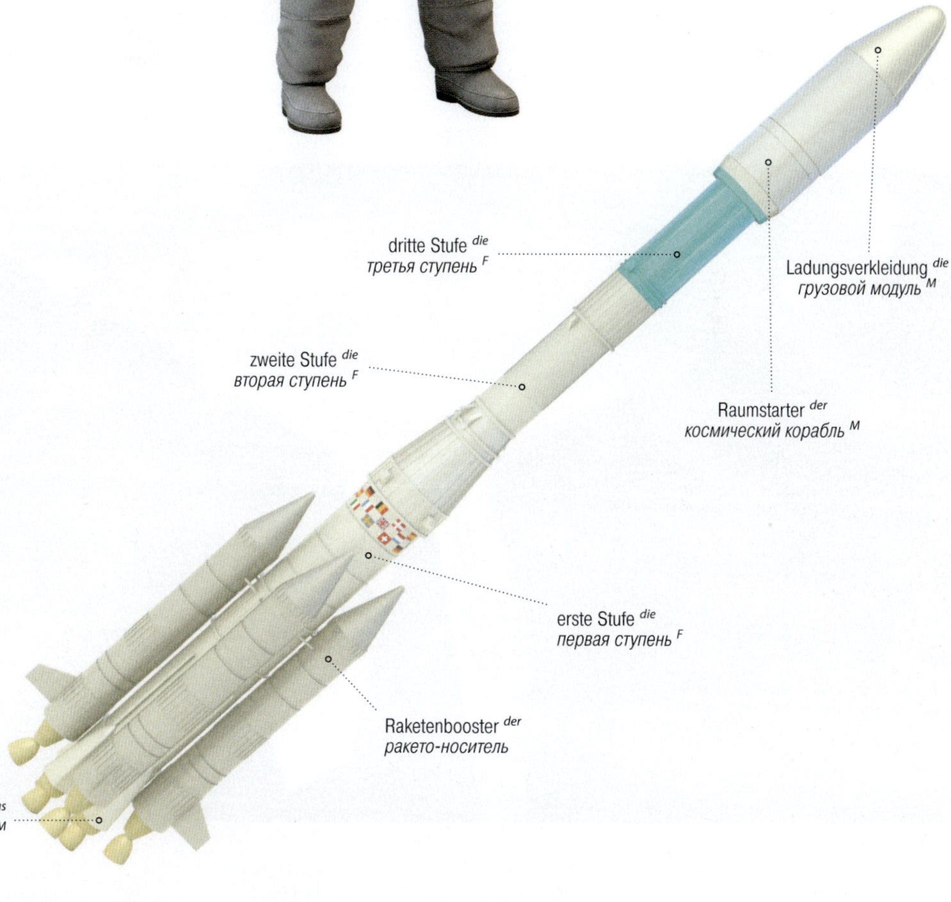

**Hochspannungsleitung** *die*
***линия*** *F* ***электропередачи*** *F*

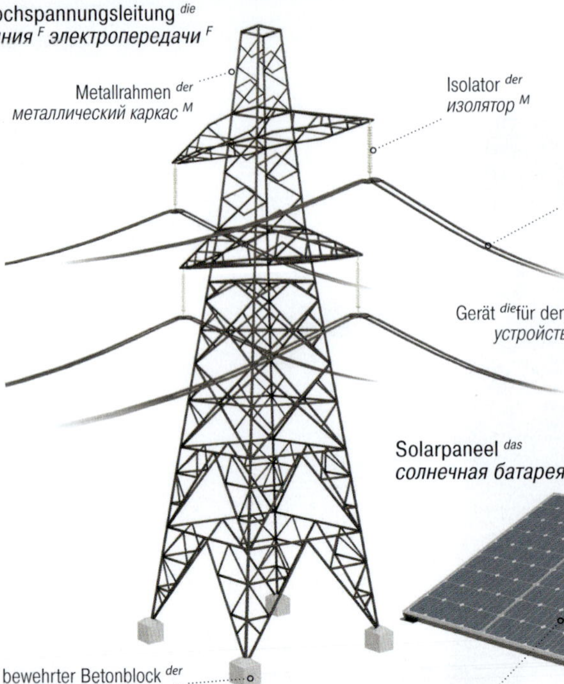


**Windgenerator** *der*
***ветрогенератор*** *M*

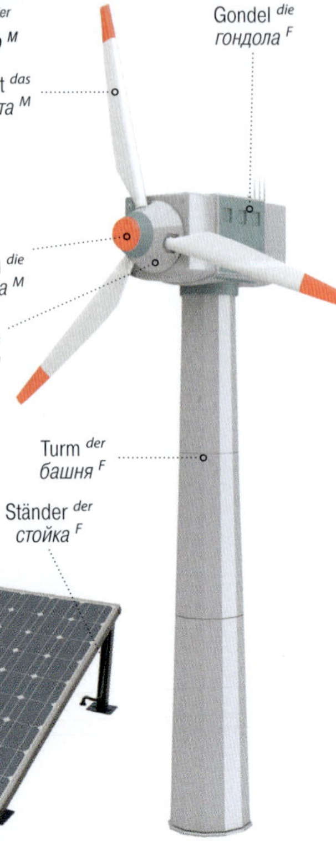


**Solarpaneel** *das*
***солнечная батарея*** *F*

**hydroelektrisches Kraftwerk** *das*
***гидроэлектростанция*** *F*

thermisches Kraftwerk *das*
*тепловая электростанция F*

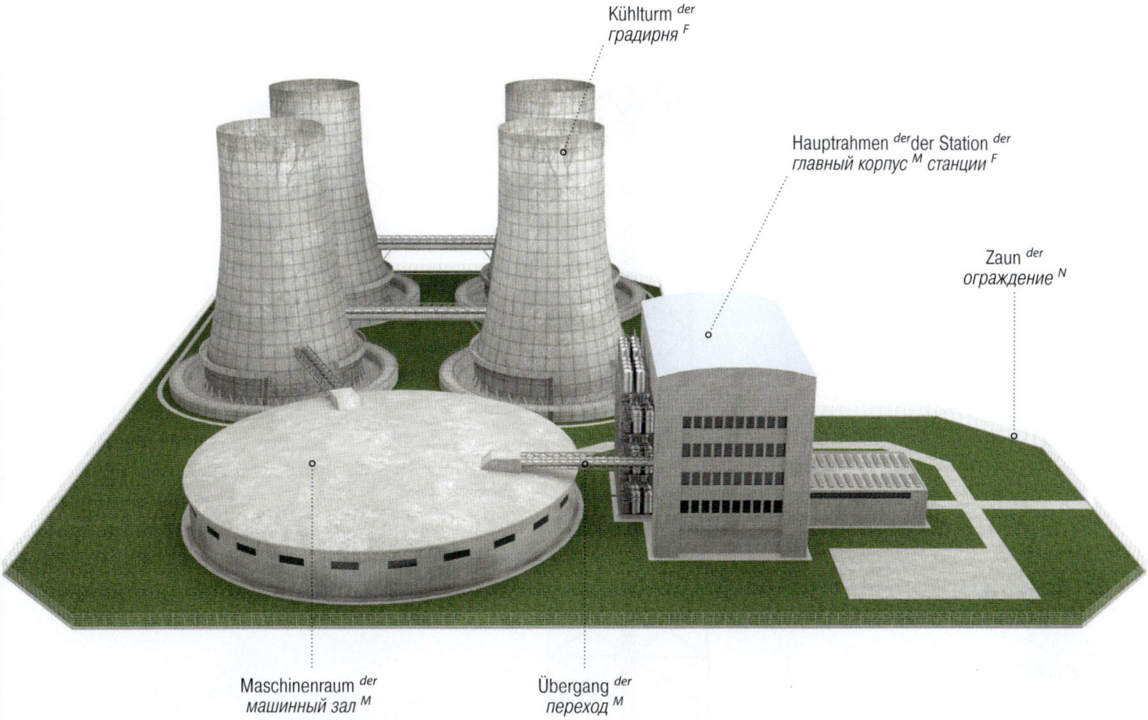


Kernkraftwerk *das*
*атомная электростанция F*

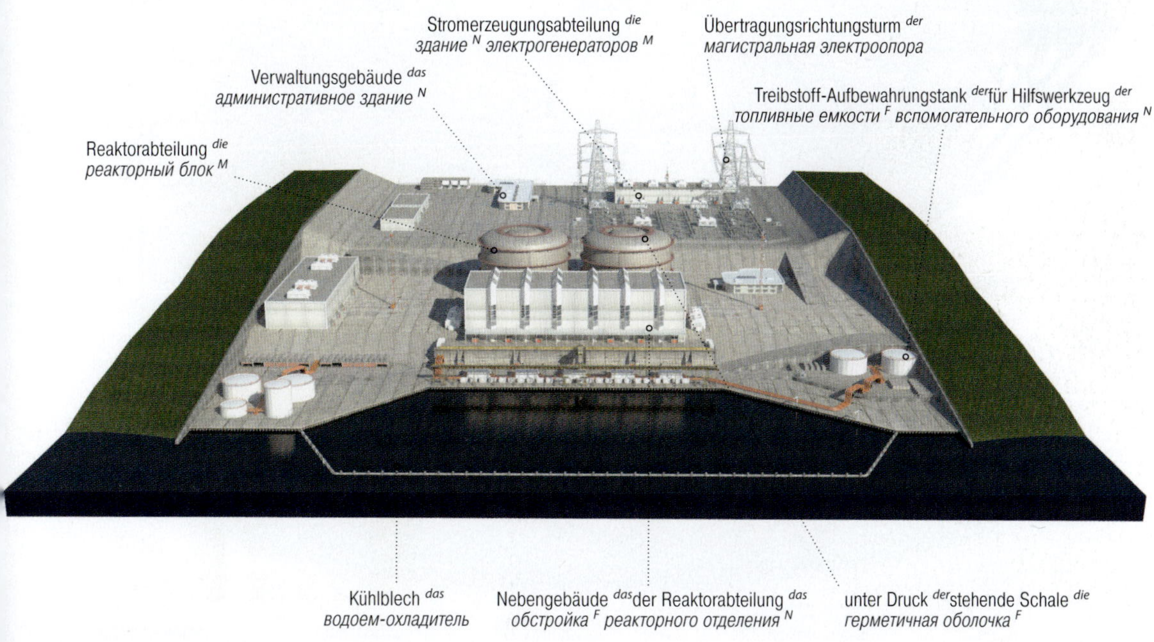

Bohrinsel *die*
*морская нефтяная платформа F*

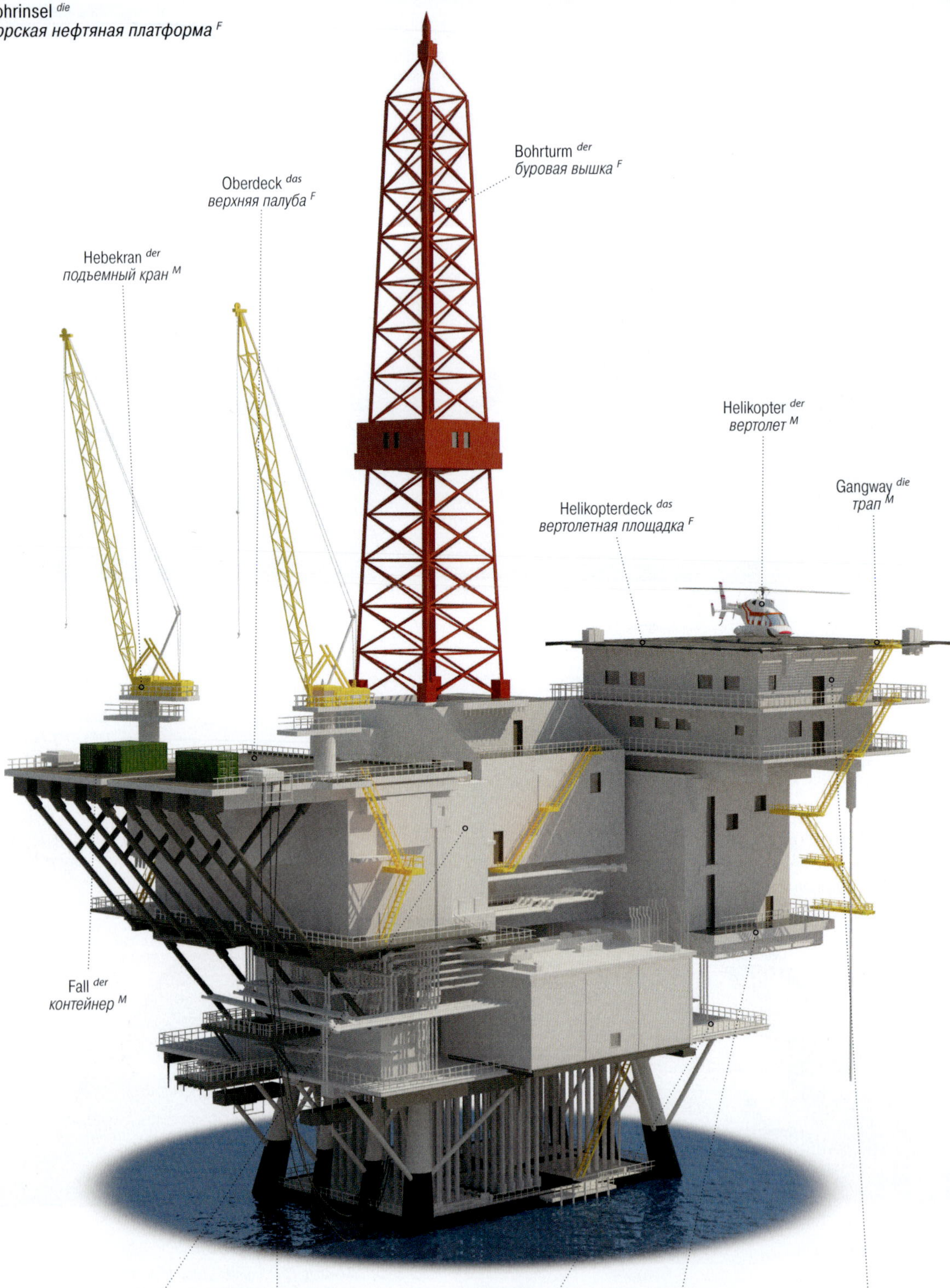

## Ölpumpstation *die*
## нефтеперекачивающая станция *F*

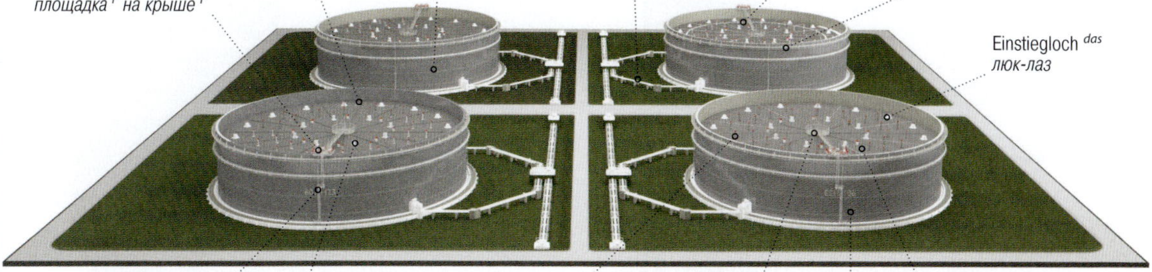


## Bohrturm *der*
## буровая *F* вышка *F*

**turmförmiger Bohrturm** *der*
*башенная буровая F вышка F*

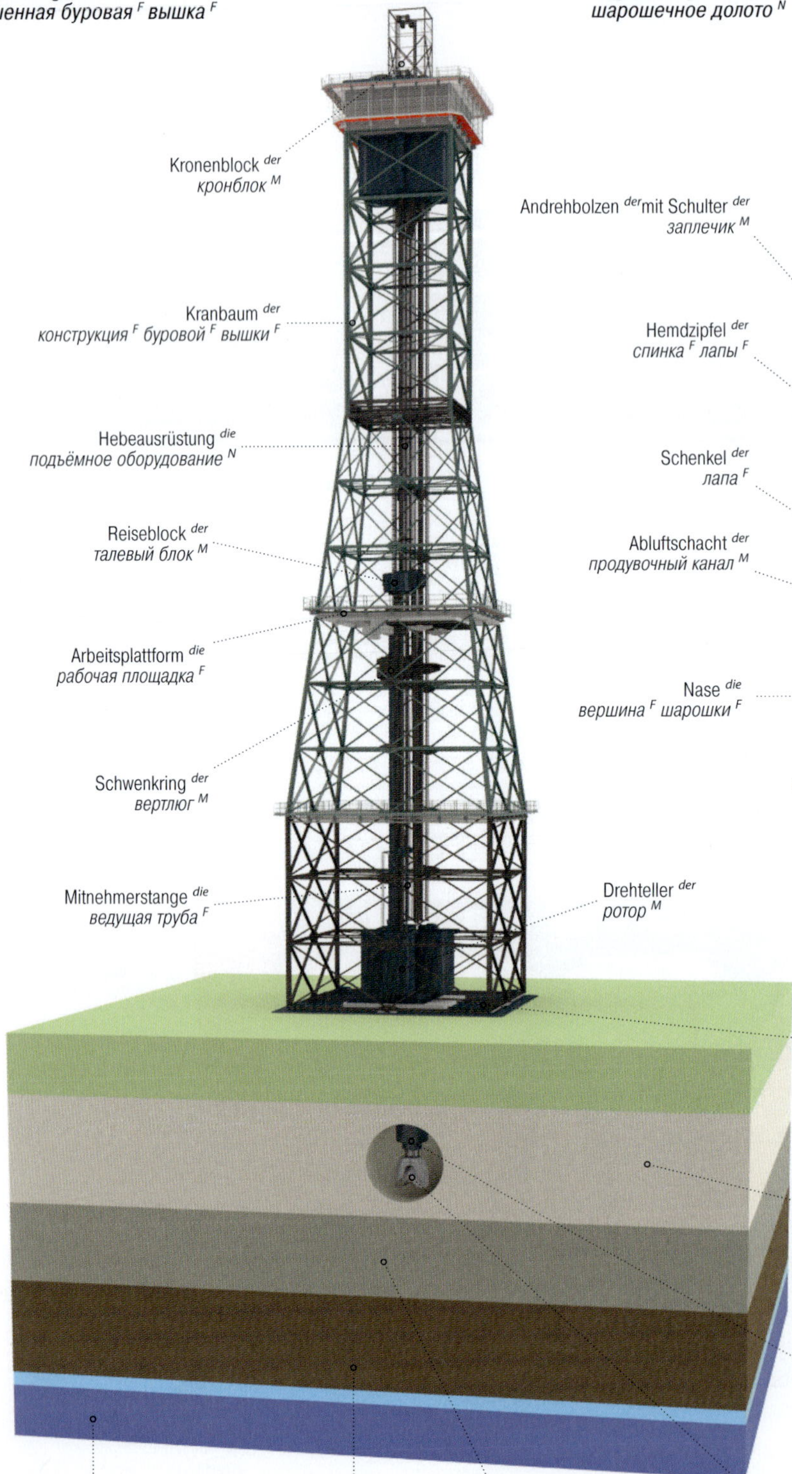


**Kegelförmiger Bohrkopf** *der*
*шарошечное долото N*

**Öl-und-Gasfelddiagramm** *das*
***схема*** *F* ***нефтегазового месторождения*** *N*

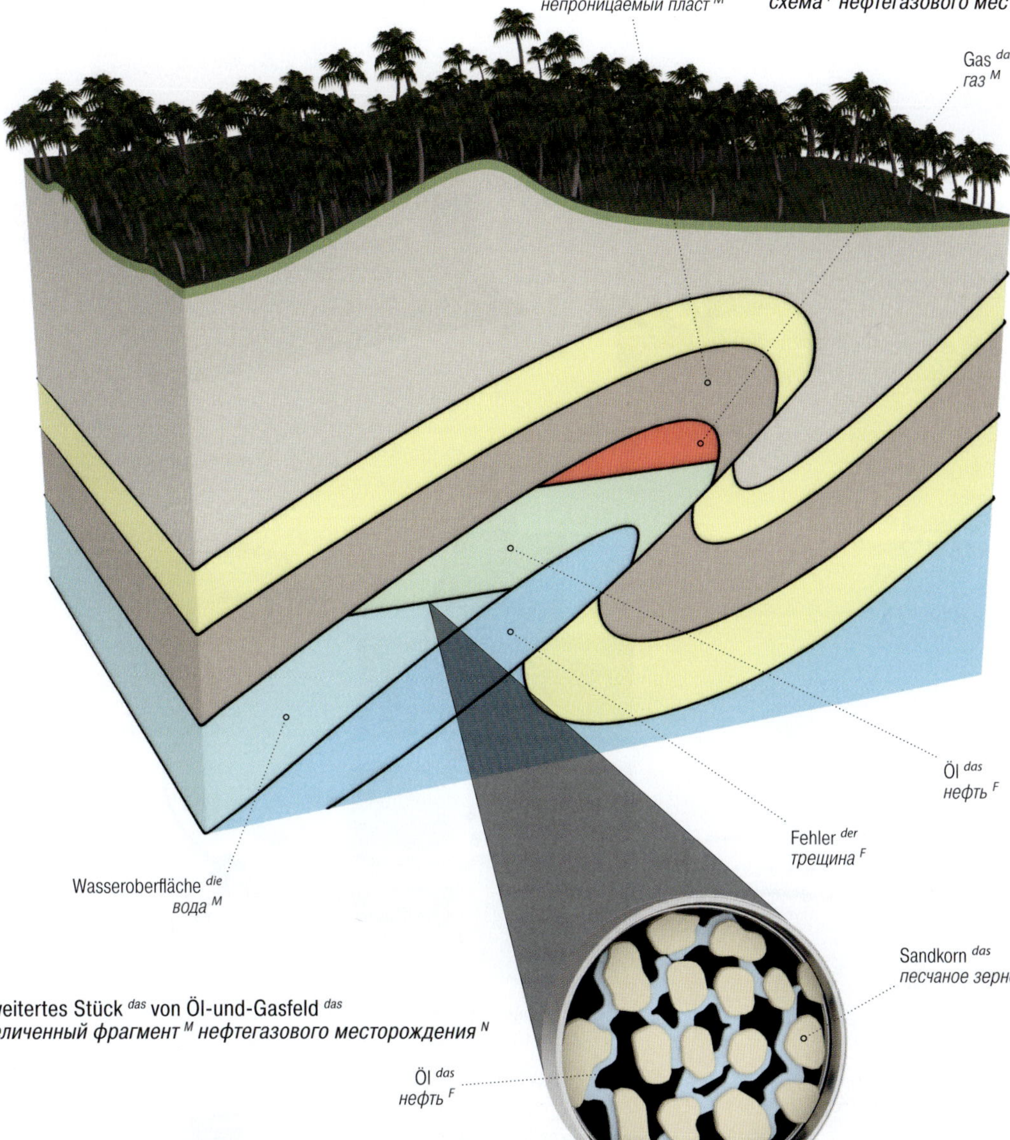


**erweitertes Stück** *das* **von Öl-und-Gasfeld** *das*
***увеличенный фрагмент*** *M* ***нефтегазового месторождения*** *N*

Befestiger *der*
*задвижка* *F*

**Oktan** *das*
***октан*** *M*

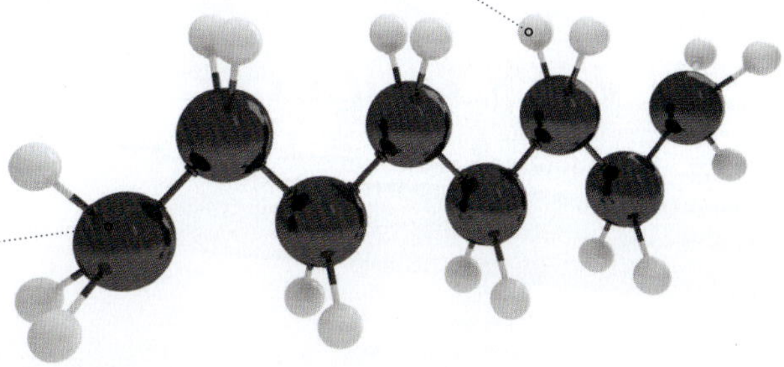

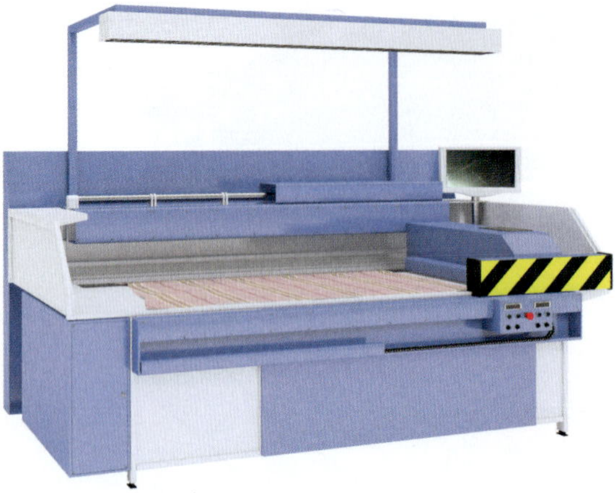

Stoffschneidemaschine die
*машина F для раскроя M ткани F*

Schrumpfpackungsmaschine die
*термоусадочная машина F*

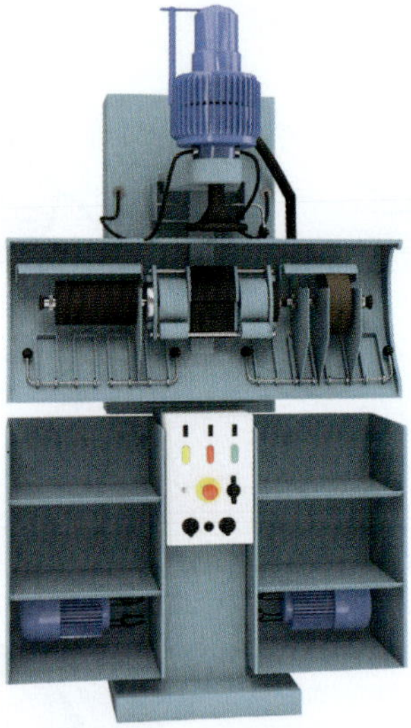

Schuhmaschine die
*обувной станок M*

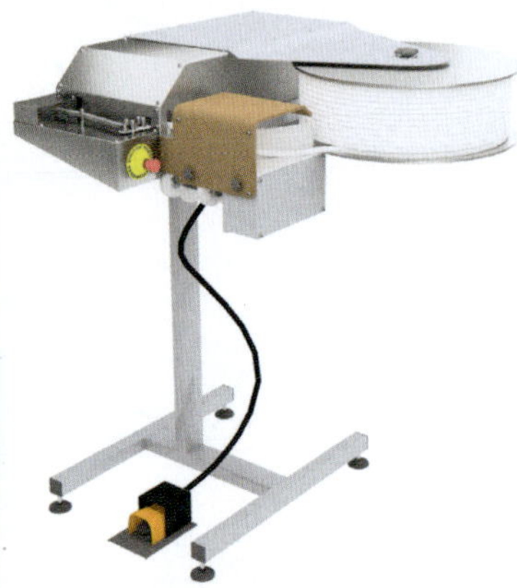

Bindemaschine die
*станок M для обвязки F*

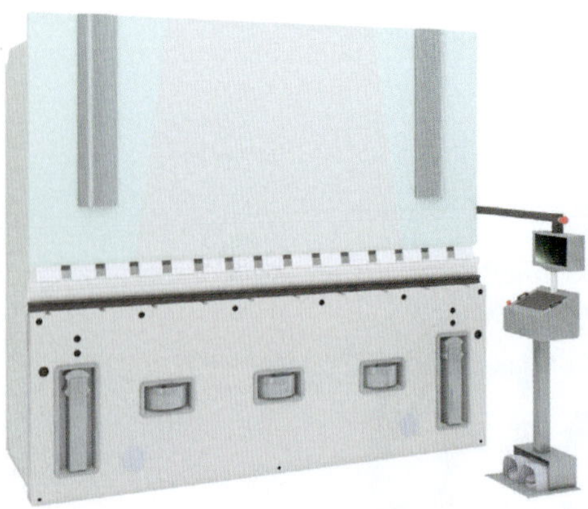

Hydraulikpresse die
*гидравлический пресс M*

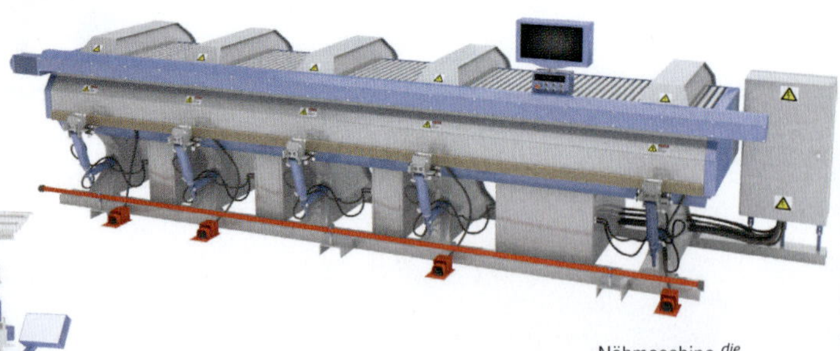

Nähmaschine die
*швейный станок M*

Strickmaschine die
*трикотажный станок M*

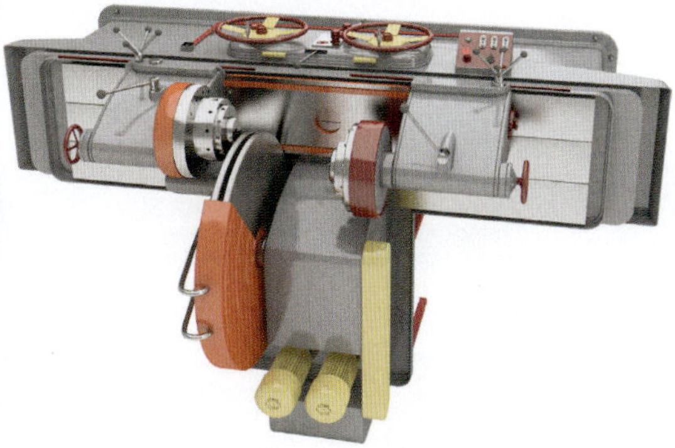

Mühlen die drehendes Maschinenzentrum das
*фрезерно-токарный обрабатывающий центр M*

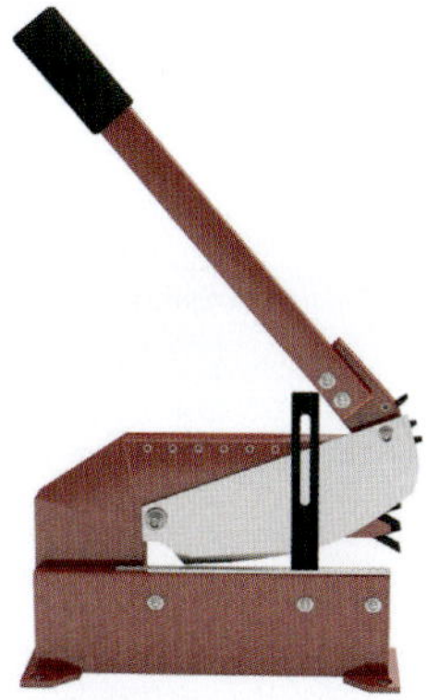

Press- und Schneidemaschine die
*станок M для штамповки F и резки F*

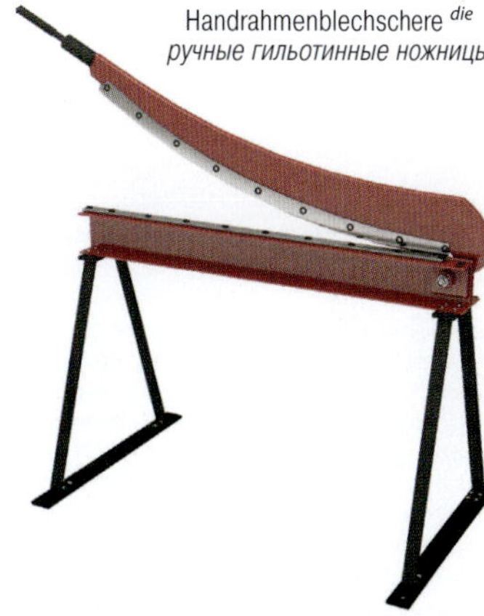

Handrahmenblechschere die
*ручные гильотинные ножницы*

Schweißapparat der
*сварочный аппарат M*

Metall das verarbeitende Maschine die
*металлообрабатывающий станок M*

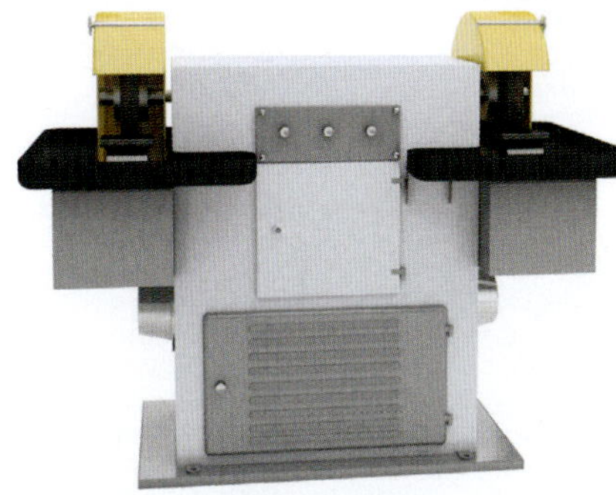

Ausrüstungsschärfer der
*станок M для заточки F инструмента M*

Schneidemaschine die
*отрезной станок M*

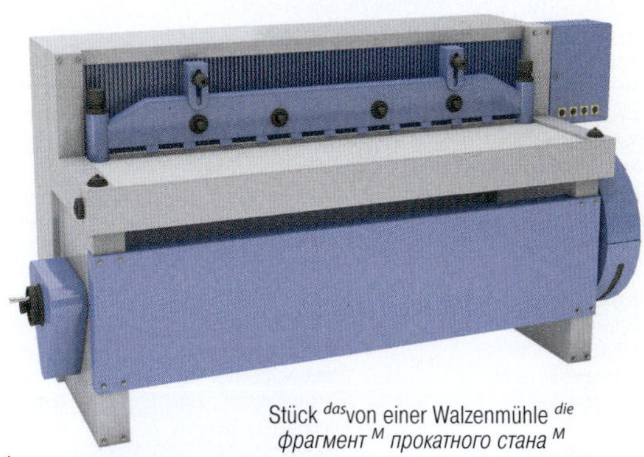

Stück das von einer Walzenmühle die
*фрагмент M прокатного стана M*

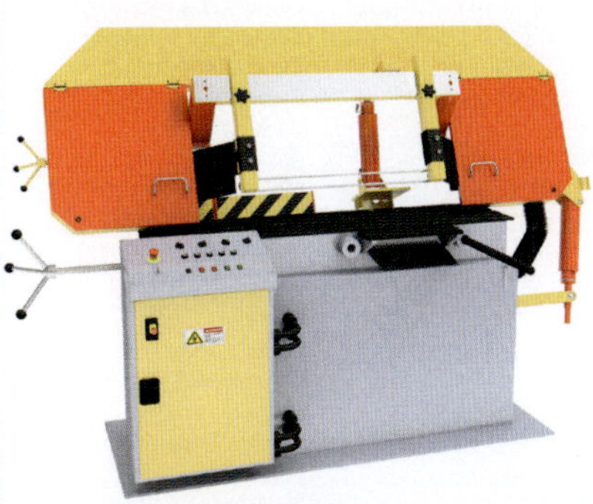

multifunktionale Maschine die
*многофункциональный станок M*

doppelaktion Hydraulikpresse die
*гидравлический пресс M двойного действия N*

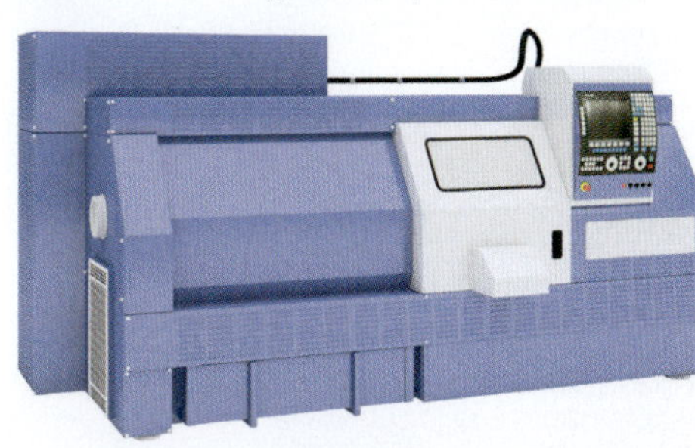

Maschine die mit programmierter Nummernsteuerung die
*станок M*

# DEUTSCHES REGISTER

2 Block-Multistation 273
2. Finger 23
3. Finger 23
4. Finger 23
5. Finger 23
7 m Linie 260

## A

A 248
Abblendlicht 308
Abdämmung 371
Abdeckplatte 126
Abdeckstift 190
Abdeckung 131
Abdomen 25, 37
Abendkleid 172
Abfalleimer 339
Abfallkorb 93
Abfangjäger 229
Abflug- und Ankunftshalleninnenausstattung 335
Abflughalle 334, 335
Abfluss 86
Abflussrinne 86
abgedecktes Katzenklo 128
Abgestufter Sitzbereich 198
Abgrenzung 85
Ablage 100, 104, 292
Ablagekasten 300
Ablageregal 129
Ablenkeinheit 221
Abluftschacht 372
abnehmendes Dreiviertel 361
Abnehmerwahlschalter 250
Absatz 179, 181, 248, 251
Absatzbelag 181
Abschirmung 73
Abschleppstange 226
Abschnitt 359
Absolventenring 187
Absperrhahn 221
Abspielknopf 125
Abstandhalter 136
absteigendes Kolon 65
Abtropfschale 102
Abudefduf sexfasciatus 26
Abwehrlinie 264
Abzug 224, 225
Abzugbügel 224
Abzugshaube 99
Acerolakirsche 154
Achse 135
Achselarterie 60
Achselhöhle 18, 50, 52
Achselvene 61
Achtel 242
Achtelpause 242
Actias luna 34
Adamsapfel 52
Adapter für Dispenser 357
Ader 357, 359
Adlerfisch 26
Aerophone 252
Afro-Kamm 195
Afterflosse 143
Afterkralle 6, 11, 13
Airbrush 253
Airhockeytisch 287
Akkordion 252
Akkubohrer 136
Aktenmappe 185
Aktenschrank 67
Aktenschrankordner 301
Aktenständer 301
aktive Freizeit 290
Akustikgitarre 251
Akzent 243
Akzentwand 90
Albatros 31
Aleppo-Kiefer 45
All-in-One 295
Allzweckkorb 70
alt abnehmend 361
Amaryllis 48
Amerikanische Platane 42
amerikanische Steckdose 126
Amerikanischer Schwarzbär 10
Ampel 203
Ampelmast 203
Amphibien 21, 22
Ampulle 75
An-/Ausschalter 192, 193
Analfalte 53
Ananas 150
Anästhesist 68
An-Aus-Schalter 294, 295, 296, 297
Andere Beispiele für Insekten 37
andere Zeichen 243
Andrehbolzen mit Schulter 372
Angelhaken 291
Angeln und Jagen 291
Angelrute 291
Angelschnur 291
Angelwurzel 109
Angestelltenzimmer 292
Angiografie-Apparat 66
Angiografieraum 66
angreifender Spieler 276
Angriffslinie 263
Angriffszone 262
Anhäger 330
Anhänger 188, 314, 322
Anhängerkupplung 305
Anker 230, 290
Ankleidezimmer 78
Ankunftshalle 335
Anpassungsschraube 139
Anschluss für Maus und Tastatur 294
Anschlussöffnung 73
Antenne 83, 227, 230, 231, 311, 323, 365
Antennenmast 202
Antidiebstahlsensor 206
Antilope 7
Antriebskettenrad 316
Antriebskopf 250, 251
Antriebswelle 329
Anus 65
Anzeige 67, 100, 101, 104, 112, 135, 255, 295, 297, 309
Anzeigepaneel 357, 360
Anzeiger 357
Anzeigetafel 73, 256, 269, 270, 304
Anzug 165
Anzug und Accessoires 165
Anzugschuh 179
Anzug-Tragehülle 184
Aorta 61
Aortenbogen 60, 61
Apex 33
Apfel 42, 154
Apfelessig 155
Apfelsaft 162
Apfelsine 151
Apfelteiler 113
Apikale Faszie 35
Apikalkeule 33
Apollo 34
Appetithäppchen 161
App-Symbol 295, 296
Aprikose 154
Aquarium 127
Araber 8
Arabesque 241
Arabesque-Spitze 241
Arbeitsplatte 210
Arbeitsplattform 372
Arbeitstablett 72
Arkadeautomat 286, 287
Arm 24, 51, 53, 230, 255, 330
Armarterie 60
Armaturenbrett 309, 319, 337
Armbanduhr 188
Ärmel 164, 167, 169, 172, 174
Ärmelloses Kleid 173
Armlehne 121
Armnervengeflecht 62
Armreif 188
Armtrizeps 55
Arten des Frachtverkehrs 324, 326
Arten von Wohnbauten 84, 85
Artikulation 243
Arzt 259, 275, 279
ärztliche Untersuchung 74, 75
Arztpraxis und Untersuchungsraum 66, 67, 68, 69, 70, 71, 72, 73
Asiatischer Elefant 9
Ass 289
Ast 41, 47
Äste 41
Astronaut 366
Astronomie 361, 362, 363, 364
Atemloch 26
Atlas 57, 58
atomares Gewicht 350
Atomzahl 350
Attitude-Spitze 241
Attrappe 308
Aubergine 39, 145
Audio-Anschluss 294
audiovisuelle Geräte 125
Aufbau 346
aufblasbares Spielzeug 86
Auffahrt 368
Aufhänger 371
Aufhängring 128
Aufkleber 292, 301
Auflaufform 117
Auflösung 243
Aufnehmkette 234
Aufsatz 124
Aufschlagfeld 264
Aufschlaglinie 267
aufsteigendes Kolon 65
Auftriebsrotor 337
Auftriebsrotorwelle 337
Auge 11, 16, 18, 20, 23, 25, 26, 50
Augenbrauen- und Wimpernbürstchen 189
Augenbrauenstift 190
Augenbrauenwulst 24
Augencreme 190
Augenfleck 33
Augentropfen 187
Ausdünnrasierer 193
Ausfallschritt, Körper nach hinten gelehnt 241
Ausgang 234, 338
Ausgangsbuchse 250
Ausgangsposition 241
Ausgleichsgewicht 371
Ausgleichsschicht 84
Ausguss 102, 103
Auslage mit Fertiggerichten 206
Auslage mit verpackter Ware 207
Auslöseknopf 356
Auslöser 138, 139
Auslösknopf 136
Auspuff 124, 135
Auspuffrohr 218, 227
Auspufftopf 219
Ausrüstung 365
Ausrüstung der Bodentruppen 226, 227, 228
Ausrüstung der Luftwaffe 229
Ausrüstung der Marine 230, 231
Ausrüstungsschärfer 375
Außenansicht 283, 284
Außenansicht inklusive Grundstück 80
Außenlampe 77, 81
Außenrand 33
Außentürgriff 308
äußere Halsvene 61
äußerer Gehörgang 59
äußerer Kern 363
äußerer Schenkelmuskel 54, 55
äußerer schräger Bauchmuskel 54
Ausstellfenster 311
Austernpilz 147
Austernsauce 155
ausziehbarer Mast 253
Ausziehgriff 184
Auto 77, 81, 201, 202, 302, 304, 309, 312
Autoaußenansicht 310
Autoinjektor 75
Autokühler 329
Automat 235
automatische Blattwinkelsteuerung 219
automatische Kupplung 341
automatisches Gewehr 225
automatisierter Bahnvorschub 368
Autoradio 309
Autos 305, 306, 307, 308, 309, 310, 311, 312, 313
Autoteile 307
Autotransportanhänger 326
Autotransportwaggon 341
Autoverleih 223
Autowaschanlage 304
Autozubehör 305
Avocado 145
Axis 57, 58
Azimutfeineinstellung 364

## B

Baby 196
Babydoll 177
Babylotion 96
Babyschale 305
Backe 6, 11, 16
Bäckerei 205
Backform 117
Backwaren 206, 156, 157
Bad 275
Badeanzug 178
Badehandtuch 92
Badehose 168
Badekappe 275
Bademantel 87, 178
Bademattе 92
Bademode 178
Badewanne 92, 216
Badezimmer 78, 92, 93
Badezimmereinrichtung 92
Badminton 264, 265
Badmintonplatz 264
Bagel 156
Baggerlader 328
Baguette 156
Bahn 285
Bahnhof 338, 338, 339
Bahnmarkierung 274
Bahnsteig 338, 343
Bajan 252
Balken 85, 281
Balkendiagramm 352
Balkon 78, 80, 82, 240
Balkongeländer 78, 82
Balkonset 78, 80
Balkontür 82
Ballerinas 181
Ballett 241
Ballettpositionen 241
Ballettschritte 241
Balljunge 266
Ballpumpe 257
Ballsportarten 256, 257, 258, 259, 260, 261, 262, 263
Balsamicoessig 155
Banane 149
Bananenschale 149
Bandenwerbung 258
Bandring 187
Bandscheibe 58
Bandschleifmaschine 135
Bandsystem 250
Bank 235, 265, 322, 343
Bank für Bankdrücken 272
Bankautomat 343
Banksofa 121
Bar 211, 223
Barbecue 129
Barbecueutensilien 129
Barbierkamm 195
Barhocker 76, 98, 122, 211
Barkeeper 210, 235
Barren 271
Barriere 303
Barsch 27
Barschaukasten 347
Bartresen 210, 234
Baseballfeld 201
Baseballkappe 183
Basilarvene 61
Basilikum 161
Basis 33, 102, 120, 124, 125, 127, 136, 253, 265
Basketball 259, 258, 259
Basketballspiel 258
Bassgitarre 233, 237, 250
Bassgitarrist 233
Bassklarinette 247
Basslautsprecher 125
Bassschlüssel 242
Basstrommel 245
Basstrommelhammer 245
Basstrommelpedal 245

Basswahlschalter 250
Batterie 136
batteriebetriebene
Küchenwaage 112
Bau- und Malerwerkzeug 138, 139
Bauch 6, 11, 33, 35, 50, 52, 141, 248
Bauchflosse 143
Bauchlappen 140
Bauchpanzer 20
Bauchsegment 33
Bauchspeicheldrüse 64, 65
Bauer 283
Bauklötze 280
Baumbeschneider 130
Baumtomate 150
Baumweissling 34
Baumwolle 38
Baustelle 202
Baustellenabsperrung 303
Baustellenschild 303
Be 243
Becher 357
Beckenflosse 26
Beckengrund 86
Beckenwand 86
Bedachung 80
Bedien- und Informationsfeld 73
Bedienfeld 100, 104
Bedienknopf 104, 286
Bedientaste 297
Beeren 152
Beerenobstkuchen 157
Befestiger 373
Befestigung 133, 134, 135
Behälter 127, 327
Behälter für weiche Kontaktlinsen 187
Behandlungstisch 71
Beifuß 148
Bein 20, 24, 51, 53, 168, 176, 198
Beinmuskelnstrecken 272
Beinmuskeltrainer 273
Beistelltisch 120
Bekleidungsgeschäft 204, 208
Belader 303
Beleuchtung 232
Beleuchtung und elektrisches Zubehör 126
Beleuchtungsgeschäft 205
Benzintankabdeckung 131
Benzintankwagen 325
Bergamotte 151
Bermudashorts 165
Besteck 108
Besteckhalter 115
Besucherstuhl 293
Betonmischer 202, 326, 328
Betrag 304
Betriebsanzeige 103
Betriebsartenknopf 101
Betriebsartenschalter 193
Betriebsartschalter 135
Bett 90, 94, 217
Bettelarmband 188
Bettlaken 94
Bettleuchte 69
Bettvorleger 217
Beutel 207
Beuteltiere 16
Be-Vorzeichen 243
Bewegliche Schubladeneinheit 292, 293
bewehrter Betonblock 368
Bewohner 82
Bezirke 200, 201, 202, 203
BH 178
BH und Tanga 177
Biber 17
Bidet 93, 216
Bier 163
Bierglas 119
Bierkrug 119
Biker-Jacke 169
Biker-Stiefel 182
Bikini 178
Bild 95, 98, 214
Bilder 76
Bilderrahmen 94
Bildformatknopf 125
Bildkarten 289
Bildschirm 125, 236, 295, 297, 334, 360
Bildungseinrichtungen 198, 199
Bildverstärker 66
Billiard 282
Billiardkugel 282
Billiardtisch 282
Bindemaschine 374
Binderschicht 303
Bindung 251, 278
Binokularstutzen 74
Birne 41, 154
Bisamratte 17
Biskuitrolle 157
Bitterschokolade 159
Bizeps 54
Bjuvia 42
Blackjacktisch 288
Blasinstrumente 246, 247
Blasloch 18
Blatt 38, 39, 47, 48, 151, 154, 230, 298
Blattgemüse 144
Blau 355
Blau Grün 355
blaue Linie 276
Blauer Morphofalter 34
Blau-Fichte 45
Bläulich Violett 355
Blauvioletter Waldlaufkäfer 32
Blauwal 19
Blazer 175
Blechblasinstrumente 246
Bleistift 300
Bleistiftanspitzer 299
Bleistifthalter 199
Blinddarm 65
Blinker 226
Blinkleuchte 218
Blinkleuchten-Halter 218
Blinklicht 219, 220
Blumen 48
Blumenbeete 76, 80
Blumenkäfer 32
Blumenkohl 39
Blumenvase 91, 95
Blutdruckmessgerät 74
Blüte 48
Blütenblatt 48
Blutkreislauf 60, 61
Blutorange 151
BMX-Rad 315
Boa 22
Bock 271
Bockkäfer 32
Boden 85, 290
Bodenbalken 85
Bodenhobelmaschine 328
Bodenstewardess 335
Bodentransport 223
Bodenunterlage 85
Body 177
Bogen 303
Bogenstange 248
Bohnensprossen 146
Bohrbühne 372
Bohreinsatz 372
Bohrer 136
Bohrfutter 136
Bohrinsel 370
Bohrkragen 372
Bohrloch 371
Bohrmaschine 136
Bohrmaschinen 136
Bohrturm 370, 371
Bolero 174
Bolognese-Soße 161
Bolzen 134, 193, 194, 225, 307
Bolzenverbindung 372
Bonbon 159
Bonbonpapier 159
Bonsai 88
Bowling 284, 285
Bowlingkugel 285
Bowlingsimulator 287
Boxen 279
Boxer 279
Boxershorts 168
Boxhandschuh 279
Boxhandschuhe 279
Boxring 279
Boxringeckenpolster 279
Boxsimulator 287
Brachse 27
Brahmaea wallichii 34
brasiliansiche Guave 150
Bratpfanne 117
Bratwurst 160
Braukopf 102
Bräunungsregler 105
Brecheisen 137
Breicontainer 103
Breitablett 103
Breitblättrige Linde 44
Bremsbacken 307
Bremse 36, 371
Bremshebel 316, 319
Bremslicht 218, 221
Bremspedal 309
Bremsscheibe 307, 318
Brenner 112
Brett 283
Brettspiele 283
Brezel 156
Brie 142
Briefkasten 76
Brieftasche 185
Briefumschlag mit transparentem Fenster 298
Brille 186
Brillen und Kontaktlinsen 186
Brillenetui 186
Britisch Kurzhaar 15
Brokkoli 40
Brombeere 152
Brosche 188
Broschüre 301
Brot 156
Brot und Gebäck 156, 157
Brotkasten 112
Brotmesser 109
Brotschlitz 105
Brücke 204, 302
Brückenkran 349
Bruder 196
Brüder und Schwestern 196
Brust 6, 11, 13, 16, 50, 52, 140, 161
Brustflosse 18, 26, 143
Brustmuskeltrainer 273
Brustschlagader 60
Brustwarze 50, 52
Brustwirbel 57, 58
Brutkasten 73
Bube 289
Buch 90, 217
Buch zur Konferenzteilnahme 298
Bücher 88
Bücherregal 77
Bücherregale 78, 88
Buckelwal 18
Bügel 186
Bügeleisen 124
Bügeleisensohle 124
Bugnase 347
Bühne 234, 238
Bullauge 231, 347
Bulldogge 14
Bullypunkt 276
Bund 250, 251
Bündchen 172
Burgunderglas 119
Bürogebäude 203
Büroinnenraum 292, 293
Büroklammer 299
Büromaterial 292, 298, 299, 300, 301
Bürowerkzeuge und -zubehör 299
Bus 223, 323
Büsche 47
Busse 322, 323
Buttermesser 106, 108

## C

C 248
Cabrio 313
Café 334, 339, 343
Café 200, 205, 223
Calcar 23
Cantaloupe-Melone 40, 153
Cashewnuss 147
Casino 288
C-Bug 248
Cello 248
Cembalo 244
Chaiselounge 121
Chamäleon 127
Champagner 163
Champignon 147
Chateaubriand 140
Check-In Automat 334
Check-in-Automat 334
Chemie 350
chemisches Element 350
chemisches Symbol 350
Cherimoya 149
Chiffonier 123
Chihuahua 13
Chilipfeffer 39
Chilischoten 145
Chinakohl 144
China-Nudeln 160
Chinchila 17
Chips 160
Chirurg 68
Cholesterin 350
Chopper 320
Chrysina resplendens 32
Chucks 179
Clementine 151
Clip 158
Clip zur Befestigung an der Kleidung 300
Clutch 185
Cockpit 229
Cocktail 163
Cocktailglas 118, 163
Cocktailkleid 172
Cocktailschrank 123
Cognac 163
Collie 14
Computer 292, 294, 295
Computergehäuse 294
Computergeschäft 205
Container 202, 345
Containerfahrzeug 348
Containerkran 345
Containerschiff 345
Container-Umschlagplatz 344
Couch 88
Couchtisch 293
Coupé 312
Cranberry 152
Crapstisch 288
Crashbecken 245
Crescendo 243
Crosstrainer 272, 273
Cutaway 250

## D

D 248
Dach 304, 311, 322
Dachfirstbalken 85
Dachgeschoss 85
Dachlatten 85
Dachluke 80
Dachpfette 85
Dachplattform 371
Dachs 12
Dachsparren 85
Dachziegel 84
Dackel 13
Daikon-Rettich 146
Dalmatiner 14
Dame 283, 289
Damenhut 183
Damenkleidung 169, 170, 171, 172, 173, 174, 175, 176, 177, 178
Damen-Polohemd 175
Damenschal 183
Damenschuhe und Accessoires 181, 182
Damentoilettey 222
Dämmung 84, 135
Dampfdüse 102
Dampfgarer 105
Dampflokomotive 340
Dampfwand 102
Damwild 7
Darmbein 56
Darstellung 270
Dart 286
Dartbrett 286
Dattel 154
Datum 298
Daumen 23
Daunenjacke 169
Daunenmantel 170
Deckel 103, 104, 158, 189, 244, 312
Deckelgriff 104
Deckelöffner 102, 103
Deckenmonitor 73
Dekaeder 353
Delfin 19
Deltamuskel 54
Deltoid 352
den Ball dribbeln 258
Desinfektionsmittel 273
Desinfektionsmittelständer 273
Dessertgabel 106, 108
Dessertmesser 106, 108
Dessertschale 111
Dessertteller 111, 158

Destillator 359
Deutsche Eiche 42
Deutscher Schäferhund 14
Diadem 188
Diagramme 352
Dickdarm 65
Dicke Jacke 164
Digitale Menütafel 212
Digitalthermometer 74
Diktiergerät 297
Dill 148
Diminuendo 243
Dimmer 126
Dirigent 238
Diskantwahlschalter 250
Display 135, 296
Divana diva 34
Dobermann 14
Dokumentenaufbewahrung 300
Dokumentenscanner 334
Dokumentenständer 292
Dokumententasche 301
Donut 157
doppelaktion Hydraulikpresse 375
Doppelerniedrigung 243
Doppellokomotive 341
doppelreihiger Mantel 165
Doppelstrich 242
doppelter Rallyesimulator 286
Doppeltürkühlschrank 100
Dorn 48
Dorsch 26
Dosierinhalator 75
Dracaena marginata 49
Drachenfrucht 150
Draht 126
Drahtbinder 135
Drahtbürste 245
Drahtkörper 128
Drainage 303
Drehknopf 70
Drehkreuz 342
Drehrichtungsknopf 136
Drehscheibe 100
Drehteller 372
Drehventil 246
Dreieck 351
Dreiecke 351
Dreifachhaken 291
Dreifuß 303
Dreifußstand 245
Dreipunktelinie 258
Dreirad 315
Dreivierteltakt 242
Drilling 289
dritte Position 241
dritte Stufe 367
Drossel 28
Drosselhebel 131
Drosselsicherheitsschalter 130
Druckanzeige 102
Drucker 292, 293
Druckknopf 255
Druckscheibe 255
Dünndarm 65
Dunstabzug 93
Dunstabzugshaube 211
Dunstabzugsknopf 101
Durchmsesser 351
Durchnähknöpfe 255
durchschnittlich 197
Durianfrucht 149
Dusche 275
Duschkabine 92, 216
Duschkopf 92
Düse 138, 139, 193
DVD 89
DVD-Player 89, 125
DVD-Spieler 125
Dynamik 243

## E

E-Book 294
Echte Weinrebe 38
Eckballmarkierung 256
Eckbüro 293
Ecke 248
eckiges Vergrößerungsglas 358
Eckpunkt 351
Ecksofa 121
E-Geige 249
E-Gitarre 250
Ehering 187
Eichelhäher 28
Eichhörnchen 17
Eierablage 100
Eierkocher 104
Eierring 115
Eierstock 64
Eimer 87
Einband 298
Einbauküche 76
einfache Falte 172
Einfaches T-Shirt 175
Einfahrt 81
Einfamilienhaus 200
Einfassung 176
Eingabebildschirm 284
Eingabegeräte 296
Eingabeknopf 125
Eingang 273
Eingang/Ausgang 199
Eingangspegel 235
Eingangsstufen 76
Eingangstür 314
eingeweckte rote Himbeeren 158
Eingrenzungspfad 84
Einkaufen 204, 205, 206, 207, 208, 209
Einkaufswagen 206, 214
Einkaufszentrum 201
Einlegesohle 180
einseitig gezahnte Effilierschere 194
Einstiegloch 371
Einweg-Kontaktlinse 187
Einwegrasierer 192
Einzelhandelsregal 207
Einzug 297
Eis 158, 277
Eisbär 10
Eisbecher 158
Eisbergsalat 144
Eisbrecher 348
Eisenbahnschiene 340, 341, 343, 344
Eisfläche 276
Eiskratzer 305
Eiskratzer mit Schneefeger 305
Eiskübel 107
Eiskugel 158
Eisportionierer 115
Eisvogel 28
Eiswaffel 158
E-Kontrabass 249
Elch 7
elektrische Heizung 359
elektrische Laubsäge 134
elektrischer Fleischwolf 105
Elektrischer Rasierapparat 192
Elektrizitätswerk 368
Elektroauto 312
Elektrobohrer 136
Elektrogeräte 294, 295, 296, 297
Elektroherd 101
Elektrokabel 126, 193
Elektrokappe 126
Elektromotor 136
Elektronenkonfiguration 350
Elektronenmikroskop 360
elektronisches Basketballspiel 287
elektronisches Dartbrett 287
Elektrotacker 137
Elfmetermarke 256
Elfmeterraum 256
Elfmeterraumlinie 256
Ellbogen 6, 11, 13, 23, 51, 53
Ellbogenhöcker 57
Elle 56
Ellenarterie 60
Ellenbogenhöckermuskel 55
Ellennerv 62
ellenseitiger Handbeuger 55
ellenseitiger Handstrecker 55
Ellipsoid 353
Eltern 196
Eltern und Kinder 196
Elternschlafzimmer 78
Emmentaler 142
Empfänger 364
Endlinie 263
endokrines System 64
Enduro-Motorrad 320
Englischhorn 247
Enkel 196
Enkelin 196
Enkelkinder 196
Ente 31
Entkerner 114
Entrechat 241
Entsafter 103
Erbsen 39, 146
Erdbeere 40, 152
Erdboden 303
Erde 362, 366
Erde und Weltraum 361, 362, 363, 364, 365, 366, 367
Erdgeschoss 76
Erdhummel 35
Erdleiter 126
Erdnuss 147
Erdnussöl 155
Erdungsschelle 126
erhöhte Plattform 279
Erlenzeisig 28
Erntemaschine 331
Ersatzbank 256, 261
Ersatzschiedsrichter 256
Ersatzspieler 256, 261, 276
Ersatzspielerbank 258, 262
Ersatzspielerbereich 261
Erste Hilfe 222
Erste Rückenflosse 26
erste Stufe 367
erster Rang 240
erster Stock 78
erstes Viertel 361
erweitertes Stück von Öl-und-Gasfeld 373
Esel 8
Espe 43
Espresso 162
Espressomaschine 102
Essbereich 76
Essen außer Haus 210, 211, 212, 213
Essgeschirr 110
Essig 155
Esskastanie 147
Esslöffel 107, 108
Essstuhl 106
Essteller 106
Esstisch 76, 120
Esszimmerstuhl 76, 122
Estragon 148
Etappe 239
Etikett 162
Etui 191
Eule 29
Euphonium 247
Europäische Chamäleon 20
Europäische Eibe 46
Europäische Lärche 45
europäische Steckdose 126
europäisches Experimentmodul 365
Experte für Technik 230
Externe Festplatte 294
externer Tank 365

## F

Facettenauge 33, 35, 37
Fach 220
Fächerpinsel 190
Fachöffnungsknopf 124
Fadenaufwickelhebel 255
Fadenführung 255
Fagott 247
fahrbarer Kran 344
Fähre 346
Fahrer 227
Fahrerkabine 324, 325, 329, 330, 341
Fahrersitz 323
Fahrertür 314
Fahrgast 322
Fahrgastsitz 323
Fahrgestell 337
Fahrkartenautomat 342
Fahrkartenschalter 338, 342
Fahrmodusauswahl 309
Fahrplan 322
Fahrplananzeigetafel 338
Fahrplantafel 339
Fahrrad 316
Fahrradanhänger 315
Fahrräder 315, 316, 317
Fahrradhelm 317
Fahrradkette 316
Fahrradmehrzweckwerkzeug 317
Fahrradrahmen 317
Fahrradsattel 316
Fahrradschloss 317
Fahrradträger 305
Fahrscheinautomat 338
Fahrstuhl 215, 222
Fahrstuhlknopf 215
Fahrtrichtungsanzeiger 308, 314, 318, 323, 324, 325
Fahrwerk 229, 307, 341
Fall 370
falsche Rippe 57
Faltenbalg 322
Familie 196, 197
Farbcontainer 139
Färbepinsel 195
Farbkontraste 355
Farbmetrik 355
Farbpinsel 139
Farbrad 355
Farbrolle 139
Farbsprayer 139
Farbtablett 138
Farhzeugsystem 306
Fass 230
Fassade 82
Fast Food 160
Fastfood-Restaurant 212
Fax 297
Feder 138, 306, 307
Federaufhängung 307
Federball 265
Federbein 306
Federgabel 317
Fehler 373
Feige 149
Feinstimmer 248, 249
Feld 303
Feldlinse 360
Feldmaus 17
Feldsalat 144
Felge 307, 311, 316, 329
Fell 23, 24
Fenchel 146, 148
Fender 310
Fenster 82, 93, 213, 218, 221, 227, 308, 311, 314, 322, 337, 340
Fensteröffnung 84
Fermate 243
fernbedientes Manipulationssystem 365
Fernbedienung 88, 125, 217
Fernglas 291
Fernlicht 308
Fernseher 77, 89, 217
Fernsehshow aus der Nähe 236
Ferocactus 49
Ferse 51, 53, 168, 176, 179
Fersenbein 57
Fersenteil 179
Feststellbremsentaste 309
Feststoffrakete 365
Feuerlöscher 305
Feuerwehr 220
Feuerwehrfahrzeug (von hinten betrachtet) 221
Feuerwehrfahrzeug (von vorne betrachtet) 220
Feuerwehrmann 220
Filet 140
Filigranschmuck 188
Filmprojektor 234
Filmrolle 234
Filter 101, 103, 135
Filteranlage 127
Filterdeckel 102
Filterkaffeemaschine 102
Filterkorb 102
Filterkorbgriff 102
Filz 282
Filzstift 199
Fingerhaken 246
Fingerhut 255
Fingernerv 62
Fingerstrecker 55
Finnwal 19
Fisch 143
Fische 127
Fische, Krebse und Weichtiere 25, 26, 27
Fischotter 12
Fitnessball 71
Fitnesscenter 272, 273
Fitnesstation 273
Fixpunkt 242
Flachbohrer 136
Flachbürste 195
flächenförmige Flusseinheit 352
Flacher Pfannenwender 116
Flachwurzel 41
Flagellum 33
Flamingo 31
Flanke 6, 11, 13
Flansch 139, 221
Flasche 262

Flaschenverschluss 162
Flatterulme 43
Fledermaus 23
Fledermausärmel-Pullover 175
Fleisch 129, 140, 141
Fleischfressende Säugetiere 10, 11, 12
Fleischhauer 115
Fleischmesser 109
Flexibles Kabel 192
Fliege 36, 165
Fliese 84
Fliesenboden 93, 99, 216
Fliesenwand 92
Fließband 206
Floh 36
Flöte 247
Flugbegleiterin 336
Flugdeck 231
Flügel 35, 210, 219, 229, 244
Flügelader 33
Flügeladern 35
Flügelhaut 23
Flügelmutter 133, 134
Flügelzellen 35
Flughafen 332, 333, 334, 335
Flughafenaußenansicht 332
Fluginformationsanzeige 334
Flugsäugetiere 23
Flugzeug 231
Flugzeuge 229
Flugzeuge und Hubschrauber 336, 337
Flugzeugrumpf 337
Flugzeugträger 231
Flugzeugwartungshalle 332
fluoreszierendes Licht 127
Flur 78
Flush 289
Flüssige Wimperntusche 190
Flüssiger Eyeliner 190
Flüssiger Lidschatten 190
Flüssiges Make-up 190
Flüssigkeit 356
Flüssigkeitenanalysator 359
Flusspferd 8
Flutlichtanlage 257
Fokussierknopf 364
Folienspender 112
Fonduegabel 112
Fondueset 112
Fonduetopf 112
Forelle 26
Fornix 63
Forstsattelanhänger 326
Forte 243
Fortissimo 243
Foto 90
Fotoelement 368
Fotovoltaikreihe 365
Foyer 235
Fracht- und Fischereischiffe 348
Frachtverkehr 324, 325, 326
Frachtwagen 341
Frau 197
freie Rippe 56
Freilandpflanzen 39, 40
Freiraum 263
Freischwinger 122
Freiwurfkreis 258
Freiwurflinie 258, 261
Frischtheke 207
Fritteuse 104
Fritteusengriff 104
Frons 37
Frontallappen 63
Fronten 354
Frontplatte 309
Frontscheinwerfer 226, 228
Frontschürze 308, 310
Frontstütze 220
Frosch 248
Froschkäfer 32
Frucht 41
Früchtekeks 156
Fruchtfleisch 149, 154
Fruchtgemüse 145
Fruchtsoße 158
Fruchtstiel 38
Frühstücksbar 76, 98
Fuchs 12
Fühler 25, 33, 35, 37, 135
Full House 289
Füllbrett 360
Füller 199
Füllung 159
Fundament 84, 85
Fundbüro 222
Fünfeck 257, 352
fünfte Position 241
Funkmaus 296
Funktionsknöpfe 105
Funktionsschalter 124
Funktionstastenleiste 70
Furche 37
Furchen 18
Fuß 23, 24, 50, 51, 52, 53, 168, 176, 249
Fußablage 219
Fußball 257, 256, 257
Fußballfeld 256
Fußballplatz 257
Fußballsimulator 287
Fußballspiel 256
Fußboden-Sandsack 279
Füßchen 37
Fußgänger 303
Fußgängerampel 203
Fußleiste 120
Füßling 176
Fußpedal 245
Fußrücken 52
Fußrückenarterie 60
Fußschalter für vertikale Höhenverstellung 73
Fußteil 67
Fußwurzel 37
Futternapf 128
Futterrohr 103, 105

## G

G 248
Gabel 129
Gabelfederung 306
Gabelkamm 195
Gabeln 330
Gabelschlüssel 132
Gabelstapler 330
Galápagos-Schildkröte 20
Gallenblase 65
Gangreduzierer 371
Gangway 347, 370
Gans 31
Ganze 242
ganze Pause 242
Ganzkörperkorsett 177
Garagentor 81
Garderobe 211, 222
Garderobenaufseher 211
Garn 254
Garnele 25
Garnierung 163
Garten 129, 130, 131
Gartenkresse 148
Gartenmauer 77, 81
Gartenpflanzen 81
Gartenwerkzeug 130, 131
Gas 372, 373
Gasabzug 225
Gashebel 130, 319
Gaskocher 101
Gasofen 101
Gaspedal 309
Gasregelknopf 101
Gast 211, 215
Gästebadezimmer 76
Gazelle 7
Gebäude 202
gebogene Pinzette 359
Gebüsch 77
Gecko 21
Gefleckte Hyäne 10
Geflügel 161
geformter Griff 193
Gefriertruhe 100
Gefriertruhentür 100
Gefurchter Dickmaulrüssler 32
Gegengewicht 246, 364
Gehäuse 87, 100, 104, 124, 125, 126, 134, 135, 136, 192, 193, 221, 294, 295, 296, 300
Gehäuse mit der Mikromechanik 74
Gehirn 63
Geländer 77, 204, 206, 329
Geländewagen 313
gelb 203, 355
Gelb Grün 355
gelbe Wassermelone 153
Gelber Pavian 24
Geldautomat 205
Geldtransporter 327
Gelenk 307
Gelenkbolzen 307
Gelenkbus 322
Gemeine Esche 43
Gemeine Feuerwanze 36
Gemeine Fichte 45
Gemeine Kröte 21
Gemeiner Flieder 47
Gemeiner Wacholder 46
gemeinsame Hüftarterie 60
gemeinsame Hüftvene 61
gemeinsame Kopfschlagader 60
Gemma guzmania 49
Gemüse 39, 161, 144, 145, 146
Gemüsecremesuppe 161
Gemüsemesser 109
Geometrie 351, 352, 353
Gepäckabfertigungsschalter 334
Gepäckausgabe 223
Gepäckschließfächer 222
Gepäckträger 316
Gepard 10
gepunkteter Taktstrich 242
gerader Bauchmuskel 54
gerader Schenkelmuskel 54
Gerät für den Tausch von Propellerschritt 368
Geräteraum 235
Gerfalke 29
geriebener Käse 161
gerippte Oberfläche 259
Gerste 38
Gerüst 121, 122
Gerüststruktur 365
Geschäftsjet 336
geschärfte und gebogene Pinzette 359
Geschirrbürste 115
Geschirrschrank 99, 123
Geschirrspüler 99
Geschirrspülmaschine 101
Geschirrtrockner 360
Geschlitzter Pfannenwender 116
geschlossene Front 354
geschlossener Güterwaggon 341
Geschwindigkeitsknopf 136
Geschwindigkeitsregler 124
Gesicht 24, 52
Gesichtscreme 189
Gestell 318, 322, 329, 334
Getränk 235
Getränke 206, 162, 163
Getränkeautomat 212, 273
Getränkekühlschrank 206
Getriebe 329
Getriebelatte 371
getrocknete Chilischote 148
Geweih 6
Gewichte 272
Gewinde 126, 136
Gewöhnlicher Efeu 49
Gewöhnlicher Jasmin 47
gewölbter Teller 110
Gewürze 148
Gimpel 28
Ginkgo 44
Gipskarton 84
Gipsputz 84
Giraffe 9
Gitarre 232, 237
Gitarrenkoffer 251
Gitarrenverstärker 251
Gitarrist 232
Gitter 101
Gittermastkran 349
Gladiole 49
Glas 99, 158, 186, 278
Glasbarriere 276
Glasschneider 138
Glasschutz 67
Glastür 87, 123
Glasware 118
Glaswaren 212
Glätteisen 193
Gleichmacherauflage 371
Gleichmacherbalken 371
Gleichniszeichen 243
gleichschenkelig 351
gleichseitig 351
Gleise 339
Gleiskette 228
Gleiter 184
Glocke 246
Glücksspiele 288, 289
Golden Retriever 14
Goldglänzender Rosenkäfer 32
Goldrohrbambus 47
Golf-Klasse 312
Goliathkäfer 32
Gondel 368
Gorgonzola 142
Gorilla 24
Gottesanbeterin 37
Gouache 253
Gouda 142
Grafiktablett 296
Granatapfel 150
Granatapfelsaft 162
Grasfrosch 21
Grashüpfer 36
Grassammler 131
Grastrimmer 130
Graue Fleischfliege 36
Greiffinger 16, 24
Greifzange 114, 287
Griff 100, 101, 102, 103, 104, 109, 112, 115, 123, 124, 129, 130, 131, 132, 134, 135, 136, 137, 138, 139, 184, 193, 220, 224, 225, 227, 248, 265, 268, 299, 301, 360
Griffbrett 248, 250
Griffelfortsatz 59
Grifffeld 224
Grillrost 129
Grills und Barbecues 129
Gripzange 132
große Rosenader 61
Großeltern 196
Großeltern und Enkelkinder 196
großer Adduktor 55
großer Brustmuskel 54
großer Gesäßmuskel 55
großer Kochlöffel 116
großer Rollhügel 57
großer Rückenmuskel 55
großer Rundmuskel 55
großer Scheibenwischerarm 307
Grosser Schillerfalter 34
Großer Speerspanner 34
Großhirn 63
Großmutter 196
Großraumflugzeug 336
Großvater 196
grün 203, 355
Grundfläche 84
Grüner Scheinbockkäfer 32
Grünfläche 303
Grünkohl 144
Gruppe 350
Gruppetto 242
Guave 149
Gummibaum 43
Gummidichtung 158
Gummimatte 305
Gummistiefel 220
Gurke 40, 145
Gurt 184
Gurtbefestigung 184
Gürtel 169, 178, 218, 228
Gürtelschlaufe 165, 171
Gurtsicherung 371
Gymnastik 270, 271

## H

Haar 51, 53, 248
Haar-Accessoires 193, 194, 195
Haarfarbe 194
Haargel 194
Haargummi<M/N> 194
Haarklammer 195
Haarklemme 194
Haarnadel 194
Haarreif 193
Haarschneidemaschine 192
Haarschneideschere 194
Haarspange 193
Haarspray 194
Haarspülung 194
Haartrockner 193
Hackebeil 109
Hafen 344, 344, 345
Hafenkran 349
Hagedorn 44
Hahn 30, 224
Hähnchenflügel 161
Hähnchenschenkel 161
Hainbuche 43
Häkeln 254
Häkelnadel 254
Halbdornmuskel 55
Halbe 242
halbe Pause 242
Halbkreuz 243

halbmembranöser Muskel 55
Halbrandbrille 186
Halbresonanzgitarre 251
Halbsehnenmuskel 55
Halfter 218, 228
Halle 335
Hals 6, 13, 20, 50, 51, 53, 115, 249, 250
Hals des Wurzelgemüses 39
Hals und Griffbrett 251
Halsband 188
Halskrause 74
Halswirbel 57, 58
Halterung 126
Haltestelle des öffentlichen Personenverkehrs 322
Hamburger 160
Hammer 245
Hämmer 245
Hamster 17
Hand 24, 51, 53
Hand- und Nagelpflege 191
Handarbeit 254, 255
Handball 260, 261, 260, 261
Handballspiel 260
Handballtor 260
Handbuch 273
Handgelenk 53
Handlauf 323, 329, 341
Handlocher 299
Handrad 255
Handrahmenblechschere 375
Handrasenmäher 131
Handschuh 367
Handschuhe 228
Handschutz 225
Handtuch 87, 93, 216, 262, 264, 272
Handytasche 185
Hänge-Toms 245
Hantelablage 272
Harfe 249
Harmonika 252
Harmonium 252
Harte Kontaktlinse 187
Hartholzboden 85, 91, 95
Harzdeckschicht 268
Haselnuss 147
Haube 203, 319
Hauptanzeigetafel 257
Hauptarterien 60
Haupteingang 82
Hauptgeschäftsviertel 202
Hauptlicht 68
Hauptlinienrichter 269
Hauptrahmen der Station 369
Haupttriebwerk 367
Hauptrohr 364
Hauptschiedsrichter 256
Haupttür 100
Hauptvenen 61
Hauptvorhang 238
Hausarten 76, 77, 78, 79, 80, 81, 82, 83
Haushaltsgegenstände 120, 121, 122, 123, 124, 125, 126, 127, 128
Haushaltsgeräte 124, 124, 125
Haushaltswarengeschäft 204
Hausmaus 17
Hausmeister 204
Hausschuh 180, 182
Haustierbedarf 127, 128
Haustür 76, 80
Haut 20
Hautflügler 35
Hautmikroskop 75
Hautmuskeln der Armhaut 23
Hebeausrüstung 372
Hebekran 349, 370
Hebel 105, 371
Hebel für den Klemmbügel 193
Hebevorrichtungen 349
Hebewerk 231
Hecht 27
Heck 219, 229, 337
Heckausleger 219
Heckenschere 130
Heckenschneider 130
Heckfederung 306
Heckrotor 219, 337
Heckstütze 221
Hefezopf 156
Heftel 255
Hefter 299
Heftklammerentferner 299
Heftklammern 299
Heftmappe 293, 298, 300, 301
Heidelbeere 152
Heiliger Pillendreher 32
Heiße Schokolade 162
heiße Schokoladensoße 158
Heißluftpistole 138
Heizelement 356, 357
Heizmantel 356
Heizung 87
Helikopter 370
Helikopterdeck 370
hell-dunkel Kontrast 355
Helling 344
Helm 220, 227, 228, 367
Hemd 167
Hemden 167
Hemden und Blazer 174, 175
Hemdzipfel 372
herausziehbare Säuberungsablage 128
Herdplatte 99, 100
Herkuleskäfer 32
Herkulespoller 371
Herkulesspinner 34
Hermelin 12
Herren-Accessoires 188
Herrenausstatter 204
Herrenkleidung 164, 165, 166, 167, 168
Herrenschuhe und Accessoires 179, 180
Herrenstrickjacke 166
Herrentasche 185
Herrentoilette 222
Herz 60, 64, 289
Heuschrecke 36
High Heels mit Plateausohle 181
Hihat 245
Hihatstand 245
Hilfs-, Service- und Arbeitsschiffe 348
Himbeere 152
Himmelblauer Bläuling 34
Hinterachse 329
Hinteransicht der Muskulatur 55
Hinteransicht des Verdauungssystems 65
Hinteransicht eines weiblichen Körpers 51
Hinteransicht des Skeletts 57
Hinteransicht eines männlichen Körpers 53
Hinterbein 11, 35, 37, 122, 253
Hinterbremse 318
hintere Fontanelle 59
hintere Skibindung 278
Hintere Stoßstange 227
hinterer Griff 130
Hinterflügel 33, 37
Hinterflügel für den Flug 37
Hintergliedmaße 16
Hintergrund 239
Hinterhaube 318
Hinterhauptbein 57, 59
Hinterhauptlappen 63
Hinterkotflügel 316
Hinterpfote 16
Hinterradfelge 318
Hinterradschwinge 318
Hinterreihe 125
Hinterteil 278
Hinterzone 263
Hirnbalken 63
Hirnnerven 62
Hirschkäfer 32
Hochdruckgebiet 354
Hochgeschwindigkeits-Rollbahn 332
Hochgeschwindigkeitszug 340
Hochhackiger Stiefel 181
Hochland 361
Hochspannungsleitung 368
Hochzeitskleid 173
Hocker 121, 245
Höcker 18
Hockey 276, 277
Hockeyschläger 277
Höhenfeineinstellung 364
höhenverstellbares Fußteil 66
Höhenversteller 124
hohes Becken 245
Holländische Iris 48
Holunderbeere 152
Holzbohrer 136
Holzhammer 137
Holzlöffel 115
Holzpfannenwender 115
Holzplatte 268
Holzrahmen 123
Holzrahmenhaus 84
Home-Taste 296
Hometrainer 272
Honig 158
Honiglöffel 114
Honigmelone 153
Hör- und Sprechgarnitur 296
Hörer 296, 297
horizontale Stangen 128
Horn 250
Hörnchen 156
Horngurke 149
Hornisse 35
Hornschnabel 20
Hornviper 22
Hörsaal 198, 240
Höschen 178
Höschenbund 178
Hose 165, 218, 220
Hosen 171
Hosen und Gürtel 165
Hosenbein 165, 171
Hosenbund 165, 171
Hosenstall 165
Hosentasche 165, 171
Hotel 200, 223, 214, 215, 216, 217
Hubschrauber 202, 230, 337
Hubschrauberlandeplatz 202, 347
Huf 6
Hüfte 13, 35, 37, 51, 53
Hüfthohe Strumpfhose 176
Huftiere 6, 7, 8, 9
Hülle 301, 371
Hülsenfrüchte 146
Hummel 36
Hunde 13, 14
Hundehalsband 128
Hundeleine 128
Hundenäpfe 128
Hupe 324
Husky 14
Hut 147, 356
Hutband 183
Hüte 183
Hutkuppe 183
Hyazinthe 48
Hydrant 221
Hydraulikgetriebe 221
Hydraulikpresse 374
hydroelektrisches Kraftwerk 368
Hydrometer-Zeiger 87

## I

Igel 23
Ikosaheder 353
Iltis 12
Im Einkaufszentrum 204
Inbusschlüssel 132
Industriegebäude 203
industrielle Ausrüstung 374, 375
Information 223
Informationsanzeige 205, 339
Informationsstand 204
Informationstafel 303
Infusionsständer 69
Ingwer 148
Innenausstattung 309, 88, 89, 90, 91, 92, 93, 94, 95, 96, 97, 98, 99, 100, 101, 102, 103, 104, 105, 106, 107, 108, 109, 110, 111, 112, 113, 114, 115, 116, 117, 118, 119
Innenrand 33
Innentürgriff 308
innere Halsvene 61
innere Hüftarterie 60
innerer Kern 363
innerer Schenkelmuskel 54
Insekten 32, 33, 34, 35, 36, 37
Insektenfressende Säugetiere 23
Instrumentenanzeige 372
Instrumentenbrett 229
Instrumententisch 69
Instrumentenwagen 68
Intensivstation 70
Internationale Küche 161
internationale Raumstation 365
Ischiasnerv 62
Isobare 354
Isolator 126, 368
Isothermvan 326
Italienische Zypresse 45

## J

Jacke 164, 166, 218, 220
Jagdgewehr 291
Jagdschrotflinte 291
Jaguar 11
japanische Wollmispel 154
japanisches Experimentmodul 365
Japanmakak 24
Jararaca 22
Jeans 165
Jeans mit Schlag 171
Jeansjacke 170
Jeggings 171
Jeté 241
Jochbein 56, 59
Jochbeingegend 35
Joghurt 142
Joker 289
Journalist 267
Joystick 296
Junge 197
Jupiter 362
Juwelier 204

## K

Kabel 232, 296, 297, 316, 357, 368
Kabelaufbewahrung 102
Kabelklemme 126
Kabine 347
Kabinentür 341
Kabinentürfenster 341
Käfer 32
Kaffee 38
Kaffeemaschine 98
Kaffeemühle 102, 112
Käfigtür 128
Kai 345
Kaiman 20
Kaki 150
Kalender 293, 298
Kaltfront 354
Kamera 268, 277, 295, 296
Kameragehäuse 66
Kameramann 259, 266, 268, 277
Kamm 140
Kammmuschel 143
Kampfpanzer 228
Kampfsimulator 287
Kanalknöpfe 125
Kanalreinigungsanlage 133
Kanalschalter 125
Känguru 16
Kanone 228
Kappe 138, 183, 294
Kapuzenpullover 166
Karaffe 118
Kardamom<M/N> 148
Kardinal 28
Kardiobereich 71
Karkasse 161
Karo 289
Karosserie 228, 329, 341
Karosserieseitenleiste 311
Karosserietyp 312
Karotte 39
Karpalballen 13
Karpfen 26
Karteikarten 298
Kartenfarben 289
Kartentisch 288
Kartenverkäufer 235
Kartoffel 146
Kartoffelkäfer 32
Kartoffelstampfer 114
Kartonhülle 301
Kartonunterlage 298
Karussell 281
Kaschmierziege 8
Käsekuchen 157
Käseschneider 114
Käsesorten 142
Kasse 209, 212
Kassiererin 206
Kastanie 44
Kategorie 350
Katzen 15
Kaviar 143
Kefir 142
Kegel 103, 285
Kegeldüse 372
Kegelförmiger Bohrkopf 372
kegelförmiger Kolben 353
Keilbein 59

Keilbeinfontanelle 59
Kelle 87, 138, 358
Kellnerin 211
Kern 154
Kernkraftwerk 369
Kernobst 154
Kernspintomograf 67
Kerze 107
Kerzenhalter 107
Kette 281
Ketten, Armbänder und sonstiger Schmuck 188
Kettensäge 130
Keyboardspieler 232
Kiefernspinner 34
Kiemendeckel 143
Kieselstein 127
Kiesschicht 303
Kimme 224
Kinder 196
Kinderbett 97
Kinderfahrradsitz 315
Kinderlaufrad 315
Kindersicherheitssitz 305
Kindertagesstätte 222
Kinderzimmer 79, 96, 94, 95, 96, 97
Kinderzimmereinrichtung 96
Kinn 6, 50
Kinnstütze 248
Kino 234
Kinoeingang 235
Kiosk 339
Kippschalter 360
Kirsche 154
Kirschtomate 161
Kissen 91, 94, 97
Kiste mit Waren 207
Kiwi 150
Klammer 133, 135, 224, 298
Klammerverriegelung 225
Klangerzeuger 232
Klangkörper 249, 251
Klappenverschluss 364
Klapperschlange 22
Klappseite 298
Klappstuhl 122, 290
Klarinette 247
Klassische gerade Jeans 171
Klassische Shorts 171
Klassischer Gürtel 165
Klassischer Mantel 169
klassisches Motorrad 320
Klauenhalter 307
Klaviatur 244
Klavier 244
Klavierinstrumente 244
Klebebandhalter 299
Klebebandrolle 299
Klebebandschneider 299
Klebeetiketten 298
Klebezettel 298
Klebstift 299
Kleider und Röcke 172, 173
Kleiderbügel 208
Kleiderhaken 208, 216
Kleidermotte 34
Kleiderschrank 216
Kleiderspind 273
Kleiderstange 209
kleine Rosenader 61
Kleine Stubenfliege 36
kleiner Junge 197
Kleiner Kohlweissling 34
kleiner Rundmuskel 55
kleiner Teller 106
kleiner Tierkäfig 128
kleines Mädchen 197
Kleinhirn 63
Klemmbacken 132
Klemmbügel 193
Klettergerüst 281
Klettlockenwickler 194
Klettverschluss 278, 279
Klimaanlage 322
Klinge 109, 124, 193
Klingenspender 192
Klinke 127
knappe Badehose 168
Knarrenschlüssel 132
Knauf 109
Knie 6, 23, 24, 50, 52
Kniegelenk 13
Kniekehlenvene 61
Kniescheibe 56
Kniestrümpfe 176
Knoblauch 144
Knoblauchpresse 114
Knoblauchzehe 144
Knöchel 50, 52
Knöchelturnschuh 179
Knollengemüse 146
Knopf 164, 167, 169, 174, 203, 246
Knopse 47
Koala 16
Koch 210
Kochgabel 116
Kochgeschirr 106
Kochlöffel 115, 116
Kochmesser 109
Kochzange 114
Köder 291
Koffer 184, 215, 339
Kofferraum 311
Kohl 144
Kohlendioxid 350
Kohlenstoff 350, 373
Kohlmeise 28
Kohlrabi 146
Kohltrog 129
Kokosnuss 147
Kolben auf Ständer 356
Kolben mit Abtropfvorrichtung 356
Kolben mit Schaufel 357
Kolbenbolzen 371
Kolibri 28
Kollegmappe 185
Kombi 312
Kombilimousine 313
Kombischlüssel 132
Kommode 94, 293
Kommunale Dienstleistungen 218, 219, 220, 221
Kommunikationsgeräte 296, 297
Kompaktpuder 189
Kompaktraupenbagger 328
Kompaktsäge 134
Kompaktwagen 312
Komplementärkontrast 355
Kondensmilch 142
Kondor 30
Konferenztisch 293
Koniferen 45, 46
König 283, 289
Kontakt 126
Kontaktlinsenbehälter 187
Kontaktloch 126
Kontrabass 249
Kontrafagott 247
Kontrast des Farbtons 355
Kontrollhebel 131
Kontrolllampe 193
Kontrollraum 67, 333
Kontrollturm 333
Konzertflöte 247
Konzertina 252
Kopf 16, 33, 35, 37, 51, 53, 143, 248, 255
Kopf des Wurzelgemüses 39
Kopfbasis 105
Kopfbügel 296
Kopfhörer 125
Kopfhörerbügel 125
Kopfhörerstand 88
Kopfsalat 40, 144
Kopfschutz 279
Kopfspiegel 75
Kopfvene 61
Korbbrett 258
Körbchen 173, 177, 178
Koriander 148
Korkenschwimmer 291
Korkenzieher 112
Korn 224, 225
Kornett 247
Körper 16, 353
Körperpflege 192, 193, 194, 195
korpulent 197
Korpus 244, 250
Korrekturband 299
Korrekturstift 300
Korselett 177
Kosmetik 189, 190, 191
Kosmetiksalon 204
Kotflügel 219, 220, 227
Krabbe 25
Kraftraum 272
Kraftstoffartanzeige 304
Kraftstofftank 318, 325, 341, 344
Kragen 164, 167, 169
Kralle 11, 13, 16, 20
Kran 202, 224
Kranbaum 372
Kranfahrzeug 349
Kranhubschrauber 349
Krankenhauszimmer 69
Krankenschwester-Ruftaste 69
Krankenwagen 327
Kranznaht 59
Krater 361, 366
Krawatte 165, 218
Krawattenhalter 188
Krawattennadel 188
Krebs 25
Kreditkartenetui 185
Kreide 198
Kreideschüssel 270
Kreis 351
Kreisdiagramm 352
Kreisfläche 351
Kreissäge 134
Kreisumfang 351
Krempe 183
Kreuz 243, 289
Kreuzbein 56, 57, 58
Kreuzstich 254
Kreuzung 200, 203
Kreuz-Vorzeichen 243
Kriebelmücke 36
Kristallzucker 159
Krokus 49
Krone 41, 183, 249
Kronenblock 372
Kronfleischsteak 140
Kropf 109
Kroton Petra 49
Krug 103
Krümel 156
Krümelablage 105
Kruppe 13
Kruste 156
Kubakrokodil 21
Küche 76, 210, 98, 99, 100, 101, 102, 103, 104, 105, 106, 107, 108, 109, 110, 111, 112, 113, 114, 115, 116, 117, 118, 119
Kuchen 157
Kücheneinrichtung 98
Küchengeräte 100
Küchenmesser 109
Küchenpinsel 129
Kuchenstück 157
Küchenthermometer 113
Küchenutensilien 112, 115
Kufen 219, 337
Kugel 224, 225, 353
Kugelrückgabe 284
Kugelschreiber 199, 300
Kühlblech 369
Kühler 207
Kühlergrill 218, 220, 226, 308, 325, 327
Kühlraum 210
Kühlschrank 76, 98, 100
Kühlturm 369
Kuhmilch 142
Kulisse 236
Kümmel 148
Kumquat 151
Kunde 204, 304
Kundentisch 206
Kundin 206
Kupplungspedal 309
Kurbelwellengehäuse 329
Kürbis 145
Kürbiskernöl 155
Kurzärmlige Bluse 174
Kurzärmliges Hemd 167
Kurze Fühler 25
kurze Langhantel 273
Kurze Strickjacke 175
kurzer Ärmel 167
Kurzer Blazer 174
kurzer speichenseitiger Handstrecker 55
kurzer Vorschlaf 242
kurzer Wadenbeinmuskel 55
kurzer Zehenstrecker 54
Kurzwahltaste 297

## L

Laborgeräte 356, 357, 358, 359, 360
Laborkolben 356
Laborzange 359
Labrador 13
Lachs 27
Lachsrogen 143
Laden 338
Laden für Sportbekleidung 204
Ladeneingang 206
Ladestation 312
Ladestock 225
Ladestreifen 224
Ladungsverkleidung 367
Laffe 115
Lager 344
Lagerhaus 201
Lagerraum 207, 210
laktosefreie Milch 142
Lama 9
Lambdanaht 59
Lammfellmantel 170
Lampe 87, 92, 95, 213
Landeklappe 229
Landemodul 366
Landvögel 28, 29, 30
Landwirtschaftliche Nutzpflanzen 38
Landwirtschaftsmaschinen 330
Langärmliges Kleid 172
Langärmliges Oberteil 175
Lange Bluse 174
Lange Strickjacke 175
Lange Unterhose 168
langer Adduktor 54
langer Hohlhandmuskel 54
Langer Regenmantel 169
Langer Rock 172
langer Vorschlag 242
langer Wadenbeinmuskel 54
langer Zehenstrecker 54
Langhantelablage 272
Langzeit-EKG 74
Laptop 217, 233, 293, 295
Lasche 245
Lastkraftwagen 201, 202, 324
Latte 260
Laub 41
Laubbäume 41, 42, 43, 44
Lauch 144
Lauchzwiebel 144
Lauf 224, 225
Laufband 71
Laufbeine 25
Läufer 283
Laufmaschine 272
Laus 36
Lautsprecher 125, 232, 296, 297, 308
Lautstärkemesser 358
Lautstärkeregler 125, 235, 250
Lautstärketaste 295, 296
Lavendel 38
Lebensabschnitte: Frau 197
Lebensabschnitte: Mann 197
Lebenserhaltungssystem 367
Lebenserhaltungssystemsteuerung 367
Leber 64, 65
Lederarmband 188
Ledersessel 121
Lefzen 13
Legato 243
Leggins 176
Leguan 21
Leibchen 177
Leibchen und Höschen 177
Leichtflugzeug 336
Leinen 254
Leinwand 234, 253
Leiste 50, 52, 308
Leiter 86, 221, 324, 329, 371
Leitkegel 303
Leitwerk 229
Lemur 24
Lende 6, 13, 51, 53, 141
Lendenwirbel 57, 58
Lenkarm 371
Lenker 219, 317
Lenkrad 309, 323
Lernplüschwürfel 280
Lernspielzeug 280
letztes Viertel 361
Leuchteinheit 221
Leuchtkörper 90
Libelle 37
Lichter 238
Lichthaube 127
Lichtquelle 73
Lichtquellen 68
Lichtschalter 78, 91, 255
Lidschatten 189
Liefersystem 72
Lieferwagen 313
Liegestuhl 86, 290, 347
Liegestütz 272

Likörglass 119
Lilie 49
Limette 151
Limousine 312, 313
Lineal 199
Linie 276
Liniendiagramm 352
Linieninformationszeichen 323
Linienrichter 257, 263, 264, 266, 277
Liniensystem 242
linker Angreifer 262
linker Hinterspieler 263
Linse 74
Linsen 146
Lipgloss 190
Lippe 16
Lippenbalsam 190
Lippenkonturenstift 190
Lippenpinsel 190
Lippenstift 190
Lippentaster 33
Literanzahl 304
Litschi 149
Lkw 302
Lkw und Anhänger 326
Loch 132, 165
Lockenstab 193
Lockenwickler 194
Löffelablage 111
Lokomotive 344
Lokomotiven 341
Lokscheinwerfer 341
Loser Lidschatten 189
Loses Puder 189
Löwe 10
Luchs 11
Luftdruck 354
Lufteinlass 323
Luftfilter 131
Luftfilterleitung 329
Luftfilterrohr 226
Luftkabel 297
Luftschokolade 159
Lufttransport 223, 332, 333, 334, 335, 336, 337
Lüftung 131, 134, 216
Lüftungsblech 310
Lüftungsgitter 309
Lüftungsschacht 81, 101
Lüftungsschlitz 294
Lüftungsschlitze 341
Lüftungssieb 127
Luftzirkulation 360
Luke 86, 219, 228
Lungenarterie 60
Lungenstamm 61
Lungenvene 61

## M

Macadamia 147
Madagaskar-Fauchschabe 36
Mädchen 197
Mädchenzimmer 79, 94
Mädchenzimmereinrichtung 94
Magazin 225
Magazinauslöseknopf 224
Magen 65
magnetischer Mixer 357
Magnetschwebebahn 340
Magnolie 47
Mähdrescher 302, 331
Mahlplatte 105
Maikäfer 32
Maine-Coon-Katze 15
Mais 38
Maiskeimöl 155
Maiskolbenhalter 129
Maître d' Station 211
Make-up 189, 190
Make-up-Entferner 190
Makrele 26
Malerei 253
Manager 215
Mandarine 151
Mandel 147
Mandrill 24
Mango 150
Mangold 144
Mangostane 150
Mann 197
männlicher Körper 52, 53
Mannschaftsquartier 370
Manschette 167
Manschettenhemd 167
Manschettenknöpfe 188
Mantel 164, 257
Mäntel und Jacken 169, 170
Mantelaufschlag 164, 169
Maracuja 150
Margerite 48
Marienkäfer 32
Mark 150
Marker 300
Markierung 231
Markierungslinie 258
Marmaladenbelag 157
Marmelade 158
Mars 363
Maschine mit programmierter Nummernsteuerung 375
Maschinenbett 255
Maschinengewehr 226
Maschinengewehrmagazin 227
Maschinengewehrschütze 227
Maschinengewehrturm 227
Maschinenraum 369
Maske 228
Massage-Haarbürste 195
Maßband 139, 255
Mathematik 351, 352, 353
Matratze 66, 73
Matratzenablage 73
Matte 216
Mauersegler 28
Maul 6, 18, 20, 23, 24
Maulkorb 128
Maulwurf 23
Maurerkelle 138
Maus 292, 296
Maxikleid 173
Mayo-Instrumentenständer 72
McPherson-Federbein 306
Mechanik 249, 250
Medaillon 188
medialer Gelenkhöcker 57
medialer Oberschenkelgelenkknorren 57
Mediankerbe 18
Medizinschrank 93
Meer 361
Meeresfrüchte 207
Meeressäuger 18, 19
mehrere Videomonitore 66
mehrfach bewegliche Aufhängung 68
Mehrstärkenglas 186
Mehrzweckgeländewagen 226
Mehrzweckkampfflugzeug 229
Mehrzwecklösung 187
Mehzweck-Sandsack 279
Melodica 252
Melonen 153
Melonenlöffel 114
Memo 298
menschlicher Körper 50, 51, 52, 53, 54, 55
Menüständer 211
Menütaste 296
Merkur 362
Mesothorax 35
Messanzeige 132
Messer 129
Messerblock 109
Messerschärfer 109
Metall verarbeitende Maschine 375
Metallarbeit 375
Metallform 296
Metallrahmen 198, 233, 368
Metallüberzug 229
Metatarsus/Mittelfuß 35
Metathorax 35
Meteorologie 354
Metronomzeichen 243
Mezzo forte 243
Mezzo piano 243
Mieder 177
Miesmuschel 143
Mikrofon 198, 237, 296, 297
Mikroskop 74, 358
Mikrowelle 98, 100
Mikrowellenkammer 100
Milch und Sahne 142
Milchkrug 111
Milchprodukte 206
Milchschäumer 113
Milchschokolade 159
Militärsprache 224, 225, 226, 227, 228, 229, 230, 231
Minivan 313
Mini-Wohnwagen 314
Minze 148
Mischelement 357
Mischpult 234, 235
Mississippi-Alligator 20
mit einem Bein nach vorne, Kopf an Knie-Schritt 241
mit Lebensmitteln gefüllter Beutel 207
Mitnehmerstange 372
Mittelbein 35, 37
Mittelbrust 37
Mittelfeldangreifer 262
Mittelkreis 257, 258
Mittelläufer 263
Mittellinie 257, 260, 264, 267
Mittelohr 20
Mittelstück 265
Mittelstütze 221
Mitteltonwahlschalter 250
Mixer 104, 357
Mixregler 233
Mobile 280
Mobiliar 120, 121, 122, 123
Moderator 236
Modusauswahlknopf 125
Mokassin 180
Molkereiprodukte 142
Moltebeere 152
Monarchfalter 34
Monat 298
Mond 361, 362
Mondfahrzeug 366
Mondlandung 366
Mondphasen 361
Mondvogel 34
Monitor 292
Monitoranschluss 294
Monitorreihe 232
Monokel 186
Mordent 242
Mörser und Stößel 117
Moschusochse 9
Motocross-Motorrad 321
Motor 219, 371
motorbetriebener Tisch 67
Motorgehäuse 103, 105
Motorhaube 226, 310, 314, 327
Motorjacht 347
Motorrad 321
Motorräder 318, 319, 320, 321
Motorradrennensimulator 287
Motorraum 340
Motorroller 321
Motorträger 306
Mountainbike 315
Möwe 31
Mozzarellakugel 161
MRT-Raum 67
Mühlen drehendes Maschinenzentrum 375
Muldenkipper 326, 329
Muldenkipperunteransicht 329
Müllauto 327
Mülleimer 201, 204, 215, 216, 223, 234
Müllader 327
multifunktionale Maschine 375
Mund 50
Mundrohr 246
Mundspiegel 72, 75
Mundstück 246
Mündung 224
Mundwerkzeuge 37
Muschel 143
Musik 242, 243, 244, 245, 246, 247, 248, 249, 250, 251, 252
Musikband 232
Musiknotation 242, 243
Muskeln 54, 55
Muster 255
Mutter 134, 196, 248, 250, 251
Mütze 183, 218

## N

Nabe 230
Nabel 50, 52
Nachthemd 177
Nachtigall 29
Nachttisch 69, 70, 90, 95, 120, 217
Nacken 6, 51, 53, 141
Nackenschild 20
Nackenstütze 71
Nadel 254, 255, 362
Nadelbaum-Marienkäfer 32
Nadeleinfädler 255
Nadelkissen 255
Nadelplatte 255
Nagel 24
Nagelaufhellstift 191
Nagelfeile 191
Nagelhautschere 191
Nagelhautschieber 191
Nagelhauttrimmer 191
Nagelhautzange 191
Nagelklaue 137
Nagellack 191
Nagellackentferner 191
Nagelpistole 137
Nagelschere 191
Nagelzange 191
Nagetiere 17
Nähen 255
Nähmaschine 255, 374
Naht 171, 257
Nase 6, 13, 16, 50, 372
Nasenbein 59
Nasenflügel 23
Nasenloch 13, 24
Nasen-Peitschennatter 22
Nasenspitze 11, 13
Nasenspray 75
Nashi-Birne 149, 154
Nashornkäfer 32
naturhafter Hintergrund 127
natürliches Mineralwasser 162
Nebel 354
Nebengebäude der Reaktorabteilung 369
Nebenniere 64
Nebenschilddrüse 64
Negligé 177
Neigmechanismus 253
Nektarine 154
Nelke 48
Neonatologin 73
Neptun 363
Nervensystem 62, 62, 63
Netz 138, 258, 260, 262, 265, 266, 269
Netzpfosten 265
Netzschalter 101, 103, 105, 124
Netzteilkühler 294
Netzteilschalter 294
Netzwerkadapteranschluss 294
Neuflügler 36
Neugeborenen -Intensivstation 73
Neugeborenes 73
Neumond 361
Neuntöter 29
Neuzunahme 361
Niederschlag 354
Niere 64
Nierenarterie 60
Nierenschale 72
Nierenvene 61
Niete 134
Nilkrokodil 21
Nordmanntanne 46
Norwegische Waldkatze 15
Notenlinien 242
Notenschlüssel 242
Notenständer 244
Notenwerte 242
Nudelholz 114
Nummernrahmen 341
Nüsse 147, 158
Nussknacker 114
Nussschale 147
Nymphensittich 29

## O

Oberarm 11, 13, 23
Oberarmknochen 56
Oberarmkopf 57
Oberarmmuskel 54
Oberarmspeichenmuskel 54, 55
Oberbekleidung 164
Oberbug 248, 251
Oberdeck 230, 346, 370
obere (kraniale) Gekrösevene 61
obere Halterung 253
obere Hohlvene 60, 61
obere Mesenterialarterie 60
obere Platte 244
oberer Mantel 363
oberer Querlenker 306
Oberfläche des Mondes 366
Oberkiefer 56, 59
Oberlippengrübchen 13
Oberschenkel 23
Oberschenkelarterie 60
Oberschenkelbizeps 55
Oberschenkelfaszienspanner 54
Oberschenkelhals 57
Oberschenkelkno-

chen 35, 37, 56
Oberschenkelkopf 57
Oberschenkelmuskulaturtrainer 273
Oberschenkelnerv 62
Oberschenkelvene 61
Oberschwelle 85
oberster Kampfrichter 277
Oberteil 173, 174
Objektiv 74
Objekttisch 74
Oboe 247
Observatorium 364
Obst 149, 150, 151, 152, 153, 154
Obst und Gemüse 206
Obstkuchen 157
Obstschale 88, 99
Obsttortelett mit Schlagsahne 157
Ocellen 35
Ofen 98, 101
Ofenfeuer 129
Ofenregelknopf 101
Ofentür 104
offenes Rasiermesser 193
öffentlicher Verkehr 327
Ohr 6, 11, 13, 16, 52
Ohrenthermometer 74
Ohrkneifer 36
Ohrpolster 125
Oktaeder 353
Oktan 373
Oktopus 25
Okular 74, 364
Öl 372, 373
Öl- und Gasindustrie 370, 371, 372, 373
Öle 155
Ölfarbe 253
Olive 43
Olivenöl 155
Ölkappe 130
Ölpumpstation 371
Öltank 371
Öl-und-Gasfelddiagramm 373
OP 68
Operationspatient 68
Operationsschwester 66
Operationstuch 68
Operngias 186
OP-Leuchte 72
Opossum 16
opponierbarer Daumen 24
OP-Schwester 68
OP-Tisch 68
Orange 355
Orange Gelb 355
Orangenschäler 109
Orang-Utang 24
Orbit 363
Orchestergraben 238
Orchidee 49
Ordner 256, 266, 301
Organizer 293
Orgel 244
Ornamente 242
Otoskop 75
Overall 172, 303
Ozean 361

## P

Paar 289
Paarungsadapter 365
Palette 253
Palettenhubwagen 207
Pampelmuse 151
Pannacotta 158
Panzerturm 228
Panzerweste 227, 228
Papagei 128
Papaya 149
Papier 300
Papierfach 300
Papierkorb 273
Papierserviette 213
Papiertuch 273
Paprikaschote 145
parabolischer Reflektor 364
Paradiesvogelblume 48
Parallelogramm 352
Parameterfelder 70
Paranuss 147
Park 203
Parkplatz 200, 223, 332
Pas de bourée 241
Paspeltasche 175
Passagier 346
Passagier- und Frachtschiffe 346
Passagierschiff 346
Passagiersitz 337
Passagierterminal 332
Patientenanschlussleiste 70
Patientenkabel 70
Patientenlagerungstisch 66
Patientenmonitor 68, 70
patientennaher Bildschirm 69
Patrone 225
Patronenkasten 224, 225
Patte 164
Pausenwerte 242
PC mit Bilderfassungshardware 67
Pedal 249, 316
Pedicellus 33
Peep-Toe-Schuh 182
Pekannuss 147
Pelikan 31
Pelzmantel 169
Pelzmütze 183
Pendelsprenkler 131
Pendlerzug 339
Penis 52
Penthaus 202
Penthouse 82
Periodendauer 350
Periodensystem 350
Peripherie-Steckplatz 294
Perlenkette 188
Perserkatze 15
Personenzug 340
Personenzüge 340
Petersilie 148
Pfahlwurzel 41
Pfannenwender 115, 116, 129
Pfannkuchen 161
Pfau 30
Pfeffermühle 115
Pferdeanhänger 331
Pfifferling 147
Pfingstrose 48
Pfirsich 154
Pflanzen 127, 38, 39, 40, 41, 42, 43, 44, 45, 46, 47, 48, 49
Pflanzliche Lebensmittel 144, 145, 146, 147, 148, 149, 150, 151, 152, 153, 154
Pflaster 74
Pflaume 154
Pfosten 258, 260, 262
Pfote 11
Physalis 152
Physiotherapeut 71
Pianississimo 243
Piano 243
Piano-Lounge 210
Piccolo 247
Pickup 313
Piercing 188
Pik 289
Pillen 75
Pilot 337
Pilotenkoffer 184
Pilotensitz 337
Pilze 147
Pinguin 31
Pinienkern 147
Pinsel 189
Pinsel für loses Puder 190
Pinselspachtel 129
Pinzette 189, 359
Pipette 358
Pistazie 147
Pistill 48
Pistole 218, 224, 228
Pistolengriff 225
Pizza 160
Pizzaschneider 114
Plakatwand 257, 258, 260, 264, 266, 269, 274, 302
Planierraupe 328
Plastikfeuerwehrauto 280
Plastikstuhl 213
Platin 187
Platte 120
Plattform 112, 139, 221
Plattpfirsich 154
Plattstich 254
Pleuelstange 316
Plüschtier 280
Plüschwürfel 280
Pobacke 51, 53
Podest 264, 271
Podium 198, 236
Pokerkombinationen 289
Pokertisch 288
Polierer 135
Polizei 218
Polizeiauto 218
Polizeibeamter 204, 218
Polizeihubschrauber 219
Polizeimotorrad 219
Polohemd 167
Polster 122
Polygone 352
Pommes frites 160
Pompon 183
Poncho 169
Pons 63
Pontische Alpenrose 47
Pool 86
Pool und Sauna 86, 87
Popcorn 160, 234
Portalkran 344
Portemonnaie 185
Portglas 118
Portier 214
Posaune 246
Positionsmarkierung 250
Post 222
Praline 159
Preis pro Liter Kraftstoff 304
Preiselbeere 152
Press- und Schneidemaschine 375
Presse 263
Pressefotograf 259, 261, 266
Primaten 24
Primer 225
Prisma 353
Produktrohrleitung 371
Profil 329
Projektionswand 199
Projektorlinse 234
Propeller 229
Proszenium 238
Prothorax 35
Prüfschraubenzieher 135
Publikum 239
Puck 276
Pudel 14
Pudelmütze 183
Puderdose 189
Puderquaste 189
Puffer 341
Pullover 166, 174
Pullunder 175
Puma 11
Pumpe 86
Pümpel 133, 138
Pumps 182
Punktdiagramm 352
Punkteanzeige 286
Punktebildschirm 284
Puppenhaus 280
Push-Up-BH und Höschen 178
Pyjama 178
Pyramide 353

## Q

Quad (Geländefahrzeug) 321
Quader 353
Quadrat 283
Quadratschüssel 110
Quadratteller 110
Quantitätskontrast 355
Quecksilberthermometer 74
Querbalken 281, 329
Querfortsatz 58
Querkolon 65
Querlatte 253
Querlenker 306
Querrippe 140
Querschnitt des Großhirns 63
Querschnitt eines Steckers 126
Querstabilisator 306
Quersteg 246
Queue 282
Quirl 116

## R

Rad 124, 129, 131, 218, 219, 226, 229, 253, 299, 329
radialer Versteifungsträger 371
Radiator 365
Radierer 299
Radieschen 146
Radiologe 66
Radioteleskop 364
Radius 351
Radkappe 323
Radnabe 306, 319
Radspeiche 316
Raduntergestell 73
Rahmen 123, 186, 224, 253, 254, 286, 300, 356, 357, 360
Rakete 229
Raketenbooster 367
Rambutan 150
Rammschutzbügel 218
Rampe 270
Rand 136, 245, 265, 278
Randeinlage 248
Rändel 132
Randlinie 264
Randschild 20
Rangliste 360
Rasen 77, 80, 84
Rasenmäher 131
Rasierbecher 192
Rasierer 192
Rasierpinsel 192
Rasierprodukte 192
Rasierschaum 192
Rasierwasser 192
Räucherkäse 142
Raucherzone 223
Rauke 144
Raumanzug 367
Raumschiff 365
Raumstarter 367
Raupenkipper 328
Reaktorabteilung 369
Rebhuhn 30
Rechenkamm 195
rechte Lungenvene 60
Rechteck 352
Rechteckballenpresse 330
rechter Angreifer 262
rechter Hinterspieler 262
rechter Winkel 351
Rechtes Blinklicht 221
rechtwinkeliger Quader 353
rechtwinkeliges Dreieck 351
Redner 198
Rednerpult 198, 199
Rednertisch 198
Reduktionsscheibe 371
Reduzierstück des Unterbaus 371
Reflexhammer 75
Regal 89, 96, 100, 123, 198, 207, 216
Regalbefüller 207
Regale 209
Regen 354
Regenmantel 164, 170
Regenrinne 84
Regenschirm 184
Regiestuhl 122
Reibe 113
Reifen 254, 307, 311, 316, 318, 322, 329
Reifenprofil 307
Reihe 199, 240
Reihenhaus 200
Reiher 31
reiner Alkohol 74
Reinigungskraft 205
Reinigungspinsel 192
Reiseblock 372
Reisebüro 204
Reisebus 323
Reisemotorrad 320
Reisepasshülle 185
Reisetasche 184
Reißverschluss 177, 255
Rektum 65
Reneklode 154
Rentier 7
Reprise 243
Reptilien 20, 21
Resonanzboden 249, 251
Restaurant 210, 223
Restaurantleiter 211
Retiré-Spitze 241
Rettungsboot 346, 347
Rettungswagen 302
Revolver 224
Rezeption 214
Rhabarber 146
Rheinweinglas 118
Rhombus 352
Richter 270, 279
Richtungsschild 342
Richtungszeichen 342
Ridebecken 245
Riemchen 181
Riemen 278

Riemenmuskel 55
Riesen-Lebensbaum 46
Rille 136, 285
Rind 8
Rinderbraten 140
Rinderbrust 140
Rinderfilet 140
Rinderfiletsteak 140
Rinderhachse 140
Rinderhackfleisch 140
Rinderrücken 140
Rindersteak 140
Rindfleisch 140
Ring 87, 258, 281
Ringe 187, 271
Ringgriff 194
Ringschlüssel 132
Rippe 33, 140, 248, 251
Rippen 56
Rippenbündchen 168
Rippenschild 20
Rippung 259
Robuster Stuhl 293
Rochen 26
Rock 173
Rock mit Schlitz 173
Roggenbrot 156
Rohr 221, 356
Röhrbein 6
Röhrenjeans 171
Rohrgewindewerkzeug 133
Rohrschlitz 133
Rohrschneider 133
Rohrwalze 133
Rollbahn 333
Rollbahnmarkierung 333
Rolldeckel 112
Rolle 139
Roller 315
Rolltreppe 235, 334, 338, 342
Rolltreppe - abwärts 222
Rolltreppe - aufwärts 222
Römersandale 181
Röntgenrohr 66
Rose 6, 48
Rosenkohl 144
Rosette 251
Rosmarin 148
Rostrum 18, 25
rot 203, 355
Rot Orange 355
Rot Violett 355
Rotationskartei 300
Rotauge 26
Rotbuche 44
Rote Bete 145
rote Bohnen 146
rote Chilischote 148
rote Johannisbeere 152
rote Linie 277
rote Trauben 152
Rote Waldameise 35
Rothirsch 6
rotierende Bahn 364
rotierende Kuppel 364
Rotkohl 144
Rotorabdeckung 368
Rotorblatt 219, 368
Rotwein 163
Rotweinglas 107, 119
Rouge 189
Rouge-Puder 189
Roulette 288
Router 297
Royal Flush 289
Rübe 146
Rücken 6, 11, 51, 53, 109
Rückenflosse 18
Rückenkamm 18
Rückenlehne 121, 122, 262
Rückenlehnenpolster 121
Rückenmark 62
Rückensäge 134
Rückenschild 20, 25
Rückenschwimmerflaggen 274
Rucksack 185, 315
Rückspiegel 218, 219, 220, 308, 309, 314, 319, 323, 324, 325, 327, 330
Rückstrahler 226
Rücktrittbremse 316
Rückwand 253
Rudergerät 272
Ruhebank 272
Rumpf 51, 53, 219, 229
Rundballenpresse 330
Rundbürste 195
runde Bahn 364
runder Pronator 54
Rundstab für Geschirr 360
Rundstricknagel 254
Rundumleuchte 330
Rüschenbluse 174
Russisch Blau 15
russisches Modul 365
rutschender Mittelstab 253
Rutschschutz 139, 290

## S

Saatmaschine 331
Saftmengenanzeige 103
Sägeblatt 130, 134
Sägeblattschutz 130
Sägebremse 130
Sägekette 130
Sägen 134
Sagopalme 49
Sahnetorte 157
Saiga 7
Saite 248, 249, 250, 251, 265
Saitenhalter 248
Salamander 21
Salatgabel 106, 108
Salbei 148
Salz- und Pfefferstreuer 212
Samen 149, 150
Sand 127
Sandalen mit Knöchelriemchen 181
Sandalette 181
Sandblattfeile 191
Sandkasten 77, 80
Sandkorn 373
Sandschicht 303
Sandwich 160
Sandwichtoaster 105
Sänger 233
Sanitärwerkzeug 133
Sarong 178
Sartorius 54
Satellitenschüssel 83, 202
Sattel 251
Sattelanhänger 325
Sattelauflage 371
Sättigungskontrast 355
Saturn 363
Satztisch 208
Sauerampfer 144
Sauerkirsche 154
Sauerrahm 142, 161
Sauerstoff 350
Säuglingsgerüst 280
Sauglüfter 101
Saugrohr 124
Säule 249
Säulenbasis 249
Sauna 87
Saunaeimer 87
Saxhorn 247
Saxophon 246
Scapus 33
Schabe 36
Schach 283
Schachfigur 283
Schachtel 95
Schädel 13, 52, 59
Schädel eines Erwachsenen 59
Schädel eines Kindes 59
Schaf 8
Schaft 137, 139, 194, 230
Schaftstiefel 182
Schale 112, 150, 151, 154
Schale mit Deckel 110
Schäler 113
Schallbecher 246
Schallbechersteg 246
Schalldämpfer 318
Schallloch 248, 251
Schalter 126
Schalthebel 317
Schaltknopf 124, 125
Schaltknüppel 309
Schaltregler 125
Schamhügel 50, 52
Schar 230
scharfe Soße 155
Scharnierstift 307
Schaschlikspieß 161
Schaubühne 239
Schaufenster 235
Schaufensterpuppe 209
Schaukel 77, 80, 128
Schaukelset 281
Schaukelstuhl 97, 122
Schaumfestiger 194
Schauspieler 239
Schauspielerin 238
Schauvitrine 123
Scheckheftetui 185
Scheibe 156
Scheibeneggeanhänger 331
Scheibenwischer 219, 220, 226, 307
Scheibenwischerarm 307
Scheibenwischerblatt 307, 323
Scheibenwischergummibelag 307
Scheinwerfer 232, 257, 310, 314, 319, 323, 324, 325, 327, 329, 330, 340, 341
Scheinwerferlicht 218
Scheitel 35, 37
Scheitelbein 57, 59
Scheitellappen 63
Schenkel 51, 53, 372
Schere 199
Scherenbein 25
Schicht-Gelee 159
Schieberegler 235
Schiedsrichter 259, 261, 262, 263, 265, 268, 275, 277, 279
Schiedsrichterstuhl 266, 268
Schiedsrichtertisch 259, 269, 270
Schienbein 37, 56
Schiene 130
Schienenfahrzeuge 340, 341
Schienenräumer 341
Schienentransport 223, 338, 339, 340, 341, 342, 343
Schießsimulator 287
Schiff 344
Schiffe und Wasserfahrzeuge 346, 347, 348
Schiffskörper 231
Schiffspropeller 230
Schiffsschraube 231
Schiffsträger 230
Schilddrüse 64
Schilder und Piktogramme 222, 223
Schimpanse 24
Schinken 141
Schirmmütze 183
Schirmstange 184
Schläfe 52
Schläfenbein 56, 59
Schlafzimmer 90, 91
Schlafzimmereinrichtung 90
Schlagbrett 250
Schläger 265, 267, 268
Spiele mit Schlägern 264, 265, 266, 267, 268, 269
Schlägertasche 264, 267
Schlagfell 245
Schlaginstrumente 245
Schlagsahne 142, 158
Schlagzeug 233, 237, 245
Schlagzeuger 233
Schlangen 22
Schlangenbohrer 136
Schlankmuskel 55
Schlauch 124, 135, 138, 304, 329
Schlauchhaspel 131
Schlaufe 165
Schleie 26
Schleif- und Polierwerkzeug 135
Schleifband 135
Schleifblock 135
Schlepper 344, 348
Schlitten 224
Schlittschuhe 276
Schlitz 125
Schlüsselbein 56
Schlüsselbeinarterie 60
Schlüsselbeinvene 61
Schlüsseletui 185
Schlüsselkasten 215
Schmeissfliegen 36
Schmetterlinge 33, 34
Schmuck 187, 188
Schmuckschatulle 188
Schnalle 165, 218, 228
Schnauze 11, 13, 24, 26
Schnecke 248
Schnee 354
Schneide 109
Schneidemaschine 375
Schneidemesser 299
Schnellstraße 302, 303
Schnitzmesser 109
Schnurrhaare 11
Schnurrhaarkissen 11
Schnürschuh 179
Schnürsenkel 179
Schnürung 279
Schokolade 159
Schokoladenplätzchen 157
Schokoladenüberzug 159
Schokolinsen 159
Scholle 26
Schöpfwerk 368
Schrägbank 272
schräge Oberseite 198
Schrank 293
Schränke und Regale 123
Schranktür 91
Schrankwand 123
Schraube 126, 248
Schraubenschaft 230
Schraubenschlüssel 132
Schraubkappe 105
Schreibmappe 185
Schreibtisch 120, 217, 292
Schreibtischlampe 217
Schreibtischstuhl 292
Schreibzubehör 298
Schrotsäge 134
Schrumpfpackungsmaschine 374
Schubkarre 131
Schublade 100, 123
Schuh mit Keilabsatz 182
Schuh-Accessoires 180
Schuhbürste 180
Schuhcreme 180
Schuhe 179, 180, 181, 182
Schuhlöffel 180
Schuhmaschine 374
Schuhregal 284
Schuhspanner 180
Schulbus 323
Schulsachen 199
Schulter 6, 11, 13, 50, 52, 141, 249
Schulterblatt 51, 53, 56, 57
Schulterdach 57
Schultergräte 57
Schulterträger 177, 178
Schuppe 20, 143
Schuppennaht 59
Schuppentier 23
Schüssel 98, 112
Schutzblech 316
Schutzbrille 227
Schutzgitter 124, 226
Schutzglas 100, 136
Schutzhelm 277, 303
Schutzhülle 130
Schutzplanke 303
Schutzschicht 367
Schutzschirm 101
Schutzvorrichtung 220, 330
Schwalbe 29
Schwalbenschwanz 33
Schwalbenschwanz-Puppe 33
Schwalbenschwanz-Raupe 33
Schwan 31
Schwanz 6, 13, 23, 143
Schwanzflosse 18, 26, 143
Schwanzhaut 23
Schwanzschild 20
Schwanzstiel 18
Schwanzwurzel 11
schwarze Johannisbeere 152
schwarzer Pfeffer 148
schwarzer Tee 162
Schwarzerle 44
schwarzes Senfkorn 148
Schwebebalken M> 270
Schwein 8
Schweinebraten 141
Schweinefleisch 141
Schweinekotelett 141
Schweinerippchen 141
Schweinesteak 141
Schweinsfilet 141
Schweinshachse 141
Schweißapparat 375
Schwelle 339
Schwenkring 372
Schwenktür 127
Schwertfisch 27
Schwertwal 18
Schwester 196
Schwimmbad 200
Schwimmbahn 274
Schwimmbahnenseil 274
Schwimmbecken 86

Schwimmbrille 275
Schwimmdach 371
Schwimmen 274, 275
Schwimmkran 348
Schwimmreifen 86
Schwimmtrainer 274
Schwingbalken 371
Schwinghebelregner 131
Schwingschleifer 135
Schwungfunktionsschalter 124
Sechseck 257
Sechzehntel 242
Sechzentelpause 242
See 361
Seebär 19
Seehund 19
Seelöwe 19
Seeschwalbe 31
Seezeichenschiff 348
Segelboot 346
Segelfalter 34
Segelschuh 180
Segment 351
Segmentieres Abdomen 37
Sehrohr 228, 231
Seidenspinner 34
Seifenschale 93
Seifenspender 93
Seil 279
Seite 6, 112, 123, 351
Seitelinie für Einzelspiele 266
Seitenansicht des Großhirns 63
Seitenfenster 341
Seitenlinie 143, 257, 259, 260, 263
Seitenlinie für Doppelspiele 266
Seitennummer 230
Seitenspiegel 227, 310
Seitensteg 186
Seitentrenner 298
Seitenwand 83, 276
seitlicher Gelenkhöcker 57
seitlicher Oberschenkelgelenkknorren 57
Sekretärin 261
Sektglas 107, 118
Sektor 351
Selbstbedienungstankstelle 304
Selbstbedienungsterminal 304
Sellerie 146
Sense 130
Septum pellucidum 63
Servicetresen 284
Servierplatte 111
Servierwagen 210
Serviette 107
Serviettenhalter 212
Serviettenring 108
Sesamöl 155
Sessel 89, 121, 214, 217, 293
Set für Destillattrennung 356
Sforzando 243
Shampoo 92, 194
Sheddach 257
Shuttle 365
Siamkatze 15
Sicherheitsbarriere 231
Sicherheitshebel 103
Sicherheitslinie 343
Sicherheitsnadel 255
Sicherheitsschere 191
Sicherheitsschloss und Feuerhebel 225
Sicherheitsschuhe 303
Sicherheitsschutz 230
Sicherheitswachmann 206
Sicherungsflügel 224
Sichtfenster 104
Sieb 113, 117
Sieblöffel 116
Siegelring 187
Sigmoid 65
Signalstreifen 220
Silber 188
Simultankontrast 355
Sirup 75
Sitz 121, 122, 219, 240, 262, 281, 290, 318, 338
Sitzbank 87, 201, 204, 208, 211, 213, 282
Sitzbein 57
Sitzkissen 77, 89, 94
Sitzpolster 121
Skala 360
Skelett 56, 57, 58, 59
Skelettbürste 195
Ski 278
Skibrille 278
Skiende 278
Skiläufer 278
Skischuhe 278
Skiträger 305
Skrotum 52
Smartphone 296
Snare 245
Snookertisch 282
Snowboard 278
Söckchen 176
Sockel 249
Socken 168
Sofa 77, 214
Sofas 121
Sofatisch 123
Sohle 168, 179, 181
Sohn 196
Sojabohne 38
Sojaöl 155
Sojasoße 155
Solarmodul 81, 202
Solarpaneel 368
Solarpanel 365
Solarschirm 367
Solarsystem 362
Soldat 228, 230
Soldat der Spezialeinsatzkräfte 228
Solitär-Ring 187
Sonderverkehr 328, 329, 330, 331
Sonne 362
Sonnenblende 309
Sonnenblendschutz 305
Sonnenblume 38
Sonnenblumenkerne 156
Sonnenblumenöl 155
Sonnenbrille 186
Sonnenrollos 305
Sonnenschirm 86
Sonnenterasse 86
Soßen 155
Soßen-Spritzflasche 213
Spachtel 138
Spaghetti 161
Spaghetti Bolognese 161
Spaghettiheber 115, 116
Spalte 151
Spannsäge 134
Spargel 146
Späte Traubenkirsche 152
Specht 28
Speiche 56, 184
Speichenarterie 60
Speichennerv 62
Speisegabel 106, 108
Speisekürbis 40
Speisemesser 107, 108
Speisen 161
Speiseröhre 65
Speisesaal 211
Speiseschieber 103, 105
Speiseteller 111
Sperling 29
Sperrbereichbogen 258
Sperrenoberkante 368
Sperrsitze 240
Spickmesser 109
Spiefeldeingang 256
Spiegel 93, 216, 272, 309
Spielautomat 288
Spieler 257, 259, 261, 265, 269, 277
Spielerbank 262
Spielfeld 264, 267, 269, 283
Spielfeldeingangstor 266
Spielfeldlinie 266
Spielkarten 289
Spielplatz 281
Spielzeug 95, 96, 280
Spielzeuggeschäft 205
Spielzeugzug 280
Spieß 115, 129
Spinalnerven 62
Spinat 144
Spinnengerbera 49
Spirale 298
Spitzahorn 43
Spitze 41, 109, 135, 136, 168, 248, 254, 265, 278
Spitzenstrumpfhose 176
spitzer Winkel 351
Spitzkelle 138
Sportanzug 164
Sport-BH 178
Sportgymnastik 270, 271
Sportlerbank 266
Sportlereingangstor 266
sportlich 197
Sportmedizin und Rehabilitationseinrichtung 71
Sportmotorrad 318
Sportrucksack 184
Sportwagen 312
Sprayer 358
Sprechanlage 82
Sprenkler 131
Springbrunnen 201
Springer 283
Springmaus 17
Spritze 74
Spritzschutz 18
Spritztülle 114
Sprosse 6
Sprossenwand 272
Sprungbein 57
Sprungbrett 86, 275
Sprunggelenk 11, 13
Sprungpferd 270
Spülbecken 99, 211
Spulnadel 255
Spülplatte 93
Spulrad 255
Stabilisator 337
Stabmixer 103
Stachel 248
Stachelbeere 152
stachelige Rückenflosse 143
Stachelschwein 17
Stadt 198, 199, 200, 201, 202, 203, 204, 205, 206, 207, 208, 209, 210, 211, 212, 213, 214, 215, 216, 217, 218, 219, 220, 221
Stadtplan 342
Staffelei 253
Stakkatissimo 243
Stakkato 243
Stamen 48
Stamm 38, 41, 47
Stand 103, 112, 124, 125, 136, 245, 281
Standardrumpfflugzeug 337
Standardschilder 222
Standbein 121, 123, 125, 139, 244, 245, 290
Standby-Knopf 125
Ständer 85, 356, 359, 368
Standfuß 74
Stand-Tom 245
Stange 6, 272, 290
Stangengemüse 146
Stanze 137
Stapelstuhl 122
Stapler 345
Star 29
Startausziehgriff 130
Startblock 275
Starter 275
Starthilfekabel 305
stationäre Front 354
Stativ 364
Staubblatt 154
Staubsauger 124
Stechmücke 36
Stechpalme 42
Steckbuchse 295
Steckdose 91
Stecker 126, 294, 312
Steckschlüssel 132
Steg 248, 250, 251
Stehlampe 97
Stein 154
Steinbock 7
Steinfrüchte 154
Steinhammer 139
Steinpilz 147
Steiß 11
Steißbein 56, 58
Sternfrucht 149
Sternum 56
Stethoskop 75
steuerbarer parabolischer Reflektor 364
Steuerhebel 356
Steuerknüppel 337
Steuerung 357, 360
Stich 254
Stickerei 254
Stickstoff 350
Stiefel 218, 228, 278
Stiefelette 182
Stiefelknecht 180
Stiege 371
Stiel 39, 48, 147, 154
Stielkamm 195
Stierkäfer 32
Stift 299, 300
Stigma 37
Still-BH 178
stilles Mineralwasser 162
Stimmbogen 246
Stimmstift 250, 251
Stimmzug 246
Stinktier 12
Stinkwanze 36
Stirn 11, 52
Stirnbein 56, 59
Stock 248
Stoff 184, 255
Stoffschneidemaschine 374
Stromerzeugung 368, 369
Stopp 11, 13
Stör 27
Storch 29
Stoßdämpfer 307
Stoßstange 218, 220, 329
Stoßstangenleiste 310
Stoßstangenverkleidung 308
Strafraum 277
Strandtunika 175
Straße 200, 202, 289, 302
Straße in einer Farbe 289
Straßenbauarbeiter 303
Straßenbaumaschinen 328
Straßenbelag 303
Straßenbeleuchtung 201
Straßenkehrmaschine 327
Straßenkreuzung 302
Straßenmarkierung 303
Straßentransport 302, 303, 304, 305, 306, 307, 308, 309, 310, 311, 312, 313, 314, 315, 316, 317, 318, 319, 320, 321, 322, 323, 324, 325, 326, 327, 328, 329, 330, 331
Straßenwalze 328
Strauß 30
Streichinstrumente 248, 249, 250, 251
Streifenhörnchen 17
Stretchjeans 171
Strichcode 162
Stricken 254
Strickleiter 281
Strickmaschine 374
Strickmaß 254
Stricknadel 254
Strickpullover 166
Strohballen 302
Strohhut 183
Stromabnehmer 340
Stromanschluss 294
Stromerzeugungsabteilung 369
Stromkabel 134, 135, 312
Strom-LED 235
Stromschalter 130
Stromwerkzeug 135
Struktur der Erde 363
Strumpf 176
Strumpfclip 178
Strumpfhaltergürtel 178
Strumpfhose 176
Strumpfwaren 176
Stück von einer Walzenmühle 375
Studiogast 237
Stufe 139, 221
Stufenbarren 271
Stuhl 87, 206, 215, 233, 234, 237, 284
Stühle 122
Stuhlschiedsrichter 264, 266
Stulpe 176
stumpfer Winkel 351
Sturmgewehr 225
Sturzbügel 219
Stützbalken 368
Stützbein 371
Stütze 139
Stützpfeiler 302
Substanz 357
Suchbereich 364
Suchscheinwerfer 219, 221
Supermarkt 202, 204, 206
Suppenfleisch 140
Suppenschale 110
Suppentopf 111, 117
Süßigkeiten 158, 159
Süßkartoffel 146
Süßwaren 207
Sustain-Pedal 244

Sweatshirt 166
Swimmingpool 346
Symbole der chemischen Elemente 350
Synthesizer 232, 244

## T

Tablet-PC 295
Tablett 112
Tafel 198
Tafelwasser 162
Taille 53
Taillierung 278
Take-Down-Hebel 224
Taktart 242
Taktstrich 242
Tandemfahrrad 315
Tank 221, 324
Tankdeckel 218, 311
Tanker 344, 348
Tankini 178
Tanksattelanhänger 326
Tankstelle 304
Tankstellenangestellter 304
Tankverschluss 324
Tankwagen 341
Tanzchoreographie 241
Tanzfläche 286
Tapete 95, 96
Tapir 8
Tarnuniform 228
Tarsalklaue 35
Tarsus/Fußwurzel 35
Tasche 184, 218, 228, 264, 282
Taschen und Accessoires 184, 185
Taschenhemd 167
Taschenlampe 290
Taschenmesser 290
Taschenschirm 184
Tasse 88, 99, 110, 359
Tasse Kaffee 162
Tasse mit Untertasse 111
Tassenwärmer 102
Tastatur 292, 295, 296, 297
Taste 297
Taste zum Senden des Fax 297
Tastenbett 244
Tastenblock 244
Tastenklappe 244
Tauabschirmung 364
Taube 29
Taumelkäfer 32
Taumelscheibe 337
Taxi 223
T-Bone-Steak 140
Teekessel 111
Teelöffel 107, 108
Teeschale 110
Tegula 35
Teich 201
Teichfrosch 21
Teigmischer 113
Teigpinsel 113
Teigrad 114
Teilnehmer 198
Teilstücke vom Rind 140
Teilstücke vom Schwein 141
Telefon 91, 217, 222, 292, 293, 297
Telefonhörer 297
Teleskop 364
Teller 110
Temperaturregler 124
Temporallappen 63
Tennis 266, 267
Tennisball 267
Tennisplatz 201, 266
Tennisschläger 266
Tennisspieler 267
Tenorschlüssel 242
Tenuto 243
Teppich 90, 95, 97, 234, 271
Teppichmesser 299
Terasse 76, 80, 83
Terassenlichter 76, 80
Terassenschirm 76, 80, 83
Terassentisch 83, 120
Tergum 35
Terminale abdominale Gliedmaßen 37
Termite 36
Terrarium 127
Tetraeder 353
Textmarker 300
Theke 347
thermisches Kraftwerk 369
Thermometer 87
Thermometer mit Funksensor 358
Thermometer-Zeiger 87
Thermoskanne 290
Thermostat 358
Thorax 33, 35, 37, 50, 52
Thunfisch 27
Thymian 148
Tibia/Schienbein 35
Ticketsammler 234
Ticketschalter 342
Tiefdruckgebiet 354
tiefe Teeschale 110
tiefer Teller 110
tiefes Becken 245
Tiefgelzange 359
Tiefkühlprodukte 206
Tieflader 326
Tiere 6, 7, 8, 9, 10, 11, 12, 13, 14, 15, 16, 17, 18, 19, 20, 21, 22, 23, 24
Tierische Lebensmittel 140, 141, 142, 143
Tiger 10
Timer 104
Tintenbehälter mit Kugel 300
Tisch 136, 213, 214, 233, 236, 284, 293
Tisch mit Stühlen 76, 234, 273
Tisch und Stühle 205, 347
Tischbein 106, 120, 282
Tischdecke 106
Tische 120
Tischfußball 287
Tischgedeck 106
Tischgrill 105
Tischhockey 287
Tischlerhammer 137
Tischmesser 109
Tischsäge 134
Tischtennis 268, 269
Tischtennisball 268
Tischtennisplatte 269
Tischtennisschläger 268
Tischtennisturnier 268
Toastbrot 161
Toaster 105
Toasterofen 104
Tochter 196
Toilette 79, 93, 205, 211, 216, 235
Toiletten 222
Toilettenbürste 93, 216
Toilettenpapier 93, 216
Tomate 39, 145
Tomatensaft 162
Tomatensuppe 161
Tomografieraum 67
Tomographieröhre 67
Tom-Tom 245
Tonabnehmer 250
Tonanlage 125
Tonart 243
Tonregler 250
Top mit Gummizug im Taillenbereich 175
Topf 102
Topfdeckel 102
Topfgreifer 113
Topinambur<M/F> 146
Tor 77, 81, 256, 260, 276, 285
Torhüterraum 260
Torhüter-Schutzpolster 276
Torlinie 260, 276
Törn 231
Tornus 33
Tornus des Hinterflügels 33
Torpedo 230
Torraum 260
Torraumlinie 261
Torschütze 262
Tortenheber 114
Tortilla-Chip 160
Torus 353
Torwart 256, 261, 276
Totengräber 32
Touchpad 295
Toupierkamm 195
Tourenfahrrad 315
Tragegriff 104
Tragekoffer 129
Trägerloses Kleid 173
Trägerrakete 367
Trägerrock 172
Tragfläche 337
Tragflächenboot 347
Tragschicht 303
Tragus 23
Trainer 256, 259, 260, 262, 270, 276, 279
Trainingspedal 244
Traktor 331
Trampeltier 9
Transportbox 128
Trapez 352
Trapezmuskel 54, 55
Traube 38
Traubensaft 162
Treibholz 127
Treibstoff-Aufbewahrungstank für Hilfswerkzeug 369
Treibstoffkappe 130
Trennwand 292
Treppe 222, 266, 270, 279, 338
Treppen 76, 342
Treppeneingang 214
Treppenhaus 82
Treppenstufe 84
Tresen 99, 212
Tribüne 256, 258, 266
Trichter 105
Triebwerk 337
Triller 242
Trittbrett 325, 330, 337
Trittleiter 139
Trochanter 37
Trockenapparat 356
Trockenfrachtschiff 348
Trockner 124
Trommel 124
Trommelstöcke 245
Tropenfrüchte 149
Tsetsefliege 36
T-Shirt 167
Tuba 247
Tubushalter 74
Tulpe 49
Tummelplatz 77
Tunika 174
Tunnel 342
Tür 100, 101, 123, 124, 218, 219, 221, 227, 311, 322, 324, 327, 329, 337, 364
Tür zum Lagerraum 207
Türen 308
Türgriff 124, 218, 311
Türinnenverkleidung 308
Türklingel 76
Turm 283, 368
turmförmiger Bohrturm 372
Turner 270
Turnerin 271
Turnschuh 179
Türregal 100
Türrollo 207

## U

U.S. Labor 365
U.S. Wohnmodul 365
U-Bahnplan 343
U-Bahnstation 342, 342, 343
Überbau 370
überdachter Schüttgutwaggon 341
Übergang 369
Überkniestrümpfe 176
Überlaufabfluss 371
Überlaufablass 86
Übertragungsrichtungsturm 369
Überwachungskamera 79, 81, 206
Überwurfmutter 246
Überzelt 290
U-Boot 231
Uhr 292, 338
Umhängetasche 185
Umhängetasche mit Reißverschluss 185
Umkleidekabine 208
Ummantelung 84
Umrissleuchte 308
Umschlag 298
Umstandshose 171
Unbemanntes Kampfflugzeug 229
undurchdringbarer Felsen 372
undurchlässige Schicht 373
ungleichschenkelig 351
Universalheizung 356
Universalmaschinengewehr 225
Universalmessgerät 135
Universalschraubenschlüssel 133
unter Druck stehende Schale 369
Unterarm 13, 51, 53
Unterarmhaut 23
Unterboden 85
Unterbug 248, 251
Unterdeck 231, 370
untere Halterung 253, 368
untere Hohlvene 60, 61
untere Platte 244
unterer Mantel 363
Untergrätenmuskel 55
Unterhaltung 232, 233, 234, 235, 236, 237, 238, 239, 240
Unterhemd 168
Unterhose 168
Unterkiefer 35, 56, 59
Unterkleid 177
Unterlage 73, 85
Unterlagenbehälter 292
Unterschale 140
Unterschenkel 23
Unterstütungsstruktur 364
Unterstützung 38, 364
Unterwäsche 168
Unterwäsche und Nachtwäsche 177, 178
Uranus 362
Uräusschlange 22
Uropod 25
USB-Anschluss 294
USB-Hub 294
USB-Modem 297

## V

Vase 110
Vase mit Blumen 217
Vater 196
V-Ausschnitt 167, 173
Ventilanpasser 132
Ventilator 124
Ventilbogen 246
Ventilhebel 246
Venus 363
Veranda 80, 85
Verandadach 78, 80
Verandaschirm 290
Verband 74
Verbandtrommel 73
Verbraucherindustrie 374
Verdauungssystem 65
Verdunster 357
Vergrößerungsglas 358
Verkäuferin 207
Verkaufs- und Warenbereich 209
Verkaufsautomat 204
Verkaufsstand 273
Verkehrszeichen 303
Verkleidung 229
verlängertes Rückenmark 63
Verlängerungsleiter 139
Verlobungsring 187
Verriegelungsknopf 105
Verschiebungspedal 244
Verschiedene Körpertypen 197
Verschluss 184, 220
Verschluss 301
Versorgungsstraße 333
Verstärker 125
verstärkte Glasplatte 120
verstellbarer Chirurgenstuhl 68
verstellbarer Hocker 71
verstellbarer Schieber 134
verstellbarer Stuhl des Zahnarztes 72
verstellbares Krankenbett 69
verstellbares Krankenhausbett 70
Verstellrad 253
Verstimmungspedal 251
Vertebralschild 20
Vertiefung 126
Vertiefung für Raketengeschoss 231
vertikale Stangen 128
vertikales Seitenband 262
Vertikalruder 231
Verwaltungsgebäude 200, 345, 369
Verzeichnis 297
Verzierung 181
Vibrato 242
Vibratoarm 250
Videomonitor 68
Videospiel 287
Vielfraß 12
Viereck 352
Vierling 289

vierte Position 241
Viertel 179, 242
Viertelpause 242
Viervierteltakt 242
Viola 249
Violett 355
Violine 248
Visier 225
Vögel 28, 29, 30, 31
Vogelkäfig 128
Volleyball 262, 262, 263
Volleyballspiel 262
Vollkornbrötchen 156
Vollmond 361
Volta 243
vom Beginn 243
vom Zeichen 243
Vorbühne 239
Vordach 82
Vorderansicht der Muskulatur 54
Vorderansicht des Verdauungssystems 65
Vorderansicht des Skeletts 56
Vorderansicht eines männlichen Körpers 52
Vorderansicht eines weiblichen Körpers 50
Vorderbein 11, 35, 37, 122, 253
Vorderbein zum Greifen 37
Vorderbremse 317, 319
Vorderbrust 37
vordere Aufschlaglinie 264
vordere Fontanelle 59
vordere Schienbeinaterie 60
vordere Skibindung 278
Vordere Stoßstange 226
Vordereingang 215
vorderer Nasendorn 59
vorderer Schienbeimuskel 54
Vorderer Suchscheinwerfer 220
Vorderflügel 33, 37
Vordergliedmaße 16
Vordergriff 130
Vorderkeule 140
Vorderkotflügel 317, 319
Vorderlüftung 127
Vordermittelfuss 11, 13
Vorderpfote 16
Vorderreihe 125
Vorderseite 137
Vordertasche 184
Vorderteil 174
Vordertür 216
Vorfeld 333
Vorgarten 200
Vorhang 90, 208, 217
Vorhänge 97
Vorrichtung 229
Vorspeisemesser 107, 108
Vorwärtsbeugen 272
Vorzeichen 243
Vulva 50

## W

Waagen 207
wachsendes Dreiviertel 361
Wachsmalstift 253
Wade 51, 53
Wadenbein 56
Wadenbeinarterie 60
Waffel 156, 158
Waffelröllchen 158
Waffen und Munition 224, 225
Wage 359
Wagen 70
Wagenheber 305
Wagenradhut 183
Waldhorn 246
Walnuss 147
Walnussöl 155
Walross 19
Walze 303
Wamme 13
Wand 85
Wandaufkleber 94, 97
Wanderratte 17
Wanderstiefel 180
Wandleuchte 217
Wandschränke 78
Wandspiegel 208
Wanduhr 94, 98
Wange 35, 50
Waran 21
Warenkorb 206
wärmedichter Schirm 87
Warmfront 354
warm-kalt Kontrast 355
Wärmplatte 102
Wartezimmer 222
Wartungsraum 364
Warzenfortsatz 59
Warzenfortsatzfontanelle 59
Waschbär 12
Waschbecken 93, 216
Wäschekorb 87
Waschlappen 189
Waschmaschine 124
Wasseraufbewahrungseinrichtung 368
Wasserbehälter 102, 124
Wasserfarbe 253
Wasserfilter 86
Wasserflasche 264, 279
Wasserglas 118
Wasserhahn 92, 99
Wasserklappe 246
Wasserkocher 103
Wassermelone 40, 153
Wassermengenanzeige 102
Wasseroberfläche 370, 372, 373
Wasserpegel 86
Wasserschale 127
Wassersport 274, 275
Wasserspülung 216
Wasserstoff 350, 373
Wassertransport 223, 344, 345, 346, 347, 348
Wasservögel 31
Wasserwaage 139
Wasserwerfer 221
Wattebäusche 189
Wattestäbchen 189
WC 334
WC-Eingang 304
Webcam 295, 297
Wechselstube 222
Weg 81
weiblicher Körper 50, 51
weibliches Hormonsystem 64
Weiche Kontaktlinse 187
weiche Rückenflosse 143
Weichpastell 253
Weinbrandschwenker 119
Weinflaschenverschluss 163
Weinrebe 38
Weinschrank 98
Weißbirke 42
weiße Schokolade 159
weiße Trauben 152
weißer Pfeffer 148
weißer Rettich 146
weißes Band 263
Weißkopfseeadler 30
Weißwal 18
Weißwein 163
Weißweinglas 107, 118
Weites Bein 171
Weizen 38
Wellenfelder 70
Wellenkante 18
Wels 26
Weltall 365, 366, 367
Weltraum Forschungssatellit 365
Wenderichter 275
Werbeposter 235
Werbetafel 201, 203, 263, 342
Werkzeug 132, 133, 134, 135, 136, 137, 138, 139
Werkzeugkasten 221
Wespe 35
Weste 165
Westliche Honigbiene 35
Wetterkarte 354
Wettkampfbecken 274
Wetzstein 109
Whiskeyglas 119
Whisky 163
Wickelraum 205
Wickeltisch 96
Wiederholungen 243
Wiege 364
Wiegemesser 113
Wildkatze 12
Wimpernzange 189
Windgenerator 368
Windschutzscheibe 218, 219, 220, 226, 310, 314, 323, 324, 327, 329, 340, 341
Windschutzscheibenwischer 309
Windträger 371
Winkel 351
Winkelmaß 138
Winkelmesser 299
Wintersport 276, 277, 278
Wippe 281
Wirbel 58
Wirbelkasten 248
Wirbelsäule 56, 58
Wisent 9
Wochentag 298
Wodka 163
Wohnbauten 84, 85
Wohnbereich 314
Wohnblock 82, 200
Wohngebäude 203
Wohngebiet 200
Wohnmobil 314
Wohnmobile ud Anhänger 314
Wohnviertel 203
Wohnzimmer 77, 88, 89
Wohnzimmereinrichtung 88
Wohnzimmertisch 77, 88, 120
Wok 117
Wolf 10
Wolkenkratzer 202
Wollgarn 254
Wollmantel 170
Wrap 160
Wundsalbe 75
Würfel 353
Würfelzucker 159
Wurmfortsatz 65
Würzelchen 41
Wurzelgemüse 146
Wurzelhals 39

## Z

Zahn 194
zahnärztlicher Raum 72
Zahnarztstuhl 72
Zahnbürste 93
Zahnpinzette 72
Zahnschlüssel 133
Zander 143
Zange 129, 132
Zange für Kolben 359
Zäpfchen 75
Zapfpistole 304
Zapfsäule 304
Zapfsäulennummer 304
Zaun 76, 80, 369
Zebra 9
Zeh 11, 50, 52
Zehblock 244
Zehe 13, 23
Zehenfreie Ballerinas 182
Zehenfreie Stiefelette 182
Zehennagelschere 191
Zehenspitze 179
Zeitnehmer 261
Zeitschrift 88
Zeitschriftenständer 206, 215
Zeitung 214, 217
Zeitungen und Zeitschriften 206
Zeitungskiosk 205
Zelle 33
Zelt 290
Zeltstoff 290
zentrale Sickergrube 371
zentraler Bullypunkt 276
Zentrifuge 360
Zentrifuge für Teströhrchen 360
Zentrifugenmodul 365
Zerstäuber 131
Ziege 7
Ziegenkäse 142
Ziegenmilch 142
Ziergitter 198
Zierleiste 239
Zierpflanze 82, 204, 214, 272
Zierstein 127
Zierwurzel 127
Ziffernblatt 87
Zimmer 216, 364
Zimmermannshammer 137
Zimmermannswerkzeug 137
Zimmerpflanze 89
Zimmerpflanzen 49
Zimt 148
Zitronatzitrone 151
Zitrone 151
Zitronenfalter 34
Zitronengras 148
Zitrusentsafter 103
Zitrusfrüchte 151
Zitruspresse 113
Zottelmähne 6
Zucchini 40, 145
Zuchtperlenkette 188
Zuckermelone 153
Zuckerschale 111
Zufahrtsstraße 332
Zug 246, 339, 342
Zugempfänger 246
Zugset 280
Zugstopper 246
Zulaufkette 234
Zurück-Taste 296
Zusatzspiegel 220
Zuschauertribüne 240
zwei opponierbare Finger 16
Zwei Paare 289
Zweiflügler 36
Zweig 41
Zweihalbetakt 242
zweiköpfiger Wadenmuskel 55
Zweireihiger klassischer Mantel 170
Zweischneidige Rasierklinge 192
Zweischneidiger Rasierer 192
zweiseitig gezahnte Effilierschere 194
zweistufiger medizinischer Gerätewagen 73
zweite Position 241
zweite Stufe 367
Zweiunddreißigstel 242
Zweiunddreißigstelpause 242
Zwiebel 40, 144
Zwiebelgemüse 144
Zwillinge 196
Zwischendeck 370
Zwischenrippennerv 62
Zwischenrippenstück 140
Zwischenstecker 192
zwölfte Bundmarkierung 250
Zylinder 183, 193, 224, 353

# RUSSISCHES REGISTER

1-й этаж 76
2-й этаж 78
2-х блочная мультистанция 273
2-я позиция 241
3-е позиция 241
4-я клавиша 246
4-я позиция 241
5-я позиция 241
7-ми метровая линия 260
dvd-плеер 89
dvd-проигрыватель 125
dvd-фильм 89
usb-модем 297
usb-накопитель 294
usb-разъем 294
V-образный вырез 167

## А

абрикос 154
авансцена 239
авианосец 231
авиатранспорт 332, 333, 334, 335, 336, 337
авокадо 145
автобус 223, 323
автобусы 322, 323
автовоз 326
автодорога 302, 303
автодорожный транспорт 302, 303, 304, 305, 306, 307, 308, 309, 310, 311, 312, 313, 314, 315, 316, 317, 318, 319, 320, 321, 322, 323, 324, 325, 326, 327, 328, 329, 330, 331
автозаправочная станция 304
автокараваны и жилые прицепы 314
автомагнитола 309
автомат перекоса 219, 337
автомат по продаже билетов 338, 342
автомат регистрации на рейс 334
автоматическая винтовка (автомат) 225
автоматическая заправочная станция 304
автомобилевоз 341
автомобиль 77, 81, 202, 304, 312, 368
автомобильное детское кресло 305
автомобильное крепление для велосипеда 305
автомобильное крепление для лыж 305
автомобильные жалюзи 305
автомобильные принадлежности 305
автомобильные системы 306
автомобильные части 307
автомобильный кран 349
автосцепка 341
адаптер для вилки 192
административное здание 200, 345, 369
административный самолет 336
адонис синий 34
ажурная подвеска 188
ажурные колготки 176
азартные игры 288, 289
азиатский слон 9
азот 350
аист 29
акварель 253
аквариум 127
аккордеон 252
акромион 57
аксессуары для волос 193, 194, 195
аксессуары для обуви 180
актёр 239
активный отдых 290
актриса 238
акустическая гитара 251
акцент 243
алкогольные и безалкогольные напитки 162, 163
альбатрос 31
амариллис 48
амбушюра 125, 296
американский аллигатор 20
американский платан 42
американский черный медведь 10
амортизатор 307
амортизационная вилка 317
амортизационная стойка 306
ампула 75
анализатор жидкости 359
аналоговый индикатор уровня громкости 235
анальная щель 53
анальные плавники 143
ананас 150
ангар для ремонта самолётов 332
ангиограф 66
ангиографический кабинет 66
английский дуб 42
английский рожок 247
английский тис 46
анестезиолог 68
антенна 83, 227, 230, 231, 297, 311, 323, 365
антилопа 7
антраша 241
анус 65
аорта 61
апельсин 151
апикальная фасция 35
аполлон 34
аппаратная 235
арабеск 241
арабеск - пуэнт 241
арабская лошадь 8
арахис 147
арахисовое масло 155
арбуз 153
арка 303
артикуляция 243
арфа 249
архивная папка 300
архивные коробки 301
астронавт 366
астрономия 361, 362, 363, 364
атлант 57, 58
атлетический 197
атмосферное давление 354
атомная масса 350
атомная электростанция 369
атомный номер 350
аудио-динамик 308
аудио-разъем 294
аудио-система 125
аэрография 253
аэропорт 332, 333, 334, 335
аэро-хоккей 287

## Б

бабка 11, 13
бабочки 33, 34
бабуин 24
бабушка 196
багажник 311, 316
багет 156
бадминтон 264, 265
базилик 161
базовый слой 303
байкерские сапоги 182
бак топливный 341
бакенклёц 244
баклажан 39, 145
балансир 371
балет 241
балетка 181
балка 85, 281, 329
балкон 78, 80, 82
балкон 2-го яруса 240
балконная дверь 82
балконное ограждение 78, 82
баллон 221
бальзам для губ 190
бальзамический уксус 155
бампер 220, 329
банан 149
банка 99, 158
банкомат 205, 343
банное полотенце 92
бар 211, 223
бар в серванте 123
бар с живой музыкой 210
барабан 124, 224
барабанная перепонка 20
барабанные палочки 245
барабанщик 233
барашек 133, 134
барбадосская вишня 154
бармен 210, 235
барная стойка 76, 98, 210, 234, 347
барные стулья 76
барный стул 98, 122, 211
барсук 12
барьерное ограждения 303
бас-барабан 245
бас-гитара 233, 237, 250
бас-гитарист 233
баска 177
баскетбол 258, 259
баскетбольный матч 258
баскетбольный мяч 259
баскетбольный щит 258
бас-кларнет 247
бассейн 86, 200, 346
бассейн для соревнований 274
бассейн и сауна 86, 87
батарея 136
батат 146
башенная буровая вышка 372
башня 228, 368
баян 252
бегемот 8
беговая дорожка 71, 272
беговел 315
бегунок 253
бедренная артерия 60
бедренная вена 61
бедренный нерв 62
бедро 13, 23, 35, 37, 51, 53, 56
безлактозное молоко 142
безопасные ножницы 191
безрукавка 175
бейгл 156
бейсболка 183
бейсбольное поле 201
бекар 243
белая мускатная дыня 153
белка 17
белоголовый орлан 30
белое вино 163
белуха 18
белый виноград 152
белый гриб 147
белый медведь 10
белый перец 148
белый шоколад 159
бельгийская вафля 156
бельэтаж 240
бемоль 243
бемольные тональности 243
бензовоз 325
бензопила 130
бергамот 151
берег 368
береговой перегружатель 349
береза 42
бермуды 165
берца 179
берцовая кость 6
беспроводная дрель 136
беспроводная мышь 296
бестеневой светильник 68
бетонированная площадка перед ангаром 333
бетономешалка 202
бетономешальная машина (миксер) 326
бетоносмеситель 328
бигуди 194
бигуди-липучки 194
биде 93, 216
бикини 178
бикс 73
билетер 234
билетная касса 235, 338, 342
бильярд 282
бильярдный стол 282
бинокль 291
бинокулярная насадка 74
бинт 74
бисквитный рулет 157
бифштекс 140
бицепс бедра 55
бицепс руки 54
благородный олень 6
блек-джек 288
блендер 104
блендер для теста 113
блеск для губ 190
ближний свет 308
близнецы 196
блины 161
блок освещения 232
блок просмотра с несколькими мониторами 66
блок управления 73
блокиратор рычага включения 136
блокировка дроссельного рычага 130
блоха 36
блузка с короткими рукавами 174
блузка с рюшами 174
блюда 161
блюда быстрого приготовления 160
бобовые 146
бобр 17
богомол 37
боди 177
боек 137
божья коровка 32
бок 6, 11, 13, 140
бокал 99
бокал для белого вина 107, 118
бокал для бордо 119
бокал для бренди 119
бокал для бургундского вина 119
бокал для коктейля 118
бокал для красного вина 107, 119
бокал для ликера 119
бокал для минеральной воды 118
бокал для рейнвейна 118
бокалы, стаканы, рюмки 118
боковая линия 143, 257, 259, 260, 263
боковая линия для одиночной игры 266
боковая линия для парной игры 266
боковая полка 100
боковая стенка 112
боковина 123
боковое зеркало 310
боковое окно 341
боковой арбитр 257
боковой вырез (эс) 248
боковой край сетки 262
боковой молдинг 311
боковой надмыщелок 57
боковой фасад 83
боковые корни 41
бокс 279
боксер 279
боксерские перчатки 279
боксёрский ринг 279
боксеры 168
болеро 174
болт 134, 307
больничная палата 69
больстер 109
большая грудная мышца 54
большая ложка 116
большая лопатка 116
большая подкожная вена 61
большая приводящая мышца 55
большая синица 28
большое коромысло 307
большой вертел 57
большой палец 23
бонсай 88
бордюр 85
борона дисковая прицепная 331
борт 168, 176, 276, 282
бортовой номер 230
бортпроводница 336
босоножки 181
босоножки на платформе 182

ботильоны с откытым носиком 182
ботинок 218, 228, 278
ботинок со шнуровкой 179
ботфорт 182
боулинг 284, 285
бочка 230
боярышник однопестичный 44
боярышница 34
блюшко 33
бра 90, 217
бразильский орех 147
брамея уоллиха 34
браслет 188
браслет с подвесками 188
брат 196
братья и сестры 196
бретелька 177, 178
брецель 156
бреющий блок 192
бри 142
бриджевый звукосниматель 250
британская короткошерстная кошка 15
брокколи 40
бронежилет 227, 228
бронзовок 32
брошь 188
брошюра 301
брус 85
брусника 152
брусья мужские 271
брусья разновысокие 271
брызговик 18, 227, 316
брюки 165, 171, 218, 220
брюки для беременности 171
брюки и ремень 165
брюссельская капуста 144
брюхо 11
брюшко 35, 37, 141
брюшной плавник 26
брюшные плавники 143
брюшный сегмент 33
бубны 289
бубон 183
бугель 184
бузина 152
буксир 344, 348
булава 33
булавка 255
булавка галстука 188
булавочная подушка 255
булочки из цельнозерновой муки 156
булочная 205
бульдог 14
бульдозер 328
бумажная салфетка 213
бумажник 185
бумажник для кредитных карт 185
бумажное полотенце 273
бункер 327
буровая вышка 370, 371
буровое долото 372
бурундук 17
бутербродница 105
бутон 47
бутылка 262
бутылка с водой 264, 279
буфер 341
буферный фонарь 341
бытовая техника 124
бьювия 42
бюро находок 222
бюро путешествий 204
бюстгальтер 178
бюстгальтер для кормления 178
бюстгальтер и танга 177

## В

вагон бункерного типа 341
ваза 110
ваза с фруктами 88, 99
ваза с цветами 91, 95, 217
вал 135
валет 289
валик 139
валик под голову 71
валторна 246
ванна 92, 216, 275
ванная 78, 92, 93
вантуз 133
варан 21
варенье 158
варолиев мост 63
варочная головка 102
варочная поверхность 100
ватные диски 189
ватные палочки 189
вафельная трубочка 158
вафля 158
веб-камера 295, 297
ведение мяча 258
ведро 87
ведро для сауны 87
ведро со льдом 107
ведущая звезда 316
ведущая труба 372
ведущий 236
ведущий барабан 245
веерная кисть 190
велоприцеп 315
велосипед 316
велосипед для триала и фристайла (bmx) 315
велосипедный замок 317
велосипедный шлем 317
велосипеды 315, 316, 317
велотренажер 272
вена крыла 33
венера 363
венечный шов 59
вентиль 246
вентилятор блока питания 294
вентиляционная решетка 93, 216, 309
вентиляционная труба 101
вентиляционная шахта 81
вентиляционное отверстие 124, 134, 294
вентиляционные жалюзи 341
вентральная выемка 18
венчик 116
веревочная лестница 281
веретено 230
вертикальные прутья 128
вертикальный руль 231
вертлюг 372
вертолет 202, 230, 337, 370
вертолетная площадка 202, 347, 370
вертячок 32
верх 183
верхнее строение 370
верхний край сетки 263
верхний овал 248, 251
верхний порожек 250, 251
верхний рычаг 306
верхний ярус 240
верхняя брыжеечная артерия 60
верхняя брыжеечная вена 61
верхняя дека 248, 251
верхняя крышка 244
верхняя мантия 363
верхняя одежда 164
верхняя палуба 230, 346, 370
верхняя панель 244
верхняя панель с вентиляционной сеткой 127
верхняя полая вена 60, 61
верхняя рама 253
верхняя тарелка 245
верхняя челюсть 56, 59
вершина 33, 37
вершина угла 351
вершина шарошки 372
весы 207, 359
ветви 41
ветвь 41
ветка 47
веточка 41
ветровое кольцо 371
ветровое стекло 218, 219, 220, 226, 310, 314, 323, 324, 327, 329, 340
ветрогенератор 368
ветрозащита 85
вечернее платье 172
вешалка 216
вешалка с крючками 208
вешалка-плечики 208
вешало 209
вёшенка 147
вещество 357
взбиватель для молока 113
взбитые сливки 158
взлетная полоса 231
вибрато 242
вибриссы 11
вид изнутри 309
видео-камера 79, 81
видеомонитор 68
виды домов 76, 77, 78, 79, 80, 81, 82, 83
вилка 112, 129
вилка для закусок 106, 108
вилка для основных блюд 106, 108
вилочный погрузчик 330
вилы 330
виноград 38
виноградная лоза 38
виноградный сок 162
винораградная гроздь 38
винт 126, 194, 229, 248
винтовое кольцо 105
виола 249
виолончель 248
виски 163
висок 52
височная доля 63
височная кость 56, 59
височный отросток 59
виток 136
витрина 235
витрина бара 347
вишня 154
вишня обыкновенная 154
включатель 193, 255
внедорожник 313
внешинй вид 270
внешнее ядро 363
внешний вид 283, 284
внешний вид автомобиля 310
внешний вид аэропорта 332
внешний вид бассейна 86
внешний вид с участком 80
внешний вид сауны 87
внешний жесткий диск 294
внешний топливный бак 365
внук 196
внуки 196
внутреннее ядро 363
внутренний рычаг открывания двери 308
внутренний фильтр с помпой 127
внутренняя подвздошная артерия 60
внутренняя яремная вена 61
внутряная обшивка двери 308
внучка 196
вода 350, 372, 373
водитель 227
водка 163
водные виды спорта 274, 275
водный транспорт 223, 344, 345, 346, 347, 348
водоем-охладитель 369
водозаборники 368
водоплавающие птицы 31
водород 350, 373
водохранилище 368
водяная пушка 221
военная терминология 224, 225, 226, 227, 228, 229, 230, 231
военно-воздушная техника 229
военно-морская техника 230, 231
военный 230
воздуховод 360
воздухозаборник 131, 323
воздушные перевозки 223
воздушный фильтр 131
вок 117
вокалистка 233
вокзал 338, 338, 339
волан 265
волейбол 262, 263
волейбольный матч 262
волейбольный мяч 262
волк 10
волновое отображение параметров пациента 70
волос 248
волосы 51, 53
волосяная сумка 11
вольта 243
воробей 29
ворота 77, 81, 256, 260, 276
воротник 164, 167, 169
восковый карандаш 253
восходящая ободочная кишка 65
восьмая 242
вошь 36
врап 160
вратарь 256, 261, 276
врач 259, 275, 279
врач-радиолог 66
вращающийся купол 364
вращающийся поднос 100
вспенивающая насадка 102
вспомогательное судно 348
вспомогательные обслуживающие и технические суда 348
вставка 259
вставной зуб 372
вторая ступень 367
второй палец 23
вульва 50
вход в кинотеатр 235
вход в магазин 206
вход в туалет 304
вход на арену 266
вход на лестницу 214
вход/выход 199
входная дверь 76, 80, 215, 216, 273, 314
выдача багажа 223
выдвижная ручка 184
выдвижная часть 134
выдвижной поддон с решеткой 128
выдвижной ящик 100
выдра 12
выключатель 78, 91, 126
выкружная пила 134
выпрямитель 193
выравнивающий слой 84
вырез 173
вырезка 140, 141
высокие кроссовки 179
высокоскоростной поезд 340
вытяжка 99, 101
вытяжное устройство 135
вытяжной зонт 211
выхлопная труба 218, 227
выход 338
выход для спортсменов 266
выход из зала 234
выход на поле 256
вышивка 254
вышивка гладью 254
вышивка крестом 254
вышка 264
вязание 254
вязание крючком 254
вязанный свитер 166

## Г

габаритный огонь 308
гадюка рогатая 22
гаечные ключи 132
газ 373
газель 7
газета 214, 217
газетный киоск 205
газеты и журналы 206
газовая плита 101
газовый ключ 133
газон 77, 80
газонокосилка 131
газоотводная трубка 225
гайка 134
галапагосская черепаха 20
галстук 165, 218
галстук-бабочка 165
гамбургер 160
гандбол 260, 261
гандбольные ворота 260
гандбольный мяч 260, 261
гаражные ворота 81
гардероб 211, 222
гардеробная 78
гардеробщик 211
гармоника 252
гарнир 163
гарнитура 296
гауда 142
гвоздезабивной пистолет 137
гвоздика 48
гвоздодер 137
гвоздодёр 137
геккон 21
геликония 48
гель для волос 194
геометрия 351, 352, 353
гепард 10
гербера 49
герметичная оболочка 369
гетры 176

гиацинт 48
гидравлическая тележка 207
гидравлический пресс 374
гидравлический пресс двойного действия 375
гидравлический привод 221
гидроэлектростанция 368
гильза 224, 225
гимнастика 270, 271
гимнастическое бревно 270
гимнастка 270, 271
гинкго 44
гитара 232, 237
гитарист 232
гитарный усилитель 251
главное зеркало 364
главное табло 257
главный арбитр 256
главный двигатель 367
главный корпус станции 369
главный судья 263, 269, 277
главный фасад 82
гладиолус 49
глаз 11, 16, 18, 20, 23, 25, 26, 50
глазок 33
глубокая пиала 110
глубокая сковорода 117
глубокая тарелка 110
глушитель 219, 318
гнездо для подключения кабеля 250
гобой 247
говядина 140
говяжья рулька 140
голень 23, 35, 37, 56, 140
голиаф 32
голландский ирис 48
голова 16, 33, 35, 37, 51, 53, 143
головка 136, 248, 255, 265
головка балансира 371
головка бедренной кости 57
головка грифа 250, 251
головка корнеплода 39
головка плечевой кости 57
головная вена 61
головной мозг 63
головной мозг, вид сбоку 63
голубика 152
голубь 29
гольфины 176
гольф-класс 312
гольфы 176
гондола 368
горбатый кит 18
горгонзола 142
горелка 112
горизонтальное ограждение 230
горизонтальные прутья 128
горилла 24
горностай 12
горный 315
город 198, 199, 200, 201, 202, 203, 204, 205, 206, 207, 208, 209, 210, 211, 212, 213, 214, 215, 216, 217, 218, 219, 220, 221
городские службы 218, 219, 220, 221
горох 39, 146
горячий шоколад 158, 162
гостевой санузел 76
гостиница 200, 214, 215, 216, 217
гостинная 77, 88, 89
гость в студии 237
гофрированный чехол сочленения 322
граб 43
градирня 369
градусник 87
гранат 150
гранатовый сок 162
графин 118
графический планшет 296
грация 177
гребень 193
гребень плотины 368
гребешок 143
гребной вал 230
гребной винт 230, 231
гребной тренажер 272
грейдер 328
грейпфрут 151
гремучая змея 22
гренок 161
грибы 147
грили и барбекю 129
гриль 129
гриф 248, 250
гриф и накладка 251
грудина 56
грудинка 140
грудка 161
грудная аорта 60
грудная клетка 35, 37, 50, 52
грудной плавник 18, 26
грудной позвонк 57
грудной позвонок 58
грудные плавники 143
грудь 6, 11, 13, 16, 33, 50, 52
груз для штанги 272
грузовик 202
грузовой автомобиль 201, 302, 324
грузовой модуль 367
грузовой транспорт 324, 325, 326
грузовые и промысловые суда 348
грузоподъемные машины и механизмы 349
грузчик 207
грунт 127, 303
группа 350
группетто 242
груша 41, 154
груша грушелистная 154
груша напольная 279
груша универсальная 279
грызуны 17
грядочные растения 39, 40
гуава 149
гуашь 253
губа 16
губной щупик 33
гузмания 49
гульфик 165
гусеница 228
гусеница махаона 33
гусеничный самосвал 328
гусь 31

## Д

дайкон 146
далматин 14
дальний свет 308
дама 289
дамская шляпа 183
данаида монарх 34
дартс 286, 287
два противопоставленных пальца 16
две пары 289
двери 308
дверка основного отделения 100
дверная рама 123
дверца 100, 101, 123, 124, 128
дверца духового шкафа 104
дверца морозильного отделения 100
дверь 218, 219, 221, 227, 311, 322, 324, 327, 329, 337, 364
дверь в гардеробную 91
дверь в подъезд 82
дверь в складское помещение 207
дверь водителя 314
дверь кабины 341
двигатель 219, 337
двойная тактовая черта 242
двубортное пальто 170
двубортный пиджак 165
двугорбый верблюд 9
двудольный размер 242
двукрылые 36
двухстворчатый холодильник 100
девочка 197
девушка 197
дедушка 196
дедушка и бабушка 196
дедушка и бабушка с внуками 196
дезинфецирующее средство 273
дека 249
декоративная накладка бампера 218, 310
декоративная наклейка 94, 97
декоративная решетка 308
декоративная стенка 90
декоративное ограждение 198
декоративное покрытие пола 85
декоративное покрытие стены 84
декоративное растение 82, 204, 214, 272
декоративные растения 77
декоративный камень 127
декоративный колпак 323
декоративный обтекатель бампера 308
декорация 236
деловой центр 202
дельтовидная мышца 54
дельтоид 352
дельфин 19
денщик 180
день недели 298
деревянная железная дорога 280
деревянная ложка для перемешивания 115
деревянная лопатка 115
деревянная машинка 280
деревянная основа 268
деревянный каркас 84
деревянный паровоз 280
держатель клейкой ленты 299
держатель фильтра 102
держатель яиц 115
десерт 158
десертная вилка 106, 108
десертная тарелка 111
десертный нож 106, 108
десикатор 356
дети 196
детская 79
детская девочки 79
детская игровая дуга 280
детская комната 222
детская площадка 77, 281
детские игрушки 280
детские комнаты 94, 95, 96, 97
детский кубик 280
детское вслосипедное кресло 315
детское кресло для младенцев 305
детское сидение 305
джеггинсы 171
джемпер 166
джинсовая куртка 170
джинсы 165
джинсы с широкой ногой 171
джойстик 125, 296
джокер 289
диаграммы 352
диаметр 351
диван 88, 211, 213, 214
диваны 121
дивиди-проигрыватель 125
диез 243
диезные тональности 243
дикая кошка 12
дикобраз 17
диктофон 297
диминуэндо 243
динамик 125, 296, 297
динамика 243
динамики 232
дирижёр 238
диск 307, 311, 329
диск заднего колеса 318
диспенсер 93
диспенсер лезвий <т> 192
диспетчерская вышка 333
дисплей 67, 100, 104, 255, 295, 297, 309
дистиллятор 359
дисторшн 251
длинная блузка 174
длинная ладонная мышца 54
длинная малоберцовая мышца 54
длинная приводящая мышца 54
длинная юбка 172
длинное нижнее белье 168
длинное пальто 169
длинное платье 173
длиннорылая плетевидка 22
длинный кардиган 175
длинный разгибатель пальцев 54
длительность нот 242
добавочные линии 242
доберман 14
додекаэдр 353
дождь 354
дозирующий ингалятор 75
долгий форшлаг 242
долька 151
дом для кукол 280
дом на колесах (автодом) 314
домашняя бытовая техника 124, 125
домкрат 305
домовая мышь 17
домоправитель 204
домофон 82
донышко 183
дополнительное зеркало 220
дорога 200, 202
дорожка 81, 274, 285
дорожная развязка 302
дорожная сумка 184
дорожное покрытие 303
дорожное полотно 302
дорожно-строительная техника 328
дорожно-строительное ограждение 303
дорожный знак 303
дорожный рабочий 303
дорсальная артерия стопы 60
дорсальная пластинка 35
доска 85, 278, 283
доска приборов 229
дочь 196
драже 159
драцена отогнутая 49
древесная плита 84
древесно-стружечная плита 85
дрозд 28
дроссельный рычаг 130
дротик 286
другие знаки 243
другие примеры насекомых 37
дубленка 170
дубль-бемоль 243
дубль-диез 243
дуга 186
дуга аорты 60, 61
дуга безопасности 219
дуло 224
дуриан 149
дуршлаг 117
духовка 98, 101
духовые инструменты 246, 247
душ 92, 275
душевая кабина 216
душевая кабинка 92
дыни 153
дыня 40
дырокол 299
дыхало 18
дыхальце 26
дятел 28

## Е

евразийская сойка 28
евразийский чиж 28
европейская осина 43
европейский белый вяз 43
европейский бук 44
европейский жук-носорог 32
европейский экспериментальный модуль 365
египетская кобра 22
единый пулемет 225
ежевика 152
ежедневник 293
ежик 23
ель 45
ель голубая 45
емкость 138
ёмкость для воды 102
емкость для краски 139
енот 12
ершик 93, 216

## Ж

жаберная крышка 143
жало 135, 138
жарарака 22
жаркое из свинины 141
жаропрочное стекло 87
жатка для уборки 331
жгутик 33
желе 159
железнодорожный путь

340, 341, 343, 344
железнодорожный транспорт 223, 338, 339, 340, 341, 342, 343
железобетонный блок 368
желоб 84, 86, 136, 285
жёлто-зелёный 355
жёлто-оранжевый 355
желтый 203
жёлтый 355
желудок 65
желчный пузырь 65
жемчужное ожерелье 188
женская обувь и аксессуары 181, 182
женская одежда 169, 170, 171, 172, 173, 174, 175, 176, 177, 178
женская тенниска 175
женская эндокринная система 64
женский туалет 222
женское тело 50, 51
женщина 197
жесткие контактные линзы 187
живопись 253
живот 6, 25, 50, 52
животные 6, 7, 8, 9, 10, 11, 12, 13, 14, 15, 16, 17, 18, 19, 20, 21, 22, 23, 24
жидкая подводка 190
жидкая тушь 190
жидкие тени для век 190
жидкость 356
жидкость для снятия лака 191
жилетка 165
жилец 82
жилки 35
жилое здание 203
жилое помещение 314
жилой квартал 203
жилой модуль 370
жилой модуль сша 365
жилой прицеп 314
жилой район 200
жираф 9
жк-дисплей 104, 112
жужелица проблемная 32
жук-геркулес 32
жуки 32
жук-олень 32
журнал 88
журналист 267
журнальный стол 120
журнальный столик 77, 88, 293

## З

забор 76, 80
заварочный чайник 111
завиток 248
загрузочный желоб 103, 105
задвижка 373
задерживающий зубчатый барабан 234
заднегрудь 35
заднее крепление 278
заднее крыло 33, 37, 316
задний бампер 227
задний вид женского тела 51
задний вид мужского тела 53
задний мост 329
задний обтекатель 318
задний проблесковый маячок 221
задний родничок 59
задний тормоз 316, 318
задний фон, имитирующий естественный 127
задник 179, 239, 278
задняя зона 263
задняя конечность 16
задняя лапа 16
задняя линия 263, 264
задняя нога 11, 35, 37, 253
задняя ножка 122
задняя опора 221
задняя подвеска 306
задняя рукоятка 130
зажим 126, 133, 135, 158
зажим для галстука 188
зажим/опора 307
заземляющая скоба 126
закладка 298
заклепка 134
заколка 194
закрылка 229
зал вылета 334
зал ожидания посадки 335
зал отлета 335
зал прилета 335
замок кулисы 246
запасной игрок 256, 261, 276
заплечик наружной резьбы 372
запонки 188
запор на дверце 127
заправочный пистолет 304, 312
запястная подушечка 13
запястье 53
застежка 178, 220, 278, 279, 298, 301
застёжка 184
затвор 224, 225, 371
затворная рама 224
затылок 6, 51, 53
затылочная доля 63
затылочная кость 57, 59
защёлка магазина 225
защита картера 329
защитная решетка 124, 330
защитная решетка (кенгурин) 218
защитное приспособление 130
защитный барьер 231
защитный кожух ременного привода 371
защитный слой 367
защитный экран 101, 136, 220, 226
звонок 76
звуковая коробка 251
звуковой сигнал 324
звукорежиссер 232
звукосниматель 250
здание 202
здание гэс 368
здание электрогенераторов 369
зебра 9
зеленое насаждение 303
зеленый 203, 355
зелёный арбуз с жёлтой мякотью 153
зелёный лук 144
земля 362, 366
земля и космос 361, 362, 363, 364, 365, 366, 367
земляная груша 146
земноводные 21, 22
зеркало 93, 216, 272, 309
зеркало заднего вида 218, 219, 220, 227, 308, 309, 314, 319, 323, 324, 325, 327, 330
зеркало настенное 208
зимние виды спорта 276, 277, 278
зимородок 28
змеи 22
змейка 177
знак дорожных работ 303
знаки алтерации 243
знаки и пиктограммы 222, 223
золотистая бронзовка 32
золотистый ретривер 14
золотой бамбук 47
зона для курения 223
зона нападения 262
зона отдыха 86
зонт 80, 86, 290
зонтик 76, 83, 184
зрители/публика 239
зрительный зал 240
зуб 194
зубная щетка 93
зубр 9
зубчатые обоюдоострые филировочные ножницы 194
зубчатый край 18
зубчатыйе однолезвийные филировочные ножницы 194
зубчик чеснока 144

## И

игла 254, 255
игольная пластина 255
игральные карты 289
игровая часть сцены 239
игровое поле 269, 283, 286
игровые автоматы 286, 287
игрок 257, 259, 261, 265, 269, 277
игрушка 95, 96
игры с мячом 256, 257, 258, 259, 260, 261, 262, 263
игры с ракетками 264, 265, 266, 267, 268, 269
игуана 21
изголовье 296
измельчитель 113
измельчитель для перца 115
измерение давления 255
измеритель шума 358
изобара 354
изолятор 126, 368
изоляция 84, 135
изотермический фургон 326
икона приложения 295
иконка приложения 296
икосаэдр 353
икра 51, 53
икра лосося 143
икроножная мышца 55
иллюминатор 219, 231, 337, 347
имбирь 148
импульсный разбрызгиватель ? 131
индивидуальный жилой дом 200
индикатор 101, 297, 357
индикатор включения 193
индикатор работы 103
индикатор уровня сока 103
индикаторная отвертка 135
инжирный персик 154
инкассаторская машина 327
инструкция по использованию 273
инструмент для вальцовки труб 133
инструмент для перемешивания 116
инструментальный стол-тележка 68, 72
инструменты 132, 133, 134, 135, 136, 137, 138, 139
инструмены для сада и огорода 130, 131
интерьер 88, 89, 90, 91, 92, 93, 94, 95, 96, 97, 98, 99, 100, 101, 102, 103, 104, 105, 106, 107, 108, 109, 110, 111, 112, 113, 114, 115, 116, 117, 118, 119
интерьер ванной 92
интерьер гостинной 88
интерьер залов вылета и прибытия 335
интерьер комнаты девочки 94
интерьер комнаты малыша 96
интерьер кухни 98
интерьер офисных помещений 292, 293
интерьер спальни 90
интерьер торгового центра 204
информационное табло 304
информационный дисплей 205
информационный стенд 204
информация 223
инфузионная стойка 69
йогурт 142
искатель 364
испаритель 357
источник света 73
источники света 68
истребитель-бомбардировщик 229
итальянский кипарис 45

## К

кабачок 40
кабели датчиков пациента 70
кабель 232, 368
кабина 324, 325, 329
кабина машиниста 330, 341
кабина пилота 229
кабинет руководителя 293
каблук 179, 181
кабриолет 313
кавказская ель 46
кадык 52
казан 117
казино 288
кайман 20
какелон 112
календарь 293, 298
камбала 26
камера 150, 295, 296
камера хранения 206
камин-барбекю 129
камуфляжная форма 228
канапе 161
канат 279
канатная подвеска 371
канталупа 40, 153
канцелярская кнопка 299
канцелярские принадлежности 199, 292, 298, 299, 300, 301
канцелярский нож 299
капельная кофеварка 102
капот 226, 310, 314, 327
капсюль 225
капуста 144
капуста листовая 144
карамбола 149
карандаш 300
карандаш для бровей 190
карандаш для отбеливания ногтей 191
карапакс 20, 25
карась 27
кардамон 148
карданный вал 329
кардинал 28
кардиозона 71
каре 289
каре телёнка 140
каркас 121, 300, 322
каркас сиденья 122
каркас/база 120
каркасная щётка стеклоочистителя 307
карман 165, 171, 184, 228
карп 26
карта города 342
карта линий метрополитена 343
картина 95, 98
картины 76
картонная обложка 301
картонная основа 298
картотечный шкаф 67
картофель 146
картофель фри 160
карточки 298
карточные масти 289
карусель 281
карьерный самосвал 329
карьерный самосвал вид снизу 329
каска 220, 227, 228, 303
кассир 206
кассовый прилавок 209
кассовый терминал 212
катавей 250
каток 276, 303, 328
катушечный стержень 255
катушка 291
катушка для шланга 131
каучуковое дерево 43
кафе 200, 205, 223, 334, 339, 343
кафедра 198, 199
кафедра (возвышение) 198
кафельная стена 92
кафельный пол 93, 99, 216
качающийся разбрызгиватель ? 131
качели 77, 80, 128, 281
кашемировая коза 8
каштан 44, 147
каюта 347
квадрат 352
квадратная супница 110
квадратная тарелка 110
квадратное увеличительно стекло 358
квадроцикл 321
кегля 285
кедровый орех 147
кеды 179
кельма 138
кенгуру 16
кепка 183
керн 137
кефир 142
кешью 147
кивано 149
киви 150
кий 282
кино 234
киноаппарат 234
кинопроектор 234
киоск контролёра 342
кирочка 139

кислород 350
кисточка 129
кисть 51, 113, 139
кисть для губ 190
кисть для раскрашивания 195
китайская груша 149
китайская капуста 144
китайская лапша 160
китель 218
киянка 137
клавесин 244
клавиатура 244, 292, 295, 296, 297
клавиша 246
клавиши управления 70
клавишник 232
клавишные инструменты 244
кладовая 210
клап 244
клапан кармана 164
кларнет 247
классические прямые джинсы 171
классические шорты 171
классический 320
классический бокал для шампанского 118
классический пиджак 175
классический пояс 165
классическое пальто 169
клатч 185
клементин 151
клён остролистный 43
клетка 33, 283
клетка для малых животных 128
клетка для птиц 128
клетки 35
клешненосная конечность 25
клещи для снятие изоляции 135
клещи с зажимом 132
клеящий карандаш 299
клиент 215, 304
клиновидная кость 59
клиновидный родничок 59
клипса для одежды 300
клоп-солдатик 36
клубнеплодные овощи 146
клубника 40, 152
клумба 80
клумбы 76
клюква 152
ключ для регулировки клапанов 132
ключ до 242
ключ с трещоткой 132
ключ соль 242
ключ фа 242
ключевые знаки 243
ключи 242
ключица 56
клюшка 277
книга 88, 90, 217
книга для записи деловых встреч 298
книжная полка 78
книжные полки 77
книжный стеллаж 88
кнопка 124, 203, 255, 297, 300
кнопка „домой“ 296
кнопка „меню“ 296
кнопка „назад“ 296
кнопка быстрого вызова 297
кнопка включения 103, 124, 125, 130, 192, 294, 295, 296, 297, 356
кнопка включения стояночного тормоза 309
кнопка вызова лифта 215
кнопка вызова медсестры 69
кнопка выкидывания обоймы 224
кнопка громкости 295
кнопка для слива 93
кнопка источника сигнала 125
кнопка канала 125
кнопка начала передачи факса 297
кнопка открывания крышки 102, 103
кнопка переключения режима 125
кнопка слива 216
кнопка управления 101, 124, 125, 286, 297
кнопка управления проигрывателем 125
кнопка формата изображения 125
кнопки функций 105
коала 16
кобура 218, 228
ковер 97, 271
коврик 90, 92, 95, 216
ковровое покрытие 234
ковш 87
коготок 35
коготь 11, 13, 16, 20
кодиеум пёстрый 49
кожа 20
кожаная сумка на цепочке 185
кожанное кресло 121
кожаный браслет 188
кожные мышцы перепонки плеча 23
кожура 149, 150, 151, 154
козел 7
козел гимнастический 271
козелок 23
козерог 7
козий сыр 142
козловой кран 344
козырек 78, 80, 82, 203
козье молоко 142
коконопряд сосновый 34
кокос 147
коктейль 163
коктейльное платье 172
коктейльный бокал 163
колба 356
колба на подставке 356
колба с отводами 356
колбасные изделия 207
колбасный сыр 142
колбонагреватель 356
колготки 176
колготки с низкой талией 176
коленный сустав 13
колено 6, 23, 24, 50, 52
колесе 124
колёсная база 73
колесо 129, 131, 218, 219, 226, 229, 253, 329
колесо в сборе 307
колея покрышки 307
колибри 28
количественный контраст 355
количество литров 304
колковая коробка 248
колковая механика 251
колли 14
колода карт 289
колодка 248
колок 248, 249, 250
колонна 249
колорадский жук 32
колориметрия 355
колотушка 245
колотушка для большого барабана 245
колотушки 245
колпак 73, 356
колпак ротора 368
колпачок 294
кольраби 146
кольца 187, 271
кольцо 194, 258, 281
кольцо выпускника 187
кольцо для подвешивания 128
кольцо с одним камнем 187
кольцо, подаренное в честь помолвки 187
колючий спинной плавник 143
комар 36
комбайн 302, 331
комбинация 177
комбинезон 172, 303
комбинированные ключ 132
комната 216
комната девочки 94
комната малыша 96
комната персонала 292
комната сканирования 67
комната управления 67
комнатное растение 89
комнатные растения 49
комод 94, 293
компактная пудра 189
компактный гусеничный экскаватор 328
комплиментарный контраст 355
компьютер 292
компьютер для обработки и анализа изображений 67
компьютеры 294, 295
конверт 298
конверт с окном 298
кондитерские изделия 207
кондиционер для волос 194
кондиционер 322
кондор 30
консилер 190
консоль 244
консольная опора 302
консольный кран 349
конструкции жилых домов 84, 85
конструкция буровой вышки 372
контейнер 202, 345, 370
контейнер для жмыха 103
контейнерный кран 345
контейнеровоз 345, 348
контрабас 249
контраст холодного и теплого 355
контрафагот 247
контроль жизнеобеспечения 367
контурный карандаш 190
конус 103, 303, 353
конфорка 101
концертино 252
концертная флейта 247
кончик носа 11, 13
конь 283
конь гимнастический 270
коньки 276
коньковая доска 85
коньяк 163
копчик 56, 58
копытные млекопитающие 6, 7, 8, 9
копыто 6
корелла 29
корень крыла 33
корзина 70, 98, 206
корзина для белья 87
кориандр 148
коридор 78
корица 148
коричневая крыса 17
корка 156
кормушка 128
кормушка/поилка 127
корн 144
корневая шейка 39
корнеплоды 146
корнет 247
корни 41
коробка 95, 189
коробка для документов 292
коробка передач 329
коробка с микромеханизмом 74
корова 8
коровье молоко 142
король 283, 289
коромысло 307
корона 249
короткая малоберцовая мышца 55
короткая штанга 273
короткие носки 176
короткий блейзер 174
короткий кардиган 175
короткий радиальный разгибатель запястья 55
короткий разгибатель пальцев 54
короткий рукав 167
короткий форшлаг 242
короткое колье 188
корпус 87, 100, 103, 104, 123, 124, 125, 126, 134, 135, 136, 192, 193, 228, 231, 244, 250, 278, 286, 294, 295, 296, 300, 334, 356, 357, 360, 371
корпус головки 105
корпус камеры 66
корпус корабля 230
корпус с индикатором 135
корпус с мотором 103, 105
корректор-лента 299
корсаж 177
корт 264, 267
корт для игры в бадминтон 264
коряга 127
коса 130
косатка 18
косилка 131
косметика 189, 190, 191
косметический магазин 204
косметическое средство 92, 96
космический зонд 365
космический корабль 367
космический челнок 365
космос 365, 366, 367
костальны край 33
косточка 154, 248
косточковые фрукты 154
кострец 140
костюм 165
костюм и аксессуары 165
косуха 169
котик 19
котлета из свиной вырезки 141
кофе 38
кофеварка 98
кофейник 102
кофемолка 102, 112
кофта 166
кошачий туалет 128
кошелек 185
кошки 15
краб 25
крабик для волос 195
краевая область 33
краевой щиток 20
крайняя линия 264
кран 92, 99, 221
кран-машина 287
краска для волос 194
красная линия 277
красная смородина 152
красное вино 163
краснокачанная капуста 144
красно-оранжевый 355
красно-фиалетовый 355
красный 203, 355
красный апельсин 151
красный виноград 152
красный лесной муравей 35
красный чили 148
кратер 361, 366
крачка 31
креветка 25
крем для глаз 190
крем для лица 189
креманка 158
крепежная рамка 364
крепление 134, 135, 278
крепление для кукурузы 129
крепление обода 245
крепление проблесковых маячков 218
крепление ремня 184, 250
кресло 89, 206, 214, 217, 234, 237, 284, 292, 293, 338
кресло для посетителя 293
кресло качалка 97, 122
кресло руководителя 293
кресло-лежанка 121
кресс-салат 148
крестец 56, 57, 58
кречет 29
крещендо 243
кривошип 371
кривошипный палец 371
кроватка 97
кровать 90, 94, 217
кровельное покрытие 80
крокус 49
кромка 136
крон 246
крона 41
кронблок 372
кронштейн 126, 364
кроссовер 273
кроссовки 179
кроссовый мотоцикл 321
крот 23
круг 351
круг штрафного броска 258
круглая большая мышца 55
круглая красная фасоль 146
круглая малая мышца 55
круглая щетка 195
круглый пронатор 54
круговая диаграмма 352
круговая игла 254
кружево 254
кружка 110
кружка для бритья 192
круп 11, 13
крушинница 34

крыжовник 152
крыло 35, 161, 219, 220, 229, 310, 337
крыльцо 80, 85
крытый вагон 341
крыша 311, 322
крышка 102, 103, 104, 126, 130, 131, 138, 158, 162, 189, 312
крышка кофейника 102
крышка масляного бака 130
крышка топливного бака 130, 131, 311, 324
крючек 255
крючок 254, 291
куб 353
кубинский крокодил 21
кувез /инкубатор 73
кувшин 103
кузнечик 36
кузов 329, 341
куколка махаона 33
кукуруза 38
кукурузное масло 155
кулачок барабана 224
кулинарный шприц 114
кулиса 246
кулисы 239
кулон 188
кумкват 151
кунжутное масло 155
купальник 178
купальники 178
купе 312
курок 138, 139, 224
куропатка 30
куртка 164, 220
кусачки для кутикулы 191
кусачки для ногтей 191
куски говядины 140
куски свинины 141
кусковой сахар 159
кусок пирога 157
кусты 47
кухня 76, 210, 98, 99, 100, 101, 102, 103, 104, 105, 106, 107, 108, 109, 110, 111, 112, 113, 114, 115, 116, 117, 118, 119
кухонная бытовая техника 100
кухонная вилка 116
кухонная ложка 116
кухонная посуда 106
кухонные ножи 109
кухонные принадлежности 112
кухонные щипцы 114
кухонный гарнитур 76, 99
кухонный термометр 113

## Л

лабиринт 287
лаборатория сша 365
лабораторное оборудование 356, 357, 358, 359, 360
лабораторные щипцы 359
лабрадор 13
лаванда 38
лага 85
ладовый порожек 250, 251
ладья 283
лайм 151
лак для волос 194
лак для ногтей 191
лама 9
ламбдовидный шов 59
лампа 95, 213
лангуст 25
лань 7
лапа 11, 23, 24, 230, 372
лапка 35, 37
ласточка 29
латеральная широкая мышца 54, 55
латеральный мыщелок бедренной кости 57
латук кочанный 144
лебедь 31
лев 10
левая педаль („пиано") 244
левый защитник 263
левый нападающий 262
легато 243
легкая промышленность 374
легковой автомобиль 201, 302, 309
легковые автомобили 305, 306, 307, 308, 309, 310, 311, 312, 313
легочная артерия 60, 61
легочная вена 61
лед 277
ледокол 348
лежак 86, 347
лезвие 130, 193
лезвие/клинок 109
лектор 198
лемур 24
лента 183
лента кассы 206
ленточная шлифовальная машина 135
лепесток 48
лесовоз 326
лестница 76, 82, 86, 221, 222, 266, 270, 279, 324, 329, 338, 342, 371
летающие млекопитающие 23
летающий кран 349
летучая мышь 23
лилия 49
лимон 151
лимонное сорго (лемонграсс) 148
лимузин 312
линейка 199
линейная диаграмма 352
линейный судья 263, 264, 266, 277
линза 74, 186
линия безопасности 343
линия ворот 260, 276
линия дорожной разметки 303
линия замены 261
линия нападения 263
линия ограничения вратаря 260
линия подачи 267
линия поля 266
линия разметки 258, 274
линия свободных бросков 261
линия уреза воды 86
линия штрафного броска 258
линия штрафной площади 256
линия электропередачи 368
линь 26
линя площади ворот 261
лиса 12
лисичка 147
лист 38, 39, 47, 48, 151, 154, 298
лист бумаги 300
листва 41
лиственница европейская 45
листовые овощи 144
листонос 23
лиф 173
лифт 215, 222
лицевая линия 258
лицевая панель 310
лицевая сторона 174
лицо 24, 52
личи 149
личная гигиена 192, 193, 194, 195
лоб 11, 37, 52
лобная доля 63
лобная кость 56, 59
лобный рефлектор 75
лобовое стекло 341
лобовой прожектор 341
лобок 50, 52
лодочка 182
ложе 73
ложка 115
ложка для льда 115
ложка для меда 114
ложка для мороженного 114
ложка для обуви 180
ложка для спагетти 115
ложка с прорезями 116
ложное ребро 57
локомотив 344
локомотив с двумя кабинами управления 341
локомотивы 341
локоть 6, 11, 13, 23, 51, 53
локтевая артерия 60
локтевая кость 56
локтевая мышца 55
локтевой нерв 62
локтевой отросток 57
локтевой разгибатель запястья 55
локтевой сгибатель запястья 55
ломоть 156
лопасть 124, 230
лопасть винта 368
лопатка 51, 53, 56, 57, 115, 116, 129, 141
лопатка для пирога 114
лопатка для сковороды с прорезями 115
лопатка плоская 116
лосины 176
лосось 27
лось 7
лосьон после бритья <т> 192
лоток 105, 125, 292, 297, 300
лоток для бумаги 300
лоток для инструментов 72
лоток для сока 103
лохматая грива 6
луза 282
луковичные овощи 144
лук-порей 144
луна 361, 362
лунка серебристая 34
лунная поверхность 366
луноход 366
лупа 358
лучевая артерия 60
лучевой нерв 62
лучковая пила 134
лыжи 278
лыжник 278
лыжные ботинки 278
лыжные очки 278
льняное полотно 254
лэптоп 217, 233
люк 86, 228
люк на крышу 80
люк топливного бака 218
люк-лаз 371

## М

магазин 225, 338
магазин декора 204
магазин детских игрушек 205
магазин компьютеров 205
магазин мужской одежды 204
магазин одежды 204, 208
магазин пулемета 227
магазин светотехники 205
магазин спортивной одежды 204
магистральная электроопора 369
магнитная мешалка 357
магнитная термо-мешалка 357
магнитно-резонансный томограф 67
магнитоплан 340
магнолия 47
мадагаскарский таракан 36
маечка 177
маечкаи трусики 177
мазь 75
мазьдля обуви 180
майка 168
майский хрущ 32
макияж 189, 190
макушка 41
малая подкожная вена 61
малина 152
малиновое варенье 158
малоберцовая артерия 60
малоберцовая кость 56
малое боковое окно 311
мальчик 197
мальчик, подбирающий мячи 266
малярный лоток 138
мама 196
манго 150
мангольд 144
мангостан 150
мандарин 151
мандрил 24
манекен-торс 209
манжет 167, 172
маникюр 191
манипулятор 360
манипулятор с удаленным управлением 365
манометр 102
маракуйя 150
маркер 300
марс 363
маршрутизатор 297
маска 228
масло 155
масло грецкого ореха 155
масляная краска 253
массажная щетка 195
мастерок 138
математика 351, 352, 353
матрас 66
матрасик 73
матч по гандболу 260
махаон 33
маховое колесо 255
мачта с антеннами связи 202
машина возврата шара 284
машина для раскроя ткани 374
машина для сушки белья 124
машинка 248
машинка для стрижки волос 192
машинка для стрижки кустарника 130
машинный зал 369
маятник 318
мебель 120, 121, 122, 123
мебельный точильщик 32
мёд 158
медальон 188
медиальная широкая мышца 54
медиальный мыщелок бедренной кости 57
медиальный надмыщелок 57
медицинский столик-тележка 73
медицинское обследование 74, 75
медные духовые инструменты 246
медоносная пчела 35
медсестра-радиолог 66
междугородний автобус 323
международная космическая станция 365
международная кухня 161
межпозвоночный диск 58
межреберый нерв 62
мейн-кун 15
мел 198
меловая доска 198
мелодика 252
мембрана 245
менеджер 215
меньшая комнатная муха 36
меню-борд 212
мера 254
меркурий 362
местный (легкий) самолет 336
место 240
место водителя 323
место пассажира 337
место пилота 337
место стоянки 332
место хранения сетевого шнура 102
месяц 298
металлическая кастрюля 117
металлическая окантовка 296
металлическая труба 136
металлическая трубка 124, 137
металлическая ферма 233
металлический каркас 198, 368
металлический носок 303
металлообрабатывающий станок 375
металлообработка 375
метёлка 245
метеорология 354
метка 250
метка на 12-ом ладу 250
метрдотель 211
мех 23, 24
механизм 249
механизм азимутального перемещения 364
механизм наклона 253
механизм угломестного перемещения 364
меховая шапка 183
меццо-пиано 243
меццо-форте 243
мидия 143
микроволновая печь 100
микроволновка 98
микроскоп 74, 358
микроскоп кожи 75
микрофон 198, 237, 296, 297
микшерный пуль 233
микшерный пульт 235
микшерский пульт 234

миндаль 147
минеральная вода без газа 162
минивен 313
миникар 312
мини-печь 104
Мини-платье на бретельках 173
миска 110, 112, 128
миска с крышкой 110
младенец 196
многоквартирный жилой дом 82, 200
многоугольники 352
многофункциональный станок 375
многоцелевой внедорожник 226
мобиль для детской кроватки 280
могильщик 32
модель центрифуг 365
модельные туфли 179
модуль врача 72
мозг 63
мозжечок 63
мозолистое тело 63
мойка 99
мойка автомобилей 304
мокасины 180
молдинг 308
молдинг бампера 310
моллюск 143
молния 255
молоко и сливки 142
молоток для мяса 115
молоток-гвоздодер 137
молочник 111
молочные изделия 206
молочные продукты 142
молочный шоколад 159
моль 34
мольберт 253
монитор 73, 236, 284, 292
монитор артериального давления 74
монитор пациента 68, 70
мониторная колонка 232
моноблок 295
монокль 186
морда 6, 11, 13, 24, 26
мордент 242
море 361
морепродукты 207
морж 19
морковь 39
мороженое 158
мороженое в вафельном стаканчике 158
мороженое в чаше 158
морозильная камера 100
морошка 152
морская нефтяная платформа 370
морские млекопитающие 18, 19
морской лев 19
морфо пелеида 34
мост 204, 302
мостовый кран 349
моток с лентой 299
моторизованный стол 67
моторная яхта 347
моторное отделение 340
моторный блок 103
мотороллер (скутер) 321
мотоцикл 321
мотоциклы 318, 319, 320, 321
мошонка 52
мужская обувь и аксессуары 179, 180
мужская одежда 164, 165, 166, 167, 168
мужская сумка 185
мужская шляпа 183
мужские аксессуары 188
мужское тело 52, 53
мужской кардиган 166
мужской туалет 222
мужчина 197
музыка 242, 243, 244, 245, 246, 247, 248, 249, 250, 251, 252
музыкальная группа 232
музыкальная нотация 242, 243
мультиметр 135
мультифокальный объектив 186
мундштук 246
мундштучная трубка 246
мускусная дыня 153
мусорная корзина 223, 273
мусорное ведро 93, 216
мусоровоз 327
мусс 194
муфта утяжелённой бурильной трубы 372
муха 36
муха цеце 36
мушка 224, 225
мушмула японская 154
мыльница 93
мышцы 54, 55
мышцы вид сзади 55
мышцы вид спереди 54
мышь 292, 296
мягкая пастель 253
мягкие контактные линзы 187
мягкий спинной плавник 143
мягкий уголок 77, 121
мякиш 156
мякоть 149, 154
мясная муха 36
мясо 129, 140, 141
мясо птицы 161
мята 148

## Н

набойка 181
набор для фондю 112
набор инструментов для гриля 129
набор кухонных ножей 109
набор кухонных принадлежностей 115
навес 257, 304
навозный жук 32
нагорье 361
нагревательная пластина 102
нагревающий элемент 356, 357
нагрудный карман 218
надбровные дуги 24
надколенник 56
надкрыловая пластинка 35
надкрылье переднего крыла 37
надпочечник 64
надувная игрушка 86
надувной круг 86
надхвостовый щиток 20
наждачная пилка 191
назальный спрей 75
наземные птицы 28, 29, 30
наземный транспорт 223
накидка 290
накидной ключ 132
накладка 250
накладка грифа 250
накладка рукоятки 224
наклейка 292
наклейка для надписей 301
наклейки для заметок 298
наклон вперед 272
наклон корпуса вперед к ноге 241
наклонная поверхность 198
наклонная скамья 272
наконечник 136
намордник 128
намотки шпульки 255
наперсток 255
напитки 206
напиток 235
напольный вентилятор 124
напольный том 245
направляющая штанга 253
напрягатель широкой фасции бедра 54
нарост 18
наружная косая мышца 54
наружная яремная вена 61
наружный слуховой проход 59
наружняя ручка открывания двери 308
наручные часы 188
насадка 124
насекомоядные млекопитающие 23
насекомые 32, 33, 34, 35, 36, 37
насос 86
насос для мяча 257
настенный светильник 81
настольная вода 162
настольная лампа 217
настольные игры 283
настольный гриль 105
настольный теннис 268, 269
настольный футбол 287
настольный хоккей 287
настоящий щитник 36
настроечный крон 246
настройка фокусировки 364
насыщенность контраста 355
наушники 125
наушники на подставке 88
начинка 159
небоскреб 202
невидимка 194
неглиже 177
нековый звукосниматель 250
нектарин 154
немецкая овчарка 14
немецкий таракан 36
неонатолог 73
непромокаемая ткань 290
непроницаемая горная порода 372
непроницаемый пласт 373
нептун 363
нерв пальца 62
нервная система 62, 62, 63
несущий винт 219, 337
несущий каркас 364
нефтегазовая отрасль 370, 371, 372, 373
нефтеперекачивающая станция 371
нефть 372, 373
нивяник обыкновенный 48
нижнее белье 168
нижнее белье и пижамы 177, 178
нижний бьеф 368
нижний овал 248, 251
нижний порожек 251
нижняя мантия 363
нижняя палуба 231, 370
нижняя панель 244
нижняя панель на ножках 127
нижняя полая вена 60, 61
нижняя рама/ лоток 253
нижняя тарелка 245
нижняя челюсть 56, 59
нильский крокодил 21
нисходящая ободочная кишка 65
нитенаправитель 255
новокрылые 36
новолуние 361
новорождённый 73
нога 20, 24, 51, 53
ноготь 24
нож 129, 299
нож для закусок 107, 108
нож для масла 106, 108
нож для овощей 109
нож для пирога 114
нож для пиццы 114
нож для снятия кожуры 113
нож для сыра 114
нож для цедры 109
ножка 120, 121, 123, 125, 139, 147, 198, 244, 245, 249, 357, 359
ножка стола 106, 282
ножницы 130, 199
ножницы для кутикулы 191
ножницы для ногтей 191
ножницы для ногтей ног 191
ножовка по дереву 134
ножовка с обушком 134
нож-пила 109
нож-топорик 109
ноздря 13, 24
номер топливораздаточной колонки 304
норвежская лесная кошка 15
нормальный 197
нос 6, 13, 16, 50
носик 103
носик выпуска 102
носки 168
носовая кость 59
носовой бульб 347
носовой упор 186
носок 179, 278
нотный стан 242
ноутбук 293, 295
ночная рубашка 177
ночная сорочка 177

## О

обеденный зал 211
обеденный стол 76, 120
обёртка 159
обечайка 248, 251
обивка 122
область высокого давления 354
область низкого давления 354
облегающие шорты 168
обложка 298, 301
обмен валюты 222
обод 245, 265, 316
ободок 193
обойма 224
обойма пистолета 224
оборудование 229, 365
обоюдоострая бритва 192
обоюдоострое лезвие 192
обрешетка 85
обруч 254
обручальное кольцо 187
обсерватория 364
обстройка реакторного отделения 369
обтекатель 229, 319
обувной станок 374
обувь 179, 180, 181, 182
обух 109
обшивка 229
общая подвздошная артерия 60
общая подвздошная вена 61
общая сонная артерия 60
общественное питание 210, 211, 212, 213
общий разгибатель пальцев 55
объектив 74, 360
объектив проектора 234
обыкновенная лягушка 21
обыкновенная сирень 47
обыкновенный жасмин 47
обыкновенный жулан 29
обыкновенный можжевельник 46
обыкновенный стриж 28
обычный хамелеон 20
овальное блюдо 111
овальный обеденный стол 120
овод 36
овощи 39, 161, 144, 145, 146
овощи и фрукты 206
овощной крем-суп 161
овца 8
овцебык 9
огнетушитель 305
оголовье 125
ограждение 204, 206, 303, 329, 369
ограничительный круг 258
огузок 140
огурец 40, 145
одиннадцатиметровая отметка 256
одноразовая бритва 192
одноразовые контактные линзы 187
ожерелье из искусственного жемчуга 188
ожерелья, браслеты и другие ювелирные изделия 188
озеро 361
окантовка 251
океан 361
окно 82, 213, 218, 221, 227, 308, 311, 314, 322, 337, 340
окно для контроля 104
окно для проветривания 93
окно с защитным экраном 100
оконный проем 84
окорок 141, 161
октан 373
октаэдр 353
окуляр 74, 364
оладья 161
оленьи рога 6
оливковое дерево 43
оливковое масло 155
ондатра 17
опасная бритва 193
оператор 259, 266, 268, 277
операционная медсестра 68
операционное окно 73
операционный зал 68

операционный стол 68
опора 38, 203, 371
опорный подшипник
балансира 371
опоссум 16
оправа 186
оптическая труба 364
орангутанг 24
оранжевый 355
орбита 363
орбитер 365
орган 244
орех 147
орех макадамия 147
орехи 147, 158
ореховая скорлупа 147
оркестровая яма 238
орнаментика 242
оружие и боеприпасы
224, 225
орхидея 49
оса 35
осадки 354
осветительная вышка 257
осветительный прибор 221
осветительный столб 201
освещение и
электрооборудование 126
освещение фасада 77
осевой позвонок 57, 58
осел 8
осетр 27
основа 253
основание 84, 86, 102,
124, 125, 136
основание грунта 84
основание стола 67
основание стола,
регулируемое по высоте 66
основание штатива 74
основной настроечный
крон 246
основной танк 228
основные артерии 60
основные вены 61
остановка общественного
транспорта 322
остриё 109
острый соус 155
острый угол 351
ость лопатки 57
ось несущего винта 337
осьминог 25
отверстие 132, 165
отверстие для трубы 133
отверстие для штыря 126
отделение для тостов 105
отделение интенсивной
терапии 70
отделение интенсивной
терапии новорожденных 73
отель 223
отжимание от пола 272
отмостка 84
отоскоп 75
отрезной станок 375
отросток 6
отсек 220
офис и комната осмотра
врача 66, 67, 68, 69,
70, 71, 72, 73
офисные инструменты и
принадлежности 299
офисный центр 203
официантка 211
охлаждаемая камера 210
охлаждающий диспенсер
напитков 212
охотничий карабин 291
охотничье ружье 291
охранник 206, 256, 266
очиститель стекла 220
очистительная лента 307
очки 186, 227
очки и контактные линзы 186
очки пловца 275
ошейник 128

## П

павлин 30
павлиноглазка геркулес 34
паголенок 168, 176
падальная муха 36
падебуре 241
падуб 42
падуга 239
паз 37
пакет с продуктами 207
палатка 290
палец 11, 13
палец ноги 23, 50, 52, 168
палитра 253
палубная надстройка 346
пальто 164, 170
пальто и куртки 169, 170
пальто-пуховик 170
панель с разъёмами
для кабелей 70
панель управления
100, 104, 360
панна-котта 158
панно 214
папа 196
папайя 149
папка для документов 185, 301
папка для документов
без ручки 185
папка с блокнотом 185
пара 289
параболический
отражатель 364
парадное крыльцо 76
параллелепипед 353
параллелограмм 352
паращитовидная железа 64
парень 197
парикмахерская расческа 195
парикмахерские ножницы 194
парк 203
паркетный пол 91, 95
парковка 200, 223
парный симулятор
автогонок 286
парный симулятор
стрельбы 287
пароварка 105
паровая трубка 102
паром 346
партер 240
парусник 346
пассажир 322, 346
пассажирские и
грузопассажирские
суда 346
пассажирские поезда 340
пассажирский аэровокзал 332
пассажирский поезд 340
пассажирского лайнер 346
патрон 225
паузы 242
пах 50, 52
пациент 68
педали регулировки
высоты 73
педаль 249, 316
педаль акселератора 309
педаль для бас-барабана 245
педаль сцепления 309
педаль тормоза 309
педаль хай-хэт 245
пекан 147
пеленальная комната 205
пеленальный стол 96
пелёнка подкладная 73
пеликан 31
пена для бритья 192
пенек 6
пенис 52
пенные корытца 86
пентхаус 82, 202
первая позиция 241
первая ступень 367
первая четверть 361
первый спинной плавник 26
перегородка 13, 292
передвижной кран 344
переднегрудь 37
переднее крепление 278
переднее крыло 33,
37, 317, 319
передние хватательные
ноги 37
передний бампер 226
передний вид женского
тела 50
передний вид мужского
тела 52
передний карман 184
передний тормоз 317, 319
передний фара-искатель 220
передняя большеберцовая
артерия 60
передняя большеберцовая
мышца 54
передняя дверца 127
передняя декоративная
накладка бампера 308
передняя конечность 16
передняя лапа 16
передняя линия подачи 264
передняя нога 11, 35, 37, 253
передняя ножка 122
передняя носовая кость 59
передняя опора 220
передняя подвеска 306
перекидное устройство
для документов 300
перекидной лист 298
перекладина 253, 260, 281
переключатель включения/
выключения 105
переключатель вращения 136
переключатель
горизонтального
вращения 124
переключатель
звукоснимателей 250
переключатель режимов
104, 135, 193
переключение каналов 125
перекресток 203
перекресток дорог 200
перекрытие 85
переливница ивовая 34
перемешивающее
устройство 357
перемешивающий
элемент 357
перемычка 85, 359
переносица 11, 13
перепонка крыла 23
перепонка предплечья 23
перепонка хвоста 23
перепончатокрылые 35
перехватчик 229
переход 369
перец 145
перец чили 39, 145
перила 77
периметр 351
период 350
периодическая таблица 350
перископ 228, 231
перовое сверло 136
перрон 338
персидская кошка 15
персик 154
перстень-печатка 187
перчатка 279
перчатки 228
песочница 77, 80
пестик 48
песчаное зерно 373
петрушка 148
петух 30
печень 64, 65
печь 87
пешеход 303
пешка 283
пиала 110
пианино 244
пианиссимо 243
пиано 243
пивная кружка 119
пивной бокал 119
пиво 163
пижама 178
пикап 313
пики 289
пикколо 247
пила 134
пилот 337
пилочка для ногтей 191
пилы и ножовки 134
пингвин 31
пинцет 189, 359
пинцет заострённый 359
пинцет заостренный
изогнутый 359
пион 48
пипетка 358
пирамида 353
пирог 157
пирожковая тарелка 106, 111
пирожное „корзинка" 157
пирсинг 188
пистолет 218, 224, 228
пистолетная рукоятка 225
питайя 150
пицца 160
пищеварительная система 65
пищеварительная система
вид сзади 65
пищеварительная система
вид спереди 65
пищевод 65
плавание 274, 275
плавающая крыша 371
плавки 168, 178
плавучий кран 348
планшетный компьютер 295
пластиковая бутылка
для соуса 213
пластиковый стул 213
пластрон 20
пластырь 74
платина 187
платформа 112, 255, 343
платформа с
контейнерами 344
платье без рукавов 173
платье с рукавами 172
платья и юбки 172, 173
плащ 164
плечевая артерия 60
плечевая кость 56
плечевая мышца 54
плечевое сплетене 62
плечелучевая мышца 54, 55
плечо 6, 11, 13, 23, 50, 52, 249
плитка 84
плодово-ягодное желе 157
плодоножка 38
плойка 193
плоскогубцы с зажимом 132
плоское кольцо 187
плоскоклеточный шов 59
плотва 26
плотоядные млекопитающие
10, 11, 12
площадка 139, 221
площадка для автомобиля 81
площадка для подогрева
чашек 102
площадка на крыше 371
площадь ворот 260, 276
площадь круга 351
плюсна 35
плюшевая игрушка 280
плющ обыкновенный 49
пляжная туника 175
повар 210
поварской нож 109
поверхность воды 370
поводок 128
поворотник 308, 318
поворотный регулятор 70
повтор 243
погодные фронты 354
погрузчик 303
подалирий 34
подающий зубчатый
барабан 234
подбородник 248
подбородок 6, 50
подвес 13
подвесная картотека 301
подвздошная кость 56
подвижной состав 340, 341
подводная лодка 231
подвязки 178
поддержка/чертежный
стол 253
поддон 102, 129
поддон для крошек 105
поджелудочная железа 64
поджелу́дочная железа́ 65
подиум 236
подключичная артерия 60
подключичная вена 61
подколенная вена 61
подложка 85
подлокотник 121
подметально-уборочная
машина 327
подмышечная артерия 60
подмышечная вена 61
подмышка 50, 52
подмышки 18
подножка 219, 325, 330, 337
поднос 112
подостная мышца 55
подошва 124, 168, 179, 181
подпорная стена 77, 81
подрамник 306
подсвечник 107
подсолнечник 38
подсолнечное масло 155
подставка 103, 112, 115,

125, 139, 248, 356, 359
подставка для ложки 111
подставка для ножей 109
подставка для салфетки 108
подставка для яиц 100
подставка редуктора 371
подставка/струнодержатель/
подструнник 251
подушка 91, 94, 97
подушка сиденья 121
подушка спинки 121
подшипник подвески
траверсы 371
подъездная дорога 332
подъемник 231
подъёмное оборудование 372
подъемный кран 202, 370
поезд 339, 342
поезд с паровой тягой 340
пожарная служба 220
пожарный 220
пожарный автомобиль
вид сзади 221
пожарный автомобиль
вид спереди 220
пожарный гидрант 221
позвонки 58
позвоночник 56
позвоночный столб 58
позвоночный щиток 20
позиции балета 241
покер 288
покерные комбинации 289
покрывало 94
покрытие 303
покрышка 257, 307, 311,
316, 318, 322, 329
покупатель 204, 206
пол 290
пол буровой установки 372
пола 164, 169
поле 257, 303
поле для игры 286
поле подачи 264
полёвка 17
полировальная машина 135
полицейский 204, 218
полицейский автомобиль 218
полицейский вертолет 219
полицейский мотоцикл 219
полиция 218
полка 89, 96, 100,
123, 198, 216
полка для сидения 87
полнолуние 361
полный 197
половинка задника 179
половинная 242
полозья 219, 337
полотенце 87, 93, 216,
262, 264, 272
полотнище пилы 130
полотно 134
полуакустическая гитара 251
полуободковые очки 186
полуостистая мышца 55
полуперепончатая мышца 55
полуприцеп 325
полуприцеп бензовоз 326
полусапожки 182
полусухожильная мышца 55
полынь 148
поля 183
помада 190
помазок 192
помещение 364
помидор 39, 145
помидор черри 161
помост 271, 279
пончо 169
поперечная ободочная
кишка 65
поперечное сечение
головного мозга 63
поперечный отросток 58
поперечный стабилизатор 306
попкорн 160, 234
поплавок 291
попугай 128
пористый шоколад 159
порожек 248
порошок чили 148
порт 344, 344, 345
портальная арка 238
портальный кран 349
порт-глас 118
портняжная мышца 54
портфель для документов 301
поручень 323, 329
поручни 341
посадка на луну 366
посадочный модуль 366
посевная машина 331
посетитель 211
последняя четверть 361
посудомоечная
машина 99, 101
потолочный кронштейн с
поворотным механизмом 68
потолочный монитор 73
почечная артерия 60
почечная вена 61
почка 64
почкообразный лоток 72
почта 222
почтовый ящик 76
пояс 165, 169, 171, 178
поясница 6, 13, 51, 53
поясничный позвонок 57, 58
поясничый позвонк 58
правая легочная вена 60
правая педаль („форте") 244
правый защитник 262
правый нападающий 262
пралине 159
предметный столик 74, 360
предметы для домашних
животных 127, 128
предметы домашнего
обихода 120, 121, 122, 123,
124, 125, 126, 127, 128
предохранитель-переводчик
режимов огня 225
предплечье 11, 13, 51, 53
пресмыкающиеся 20, 21
пресс для чеснока 114
пресса 263
пресс-подборщик
рулонный 330
пресс-подборщик
тюковый 330
приборная панель
309, 319, 337
прибылой палец 6, 11, 13
приемная 222
призма 353
приклад 225
прикорневая область 33
прикраевая область 33
прикроватная тумба
90, 95, 217
прикроватная тумбочка 69, 70
прикроватный коврик 217
прикроватный светильник 69
прилавок 212
приманка виброхвост 291
приматы 24
примерочная 208
примеры телосложения 197
принадлежности для
бритья 192
принадлежности для
письма 298
принтер 292, 293
присоединительная головка
с наружной резьбой 372
приспособление для
извлечения косточек 114
приспособление
для вдевания
нитки в иглу 255
прихватка 113
прицел 225
прицеп 322, 330
прицеп коневоз 331
причальная стенка 345
пробка для вина 163
проблесковый маяк 220
проблесковый маячок 218, 219
провод 126, 296, 297
провод заземления 126
прогиб в полушпагате
назад 241
продавец 207
продолговатый мозг 63
продувочный канал 372
продуктовый магазин 204
продуктовый универсам 206
продукты животного
происхождения 140,
141, 142, 143
продукты растительного
происхождения 144,
145, 146, 147, 148, 149,
150, 151, 152, 153, 154
проезжая часть 368
проекционный экран 199
прожектор 219, 232, 257
прожекторы 238
прозрачная перегородка 63
производственное здание 203
прокат автомобилей 223
промежуточная палуба 370
промежуточный слой 303
промышленное
оборудование 374, 375
прорезной карман 175
прорезной ключ 132
простая футболка 175
простые глазки 35
протектор 329
противовес 246, 364, 371
противокражная рамка 206
противопоставленный
палец 24
противоросник 364
противоскользящая
накладка 139, 290
проход 199
процедурный стол 71
пруд 201
пружина 138, 298
пружина подвески 306, 307
пряжа 254
пряжка 165, 218, 228
прямая кишка 65
прямая мышца бедра 54
прямая мышца живота 54
прямой угол 351
прямоугольники 352
прямоугольный 351
прямоугольный
параллелепипед 353
птицы 28, 29, 30, 31
пуговица 164, 167, 169, 174
пуговицы с отверстиями 255
пудель 14
пудра 189
пулемет 226
пулеметная башня 227
пулеметчик 227
пульверизатор 131, 139
пульт дистанционного
управления 125
пульт ду 88, 217
пуля 224, 225
пума 11
пункт управления 333
пунктирная тактовая черта 242
пуп 50
пупок 52
путеочиститель 341
пуфик 77, 89, 94, 121
пуховик 169
пуховка 189
пуш-ап бюстгальтер
и трусики 178
пушер кутикулы 191
пушка 228
пшеница 38
пылесос 124
пышка 157
пюпитр для нот 244
пятиугольник 257, 352
пятка 51, 53, 109, 168,
176, 248, 278
пятка грифа 251
пятнистая гиена 10
пяточная кость 57
пятый палец 23

## Р

работник заправочной
станции 304
рабочая камера 100
рабочая площадка 372
рабочее освещение 72
равнобедренный 351
равносторонний 351
радиальная балка 371
радиатор 329, 365
радиаторная решетка
218, 220, 226
радиотелескоп 364
радиус 56, 351
разбрызгиватель 131
развивающая игрушка 280
развивающие кубики 280
развлечение 232, 233, 234,
235, 236, 237, 238, 239, 240
разводной ключ 132, 133
развозной грузовик 313
раздвижная лестница 139
разделитель листов 298
разделительная гирлянда 274
разделочный нож 109
разделочный стол 210
размеры такта 242
разметка 231
разметка взлетно-
посадочной полосы 333
разносторонний 351
разрезной нож 112
разъем 294, 295
разъем подключения
монитора 294
разъем подключения мыши
и клавиатуры 294
разъем подключения
электропитания 294
разъем сетевой карты 294
районы 200, 201, 202, 203
рак 25
ракета 229
ракета-носитель 367
ракетка 265, 267, 268
ракетная шахта 231
ракето-носитель 367
раковина 211
рама 253, 317, 318, 329
рама педали 245
рама спинки сиденья 121
рамбутан 150
рамка 254
рамка для трафарета
с номером 341
расклешенные джинсы 171
расписание 322
распорная гильза 136
распылитель 358
растения 127, 38, 39, 40, 41,
42, 43, 44, 45, 46, 47, 48, 49
раструб 246
растущая луна 361
растущий месяц 361
растягивание мышц ног 272
растяжка 290
расчёска «афро-мастер» 195
расческа для начеса 195
расческа с вилкой 195
расческа с хвостиком 195
расческа-гребень 195
расшивка 138
расширитель обуви 180
реакторный блок 369
рёберная говяжья спинка 140
реберной щиток 20
ребра 56
ребристая поверхность 259
ребро 140
ревень 146
револьвер 224
регулировка громкости 296
регулировочный винт 139
регулировочный вороток 132
регулируемая больничная
койка 69, 70
регулируемый табурет 71
регулируемый табурет
врача 68, 72
регулятор 126, 357, 360
регулятор вентилятора 101
регулятор входного
уровня 235
регулятор газа для
духовки 101
регулятор газа конфорки 101
регулятор громкости 125, 250
регулятор скорости
вращения 124
регулятор степени
поджаривания 105
регулятор тембра 250
регулятор температуры 124
редис 146
редуктор 371
режиссерский стул 122
режущая кромка 109
резервный судья 256
резервуар 127, 371
резервуар для воды 124
резинка для волос 194
резиновая накладка 268
резиновая ножка 246
резиновое кольцо 158
резиновые сапоги 220
резиновый коврик 305
резонаторное отверстие 251
резонаторное отверстие
(эф) 248

резонирующий корпус 249
резьба 126
рекламная панель 263, 342
рекламный постер 235
рекламный щит 201, 203, 257, 258, 260, 264, 266, 269, 274, 302
реламный стенд с меню 211
рельсы 339
ременная мышца головы 55
ремень 184, 218, 228, 278
ремешок 181
рентгеновская трубка 66
репа 146
репица хвоста 11
репница 34
реприза 243
репчатый лук 40, 144
ресивер 364
ресивер кулисы 246
рессора 307
ресторан 210, 223
ресторан быстрого питания 212
рефери 279
рефлексный молоточек 75
речной окунь 27
решетка 101, 129
решётка 100, 104, 128
решетка для гриля 129
решетка для измельчения 105
решетка радиатора 308, 325, 327
ржаной хлеб 156
рисепшн 214
рисунок 255
рог 230, 250
рогалик 156
роговой клюв 20
родители 196
родители с детьми 196
родниковая вода 162
родничок 59
рододендрон понтийский 47
рожковый ключ 132
рожок 132
роза 48
розетка 91, 251
розетка американского типа 126
розетка европейского типа 126
розмарин 148
ролик 299
роллета 207
ромб 352
росомаха 12
российский модуль 365
ростбиф 140
ростки фасоли 146
рострум 25
рот 18, 20, 23, 24, 50
ротовые органы 37
ротор 372
роял-флэш 289
рояль 210, 244
ртутный термометр 74
рубашка 167
рубашка с короткими рукавами 167
рубашка с манжетами 167
рубашка с накладными карманами 167
рубашки и пиджаки 174, 175
рубка 231, 347
рубленая говядина (фарш) 140
рука 24, 51, 53
рукав 164, 167, 169, 172, 174, 255
рукавица 367
руккола 144
рукоятка 124, 130, 131, 132, 134, 135, 136, 137, 138, 139, 193, 224, 227, 248, 265, 268, 299
рукоятка колка 250
рукоятка переключения передач 309
рукоять 109
рулевое колесо 309, 323
рулевой винт 337
рулежная дорожка 333
рулетка 139, 255, 288
рулон пленки 234
руль 219, 317
рулька 141
румяна 189
русская голубая кошка 15
ручка 100, 101, 102, 103, 112, 123, 129, 184, 193, 220, 301
ручка акселератора 319
ручка двери 311
ручка дверцы 100, 104
ручка держателя фильтра 102
ручка для переноски 104
ручка корзины для жарки 104
ручка крышки 104
ручка кулисы 246
ручка открывания двери 218
ручка открывания дверцы 124
ручка переключения передач 317
ручка регулировки 253
ручка регулятора 356
ручка секции раструба 246
ручка стартера 130
ручка тормоза 316, 319
ручка управления режимами 101, 124
ручка-корректор 300
ручной блендер 103
ручные гильотинные ножницы 375
ручные изделия 254, 255
рыба 127, 143
рыба меч 27
рыбалка и охота 291
рыбы, раки и молюски 25, 26, 27
рыло 18
рысь 11
рычаг 105, 193, 306
рычаг включения 136
рычаг запирания 224
рычаг нитепритягивателья 255
рычаг тремоло 250
рычаг управления 131
рычажок 194
рюкзак 185, 315
ряд 240
ряды мест, расположенные амфитеатром 198

## С

с начала 243
сабвуфер 125
саговая пальма 49
сад 129, 130, 131
сайгак 7
саксгорн 247
саксофон 246
саламандра 21
салат айсберг 144
салат-латук 40
салонка и перечница 212
салфетка 107
салфетница 212
самокат 315
самоклеящиеся этикетки 298
самолет 231
самолеты 229
самолеты и вертолеты 336, 337
самосвал 326
сандалии с ремешком на щиколотке 181
сандалия 181
сантехнический инструмент 133
санузел 79
сапог на высоком каблуке 181
саранча 36
сарафан 172
саронг 178
сатурн 363
сауна 87
сахар и сладости 158, 159
сахарница 111
свадебное платье 173
сварочный аппарат 375
свёкла 145
сверлильный инструмент 136
сверлильный станок 136
сверло 136
светильник 80, 87, 92, 127
светодиодный индикатор 235
светоотражатель 221, 226
светоотражающая полоса 220
светофор 203
светофор для пешеходов 203
свеча 107
свинина 141
свиные рёбрышки 141
свинья 8
свитер 166, 174
свитер „летучая мышь“ 175
свитера 166
свободная зона 263
свободное ребро 56
свод мозга 63
свод стопы 52
священный скарабей 32
сгущённое молоко 142
сдвижная крышка 112
северный олень 7
сегмент 351
сегментированный живот 37
седалищная кость 57
седалищный нерв 62
седан 313
седло 318
секатор для деревьев 130
секач 109
секретарь 261
секретер 120
сектор 351
секундометрист 261
секция для фасованной продукции 207
секция с полуфабрикатами 206
сельдерей 146
сельскохозяйственные машины 330
сельскохозяйственные растения 38
семейство 350
семена 149
семечки подсолнуха 156
семечко 154
семья 196, 197
семя 150
семя чёрной горчицы 148
серая жаба 21
сервант 123
сервировка стола 106
сервировочная тележка 210
сервисно-технический путь 333
сердце 60, 64
серебристый горбыль 26
серебро 188
сестра 196
сет 289
сетка 138, 258, 260, 262, 265, 266, 269
сиамская кошка 15
сигмовидная кишка 65
сигнал поворота 226
сигнальный маячок 330
сидение 262, 281, 316
сидение пассажира 323
сиденье 121, 122, 219
силовые провода (старт-кабель, прикуриватель) 305
силомер „боксёр“ 287
символ 350
символы химических элементов 350
симультанный контраст 355
симулятор баскетбола 287
симулятор боулинга 287
симулятор единоборств 287
симулятор мотогонок 287
симулятор футбола 287
сине-зелёный 355
сине-фиолетовый 355
синий 355
синий кит 19
синоптическая карта 354
синтезатор 232, 244
синяя линия 276
сироп 75
система вентиляции в передней панели 127
система жизниобеспечения 367
система кровообращения 60, 61
системный блок 294
сито 113
скакательный сустав 11, 13
скалка 114
скамейка 201, 204, 265, 343
скамейка для отдыха 272
скамейка для спортсменов 266
скамейка запасных 256, 258, 261, 262
скамейка игроков 262
скамейка оштрафованных 277
скамья 235, 322
скамья для жима лежа 272
сканер документов 334
скат 26
скатерть 106
скафандр 367
скворец 29
скелет 56, 57, 58, 59
скелет, вид сзади 57
скелет, вид спереди 56
склад 201, 344
складной зонт 184
складной нож 290
складной стул 122, 290
складское помещение 207
скоба управления 131
скобель 138
скобка 299
скобкоразгибатель 299
сковорода для жарки 117
скользящий регулятор 235
скопление газа 372
скорая помощь 222, 302, 327
скоростная рулежная дорожка 332
скоросшиватель 293, 300
скосарь одиночный 32
скребок 305
скрепка 299
скрипка 248
скуловая кость 56, 59
скумбрия 26
скунс 12
сладости 159
след 176
следки 176
слепая кишка 65
слива 154
слива-венгерка 154
сливки для взбивания 142
сливное отверстие 86
сливной клапан 246
сливной носик 103
слип 344
сложный глаз 33, 35, 37
слой песка 303
слой щебня 303
слон 283
слот подключения дополнительных устройств 294
слот-машина (однорукий бандит) 288
служебный транспорт 327
слушатель 198
смазывающие глазные капли 187
смартфон 296
сметана 142, 161
смычок 248
снег 354
снегирь 28
сноуборд 278
со знака сеньо 243
собаки 13, 14
сова 29
соевое масло 155
соевый боб 38
соевый соус 155
соединительная деталь 307
соковыжималка 103
соковыжималка для цитрусовых 113
солдат 228
солдат специального подразделения 228
солнечная батарея 81, 202, 365, 368
солнечная панель 365
солнечная система 362
солнце 362
солнцезащитная шторка 305
солнцезащитный илюминатор 367
солнцезащитный козырек 309
соловей 29
соломенная шляпа 183
сом 26
сопло 139, 193
сосиска 160
сосна алеппская 45
сосок 50, 52
сосцевидный родничок 59
соус болоньезе 161
соусы 155
софа 121
сочлененный автобус 322
спагетти 161
спагетти болоньезе 161

спадающий месяц 361
спальня 78, 90, 91
спаржа 146
спасательная шлюпка 346
спасательная шлюпка 347
специи 148
спикулы 362
спина 6, 11, 51, 53
спинка 121, 122, 262
спинка лапы 372
спинной мозг 62
спинной плавник 18
спинной хребет 18
спинномозговые нервы 62
спиральный шнур 192
спица 184, 254, 316
спицы 254
спортивная гимнастика 270, 271
спортивная медицина и реабилитационный центр 71
спортивные туфли 179
спортивный мотоцикл 318
спортивный рюкзак 184
спорткар 312
спускное отверстие 371
спусковая скоба 224
спусковой крючок 224, 225
спутниковая антенна 83, 202
среднегрудь 35, 37
средний звукосниматель 250
средняя нога 35, 37
средняя опора 221
средняя педаль 244
средство для снятия макияжа 190
стабилизатор 337
стадии взросления женщины 197
стадии взросления мужчины 197
стакан 199
стакан для виски 119
стаканы 212
стакер 345
стаккатиссимо 243
стаккато 243
стандартные знаки 222
станина 133
становой корень 41
станок для заточки инструмента 375
станок для обвязки 374
станок для штамповки и резки 375
станок с ЧПУ 375
станция зарядки электромобилей 312
станция метро 342, 342, 343
стартер 275
стартовая тумба 275
стационарные фронты 354
ствол 38, 41, 47, 224, 225
ствольная накладка 225
створка люка 364
стебелек 33
стебель 39, 48, 154
стебельные овощи 146
стежка 254
стейк из говяжьего оковалка 140
стейк из говяжьей пашины 140
стейк из свинины 141
стекло 278
стекло дверцы кабины 341
стеклоочиститель ветрового стекла 307
стеклорез 138
стеклянная дверца 123
стеклянная дверь 87
стеклянное ограждение 276
стеклянный стол 120
стеклянный террариум 127
стеллаж 207, 209
стеллаж с обувью 284
стелька 180
стена 85, 86
стена с обоями 95, 96
стенд с расписанием 339
стенд с фотографиями 94
стенка 281
степлер 299
стержень 6, 184, 265
стержень с шариком 300
стетоскоп 75
стигма 37
стиральная машина 124
стирательная резинка 299
стог сена 302
стойка 258, 262, 273, 281, 368, 371
стойка выдачи обуви 284
стойка для гантелей 272
стойка для грузов 272
стойка для двух том-томов 245
стойка для дезинфецирующих средств 273
стойка для документов 292
стойка макферсона 306
стойка метрдотеля 211
стойка регистрации и приема багажа 334
стойка с журналами 206, 215
стойка сетки 265
стойка хай-хэт 245
сток 303
стол 136, 213, 217, 233, 236, 284, 292, 293
стол для выкладки товара 208
стол для игры в кости 288
стол для карточных игр 288
стол для покупателей 206
стол для снукера 282
стол лектора 198
стол пациента 66
стол с креслами 234
стол со стольями 273
стол со стульями 76, 80, 205, 347
столбчатая диаграмма 352
столешница 99
столешница из закалённого стекла 120
столешница/крышка 120
столик 83, 214
столик для переговоров 293
столик медицинский процедурный 69
столик со стульями 78
столовая 76
столовая ложка 107, 108
столовая посуда 110
столовая тарелка 111
столовые приборы 108
столовый нож 107, 108, 109
столы 120
столярный инструмент 137
столярный молоток 137
стоматологический кабинет 72
стоматологический пинцет 72
стоматологическое зеркало 72, 75
стоматологическое кресло 72
стопа 24, 50, 51, 52, 53, 168
стопор кулисы 246
стоп-сигнал 218, 221
сторона 351
страус 30
стрекоза 37
стрела 330
стрелка гидрометра 87
стрелка термометра 87
стремянка 139
стремянка с площадкой 139
стрит 289
стрит-флэш 289
строение земли 363
строительная площадка 202
строительное сверло 136
строительные и малярные инструменты 138, 139
строительные кубики 280
строительный фен 138
стропило 85
струна 248, 249, 250, 251, 265
струна до 248
струна ля 248
струна ре 248
струна соль 248
струнные инструменты 248, 249, 250, 251
струнодержатель 248
струнодержатель/бридж/машинка 250
стул 87, 106, 122, 215, 233
стул на металлической основе 122
стул с подлокотниками 121
стулья 76
стулья и кресла 122
ступенька 84, 139, 221
ступица 230, 306, 319
ступка 117, 358
стыковочный переходник 365
стюардесса 335
суда и плавучие средства 346, 347, 348
судак 143
судейская вышка 266
судейский стол 269, 270
судейский столик 259
судейский стул 268
судно 344
судно на подводных крыльях 347
судья 259, 261, 262, 265, 268, 270, 275, 277, 279
судья на вышке 264, 266
судья на повороте 275
сук 41
сукно 282
сумка 207, 264
сумка для полетов 184
сумка на плечо 185
сумка-холодильник 207
сумки и аксессуары 184, 185
сумма к оплате 304
сумчатые 16
супермаркет 202
супница 111
суппозиторий 75
суточное мониторирование экг 74
сухогруз 348
сфорцандо 243
схема нефтегазового месторождения 373
сцена 234, 238
сцены балета 241
сцепка 326
счётчик очков 262
сшиватель 298
сшиватель биндер 301
съедобная лягушка 21
сын 196
сыры 142
сэндвич 160

## Т

таблетки 75
табличка для надписей 297
табло 256, 269, 270, 357, 360
табло информации о рейсах 334
табло с расписанием 338
табло указателя маршрута 323
табурет 208, 245
тазобедренный сустав 35, 37
таймер 104
такса 13
такси 223
тактовая черта 242
талевый блок 372
талия 53, 278
тамарилло 150
тандем 315
танкер 344, 348
танкини 178
танцевальный пол 286
тапир 8
тапки 182
таранная кость 57
тарелка 106, 110
тарелка крэш 245
тарелка райд 245
тарелки хай-хэт 245
тархун (эстрагон) 148
таун-хаус (сблокированные дома) 200
тач-пад 295
ТВ, аудио и видео 125
твердотопливный ускоритель 365
ТВ-шоу на близком расстоянии 236
театральный бинокль 186
театральный занавес 238
телевизор 77, 89, 217
тележка 70, 131, 206, 214
тележка шасси 341
телекамера 277
теле-камера 268
телескоп 364
телефон 91, 217, 222, 292, 293
телефонный аппарат 297
телефонный стол 120
тело 16, 51, 53
теменная доля 63
теменная кость 57, 59
темные очки 186
тёмный шоколад 159
темп метронома 243
темя 35
тени для век 189
тени-пудра 189
тенисный корт 266
теннис 266, 267
теннисистка 267
тенниска 167
теннисная ракетка 266
теннисный корт 201
теннисный мяч 267
теннисный стол 269
тенуто 243
теплая куртка 164
тепловая электростанция 369
тёплый фронт 354
терка 113
терминал самообслуживания 304
терминальные брюшные придатки 37
термит 36
термометр с выносным датчиком 358
термос 290
термостат 358
термоусадочная машина 374
террариум 127
терраса 76, 80, 83
тёртый сыр 161
тетраэдр 353
техник 230
техника сухопутных войск 226, 227, 228
тиара 188
тибоун-стейк (стейк на т-образной кости) 140
тигр 10
тимьян (чабрец) 148
типы грузового транспорта 324, 326
типы конструкций жилых домов 84, 85
типы кузовов 312
ткань 184, 255, 290
тмин 148
товарные вагоны 341
токоприемник 340
толкатель 103, 105
толкушка для картофеля 114
толстая кишка 65
толстовка 166
толстовка на молнии 166
томатный сок 162
томатный суп 161
том-том 245
тональный контраст 355
тональный крем 190
тонкая кишка 65
тонкая мышца 55
тонкая настройка азимута 364
тонкая настройка по высоте 364
топ 174, 178
топ с эластичным поясом 175
топливная цистерна 344
топливные емкости вспомогательного оборудования 369
топливный бак 318, 325
топливораздаточная колонка 304
топсайдер 180
топчан 290
тор 353
торговая полка 207
торговля 204, 205, 206, 207, 208, 209
торговый автомат 204
торговый аппарат 235, 273
торговый зал 209
торговый ларек 339
торговый центр 201
торец рукояти 109
тормоз 371
тормозной диск 307, 318
тормозные колодки 307
торпеда 230
торпедо 309
торт со взбитыми сливками 157
тортилья чипс 160
торшер 97
тостер 105
точечная диаграмма 352
точилка 109
точилка для карандашей 299
точильный камень 109

точка вбрасывания 276
траверса 371
травосборник 131
травяное покрытие 84
трактор 331
трал 326
трамплин 86, 270, 275
транспортир 299
трап 347, 370
трапециевидная мышца 54, 55
трапеция 352
трейлер 314
треккинговые ботинки 180
трель 242
тренажер для мышц бедер 273
тренажер для мышц груди 273
тренажер для мышц ног 273
тренажерный зал 272
тренер 256, 259, 260, 262, 270, 274, 276, 279
тренировочный костюм 164
тренога 303, 364
треногая стойка 245
тренчкот 170
треска 26
третий палец 23
третья ступень 367
треугольник 351
треугольники 351
трефы 289
трёхдольный размер 242
трёхколёсный велосипед 315
трехочковая линия 258
трещина 373
трибуна 256, 258, 266
тридцатьвторая 242
трикотажный станок 374
триммер для кутикулы 191
трицепс руки 55
тройной крючок 291
тромбон 246
тропические фрукты 149
трос 226, 316
трос для прочистки канализации 133
тростниковый сахар 159
трость 248
трохантер 37
труба 246
труба воздушного фильтра 226, 329
трубка 124, 139, 290, 297, 356
трубка каркаса 290
трубонарезной инструмент 133
трубопровод 135, 221
трубопровод для перекачки нефтепродуктов 371
труборез 133
трусы 168
тряпочка для умывания лица 189
туалет 205, 211, 235
туалетная бумага 93, 216
туалеты 222, 334
туба 247
тубусодержатель 74
туз 289
тулья 183
туман 354
тумба 123, 292, 293
тумблер 360
тумблер включения блока питания 294
тунец 27
туника 174
туннель 342
туннель томографа 67
туннельная щетка 195
тупой угол 351
туринг 315
туристический мотоцикл (турер) 320
турникет 342
турнир по настольному тенису 268
тутовый шелкопряд 34
туфли 180
туфли на каблуке 181
туфли на плоской подошве 182
туфли с открытым носом 182
тушёный стейк 140
тушка 161
тушканчик 17
туя складчатая 46
тыква 145
тыквенное масло 155
тыловая колонка 125
тычинка 48, 154
тюлень 19
тюльпан 49

## У

уборщица 205
убывающая луна 361
увеличенный фрагмент нефтегазового месторождения 373
углекислый газ 350
углерод 350, 373
угловая отметка 256
угловая подушка 279
углубление 126
угол 351
уголок 248
угольник 138
удав 22
ударная установка 233, 237, 245
ударные инструменты 245
ударный беспилотный самолет 229
удочка 291
узкие брюки 171
узкие джинсы 171
узкофюзеляжный самолет 337
указатель 303
указатель вида топлива 304
указатель направления 342
указатель поворота 314, 323, 324, 325
указательная табличка 339
украшение 181
укроп 148
уксус 155
уличное растение 81
умывальник 93, 216
универсал 312
универсальный велосипедный ключ 317
универсальный нагреватель 356
универсальный нож 109
универсальный раствор 187
унитаз 93, 216
управление громкостью 125
управление стилями движения автомобиля 309
уран 362
урна 201, 204, 215, 234, 339
уровень 139
уропод 25
ус 248
усики 25, 33, 35, 37
усилитель 125
усилитель изображения 66
установка для мерной отрезки ленты. 299
установка для фракционной перегонки 356
устричный соус 155
устройства ввода 296
устройства связи 296, 297
устройство для сушки посуды 360
устройство изменения шага винта 368
устройство приема мусора 327
устьевое оборудование 371
утеплитель 84
утка 31
утюг 124
ухо 6, 11, 13, 16, 52
уховертка 36
участок перед домом 200
учебная аудитория 198
учебные заведения 198, 199
ушной термометр 74

## Ф

фагот 247
фазы луны 361
факсимильный аппарат 297
фара 218, 226, 228, 310, 314, 319, 323, 324, 325, 327, 329, 330, 340
фара-искатель 221
фаркоп 305
фейхоа 150
фен 193
фенхель 146, 148
ферзь 283
ферма 365
фермата 243
ферокактус 49
фига 149
фигура 283
фигурная тарелка 110
фигуры 353
физалис 152
физиотерапевт 71
фиксатор 103
фиксатор головки 105
фиксатор регулировки высоты 124
филе говядины 140
филе свинины 141
филировочная бритва 193
фильтр 86, 101, 103, 135
финвал 19
финик 154
фиолетовый 355
фисгармония 252
фисташка 147
фитбол 71
фитнесс-станция 273
фитнес-центр 272, 273
флажки для пловцов на спине 274
флажок предохранителя 224
флакон с лопаткой 357
фламинго 31
фланец 139, 221
флейта 247
фломастер 199
фломастер-выделитель для текста 300
флуоресцентная лампа 127
флюс 13
флэш 289
фойе 235
фонари 76
фонарик 290
фонтан 201
форель 26
форма для выпечки 117
форте 243
фортиссимо 243
фотография 90
фотокорреспондент 259, 261, 266
фотоэлемент 368
фрагмент прокатного стана 375
фрезерно-токарный обрабатывающий центр 375
фритюрница 104
фронт окклюзии 354
фронтальная колонка 125
фрукт 41
фруктовое печенье 156
фруктовый соус 158
фрукты 149, 150, 151, 152, 153, 154
фрукты овощи 145
фужер для шампанского 107, 118
фул-хаус 289
фундамент 85
фундук 147
фуражка 183, 218
футбол 256, 257
футболка 167
футболка с длинными рукавами 175
футболки 167
футболный матч 256
футбольное поле 256
футбольный мяч 257
футляр 191
футляр для гитары 251
футляр для ключей 185
футляр для линз 187
футляр для мобильного телефона 185
футляр для мягких контактных линз 187
футляр для очков 186
футляр для пасспорта 185
футляр для чековой книжки 185
фюзеляж 219, 229, 337

## Х

хала 156
халат 87, 178
хамелеон 127
хаски 14
хватательный палец 16, 24
хвойные 45, 46
хвост 6, 13, 23, 143, 219, 229, 337
хвостик 33
хвостовая балка 219
хвостовое оперение 229
хвостовой винт 219
хвостовой плавник 18, 26, 143
хвостовой стебель 18
химические элементы 350
химический стакан 357
химия 350
хирург 68
хирургическая простыня 68
хлеб 156
хлеб и кондитерские изделия 156, 157
хлебница 112
хлебобулочные изделия 206, 156, 157
хлопок 38
ходильные ноги 25
хоккей с шайбой 276, 277
холестирин 350
холодильник 76, 98, 100
холодильник для вина 98
холодильник с мороженным 206
холодильник с напитками 206
холодный фронт 354
холст 253
хомут 87
хомяк 17
хорек 12
хореография танца 241
хранение документов 300
хурма 150
хэтчбэк 313

## Ц

цапля 31
царга 120
царская вена 61
цветная капуста 39
цветовой контраст 355
цветовой круг 355
цветовые контрасты 355
цветок 48
цветы 48
целая 242
целевой транспорт 328, 329, 330, 331
целик 224
цена за 1 литр топлива 304
центальный круг 257
центральная линия 257, 260, 264, 267
центральная точка вбрасывания 276
центральный водоспуск 371
центральный защитник 263
центральный круг 258
центральный нападающий 262
центрифуга 360
центрифуга для пробирок 360
цепь 130, 281, 316
цилиндр 353
циркулярная пила 134
циркулярный станок 134
цистерна 324, 341
цитрон 151
цитрусовые фрукты 151
циферблат 87
цифровой термометр 74
цоколь 126, 249
цоколь колонны 249
цукини 40, 145

## Ч

чайка 31
чайная ложка 107, 108
чайная чашка с блюдцем 111
часы 94, 98, 292, 338
чаша 112, 359
чаша бассейна 86
чаша с мелом 270
чашечка 173, 177, 178
чашка 88, 99
чашка кофе 162
человеческое тело 50, 51, 52, 53, 54, 55
челюсть 35
чемодан 129, 184, 215, 339
червеобразный отросток 65

червы 289
червячное сверло 136
чердачное перекрытие 85
черёмуха поздняя 152
черенок/ручка 115
череп 13, 52, 59
череп взрослого 59
череп ребенка 59
черепица 84
черепно-мозговые нервы 62
черешок 37
черимойя 149
чёрная икра 143
черная муха 36
черная ольха 44
чёрная смородина 152
чернильная ручка 199
чёрный перец 148
чёрный чай 162
черпак/ковшик/лопасть 115
чеснок 144
четвертная 242
четвертый палец 23
четырёхдольный размер 242
четырехугольник 352
чехол для костюма 184
чехол для ракетки 264, 267
чечевица 146
чешуя 20, 143
чизкейк 157
чипсы 160
число месяца 298
числовое отображение
параметров пациента 70
чистый спирт 74
чихуахуа 13
членик 33
чоппер 320
чулок 176
чулочно-носочные
изделия 176

## Ш

шайба 276
шалфей 148
шампанское 163
шампиньон 147
шампунь 194
шампур 115
шампур с деревянной
ручкой 129
шапка пловца 275
шапка с помпоном 183
шар 282, 285, 353
шарик для настольного
тенниса 268
шарик мороженого 158
шарик моцареллы 161
шариковая ручка 199, 300
шарнир 193
шарнирный болт 307
шарнирный палец 307
шарошечное долото 372
шарошка 372
шарф женский 183
шасси 229, 337
шатобриан 140
шатун 316, 371
шахматы 283
шведская стенка 272
швейная машина 255
швейный станок 374
швейцар 214
шейка 249
шейка бедренной кости 57
шейка корнеплода 39
шейка/перемычка 115
шейные борозды 18
шейный воротник 74
шейный позвонок 57, 58
шейный щиток 20
шерстяная пряжь 254
шершень 35
шестигранный вороток 132
шестиполосый абудефдуф 26
шестиугольник 257
шестнадцатая 242
шея 6, 13, 20, 50, 51, 53, 140
шиловидный отросток 59
шильдик 165
шимпанзе 24
шиншилла 17
шип 48
ширма 69
широколиственная липа 44
широколиственные
деревья 41, 42, 43, 44
широкофюзеляжный
авиалайнер 336
широчайшая мышца спины 55
шитье 255
шифоньер 123
шкала 132, 360
шкала уровня воды 102
шкатулка для украшений 188
шкаф 93, 216, 293
шкаф со стеклянными
дверцами 123
шкаф-стенка 123
шкафчики для багажа 222
шкафы для одежды и обуви 78
шкафы, тумбы и комоды 123
шкив редуктора 371
школьный автобус 323
шлагбаум 285
шланг 124, 304, 329
шлевка 165, 171
шлем 277, 279, 367
шлифовальная лента 135
шлифовальная
поверхность 135
шлифовальный и
полировальный
инструмент 135
шляпа-колесо 183
шляпка 147
шляпы 183
шмель 36
шмель земляной 35
шнур 357
шнуровка 279
шнурок 179
шов 171, 257
шоколад 159
шоколадная глазурь 159
шоколадное печенье 157
шоколадные конфеты 159
шомпол 225
шорты для плавания 168
шпажка 161
шпала 339
шпиль 248
шпилька 194
шпинат 144
шпора 23
шприц 74
шприц для швов 138
шприц-ручка 75
штабелируемый стул 122
штамб 41
штанга 260, 272
штанина 165, 171
штатив для дозатора 357
штепсельная вилка 126
штепсельная вилка
в разрезе 126
шток 138
штопор 112
штора 90, 97, 208, 217
штрафная площадь 256
штрафованный игрок 276
штрих-код 162
штульрама 244
штурвал 337
штурмовая винтовка 225
штырь 126
штырь для посуды 360
шуба 169
шумовка 116

## Щ

щавель обыкновенный 144
щека 6, 11, 16, 35, 50
щетка 129
щетка для бровей и расческа
для ресниц 189
щетка для волос 195
щетка для очистки 192
щетка для посуды 115
щетка для пудры 190
щетка очистителя 219
щетка стеклоочистителя
226, 309, 323
щеткадля обуви 180
щетка-скребок 305
щиколотка 50, 52
щипцы 114, 129, 193
щипцы для завивки
ресниц 189
щипцы для колбы 359
щипцы для орехов 114
щипцы тигельные 359
щит 258
щитки вратаря 276
щитовидная железа 64
щит-указатель 342
щука 27
щуп 135

## Э

экран 101, 125, 135, 295,
296, 297, 334, 360
экран ввода имен игроков 284
экранированное окно 67
экранное полотно 234
экскаватор-погрузчик 328
эксцентриковая
шлифовальная машина 135
электрическая
соковыжималка 103
электрический контрабас 249
электрический провод 193
электричка 339
электробритва 192
электрогитара 250
электродвигатель 136, 371
электро-дрель 136
электрокабель 126, 134, 135
электрокоса 130
электро-лобзик 134
электромобиль 312
электро-мясорубка 105
электронная книга 294
электронная
конфигурация 350
электронное табло 286
электронные кухонные
весы 112
электронные устройства
294, 295, 296, 297
электронный микроскоп 360
электропечь 359
электроплита 99, 101
электропровод 312
электроскрипка 249
электро-степлер 137
электротехнический
инструмент 135
электрочайник 103
электроэнергетика 368, 369
эллипсоид 353
эллиптический тренажер 272
эмменталь 142
эндокринная система 64
эндуро 320
эскалатор 235, 334, 338, 342
эскалатор - вверх 222
эскалатор - вниз 222
эспрессо 162
эспрессо-машина 102
этикетка 162
эфониум 247

## Ю

юбка 172, 173, 265
юбка с разрезом 173
ювелирные изделия 187, 188
ювелирный магазин 204
юпитер 362

## Я

яблоко 42, 154
яблокорезка 113
яблоневые плоды 154
яблочный сок 162
яблочный уксус 155
ягодица 51, 53
ягодичная мышца 55
ягодный пирог 157
ягоды 152
ягуар 11
яйцеварка 104
яичники 64
якорь 230
японская макака 24
японская редька 146
японский экспериментальный
модуль 365
ясень обыкновенный 43
ячейка 215
ячмень 38
ящер 23
ящик 123, 221
ящик для инструментов 221
ящик для одежды 273
ящик для перевозки
животных 128
ящик с продукцией 207